사라진 지구당, 공전하는 정당개혁

사라진 지구당, 공전하는 정당개혁

하네스 B. 모슬러 지음

인간사랑

차례

표 차례

그림 차례

"돈 먹는 하마",
"고비용 저효율"이라고
비난받아온
지구당은 정말 한국
정치의 고질병일까?

이 저서는 2011년도 한국학연구원 중앙대학육성사업에 의하여 연구되었음
(AKS-2009-MA-1001).

머리말

몇 년 전 서울에서 열린 한 학술토론회에서 지구당 폐지 문제에 관한 발표를 처음 들었을 때의 충격은 지금도 나의 기억에 생생하다. 전형적인 정당국가라고 할 수 있는 독일에서 태어나고 자란 사람의 사고로는 절차적 민주화가 이루어진지 20여 년 지난 한국에서 지구당 제도의 폐지와 같은 놀라운 일이 벌어질 수 있다는 것이 상상할 수도 없는 일이었기 때문이다. 국민의 정치적 의사 형성과정에서 가장 기초적인 단위라고 할 수 있는 정당의 지역조직을 법으로 금지한다는 것은 민주주의의 기본원칙을 훼손할 수도 있는 심각한 사건이었다. 그보다 더욱 놀라웠던 것은 내가 지구당 폐지 문제에 대한 연구를 시작한 2008년까지 이 문제에 대한 학문적 연구 작업이 거의 이루어지지 않았다는 사실이었다. 나아가 지구당 폐지 문제에 대한 연구를 시작한 후 함께 토론한 많은 사람들이 그것이 왜 연구할 가치가 있는 문제인지 의아해 한다는 사실이 또 한 번 나를 놀라게 만들었다. 그리고 그것은 나로 하여금 자신의 사고가 너무 강력하게 독일적인 논리에 사로잡혀 있기 때문에 지구당 폐지를 중요한 문제로 간주하는 것이 아닌가 하는 의심을 갖도록 만들기까지 하였다.

한국에서 지구당 폐지에 관해 논하는 경우 대부분 그것이 '정치세력들 간의 권력싸움의 결과일 뿐 별다른 의미를 갖지 않는다'거나, '다른 민주국가와 달리 한국의 지구당은 부패의 온상이며 돈 먹는 하마로, 비민주적으로 운영되기 때문에 폐지된다고 해도 아무런 문제가 없을 뿐만 아니라 오히려 폐지되는 것이 바람직'하다고 설명하거나, '지구당 폐지가 문제가 될 수 있지만 한국의 정치수준이 그것 밖에 되지 않으므로 어쩔 수 없다'고 말한다. 이런 주장을 한 사람들의 본래의 의도가 무엇이었는지 추측할 수 없지만, 나에게는 이러한 설명들이 '지구당 폐지 문제는 연구할 가치도 없다'는 주장으로 들렸고, 그것이 오히려 호기심을 동하게 만드는 결과를 가져왔다. 지구당이라는 제도가 부패의 온상이라면 그것을 개선하기 위한 개혁을 시도할 수도 있지 않았을까?

정당법의 개정 또한 정치세력 간의 권력싸움을 통해 이루어지는 것은 당연하다. 그러나 어떠한 형태의 권력싸움이 있었다고 하더라도 그 결과가 민주주의 실현에 결정적인 역할을 하는 제도를 폐지하는 것이 되어서는 안 될 것이다. 그렇기 때문에 나에게는 왜 지구당 폐지 결정이 내려졌는가 하는 문제는 꼭 해결해야만 하는 숙제가 되었다. '한국은 어쩔 수 없다'는 식의 주장이 전혀 설득력을 가질 수 없음에도 불구하고 이러한 대안부재론이 단순한 사담에 머무는 것이 아니라 국회의 정치개혁위원회 논의와 헌법재판소의 판결문에까지 등장하였다는 사실을 어떻게 설명할 수 있을까?

1990년대 중반 베를린의 훔볼트 대학교에서 한국학을 공부하였을 때 배웠던 한국사회의 발전을 설명하기 위한 내재적 접근방법은 나에게 많은 영향을 주었다. 그 후 10년이 지나서 지구당 폐지라는 '한국적인' 현상에 부딪쳤을 때 그것을 제대로 이해하기 위해서는 내재적 접근을 시도해야만 한다고 판단하였다. 그를 위해 담론 분석적 접근방법을 선택하였다.

하나의 정치현상을 이해하기 위해 담론분석을 적용한다는 것은 특히 정치가들이 핵심적 도구로 활용하는 의사소통 과정의 기제와 동학을 중요시한다는 뜻이다. 서구 언어에서 의회(parliament)라는 말의 어원인 '파를레(parler)', 즉 '말하다'라는 뜻이 보여주듯이 정책결정 과정의 경험적 핵심인 입법부(legislative)는 서로 이야기하고 설득하는 장이다. 여기에는 언어를 통해 표현하는 행위자, 제도의 규정성, 사회경제의 변화 등과 같은 요소들이 함께 작용한다. 나는 이러한 변수들 사이의 인과관계를 설명(explaining)하기보다는 정책경쟁에 행위자들이 관여함으로써 형성되는 결정과정의 동학을 생성하는 상관관계들에 대한 이해(understanding)를 구하고자 하였다. 행위자들의 담론을 분석대상으로 하면 연구대상에 대한 규명에 영향을 미치거나 왜곡시키는 확률을 어느 정도로 낮출 수 있으며, 한국사회라는 구체적인 맥락과 역사적인 현상을 안으로부터 접근하는 가능성을 어느 정도로 높일 수 있다고 보았다.

이 책은 2010년 10월에 서울대학교 정치학과 박사학위논문으로 제출한 원고를 바탕으로 한 글이다. 책으로 편집하는 작업을 하면서 더 많은 독자들이 관심 있게 읽을 수 있도록 만들기 위해 노력했다. 그리고 출판하는 과정에서 최근의 정보를 보충하였다. 그러나 이 연구의 핵심인 경험적 분석은 수정하지 않았다.

나는 한국에서 공부하는 동안 한국정치에 관한 많은 새로운 지식을 습득할 수 있었다. 그러나 한국정치를 공부하면 할수록 내가 얼마나 많은 것을 모르고 있는지도 끊임없이 깨닫게 되었다. 그리고 한국정치의 역동성이 주는 매력에 푹 빠져들게 되었다.

한국에서 공부한 5년 동안 많은 분들의 도움을 받았다. 특히 나의 지도교수님이신 김세균 선생님의 보살핌은 외국인 유학생이 관악에 터를 잡고 이 연구를 마치는데 큰 버팀목이 되었다. 그리고 많은 선생님들의 가르침과 조언이 나의 연구에 틀을 잡아 주었다. 박찬욱 선생님, 심지연 선생님, 강원택 선생님, 김홍중 선생님, 이정복 선생님, 최장집 선생님, 김용호 선생님, 박상훈 선생님, 장훈 선생님, 서복경 선생님께 특히 감사의 말씀을 드린다. 그리고 서울대 정치학과의 많은 선후배들에게도 늘 감사한 마음을 가진다. 2009년부터 베를린 자유대학교 한국학과에서 전임연구원 및 전임강사로 일하면서 논문을 계속 작성할 수 있게 해주신 것뿐만 아니라 적극적으로 격려해주시며 구체적으로 지원해주신 베를린 자유대 이은정 교수님께도 특별히 감사드린다. 이 책을 인간사랑에서 출판할 수 있게 된 것은 참으로 행운이다. 특히 여국동 사장님, 권재우, 이국재 님의 도움에 감사드린다.

베를린 달렘에서, 2013년

서론

제1장
들어가는 말

한국의 지구당(地區黨) 제도는 1962년에 헌법을 비롯해서 정당법 등의 제·개정을 통해서 정착되었다. 그 후 지구당은 정당의 지역적 기초조직이며 최소 하위단위로 존재해 왔다. 지구당 제도 도입의 의미는 헌법[1]과 정당법[2]에 구체적으로 규정되어 있다. 그에 따르면 정당은 국민들이 정치적 의견을 형성하고 참여할 수 있도록 도움을 주어야 하

---

1 "정당은 그 목적, 조직과 활동이 민주적이어야 하며, 국민의 정치적 의사형성에 참여하는 데 필요한 조직을 가져야 한다."(헌법 제8조 2항)

2 "이 법은 정당이 국민의 정치적 의사형성에 참여하는데 필요한 조직을 확보하고 정당의 민주적인 조직과 활동을 보장함으로써 민주정치의 건전한 발전에 기여함을 목적으로 한다."(정당법 제1조)

는 의무를 지니고 있다. 이러한 의무를 수행하기 위해 정당은 필요한 조직을 갖추어야만 한다고 규정되어 있다.[3] 이러한 제도를 도입한 권위주의 정권이 자신의 체제를 유지하기 위해 권력을 남용하였다고 해도, 법적인 관점에서 한국의 정당제도는 1960년대에는 세계적으로 보기 드문 매우 모범적인 정당제도였다고 해도 과언이 아니다.[4] 이 규정은 독일 기본법과 정당법의 정당제도에 대한 규정과 유사하며, 그것으로써 한국에서는 이미 1960년대에 대의민주주의를 실천하기 위한 제도적 장치가 마련되었다.

현대 대의민주주의에서 정당은 시민사회와 정부를 연결하는 '핵심적 매개 구조'(Sartori, 1976)이며 '연계장치'(Lawson, 1988)이다. 그렇기 때문에 현대 대중민주주의에서 정당 없는 민주주의는 생각할 수 없을 정도로 정당은 대의민주주의 정치체제에 있어서 중요한 제도이다(Schattschneider, 1960). 따라서 우리는 대의민주주의를 정당민주주의라고 부르기도 한다. 정당제도는 정당조직의 매개를 통해서 국민

---

3 정당법 제29조는 "정당은 민주적인 내부질서를 유지하기 위하여 당원의 총의를 반영할 수 있는 대의기관 및 집행기관과 소속 국회의원이 있는 경우에는 의원총회를 가져야 한다"고 규정한다. 즉 대의기관과 집행기관의 구체적인 형태를 명시하지는 않지만, 당원의 총의를 반영할 수 있어야 된다는 내용으로 분명히 규정한다.

4 물론 정당의 설립요건으로써 지구당에 대한 규정이 구체적으로 명시하는 등 의도적으로 권위주의 체제의 정당화, 유지와 강화를 위한 구체적인 조항도 많았던 것은 사실이다. 이런 측면과 관련된 논의는 제3장에서 더 자세히 후술하겠다.

의 다양한 이해관계와 의사를 국회와 (행)정부에게 전달한다. 이러한 매개기능이 제대로 작동하지 못할 때 국민과 정부 간의 상호작용이 왜곡되고, 균형에 괴리가 생긴다. 그것은 다시 말해 대의민주주의의 기본적인 원리가 실현되지 못한다는 것이며, 이는 곧 대의민주주의에서 핵심역할을 하는 정당의 주된 기능이 정상적으로 이루어지지 못함으로써 민주주의의 전반적인 쇠퇴로 이어질 수 있는 위험을 내포한다는 것을 의미한다. 서양 선진국가들에서는 이미 이러한 현상이 뚜렷하게 나타나고 있다. 이러한 현상들을 '민주주의 공동화'(hollowing out of democracy ; Mair, 2006)[5]와 '탈민주주의화(de-democratization ; Lawson, 2007)'[6]의 맥락에서 분석하거나 '포스트 민주주

---

5 "민주주의의 공동화"는 정치 엘리트들이 정치적 책임을 전문가와 같은 다른 집단에 위임함으로써 발생하는 현상이다. 예컨대 정치엘리트들이 공정을 기한다는 명목으로 행정부, 의회와 같은 통치기구의 결정권을 제 삼자인 전문가 집단에 위임함으로써 정치적 책임을 회피하는 것이다. 그것은 다시 말해 정치엘리트들이 정치적 대표이기를 포기한다는 것을 의미한다. 정당정치의 차원에서 볼 때 이것은 심각한 정당성의 문제를 야기한다. 왜냐하면 정당들이 국민으로부터 통치기구로 신뢰를 받고 정당에 의해 운영되는 정권이 정당성을 갖기 위해서는 정치적 대표성을 갖추어야만 하기 때문이다. 그러나 정치적 엘리트들이 정치적 대표이기를 포기하는 현상이 일반화되면 정치적인 영역과 사회적 영역 사이의 연결고리가 사라지게 되고 그 결과 민주주의 자체가 공동화 된다(비교 Mair, 2006, 45).

6 Lawson, 2007은 ⓐ 소련붕괴, ⓑ 이데올로기로서의 변경된 민주주의 형태의 확산, ⓒ 경제적, 사회적 실천으로서의 신자유주의적 모형의 확산, ⓓ 통신기술의 극단적 변화 등 4가지의 "특정한 세계적 발전들은 [···] 정치사, 정치적 지도력, 국부, 제도적 구조 등의 차이를 뛰어넘어서" 세계의 정당들을 탈민주

의'(post-democracy ; Crouch, 2004)로 분석하는 연구들이 우리에게 지금까지 알려져 있다. 한국 정치 또한 이런 위험으로부터 자유롭다는 보장은 없다.

지금까지 다양한 연구결과를 통해 논의되었던 포스트 민주주의가 안고 있는 여러 가지 문제점은 다음과 같이 간단히 요약할 수 있다. (1) 형식적 수준에서 민주적 제도와 절차가 존재하고, 그것이 정치의 규범으로 작동하고 있는 것처럼 보이지만 실질적으로 정책결정 과정에 미치는 영향은 미약하다. (2) 정당정치와 득표를 위한 정당 간의 경쟁은 선거공약을 실천에 옮겨야 한다는 의무에서 자유롭고, 구체적인 정책과 그것의 실천 여부에 대한 토론 대신에 인물 중심적 선거운동이 이루어지게 한다. (3) 정치적, 경제적 행위자들의 보다 밀접해진 상호작용으로 정치의 경제화 현상이 심화되고 있다. (4) 헌법에는 주권재민의 원칙이 명기되어 있지만 실질적으로 국민의 권력은 미약하기 그지없다.

여기에서 우리에게 흥미 있는 사실은 선진국에서 나타는 포스트 민주주의의 문제점으로 지적된 대부분이 후발민주주의 국가인 한국

주의를 위한 주체로 변경시킨다고 주장한다(Lawson, 2007, 354). 이와 비슷한 분석은 Katz and Blyth, 2005가 내놓는다. 그들은 '정당담합화'라는 맥락에서 정당들은 유권자들의 기대를 축소시키고, 정책의무를 위탁하고 스스로를 모든 유권자들로부터 분리시키는 움직임에 따라 포괄정당이 담합정당으로 '개혁'되는 과정을 분석한다(Katz and Blyth, 2005, 42). 특히 유권자들로부터 멀어짐에 따라 민주주의는 단지 선거를 치르는 것에 그치는 결과를 가져온다(Katz and Blyth, 2005, 54).

에도 해당된다는 사실이다. 한국의 경우 인물 중심의 정치는 근대 정치의 수립 때부터 이어지고 있는 일반적 현상이며, 절차적 민주주의가 1987년에 제도화되었지만 그 질적인 공고화를 아직 지향해야 하는 상황이고, 정치의 경제화는 1990년대 말에 더욱 심화되었다.

민주주의와 정당의 관계라는 전체적인 맥락에서 볼 때 지구당 제도가 매우 핵심적인 의미를 가진다. 대의민주주의에서 정당의 역할이 결정적인 이유는 무엇보다도 대의, 참여, 책임 등 민주주의의 주요 원칙을 실천에 옮기는 역할을 담당하기 때문이다. 대의기능은 중앙당, 원내당(교섭단체), 지구당 등의 효과적 상호소통 구조를 통해 당원을 포함한 국민의 정치적 의사 형성에 기여하여, 국민이 정책형성 과정에 참여할 수 있는 통로를 보장하기 때문에 중요한 것이다. 특히 정당의 지역단위 기초조직인 지구당은 정당의 삼각구도의 일각으로써 여론수렴, 민원상담, 의사형성, 목적설정, 정책개발, 공직후보자 공천, 지도층 선발·충원, 투표유도, 선거운동, 이익 집약·대표, 집단통합, 민주시민교육 및 정치적 사회화, 정책선전, 지지호소, 국민동원, 정책정당화 등 정당의 다양한 핵심적인 역할들을 현장에서 담당한다. 이렇게 지구당은 유권자로서의 일반국민과 대의적 지배구조 간의 의사소통을 위한 일차적 장치이다. 그런 의미에서 지구당은 정당의 핵심적 교차지점이라고 할 수 있다.

지방자치의 공고화 차원에서 보았을 때도 지구당 제도는 민주주의가 국민 사이에 구체적으로 뿌리내리는 데 결정적인 역할을 담당할 수 있는 중요한 하위제도이다. 그럼에도 불구하고 한국 정치에서 지구당 제도는 정치개혁 작업의 일환으로 간주되었다. 특히 지구당의 인물 중심 '보스 정치' 관행으로 인한 폐해는 정당에 대한 학계의 가장 핵심적인 비판 중의 하나가 되었고, 그것은 나아가 정당정치 자체에 대한 국민들의 불신이 강해진 중요한 원인 중의 하나였다. 그 결과 정치개혁의 논의에서 지구당 문제가 항상 핵심 논점으로 떠올랐고, 정치계와 학계, 그리고 국민들에게 지구당 제도의 존폐문제는 개혁성패를 가리는 기준이 되었다.

2004년 선거법, 정치자금법, 정당법 등 정치관계법들이 정치개혁과정의 일환으로 개정되었다. 정당법의 경우 제3조의 지구당 단위의 구성요소가 삭제되면서 지구당제도가 강제로 폐지되었다. 그 결과 시·도 이하 단위에서 정당의 조직화가 금지되었다.[7] 이러한 결정이 내려졌다는 것이 아주 놀라운 일이다. 그 이유는 다음과 같다.

첫째, 오늘날 대한민국의 대의민주주의는 정당민주주의로 설계되어 있다. 즉 민주주의의 원리를 실천하는 데 정당들이 핵심적인 역할을 한다. 정치체계의 전반적인 제도적 설계에 따르면 정당제도의 조직적이고 절차적인 차원에서 민심수렴과 후보공천을 담당하는 '기초정당조직'(party on the ground)인 지구당 제도가 결정적으로 중요한 역할을 한다. 따라서 정당제도의 기초를 침식키는 것은 민주주의 실현에 있어서의 중대한 방해로 받아들이지 않을 수 없다.

7 그것은 시·도당 이하 어떤 정당조직도 허용하지 않는다는 중앙선거관리위원회의 유권해석에 의해 확인되었다. 이외에 정당창당, 당원의 입탈당, 당원명부관리, 정당해산 등 이전에 지구당이 담당했던 기능과 역할에 대한 규정들도 모두 시·도당이 맡도록 개정되었다.

둘째, 정당법 개정과 이 개정에 대한 위헌소송을 기각한 헌법재판소의 판결은 심각하게 도전을 받았다. 위헌소송을 낸 민주노동당 뿐만 아니라 한국 헌법학자 대부분이 지구당 폐지에 매우 비판적이었다(장영수, 2005, p. 31). 그 중 일부는 자신은 정반대의 판결을 내렸을 거라고 주장했을 정도이다(정태호, 2006 참조).

셋째, 정당법이 개정되고 1년도 안 된 시점에서 – 그리고 헌재가 판결을 공개한 몇 개월 후 – 국회에서 2005년에 정당법을 다시 개정해서 지구당의 완전한 폐지를 부분적으로 취소했다. 여기서 가장 결정적인 이유로 제시된 것은 지구당의 완전한 폐지로 인해서 정당들의 활동이 현실적으로 제한되어 있기 때문이라는 것이었다.

넷째, 정치개혁위원회의 소위원회에서 지구당 폐지를 직접적으로 촉진시킨 핵심 행위자들도 사후에는 지구당의 완전한 폐지는 본인의 원래 의도가 아니었다고 진술했다.

다섯째, 만장일치로 내린 헌법재판소의 판결은 10여 년 동안 형성되어 온 지구당 이슈에 대한 논의과정의 복합성과 애매함에 비춰 보았을 때 매우 간결하고 확실해 보인다(Mosler, 근간).

여섯째, 지구당 폐지 이후에 이루어진 연구결과(장영수, 2005 ; 김용호 외 2008 ; 이정진 2008 ; 이정진, 2009 ; 전진영, 2009 ; 윤종빈, 2011)와 언론보도[8]

8 이와 관련해서 제7장에서 더 자세하고 구체적으로 후술하겠지만, 예컨대 최근에 일어난 소위 '돈 봉투 사건'과 관련해서 언론에서 지구당 폐지됨에도 불구하고 아직도 부정부패가 번창하고 있고(문화일보, 12/01/10, 4면), 또 이 사건 핵심인물인 박희태 전 국회의장은 결국 사퇴하게 되는 과정에서 당내대

는 당내 부정부패의 근본적인 개선이 이루어지지 않았다고 보여준다.[9] 이 책에서는 외관상 모순적으로 보이는 이러한 한국의 정치현상에 대한 문제제기에서 출발한다.

지구당 제도의 개혁 또는 존폐문제는 민주화 이후부터 꾸준히 제기되어 왔다. 지구당의 핵심 문제로 제기된 사안들은 분명히 근거가 있는 것이고 개선해야 했다는 사실 또한 이론의 여지가 없다. 비민주적인 피라미드형 조직, 하향식 권위구조, 개인의 이해관계를 우선하는 권위주의적 정치문화, 정경유착으로 인해 발생하는 다양한 형태의 부패, 그리고 이로 인해 지구당이 제 기능을 담당하지 못하면서 나타나는 비리(非理) 등 지구당 수준에서 발생하는 다양한 문제들은 지구당 제도에 대한 근본적인 개혁을 요구했다. 그러나 지구당 제도의 개혁이 구체적으로 어떤 방식으로 이루어져야 하는지에 대해서는 크게 4가지의 주장이 팽팽히 맞섰다. 첫째 지구당 제도를 그대로 존속하자는 주장, 둘째 건설적 해체를 통하여 지구당을 강화하고 활성화하는 방안, 셋째 대안적 조직을 통해 역할을 축소하자는 제안, 넷째 지구당을 완전히 폐지하는 주장이 제기되었다. 논의 과정에서 '현상유지론'은 사라졌고 '대체·축소론'은 각각 '활성화론'과 '폐지론'으로 통합되면서 논

표직 선거에서 돈을 뿌리는 대신 투표를 되받는 것을 '오래된 관행'이라고 칭하기도 했다(문화일보, 12/02/20, 1면).

9 물론 일각에서 지적된 바와 같이 이 연구들 중 지구당 폐지 이후의 개선이 부분적으로 이루어졌다고 보지만, 근본적인 측면에서 보았을 때는 크게 달라지지 않았다는 결론을 내릴 수 있다.

의구도는 결국 지구당 제도의 '활성화를 통한 개선'과 '폐지를 통한 구조조정'의 찬반으로 굳어졌다. 정계, 학계, 언론, 시민사회 등 정치과정에 직·간접적으로 관여하는 다양한 사회세력들이 10여 년 동안의 논의를 통해 결국 지구당 제도의 폐지를 결정하는 것으로 귀결되었다. 그러나 지구당 제도의 폐지가 결정되고 나서도 지구당 제도를 둘러싸고 현재까지 논쟁을 불러일으키는 실질적인 문제가 여전히 남아 있다. 그것은 개정된 정당법이 효력을 가지기도 전에 이에 대한 민주노동당의 불복운동뿐만 아니라, 이 법안을 이구동성으로 관철시킨 열린우리당이 창당되면서 구성한 열린우리당의 지역단위 조직이 개정된 법률에 의하면 불법으로 규정될 수밖에 없었음에도 불구하고 존속되었다는 것, 그리고 민주당과 한나라당 개혁의 재개혁을 제기했다는 사실 등을 통해 볼 수 있었다. 2004년에 개정된 새로운 정당법은 결국 2005년에 14차로 재개정[10]되었다.[11] 이 과정이 우리에게 시사해 주

10 지구당 제도에 관한 정당법 개정의 핵심적인 변화는 정당의 구성에 대한 명시는 그대로 (중앙당과 시·도당) 유지하면서, '정당의 자유'에 관한 조항(제37조)에는 국회의원의 지역구와 자치의 구·시·군, 읍·면·동별로 '당원협의회'라는 자발적 조직체를 허용한다는 내용을 삽입했다는 점이다. 그러나 그러한 정당의 지역조직의 활동을 위한 사무실은 금지시키는 내용을 조건부로 명시하였기 때문에 민주적이고 자발적으로 운영되는 지역활동은 아직도 매우 제한된다는 점에서 많은 비판을 받고 있다.

11 2004년에 정당법이 개정되고 2005년에 재개정된 후, 18대 대통령선거가 지나고 18대 총선을 앞둔 2009년 초부터 '지구당 부활'에 대한 논의가 다시 시작되었다. 정계에서 지구당 폐지는 '잘못된 제도'(박희태 당시 한나라당 대표, 동아일보, 09/02/24)나 '정치적 미숙'(이해찬 전 총리, 폴리뉴스, 09/02/15)

는 것은 지구당 제도의 폐지를 통해 정당·정치를 개혁하겠다는 원래의 목적에 반해 지구당 폐지에 따른 실질적인 효과가 별로 없다는 것이다. 그런 측면에서 지구당 제도를 폐지한 정당법 개정은 실패한 개혁으로 규정할 수 있다.[12]

나아가 대의민주주의에서 지구당 제도 자체를 폐지한 결정은 정치학적인 관점에서 보았을 때 아주 특기할 사건이다. 세계의 다른 나라의 경우 한국의 정당법처럼 정당조직의 구성을 구체적으로 규정하는 정당법을 갖고 있는 경우는 있지만 정당의 지역조직화를 금지하는 사례는 매우 찾기가 어렵다. 또한 그 결정이 민주주의가 실현된 지 20년 후 지방자치와 시민사회의 계속적인 진전과 참여를 독려한 '참여정부'에서 이루어진 개혁이라는 점이 이 사건의 역설적인 면모를 더욱 부각시킨다. 지구당의 폐지로 인해 정치참여에 관한 한 국민들의 주권이 실질적으로 제한되었기 때문이다.

그런 의미에서 볼 때 한국에서의 지구당 제도 폐지 문제는 이론적인 면에서 규명되어야 할 과제이자 현실정치의 차원에서 해결되어야 할 당면과제가 되는 것이다. 그러나 정당변화에 대한 지금까지의 연구는 대부분 외국사례를 바탕으로 한 이론의 기준을 한국 정당에 적용

등으로 비판되었고, 18대 국회의 정치개혁특별위원회 공청회 의제로 채택되었으며(정개위, 09/09/24), 결국 2010년 11월 9일에 박희태 국회의장과 여야 원내대표들은 지구당의 부활에 대해 합의하기도 했다(문화일보, 10/11/10, 10면).

12 정당법은 제정 이후 현재까지 무려 18차례로 바뀌면서 끊임없이 (재)개정 고질병을 앓고 있다고 해도 과언이 아니다.

하는 '사후회고-수준평가적 방식'으로 이루어졌기 때문에 궁극적으로 이 제도가 끊임없는 개혁과 재개혁의 악순환에서 벗어날 수 있는 해결책을 제시하지 못했다. 이와 달리 본 연구는 정책 결정과정의 '사회적 맥락'(Lasswell, 1951)을 고려하는 질적 정책학의 기본 가정을 수용하여 정책결정 과정 자체에서 발생하는 문제를 주목하는 대안적인 '사전조망-원인고찰적 접근'을 채택하고자 한다. 그 이유는 일종의 내재적 접근방법을 통해 정책과정에 관여하는 행위자 간에 이루어지는 상호작용에 따라 형성되는 문제 정의와 해결을 위한 대책 채택의 형성 동학을 규명할 수 있기 때문이다.

이러한 맥락에서 다음과 같은 질문들을 던진다. 첫째, 지구당 제도의 등장, 발전과 더불어 지구당 제도가 가진 문제의 배경은 무엇이며 지구당 폐지는 어떤 결과를 가져왔는가? 둘째, 형식적인 차원에서 높은 수준의 대의민주주의를 실현한 한국에서 지구당과 같은 중요한 정당제도가 왜 제도 내에서 개선되는 것이 아니라 강제적 금지와 같은 극단적인 결정을 내리게 되었는가? 셋째, 지구당 제도의 폐지라는 개혁은 왜 김영삼 정권이나 김대중 정권 시기가 아닌 노무현 정권 시기인 2004년에 이루어졌는가? 넷째, 왜 지구당 제도의 문제에 대한 가장 과격한 개혁안이 실현되었음에도 불구하고 이와 관련된 재개정의 요구가 끊임없이 제기되는가?

제2장

지구당 폐지를 다룬 기존 연구

지구당 폐지의 정책결정을 주목한 연구들은 많지 않다. 선행연구들은 이 문제를 다양한 각도에서 조명하지만 이 정책결정에서 아이디어, 담론과 행위자들의 동학을 한 역할을 중심으로 규명한다는 공통점을 지닌다. 이 장에서는 이 연구 중 본 연구에 가장 시사적인 선행연구 사례를 간략하게 소개하고 토론한다. 이러한 선행연구에 대한 비판적 고찰은 본 연구의 접근방법과 분석틀 설계를 위한 사전작업이다.

유진숙(2007)은 지구당 제도의 폐지를 포함한 2004년 정당개혁 담론을 세계사회론(world society theory ; Meyer 외, 1997 ; Meyer, 1980)으로 분석한다. 그는 소위 '유럽식 대중정당'이나 '북미식 전문가 정당' 모형이 세계적으로 확산됨으로써 한국이라는 국민국가 단위 안에서의 핵심 행위자들에게 결정적인 영향을 미친다고 진단한다. 세계화라는 현상의 구현으로서 정당의 경량화와 그 당위성을 수용한 한국학계 해외파의 절대적 영향력을 가정한다. 이런 시각에서 지구당 폐지는 세계화의 일부로서 북미에서 수용한 일정한 미국식 문제의식을 갖고 학위를 받은 후 귀국해서 영향력이 있는 자리를 차지한 정책입안자들이 곧 정책의 내용에 결정적인 영향을 미칠 수 있게 된 결과라고 주장한다.[13]

이 연구의 문제의식과 접근방법에 대해 다음과 같은 몇 가지를 고찰해야 할 필요가 있다. 첫째, 유진숙(2007)은 일종의 세계적 정당개혁 수렴설을 주장하고 있다. 하지만 그 세계적인 개혁담론의 내용과 논리는 '북미 전문가 정당'이라는 담론경향만으로 간략하게 설명한다. 이 담론이 어떤 맥락에서 왜 지배적이 될 수 있었는지, 그리고 어떤 논리에 바탕을 두고 있는지 설명하지 않는다. 둘째로, 어떻게 행위자들이 이러한 담론을 견지하게 된 것인지에 대한 설명도 부족하다. 즉 정책과정에 개입한 학자들 대부분이 미국에서 학위를 받았다는 간략한 제시는 시사적일 수 있으나 충분한 근거가 되기 어렵다. 셋째로, 이러한 행위자들이 이 담론을 실천할 수 있는 지위에 오르게 되는 문제에 대해서도 침묵한다. 단지 개혁 때에 이 행위자들이 그 자리에 있었다는 설명만 제공하지 어떤 세력관계와 상호작용에 따라 그렇게 결정적

13 이 논리에 따르면 당시 개혁과정에 개입한 학자들 대부분이 미국에서 학위를 받은 사람들이기 때문에 미국식 정당모형을 선호하게 되어 고국에 돌아와 이러한 경향 하에 한국 정치제도도 같은 방향으로 바꾸는 데 힘을 썼다는 것이다. 이러한 문제의식은 Smith, 2002와 비슷한 측면이 있다. Smith는 특히 국제정치학에 있어 미국학자들의 지배적 역할과 이로 인한 현실해석을 지적한다.

인 위치를 차지할 수 있게 되고, 또 방해 요소가 많음에도 불구하고 그 담론을 어떻게 실현할 수 있었는지 설명이 충분치 않다는 점이다. 유진숙은 세계사회론에 대해 제기된 구조조의 경향이 강하다는 비판(Keck and Sikkink, 1998, 33)과 강한 국가행위자에 대한 부족한 고려라는 비판(Risse et al., 1999)을 대비해서 행위자적 요소의 중요성과 해외파의 제도적 권력이 있는 지위를 강조한다. 하지만 정책입안자와 학자들이 같이 참석한 회의 목록 외에 다른 설명은 없다. 이는 특히 세계화이론이라는 이론적 맥락에서 세계화라는 거시 수준과 정당개혁이라는 중간 혹은 미시 수준 사이의 괴리를 피하기 어렵다는 이론내적 한계에서 비롯된 것으로 의심할 수 있다.

그다음의 다른 연구에서 유진숙(2008)은 독일과 한국의 정당조직에 대한 개혁이 90년대 후반부터 유사한 조직이완과 당원구조 약화라는 현상을 겪었음에도 독일의 경우 "효율성의 증가와 당원 정당구조의 유지라는 두 가지 목표를 동시적으로 추구하고"(유진숙, 2008, 14) 있는 까닭을 설명하고자 한다. 그는 정당민주주의 역사의 부족, 충분한 영향을 미칠 수 있는 대안정당부재와 법적으로 명시된 당내 민주주의의 부재 등이 독일과 한국 정당제도의 결정적인 차이이며, 이로 인해 한국에서는 정당의 중요성이 간과되었고, 결국에는 지구당이 폐지될 수 있었다는 흥미로운 분석을 제시한다. 하지만 그의 접근방법은 일종의 경로의존성을 가정하는 역사적 제도주의와 유사하다는 점에서 이론적인 측면에서 한계가 있고, 한국 헌법과 정당법에서 정당이 당내 민주주의를 규정하는 조항이 있다는 점에서 설득력이 떨어지는 부분이 없지 않다. 또한 독일 같은 일종의 '모범사례'에 비해서 한국의 경우에 무엇이 문제가 되는지 구체적으로 지적해 줄 수 있지만, 이렇게 모범적이지 않은 내용의 개혁이 구체적으로 어떻게 가능했는지는 침묵하고 있다. 왜 21세기 초반 한국에서 이러한 개혁이 이루어질 수 있었던 유리한 조건을 제공하였는지에 대한 설명이 없다.

박성진(2006)은 “비판적 제도론적 입장”에서 2004년의 정치관계법의 정치제도개혁을 경험적으로 연구하였다. 비판적 제도론적 접근은 기존 제도론학파와 달리 어떤 특정한 제도의 영향과 효과를 분석하는 것이 아니라, 하나의 실질적인 개혁을 대상으로 삼아 경험적으로 탐구해서 민주주의의 기본원리를 기준으로 하여 그 개혁 절차와 내용의 한계를 파악하고자 하는 것이다(박성진, 2006, 5 이하). 그의 문제의식은 개혁이 민주주의의 원리와 개혁의 필요성에 대한 논의가 부족한 채 민주주의의 명분 아래 진행되어 왔다는 것(최장집, 2003)에서 비롯되었다. 그는 정치제도 변화의 내용과 개혁의 의제설정에서 문제 정의(problem definition)의 주체가 누구인지에 주목하면서 민주화 이후의 정치개혁 패턴을 규명한다.[14] 이 접근은 개혁과정에 개입한 일정한 행위자들의 이해관계가 반영되었다는 행위자 요소를 중심으로 문제설정을 함으로써 시사하는 바가 크지만 몇 가지 이론적 접근방법은 지적

14 커브와 엘더(Cobb/Elder, 1972)에 따라 개혁과정을 의제형성과정과 입법과정으로 나눈 다음 각 과정에서 (1) 문제정의에 개입하는 행위자와 제도변화를 실천하는 행위자(정당)를 포착하고, (2) 공적 의제와 공식적 의제에 대한 관심정도를 파악하고, (3) 각 시기에 각 기구들의 움직임을 관찰한다(박성진, 2006, 8 이하).

할 필요가 있다. 박성진(2006)은 정책연구의 단계모형을 근간으로 의제설정과 문제정의의 단계에서 결정적인 영향을 미친 행위자들을 규명하면서 규범적 입장에서 개혁 과정을 평가한다. 하지만 그의 분석과정에서 드러나는 경험적 결과들은 당시 개혁과정을 이해하는 귀중한 정보로 활용될 수 있음에도 불구하고, 방법론적으로 행위자요소를 과대평가하는 경향이 발견된다는 점에서 지구당 폐지라는 현상을 설명하기에는 충분치 않다. 이런 정책과정 연구를 통해서는 단계 간의 이해과정을 설명하지 못할 뿐 아니라 현실의 상호작용과 우발성을 간과하기 때문에 각 메커니즘과 행위자의 상호작용을 총체적으로 파악할 수 없다.

장훈(2009a ; 2009b)은 행위자와 담론 차원을 중심으로 지구당 폐지의 정책결정 과정에 초점을 맞춰 분석을 시도했다. 장훈(2009b)은 지구당 폐지 사례에 대해 아이디어적 접근을 시도한다. 정당개혁을 다룬 선행 연구업적들을 사후적 분석과 규범적 처방론으로 구분하여 제도변동의 '방법'을 밝히기 위하여 정치개혁의 적자생존 동학으로서의 정책과정에 주목하게 된다. 이와 관련해서 특히 합리적 행위자론과 역사제도주의의 한계를 지적하고, 아이디어 중심(ideational) 접근의 잠재력을 강조한다. 그는 "제도개혁에 담긴 아이디어가 행위자의 이익이나 제도의 경로의존뿐만 아니라 사회적 규범의 영향력까지도 통합하는 중대변수"(장훈, 2009b, 123)임을 밝혔다. 지구당 폐지와 같은 정책개혁으로 인한 제도변동의 동학을 파악하기 위해 아이디어를 '통합하는 중대변수'(장훈, 2009b)로 설정하는 것은 모슬러(2008a)의 기본 문제의식과 비슷하고 본 논문의 접근방법과도 유사하다. 이는 초기 정치제도로부터 시작해서 개혁담론 경쟁, 정치세력 변동, 신자유주의화로 인한 사회변동 등의 요소를 포괄적으로 고려한 정당정치의 동태적 특성을 종합적으로 접근하는 연구다. 또한 2004년에 사회적 요구와 정책혁신가들의 이해관계가 시간적으로 겹치게 된 것(모슬러, 2008b, 126-130 비교)이 중요하다는 것에 동의한다. 하지만 장훈(2009b)은 이론적인 분석틀을 제시하지 않고 경험적 자료를 수집하지 않았기 때문에 경험적 자료는 한계가 있고 이론적 토대에 보완할 여지가 남아 있다. "사상의 영향력을 둘러싼 우리의 설명방식은 정밀한 경험적 인과구조보다는 통주관적 의미론이나 해석론에 가깝다"(장훈, 2009b, 140)고 스스로 평가한 점은 이를 뒷받침한다. 그는 향후 연구의 접근방법의 발전을 위해 "사상 분석의 틀을 통합하는 (…) 방법론적 혁신"의 필요성을 강조한다. 이 점에 대해서는 필자도 동의한다. 그런 의미에서 장훈(2009b)의 연구는 분명히 긍정적으로 평가되어야 한다. 그러나 그의 연구 또한 3가지 측면에서 보완되어야 할 필요가 있다. 첫째, 그는 담론의 기제를 분명히 인식함에도 불구하고 이러한 동태를 거의 다루지 않고 이에 대한 언급도 주로 암시적인 수준에 그친다. 둘째, 이와 관련해서 장훈의 목적은 아이디어의 인과적 영향 확인에 초점을 맞춘 것이기 때문에 아이디어의 소극적인 인지적·규범적 기능에 집중하게 된다. 이로 인해서 아이디어가 결정적이라는 것, 누가 언제 왜 아이디어를 이용하는 것에 대한 설득력이 있는 분석을 제시할 수 있게 되지만, 아이디어를 실천으로 옮기는 구체적인 상호작용의 과정에 대한 분석이 빠져 있어 분명한 한계를 가진다. 셋째, 연구기간을 2003년부터 2004년까지로 제한하기 때문에 지구당 폐지 결정 과정의 더 큰 맥락을 파악하기 어렵다.

박상훈(2004)과 이정진(2008 ; 2010)은 지구당 폐지라는 정책결정을 정당 내지 개혁담론 변화과정의 일환으로 본다. 후자는 1997-1998년 경제위기 전후를 기점으로 지구당의 개혁에서 지구당의 폐지로의 "논점의 변화는 [⋯] 일부 의원들의 이해관계가 정당의 역할 축소 및 의회중심 정당 정치를 주장하던 학계의 논의[⋯]와 결합되면서 가능했다"(이정진, 2010, 357)고 보고, 이에 따른 담론에 따라 지구당이 폐지된 것을 "경제적 효율성이 정치적 대표성보다 강조된 결과"(이정진, 2010, 362)로 진단한다. 하지만 여기서 담론은 단지 지구당 폐지로 귀결되게 하는 논의과정의 내용을 분석하기 위해 활용되었을 뿐, 담론형성 자체에 대한 별 다른 분석이 이루어지지 않았다. 그 이유는 1차적으로 그 논문의 의도에서 찾을 수 있다. 이정진의 목적은 무엇보다 구체적인 대안을 위한 기반을 마련하는 것이라고 추측할 수 있다. 그는 담론이라는 이론적 시각을 통해서 당시 정책결정 과정의 핵심적인 요소들을 추출할 수 있지만, —"지구당의 폐지로 이어진 정당법 개정은 정당 개혁을 둘러싼 이러한 인식의 변화를 반영한다"(이정진, 2010, 354)— 이러한 '인식변화'를 가능케 하는 담론동학, 즉 '아이디어(idea) 전환'에 대한 분석을 제공하지 않는다. 이런 점에서 이정진(2009 ; 2010)은 장훈(2009 ; 2010) 등과 유사한 문제의식을 공유하지만 장훈과 반대로 아이디어보다 담론에 집중한다. 따라서 본 연구의 입장에서는 문제의식과 진단을 같이 하는 부분이 있으나 한계를 지닌다고 할 수밖에 없다.

박상훈(2004)의 연구는 이러한 결과를 낳은 담론발전 자체가 어떻게 가능할 수 있는가의 문제에 초점을 맞춘다. 지구당 폐지까지 가능케 했던 담론이 지배적이 된 과정과 기제를 규명하기 위해 보다 근본적인 질문을 던진다. "민주주의를 이해하는 방식의 문제로부터 개혁 후에 어떤 정치가 만들어지길 기대하는가 하는 문제, 나아가 정치개혁을 어떻게, 왜 해야 하는가의 문제"(박상훈, 2004, 173)이다. 결국 결정과정에서 핵심적인 내용적 결여로 주목되는 부패와 지역주의에 대한 파악, 인물교체를 통한 '변형주의', '중산층 중심의 정치관' 등의 문제화는 현명한 분석으로 평가할 수 있고, 본 연구에서 대부분 확인되는 사실이지만 담론 경쟁과정에서 이렇게 형성될 수 있었던 상호작용 동학과 기제에 대해서는 침묵하고 있다. 이런 점에서 박상훈(2004)의 연구도 역시 본 연구에 중요한 암시와 함께 보완할 필요가 있는 틈도 마련해 주었다고 볼 수 있다.

제3장

담론 이론적 배경과 분석방법

1. 이론적 배경

선행연구에서 이미 살펴보았듯이 사회변동, 사회적 규범, 행위자의 이해관계, 제도의 경로의존성 등 기존의 변동이론들이 가정하는 결정요소들만으로는 지구당 폐지라는 현상을 설명하기가 어렵다(장훈, 2009, 122 이하). 분명 그러한 요소들은 정책과정에서 나름대로 영향을 끼쳤다. 그러나 필자는 핵심행위자들의 결정이 그들의 이해관계에 의한 합리적 선택이었다거나, 제도의 규정성에 따른 행위였다거나, 아니면 규범적 입장에만 기반했다고 보기에는 부족하다는 판단(장훈, 2009, 124-128)에 동의한다.

필자는 그러한 정책결정을 좀 더 설득력 있게 설명하기 위해 위의 각 요소들이 상호작용하는 상관관계를 담론이론이라는 통합적 접근을 통해 규명하고자 한다. 사회변동, 이와 관련된 사회적 규범의 변화, 행위자들 각자의 이해관계 등을 결정이 이루어지는 제도적 맥락에서 작동하는 요소들로 간주하면서도, 그 속에서 행위자들의 아이디어와 그러한 아이디어들이 전달되며 전환되는 담론경쟁이라는 매우 역동적인 과정의 기제와 동학을 파악하고자 한다.

제도주의의 구조주의적 접근과 달리 본 접근방법에서는 아이디어가 단지 하나의 추가적 요소가 아니라 정책결정의 기저에 깔려 있고 정책결정의 본질로 작용하는 것으로 간주한다. 즉 행위자의 행위에 의한 변화를 설명하려고 할 때, 구조주의적 혹은 제도주의적 접근에 비해 본 접근은 다음과 같은 두 가지 장점을 지닌다. 첫째, 구조라는 발견적 도구(heuristic device)는 행동이 규정된다는 것 자체까지만을 가정할 뿐이지만 아이디어라는 개념을 통해 우리는 무엇이, 어떻게, 그리고 왜 규정되는지까지 파악할 수 있다. 다시 말해 아이디어에는 행위의 '대본'(스크립트)까지 포함되어 있다고 볼 수 있다. 둘째, 구조라는 개념으로는 일정한 구조가 새로운 구조로 변형되는 조건을 사고하기 어렵다. 구조가 행위자들의 행위를 규정한다면 구조가 바뀌어야 행동도 바뀔 수 있고, 또 이로 인해서 바뀐 행위로 행위자가 구조를 바꿀 수 있어야 한다. 하지만 이는 구조라는 개념에 비추어 보았을 때 모순이다. 반면에 아이디어는 그 자체가 변화할 수 있기 때문에 하나의 변화를 바뀐 아이디어를 통해 설명할 수 있다. 구조주의적 접근에서 행위로 인한 변화가 미로의 정해진 길 밖의 공간에 한해서만 사고할 수 있는 현상이라면, 아이디어라는 발견적 도구를 통할 경우 행위자는 미로 여부를 인지하고 메타 수준에서 사고함으로써 미로의 벽 자체를 변경시키거나 초월해서 결정할 수 있다고까지 가정할 수 있다. 이런 시각에서 구조란 인간과 상관없이 외적으로 정해진 운명적인 것이 아니라, 행위자의 의지범위 내부에 존재하는 동시에 외부에 존재하는 중첩 결정 요소로 간주된다. 따라서 아이디어라는 개념은 구조를 가지고 모순 없이 설명하기 어려운 부분까지 조명할 수 있는 장점을 지닌다. 구조에는 현상을 형성시키는 행위가 어떻게 발생하는지에 대한 '이용설명서'가 포함되지 않기 때문에 구조 안에서 발생하는 변화를 설명하는 데 치명적인 결함이 있지만(Blyth, 2003a), 아이디어는 변화에 대한 '설명서'라고 할 수 있는 텍스트를 내포하기 때문에 이 부분을 보완할 수 있는 개념이다.

이러한 아이디어의 장점에도 불구하고 구체적인 정책결정을 분석하는 작업에 있어서 아이디어 개념 자체만으로는 여전히 한계가 있다. 아이디어들이 어떤 차원에서 어떻게 상호작용해서 결국 하나의 결정으로 귀결되는 지 파악되지 않기 때문이다. 다시 말해 아이디어의 효과를 파악하기 위해 일정한 행위자들이 견지하고 있는 아이디어들이 하나의 '아이디어군'(群)으로 형성되어 결정과정에서 정책으로 구현된다는 과정적 상호작용의 상관관계를 설명할 수 있는 분석 개념이 요구된다. 왜냐하면 문제를 정의하고 해결하기 위하여 행위자들이 각자 지니고 있는 '설명서'는 조금씩 다르지만 정책결정 내용 하나로 드러날 때, 그러한 결과를 단지 수없이 많고 다양한 아이디어의 합체의 결과라는 식의 사고만으로 제대로 규명했다고 보기 어렵기 때문이다.

이 문제를 해결하기 위해 필자는 담론이라고 하는 또 다른 분석 도구를 도입하고자 한다. 왜냐하면 담론 개념을 도입함으로써 "아이디어" 개념이 갖고 있는 잠재력을 충분히 활용할 수 있기 때문이다. 여기에서 필자가 사용하고자 하는 아이디어의 개념은 슈미트(2002)가 제시한 것이다. 그에 따르면 아이디어란 '홀로 부유하지 않고' 늘 담론적 맥락 안에서 존재하기 때문에 담론 개념 없이 아이디어라는 분석 요소만으로 충분한 분석이 어렵다(Schmidt, 2002). 그는 "우리는 담론에 대표되는 아이디어들과 […] 아이디어들이 전달되는 상호작용의 과정을 동시에 보여 줄 수 있다"고 주장한다(Schmidt, 2008, 309). 담론은 아이디어들을 전달하고 동시에 아이디어들은 담론을 지탱한다는 상관관계 속에서 아이디어를 이해할 때 비로소 제도나 구조로 사고할 수 없는 부분까지 파악할 수 있게 된다. 담론이란 "일정한 실천들에서 생산·재생산·전환되는, 물질적이고 사회적인 실재에 의미를 부여하는 아이디어, 개념, 범주화 등을 포함하는 일정한 집합체"(Hajer, 1995, 60)로 볼 수 있다. 이에 따라 정책이나 정책을 통해서 규제되어야 하는 현상을 '물질적이고 사회적인 실재'로 이해할 경우, 우리는 주어진 현상이 어떻게 문제되는지 하나의 담론 분석을 통하여 파악할 수 있다. 이를 위해 앞으로 필자는 '담론경쟁', '담론연합', '스토리라인'이라고 하는 이론적으로 핵심적인 개념들을 중심으로 하나의 분석틀을 구축하고자 한다(아래 그림 참조).

담론경쟁(discourse competition)이란 담론적 동학이 이루어지는 정책결정의 담론적 하위단위와 지배담론이 형성되는 구도를 가리킨다. 정책을 결정하려는 두 개의 담론연합들끼리 벌이는 담론경쟁의 과정에서 각 행위자들이 어떤 제도적 위치에서 어떤 담론의 아이디어를 통제하려고 하는지에 따라 어떤 아이디어가 결국 영향력을 발휘하였는지 결정된다. 따라서 해당 담론영역의 제도적 요인, 사회경제적 조건, 그리고 기타 담론(영역) 및 이러한 맥락에서 담론경쟁의 형성과정에서 상호작용하는 동적인 역학관계들이 고려되어야 한다. 담론경쟁은 제도 구도(institutional setting) 하에서 이루어진다. 그것은 의사결정이 이루어지는 구체적 절차라는 구조와 공식적 및 비공식적인 처리방법까지 포함하는 개념이다. 기존 담론의 변화나 유지는 담론경쟁을 통해 이루어진다. 담론경쟁은 정치적 제도구조 하에서, 사회적 맥락 위에서 이루어지면서 기타 담론영역들로부터도 영향을 받을 수 있다. 담론경쟁의 가장 일반적인 경우는 기존에 구축된 담론에 도전하는 대안 담론이 발생해서 촉진되는 경우이다. 이러한 담론 도전은 기존 담론의 위기로부터 비롯된다. 여기에서 위기는 외부에서 발생한 충격이나 내부로 유인된 아이디어 변환(idea shifts)이라는 '결정적 사건'(key events)으로 인해 촉발된다. 그로 인해 기존의 아이디어로는 상황을 더 이상 대처할 수 없을 정도의 불확실성이 형성되고 기존 담론들은 소용이 없거나 정당성을 상실하는 상태가 바로 위기이다. 이러한 위기상황에서는 기존의 담론에 기초한 정책들이 발생하는 문제를 더 이상 해결하지 못하고, 그 정책들에 따라 이루어지는 실천들마저 실효성이 의문시된다. 그로 인해서 발생한 공백은 일종의 유인효과로 작동하게 되고, 그 결과 새로운 정책을 정당화하는 새로운 아이디어들과 그 아이디어를 담은 담론이 생성되는 것이다(Schmidt, 2002, 309).

담론경쟁이 정책결정이 형성되는 구도적 맥락에서 파악된다면 담론연합(discourse coalition)은 담론경쟁이 이루어지는 형태라고 할 수 있다. 담론연합은 행위자들이 지니는 이해관계에만 기초한 것이 아니라, 아이디어를 기반으로 하여 만들어진 일정한 사회적 구성물을 둘러싸고 형성되는 대형(隊形)을 가정한다(Hajer, 1995). 다시 말해 담론연합은 일정한 행위자들로 구성되는 사바티에(Sabatier, 1987)의 '옹호연합'(advocacy coalition)과는 다르다. 담론연합은 행위자가 아니라 행위의 결과, 즉 담론적 효과까지도 그 구성요소가 된다. 일정한 아이디어를 소유한 행위자가 특정한 담론연합에 속하게 되는 것은 그의 담론행위를 통해서 이루어진다. 여기에서 벌어지는 담론경쟁은 담론연합의 상호작용에서 비롯된 것이라고 할 수 있다. 따라서 담론연합이란 의도적이든 비의도적이든 하나의 담론을 형성하게 하는 행위자들의 담론적 실천들로 이루어진다.

그러한 담론행위는 행위자의 '배경 인지 능력'(background ideational abilities)과 '전경 담화 능력'(foreground discursive abilities)으로 이루어져 있다(Schmidt, 2008, 314). 배경 인지 능력이란 개인 행위자들이 매순간 경험하는 상황들을 이해하고 의미 있는 사고로 처리할 수 있는 능력을 말한다. 말하자면 세상을 이해하는 근본적 세계관을 생성하는 소극적 인지능력이다. 여기서 사고하는 아이디어들은 대부분 되묻지 않고 당연시되는 무의식적 '합리성'이기 때문에 마치 배경에서 돌아가는 프로그램처럼 배경능력이라고 부를 수 있다. 이와 달리 전경 담화 능력은 행위자들이 적극적으로 수행하는 담론행위를 가능케 하는 능력을 말한다. 담론이라는 개념을 일단 '이야기를 주고받으며 논의하는 것'으로 이해할 경우 그것은 쉽게 의사소통을 통해 의견을 교류하며 토의

하는 과정과 다르지 않다. 이 과정에서 서로 상이한 의견들 간의 교류가 이루어지면서 학습효과가 발생해 각 행위자들은 자신들이 지니고 있는 의견을 변경할 수 있다. 다시 말해서 무의식에 잠재하면서 당연시해 온 개념으로부터 비교적 자유로워져서 담론행위에 임하게 되고, 그로 인해 주어진 현상에 대한 구체적 의견뿐 아니라 결국 세계관까지도 바꾸게 할 수 있는 능력이 바로 전경 담화 능력인 것이다. 이러한 능력은 행위자들이 제도 안에 있으면서도 독립적으로 사고하고, 말하며, 행위할 수 있음을 전제로 한다. 이러한 의사소통의 과정에서 행위자들은 담론을 통해 자기가 속하는 제도의 규칙에 대해 생각하고 논쟁함으로써 바로 그 제도를 유지시키기도 하고 변화시키기도 한다(Schmidt, 2008, 314).

행위자의 제도적 지위는 특정한 제도적 구도 하에서 행위자가 어디에 자리매김되는가에 따라 객관적이면서도 상대적인 권력과 권위를 부여받는다는 것을 의미한다. 즉 그러한 권위는 공식적으로 부여받은 구체적인 권한과 권력일 수도 있고 이와 별도로 다른 행위자들에 의해 인식된 상대적인 권력과 권위일 수도 있는 것이다. 담론경쟁에서의 성공여부는 행위자들이 어떤 스토리라인을 가지고 어떻게 기여를 하는 지도 중요하지만 동시에 누가, 언제, 어디서 담론경쟁에 투입되는가에 따라서도 좌우된다. 이와 관련하여 우리는 절대적 권력지위와 상대적 권력지위를 구별할 필요가 있다. 절대적 권력지위는 행위자가 공식적 지위에 따라 부여받아 구체적으로 행사할 수 있는 권력을 말한다. 예컨대 국회의원보다 대통령이 권력을 행사할 수 있는 능력이 더 많고, 학자보다 국회의원이 정책과정에 영향을 미치는 권력이 더 많다.

하지만 공식적 지위에서 활용할 수 있기 위해 부여받은 이러한 권력 외에 또 다른 권력원천들이 존재한다. 이것이 바로 상대적 권력이다. 상대적 권력지위는 공식적 지위 혹은 직위에서 비롯된 권력이 아니라, 행위자가 어떻게 인식되는가에 따라 권위가 높아지거나 낮아진다는 것을 말한다. 즉 행위자에 대한 인식이 달라지면 그가 행사할 수 있는 권력의 수준이나 그가 행한 행동의 영향력이 달라지는 상황이다.

담론연합들이 수행하는 담론행위는 조정적 담론영역과 소통적 담론영역으로 나누어진다(Schmidt, 2002, 210 이하 ; 2008, 310 이하). '조정적 담론영역'(coordinative discourse)은 아이디어들이 구성되는 영역으로, 정책결정에 직접적으로 관여하는 행위자들 사이의 상호작용을 가리킨다. '소통적 담론영역'(communicative discourse)은 아이디어가 더 넓은 범위의 행위자들에게 소개되고 여론 차원에서의 숙고를 통해 정당화가 추구되는 과정을 말한다. 이러한 두 가지의 담론영역들에서 행동하는 행위자들은 겹치는 부분이 있을 수도 있다. 그렇지만 어떤 영역에 주로 참여하는 행위자 군을 구별할 수 있다. 대체로 조정적 담론영역과 행위는 정책적 성격, 소통적 담론영역과 행위는 정치적 성격을 가진다. 조정적 담론영역에서 행동하는 행위자는 직접적으로 정책을 결정하는 국회의원 이외에 직간접적으로 결정에 관여하는 정당 간부, 학자·전문가, 국가기구(관계자), 고문 등 이른바 '인식공동체'(epistemic community)로 표현되는 행위자군이다. 소통적 담론영역은 이보다 넓은 범위를 포괄한다. 예컨대 선거운동, 공적 논쟁, 정책포럼 등에 관여하는 정치지도층, 언론인, 풀뿌리 조직, 사회운동을 통해 담론에 참여하는 시민사회 구성원, 여론조사와 선거결과에 반영된 민심 등이 거기에 속하며, 이들은 새로운 담론의 숙고와 정당화 과정에 참여한다. 조정적 담론영역이 핵심행위자들이 서로 설득하는 과정을 말한다면 소통적 담론영역은 핵심행위자들이 기타 행위자, 언론, 대중 등을 설득하려는 측면을 가리킨다.

지금까지 기본적인 이론들과 개념들을 설정하고 정책결정의 본질적인 동학과 기제를 다루기 위한 자원들을 살펴보았다. 앞으로는 하나의 정책적 결정이 이루어지게 하는 담론경쟁의 보다 구체적인 동학을 이해하기 위한 개념적 자원들에 대해 살펴보도록 하겠다. 하나의 담론이 관철되어 구체적인 정책으로 구현되려면 그에 대한 인지적 납득이 이루어져야 하고 스스로 규범적 설득력을 지녀야 한다. 인지적 아이디어(cognitive ideas)는 현재 상황을 파악하고 앞으로 무엇을 해야 하는지 설명하는 사고행위이다. 규범적 아이디어(normative ideas)는 해야 마땅한 것에 비추어 상황의 장단점을 표현하는 사고행위이다. 담론과정에서 담론으로부터 촉진되는 정책은 그 정책, 그 정책이 속한 정책 프로그램, 사회 전반적인 철학(여론)이라는 일정한 의미맥락 안에서 정당화될 수 있고(justifiable) 타당해(legitimate/appropriate) 보여야 한다. 인지적 아이디어는 정책이 문제를 어떻게 해결할 수 있는지, 프로그램들은 해결해야 할 문제와 해결방식을 어떻게 정의하는지, 그리고 정책과 프로그램에 관련된 과학분야의 사조나 기술적 실천들이 서로 어떻게 맞물려 있는지에 대하여 설명을 제공한다. 규범적 아이디어는 정책과 프로그램에 대한 일반 대중의 욕망과 이상을 어떻게 충족시킬 것인지에 대해 설명을 제공한다. 인지적 아이디어는 정책의 논리와 필요성을 기술적(정책적) 차원에서 주장하는 반면, 규범적 아이디어는 정책이 사회의 기본적 가치와 얼마나 부합하는가 밝힘으로써 정책의 적절성을 도덕적(정치적) 차원에서 주장한다. 때문에 인지적, 규범적 아이디어의 두 차원 모두에서 설득력 있는 설명을 제공해야 대안적 아이디어가 제도화될 가능성이 높아진다.

그렇다면 어떻게 상대를 설득할 수 있을까? 설득력의 여부는 정책의 관련성(relevancy), 적용성(applicability), 일관성(coherence), 상관성(referentiality) 등에 좌우된다(Schmidt, 2002, 218 이하). 관련성과 적용성이란 각각 해당 정치체제에서 해결되어야 할 필요성이 있거나 해결이 요구되는 문제에 대한 정확한 정의가 이루어져야 한다는 것과 그렇게 정의된 문제를 해결할 수 있는 방안을 고안하는 것을 의미한다. 이러한 정책의 관련성과 적용성이 정책 프로그램의 일관성과 상관성으로 나타나는 것이 중요하다. 어떤 대책의 성공적 실현을 위해 제시된 문제 해결책의 개념, 규범, 방법과 장치 등이 모순되지 않고 일관적인 것으로 보일수록 그 정책의 설득력이 높아진다는 것을 말한다. 중요한 것은 담론에 의해 주장되는 해결책이 일관성 있게 보여진다는 사실이다. 이것은 담론으로서는 일관성이 있어 보일지라도 실질적으로 그러한 일관성은 없거나 그만큼 높지 않을 수도 있음을 의미한다. 상관성은 주장하고 있는 정책이 이전이나 다른 대안정책과 비교했을 때 문제를 해결하는 데 우월하고 향후 문제까지 예방할 수 있다는 것을 보여줄수록 해당 담론의 설득력이 높아진다는 것을 의미한다(Schmidt, 2002, 219). 예컨대 호주제가 폐지된 것은 가족형태의 구체적 변화에 따른 것으로 볼 수도 있지만, 이 변화 자체는 가족운영에 대한 다른 생각에서 비롯된 만큼 가족에 대한 새로운 인식이 사회 전체로 확산되어 일반화되었기 때문에 그러한 제도변화가 가능했던 것으로도 볼 수 있다. 다시 말해서 헌법재판소의 호주제 위헌판결과 민법개정은 호주제 내지 가족에 대한 새로운 아이디어의 제도화로 볼 수 있다. 행위자들은 제도 안에 있으면서도 제도의 규칙에 대해 숙고하고 다른 행위자에게 제도를 변경시키거나 유지하도록 설득할 수 있기 때문이다.

담론경쟁에서 이루어지는 이러한 담론적 동학은 각 담론적 연합의 행위자들이 발화하는 '스토리라인'(story-line), 이로 인해 이루어지는 일정한 내러티브의 서사화[15], 현상에 대한 프레임화,[16] 프레임화 간의 상관 관계에서 발견할 수 있다. 스토리라인이란 하나의 대상에 대해 의견교류를 할 때 행위자들이 활용하는 일종의 압축 내러티브의 형태이다(Hajer, 1995, 56). 스토리라인을 통해 사회현실에 대한 일정한 담론의 '내러티브'(narrative)가 형성되고 전달되어, 결국 하나의 '프레임'(frame)으로 귀결되면서 정책결정에 구조화되거나 아예 지배적인 영향을 미친다(Hajer, 1995, 62 이하). 따라서 일정한 담론을 표현하는 스토리라인이 설득력 있게 제시되는 측면은 중요한 기준이 된다.[17] 어떤 행

---

15 여기서 서술화(narrativisation)와 내러티브(narrative)라는 개념은 Ricoeur, 1979 ; 1991, Viehoever, 2006 등에 의해 개념화된 것에 따른다.

16 필자는 여기서 프레임은 Goffman, 1974 ; 2000, Rein und Schoen, 1993, Schneider and Janning, 2000 등의 개념을 따른다.

17 행위자들은 이러한 스토리라인을 이용함으로써 단기 논거의 중립적인 제시뿐만 아니라, 담론적 전략으로 은유, 환유어, 속어, 구호 등 인식조작 표현(evocative phrases)을 활용함으로써 특정한 담론이 관철된다는 방향으로 담론경쟁을 몰아갈 수 있다. 특히 소통적 담론영역에서 이러한 전략은 주어진

위자에 의해 일정한 담론에 속한 스토리라인이 이용되었을 때, 이것은 그 담론 재생산에 기여하는 연합행위로 이해될 수 있다. 스토리라인의 논거구조와 내용을 분석하는 작업은 그것이 어떠한 담론에 속하거나 기여하는지, 그 담론은 주어진 현상에 대해 어떠한 문제정의를 내리고 그에 따른 해결책은 무엇인지 파악할 수 있게 한다. 논거구조는 스토리라인의 구성요소인 에피소드에 의해 생성되는데, 이때 에피소드는 다음 여섯 가지로 구분된다(Viehöver 2006, 197 비교 ; Johnson and Hagström, 2005, 374 비교). 첫째는 문제에 대한 설명이나 정의를 하는 방식이다. 둘째는 문제의 원인이나 원천에 대한 입장이다. 셋째는 이러한 문제로 인해서 발생할 결과에 대한 평가이다. 넷째는 문제를 해결하기 위하여 타당한 대책에 대한 설명이다. 다섯째는 이러한 대책을 적용할 경우의 결과에 대한 예견이다. 여섯째는 전반적인 결론이다. 행위자들은 스토리라인이라는 실천을 통해서 문제에 대한 논의에 참여하게 되고, 그러한 실천을 통해 초점이 맞추어진 현상에 대한 일정한 틀을 규정하는(framing) 내러티브(narrative)가 형성된다. 내러티브는 다양

현상에 대한 문제정의를 일정한 담론의 틀에서 해석하게 함으로써 이에 상응하는 특정한 방향의 정책을 결정하게 된다. 특히 '알고 있는 것을 통해서 또 다른 모르는 것을 이해시키는' 은유활용법의 영향력은 크다. 그러나 이러한 수사학적 기능의 효과가 중요하다고 해도, 단지 '재미있는 이야기를 들려주는' 것만으로는 불충분하다. 스토리라인, 내러티브, 프레임 등이 주장하는 논거는 논리적으로 일관성 있는 정보를 제공하고 실현이 가능한 대책을 제안하고 문제에 대해 효과가 있는 해결책을 확인해주고 이러한 개혁의 전반적인 결과가 적절한 수준에 있어 보여야 한다는 것이다(Schmidt, 2002a, 217).

한 스토리라인으로 구성되지만 스토리라인들의 단순한 수적 총합은 아니며, 스토리라인들 사이의 상호작용의 구성물이라고 할 수 있다. 이러한 스토리라인들의 상호작용으로 형성되는 내러티브는 언제나 약간 변형되며 동적이다. 다만 다음과 같은 두 가지 방식으로 어떤 담론에 의해, 그리고 바로 그 담론을 통해서 하나의 프레임으로 구현된다. 그 방식 중 하나는 주어진 현상 혹은 대상에 대해 발단, 전개, 결말이라는 소설의 3단계 구성과 같은 하나의 서술구조를 가진다는 것이다. 다른 하나는 이 서술구조가 다른 담론의 서술구조와 분명히 구별된다는 것이다.

〈그림 3-1〉 담론연합의 기제 모형

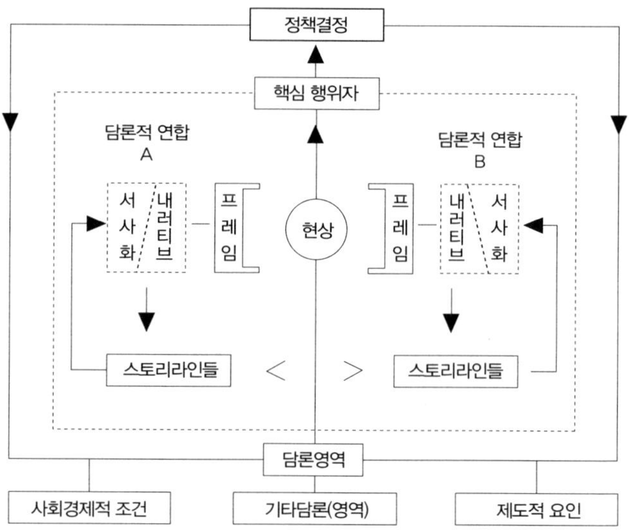

2. 분석방법

이 연구에서는 한국의 지구당 제도 폐지라고 하는 단일사례에 대한 경험적 분석을 수행한다. 분석은 정책결정으로 이어진 그동안의 과정적 발전양상을 파악하고, 아이디어들의 실천을 촉진한 결정적인 행위자 구도와 그들 사이의 상호작용을 규명하기 위한 과정추적 작업 및 시계열적 비교 접근을 통해 이루어진다. 정책결정 과정은 일정한 정책 하위체제 내외적인 충격으로 인해 촉진된 위기상황에 따라 담론 도전, 담론 구조화, 담론 제도화, 담론 공고화 등 네 가지 발전단계를 거쳐 형성된다(아래 그림 참조). 담론도전은 위기로 인해 발생한 불확실성의 상황에서 기존 담론에 도전하는 담론이 형성되는 상황을 가리킨다. 이 단계에서는 지구당 현상에 대한 대안적 아이디어가 의제로 오르기는 하지만 아직까지 정책논의나 정책결정에는 결정적인 영향을 미치지 못하는 수준이다. 담론 구조화 단계에서는 대안적 아이디어가 공식의제로 채택되어 정책논의를 지배하게 되고 그에 따라 정책결정에도 부분적으로 반영되기 시작한다. 담론 제도화 단계에서는 대안적 아이디어의 담론에 따라 정책결정을 통한 제도변화는 상당하거나 완전하게 이루어지고, 그에 따라 담론은 구체적인 규정으로 구현된다. 끝으로 담론 공고화 단계에서는 새로운 아이디어에 기반한 담론의 제도화에 따라 해당 규정이 권위를 지니는 것으로 재확인, 재생산되어 새로운 지배담론으로 거듭 태어난다.

〈그림 3-2〉 담론 전환 발전과정 단계 동학 모형

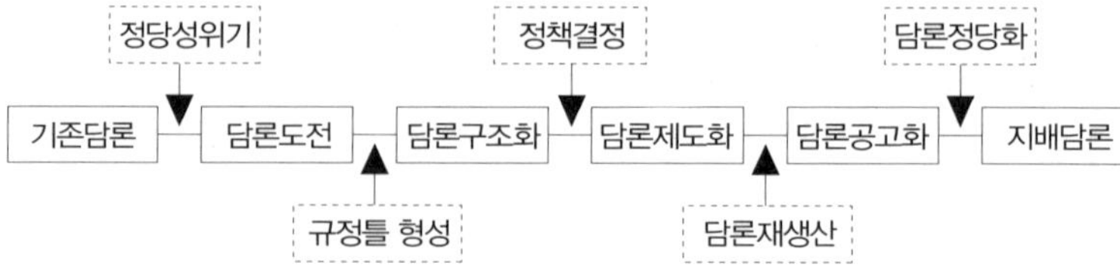

패권적 담론일지라도 항상 전환이나 교체의 대상이 될 수 있다. 따라서 우리의 관찰은 과정의 중간에서부터 시작할 수는 없다. 왜냐하면 정책결정 전반의 생성 발전과 그 역학은 하나의 속사(速寫)의 방법으로는 충분히 이해할 수 없기 때문이다. 이런 점에서 필자는 잠재적으로 되풀이되는 담론경쟁의 기간을 개시부터 종결까지 '10여 년'(Sabatier, 1988)으로 가정하려고 한다. 정책결정에 대한 정확한 분석을 위해 10여 년의 기간을 설정해야 한다는 가정은 정책분석과 관련한 연구 분야에서 다양한 연구들에 의해 확인되었고, 일반적으로 수용된 것이기도 하다(Sabatier, 1988, 131). 그런 의미에서 본 논문은 분석기간을 1992년부터 2008년까지의 기간으로 설정한다.

분석은 행위자의 제도적 맥락(콘텍스트), 행위자의 스토리라인(텍스트), 법안, 법률, 판결 등 행위자의 담론적 인위물(artifacts)을 분석하고, 이를 세 가지 측면에서 규명하기 위해 다음과 같은 질문을 던진다.

첫째, 누가 말하는가? 이 질문은 행위자의 절대적이고 상대적인 권력지위를 확인하기 위한 것이다.

둘째, 무엇을 이야기하는가? 이 질문은 행위자들의 스토리라인을 규명하기 위한 것으로 다음과 같이 여섯 가지의 질문들을 던진다. 행위자는 (1) 직면한 문제를 어떻게 묘사하거나 정의하는가? (2) 문제의 근원이나 원인에 대한 입장이 무엇인가? (3) 문제의 결과에 대한 전망이 무엇인가? (4) 문제에 대한 타당하고 대안적인 해결책이 어떻게 설명되는가? (5) 해결책으로 인해서 발생할 결과에 대한 입장이 무엇인가? (6) 원리, 가치 규범 등을 통해 어떻게 대책을 정당화하며, 어떻게 결론을 짓는가? 질문 (1)번, (2)번과 (3)번은 스토리라인의 기본 내용에 대한 질문이다. 이에 대한 답은 행위자가 현황을 어떻게 파악하는지 보여준다. 질문 (4)번과 (5)번은 이러한 현황평가를 바탕으로 해서 대안 목표를 찾는다. 질문 (6)번은 행위자의 가치관, 세계관, 그로 인한 규범적 입장을 묻는다.

셋째, 행위자가 기여한 스토리라인의 어떤 요소가 반영되어 법규범에 구현되었는가?

경험적으로 관찰할 수 있는 범위로 분석하기 위해 시간적 하위단위로 국회회기를 삼는다. 왜냐하면 바로 국회 회기 중에 이루어지는 소위원회, 위원회와 본회의에서 아이디어들이 제도화되었는지 여부, 입법과정에서 그것들이 어떻게 구현되었는지 여부, 어떤 측면에서 관철되었는지 여부 등을 구체적으로 확인할 수 있기 때문이다. 경험적인 범위를 이렇게 구체적으로 확정하는 일은 분석에 필요한 자료에 어떤 담론파편들을 포함시켜야 하는 지에 대한 결정에도 도움이 된다. 그렇다고 정책결정에 경험적으로 가장 가깝다고 해서 분석을 국회의원이라는 행위자들로 제한하지 않을 것이다. 조정적 담론영역의 분석을 위해서 전문문헌 외에 일간지, 공청회 회의록, 학술대회 자료집, 국회 각 위원회 회의록, 법률, 판결문 등과 국회의원, 국회의장, 정치전문가 등과의 인터뷰 등을 자료로 활용한다.

연구대상은 정당법 개정의 구체적인 정책영역(policy domain)에서 지구당 폐지라는 정책결정을 하나의 정책 하위체제(policy subsystem)로 설정해서 정확히 그것에만 국한시킨다. 한국 정치체제에서 이러한 정책결정이 이루어지는 과정은 바로 구체적이고 명확하게 규정된 입법과정(legislation process)이다. 제도적 범위를 시간적 범위에 맞물리는 제14-17대 국회의 각 회기(입법기)로 설정하면 논의과정에서 구체적으로 드러나는 변화를 담론의 구현으로 확인할 수 있다. 시간적·제도적 하위분석단위는 1992-1996년, 1996-2000년, 2000-2004년, 2004-2008년 등 총 4기로 구분하여 설정한다. 이렇게 함으로써 과정에 관여한 행위자들을 더 정확하게 규명할 수 있을 뿐만 아니라 그들의 소통행위에서 발생하는 현실의 변화를 그 시기 내에 일어난 법률의 변화와 구현의 과정에서 정확하게 확인할 수 있게 된다. 각 시기에 해당 (특별)위원회들과 국회본회의에서 누가 무엇을 어떻게 결정했는가 하는 질문은 경험적 자료를 통해 비교적 구체적으로 규명할 수 있다. 이를 위해 활용한 자료는 각 시기의 언론보도, 위원회와 토론·학술대회 회의록, 행위자 인터뷰 등이다. 대표적으로 지구당 존폐문제를 다룬 언론보도, 특히 일간지 기사를 분석한다. 언론보도의 대부분은 소통적 담론에 해당하지만 심층분석을 위해 필요한 자료를 찾기 위한 실마리를 제공한다는 점에서 조정적 담론 영역의 탐구에 있어서도 중요하다. 특히 이와 관련된 정당들 내의 회의나 결정과정과 관련한 기록자료가 거의 부재하기 때문에 언론기사는 중요한 자료가 될 수밖에 없다. 필자는 한국언론연구원이 제공하는 인터넷 언론기사 DB인 KINDS를 이용하여 매일경제, 한국경제, 한겨레신문, 경향신문, 문화일보, 세계일보, 한국일보, 파이낸셜뉴스 등 일간지의 기사들을 수집하여 양적·질적 분석을 수행했다. KINDS에 포함되지 않은 연합뉴스, 조선일보, 중앙일보 등과 월간 말, 조선주간, 신동아, 중앙주간 등의 계간지 및 KBS, MBC, SBS 등 TV 보도물의 내용들은 별도로 수집했다.

또 지구당 존폐문제를 다룬 정당 간, 정당 내, 정파 내 등 다양한 영역에서 이루어진 회의들, 정당과 시민사회 공동개최 토론회, 언론에서 마련한 좌담·토론회, 학술대회 등과 국회 각 위원회 회의·본회의의 회의기록을 분석했다. 지구당 문제와 관련된 논문, 전문보고서 등도 이에 포함된다. 당내 회의에 대한 기록은 당이 아니라 국회도서관이나 다른 도서관에 보관된 자료들이다. 또한 논의과정의 일부였지만 기록되지 않았던 담화들까지 고려하기 위하여 핵심적 행위자들과 관련 전문가들에 대해서 면접조사를 진행했다. 면접대상자는 권영길 국회의원(전 국회 정치개혁입법 특별위원회위원), 고(故)김근태 소장(전 국회의원, 장관), 김성순 한나라당 정책위원장(전 국회의원, 특별위원회 정당법소위원회 위원), 김성호 국회의워(전 국회 정치개혁입법 특별위원회 정당법소위원회 위원), 김정진 변호사(전 민노당 고문), 박관용 소장(전 국회의원, 국회의장), 선낙인 교수, 손혁재 교수(전 참여연대), 심규철 위원(전 국회의원, 국회 정치개혁입법 특별위원회 정당법소위원회 위원), 유시민 참여정책연구원장(전 국회의원, 장관, 법제사법위원회 위원), 이만섭(전 국회의원, 국회의장), 임호상 선관위 정당과 국장, 정대화 교수, 정범구 국회의원, 정영태 교수, 천정배 의원(전 장관, 국회 정치개혁입법 특별위원회 위원, 당내 정치개혁특별위원회 위원장) 등이다.

그리고 제5장부터 제8장까지는 각 국회의 회기(입법기)별로 진행된 지구당 담론들에 대한 경험적 분석을 진행한다. 정책결정이라는 하나의 유기체적 과정을 분석하기 위하여 각 시기마다 기본적으로 다음과 같이 6단계 분석틀을 일관되게 적용한다.

- 담론대상의 부상과정
- 담론공간을 구성하는 행위자 구도
- 내러티브
- 지배적 의제와 조건들
- 담론연합의 경쟁
- 요약 및 소결

제4장

지구당 제도의 도입과 변천

1. 정당의 조직구조

정당의 다양한 기능들은 간략하게 말하자면 참여, 전달, 선발, 통합, 사회화, 자동조절, 정당화 등 7개로 요약할 수 있다(Alemann, 2003, p. 212 이하)[18]. 정당 조직은 정당이 추진하고 있는 모형이나 갖추어진 형

18 좀 더 구체적으로 열거하면 다음과 같다. 엘리트 선발 및 충원 ; 의지형성, 프로그램 및 목표설정 ; 여론형성, 정보, 소통 ; 정부구성, 조정 및 조절 ; 투표유도, 득표율과 선거운동 ; 이익전달 및 이익대표, 집단통합 ; 이익집약, 후보 공천 및 후보 제시 ; 교육 및 정치적 사회화, 대중동원, 대중조직화, 참여 ; 선전,

태에 따라 달라진다.[19] 정당의 형태는 시대, 나라, 당에 따라 다양하다. 19세기 말과 20세기 초에 막스 베버가 연구한 간부정당과 (통합)대중정당을 규정한 형태는 뒤베르제에 의해 발전되었다. 그리고 키르크하이머(Kirchheimer)는 포괄정당, 파네비앙코(Panebianco)는 선거전문가정당을 현재의 정당형태로 규정하였다. 1960년대 이후 정당은 많은 변화를 겪었다. 1980/90년대 들어 정당 형태가 담합정당(Kirchheimer, 1954b in Krouwel, Katz/Mair)으로 변형되었다(후기 담합정당과 기업정당 형태를 제외하고는). 이처럼 정당의 유형에 관한 다양한 규정이 존재한다(Yishai, 2001 ; Krouwel, 2006). 예컨대 독일, 미국, 영국 등에서 각각 다른 정당 전통 때문에 전반적으로 다른 정당형태가 발견된다.

동원과 지지 ; 정당화, 합의형성 ; 연계기능 ; 이익중개 및 이익전환 ; 정부통제 ; 체제유지 ; 체제개혁과 체제혁신 등이다(Wiesendahl, 1980, 188).

19 정당 조직에 대한 정의는 정당사의 각 발전단계마다 다르다. 정당에 대한 최소한 정의는 버크(Edmund Burke), 베버(Max Weber)와 사토리(Giovanni Sartori)가 가장 많이 인용된다. 18세기의 정당을 연구한 버크에 따르면 "정당이란 모두 다 동의한 기본원칙에 바탕으로 해서 국익을 촉진하기 위해 공동적으로 노력하는 집단이다"(Burke, 1770). 베버는 "정당은 자유로운 결사에 의하여, 지도자는 권력을 그리고 적극적인 당원은 물질적 내지 인격적인 목적을 달성하기 위하여 활동하는 단체다"(Weber, 1914). 사토리에 따르면 정당은 "선거에 참여하고 선거를 통해 공직후보자를 선출시킬 수 있는 모든 정치적 단체다"(Sartori, 1976). 예를 들어 21세기의 정의는 다음과 같다. "정당은 유권자와 당원들의 참여를 제공하고 정치적 직원을 선발함으로써 이 참여를 정치적 영향으로 전환시켜 다시 정치적 통합과 사회화에 기여하여 정치적 제도의 전반적인 정당화를 촉진하는 영구적으로 설립된 자발적 조직이다"(Alemann, 2003, 11).

이런 국가들은 상이한 통치제도, 행정구조, 문화·역사를 갖고 있지만 대의민주주의의 실천을 위해 국민대표기관(국회)이 있고, 또 대의민주주의 원리에 따라 국민들에 의해 국민대표들이 선출된다는 공통점을 갖고 있다. 그렇기 때문에 각 나라의 정당조직의 구조도 적어도 형식상으로는 거의 동일하다. 전국 수준의 중앙당 외에 각 하부 행정구에 따라 정당조직이 설치되어 있다. 한국의 정당들이 중앙당, 시·도당, 지구당, 연락사무소 등 최소한 4개 수준의 조직구조 갖고 있는 것처럼 독일, 영국, 미국, 캐나다, 일본, 대만 등도 유사한 조직구조를 갖고 있다. 다만 정당의 조직구조가 형식적으로 매우 비슷하지만 각 수준에서 조직의 규모, 권한, 활동여부, 활동내용 등에 있어서는 차이가 분명하다. 독일과 영국의 경우 정당조직은 최소한의 지리적 단위에서까지 매우 구체적이고 규칙적인 내용의 활동도 하고 상향 결정구조에서 권한의 실현된다. 동시에 중앙당의 권력이 강하기 때문에 정당조직의 상하 권력과 정당관계가 상호견제해서 어느 정도 균형이 유지되고 있다. 한편, 미국과 캐나다의 정당은 주 단위 이하에서의 정당 활동은 거의 선거기간에 한해서만 이루어진다. 또한 전국 수준의 조직 이하 정당조직은 유럽정당보다 훨씬 더 독립적이다.[20]

정당들의 조직(내부)구조가 이렇게 다양하지만 전반적인 규범화가 가능하다. 벡과 수러프(Beck and Sorauf, 1992)는 정당조직구조를 '정부 내 정당'(party in government), '조직으로서의 정당'(party as organization),

20 이와 관련해서 미국보다 캐나다가 더 그렇다. 여기서는 전국당과 지방당의 관계는 거의 유지되지 않고 별도로 활동한다.

'유권자 내 정당'(party in the electorate) 등으로 분류한다. 이와 비슷하게 코타(Blondel/Cotta, 1996)는 '정부 내 정당'(party in government), '원내정당'(party in parliament), '당원조직'(membership party) 등으로, 메어(Mair, 1997)는 '공직 내 정당'(party in public office), '중앙당'(party in central office), '기초정당'(party on the ground) 등으로 정당구조를 규정한다. 각 조직규정은 중점이 다르고 부분적으로 중첩되기 때문에 다시 정리하면 정당의 조직은 크게 원내정당, 중앙당 그리고 각 지역수준의 정당 기반조직으로 구분될 수 있다. 따라서 '원내정당'(party in parliament), '중앙당'(central party)과 '정당기반'(party base)으로 구분하는 것은 정확하다.[21] 다른 분류와 같이 이 규범을 모든 정당에 적용할 수 있다. 다만 당마다 각 부분의 중요성은 조금씩 다르다. 그림으로 보면 다음과 같다.

〈그림 4-1〉 정당조직의 삼각구조

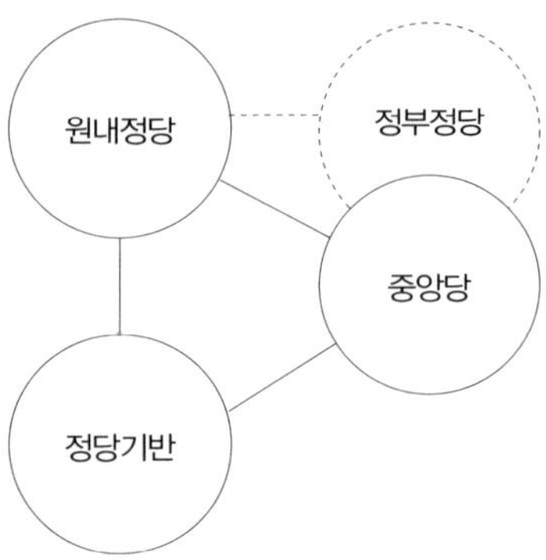

21 물론 여당의 경우에는 정부 내 정당(party in government)도 있고, 지자체정당(party in local self-government)도 있다. 공직자, 당관료, 당원, 지지자, 유권자, 인민 등의 범주화는 각 정당조직차원에 겹친다.

정당기반조직은 정당의 핵심 역할인 연계(linkage)를 수행하기 위한 조건을 마련한다. 연계역할은 참여와 대표라는 두 기능영역으로 분류할 수 있다(Lawson, 1998, 14). 구체적으로 말하면 여기서 의견수렴, 정치활동, 교육 등을 통한 정치화, 후보자 공천, 공직자 충원, 지도부 견제 내지 통제 등이 이루어진다. 연계기능은 '참여적'(participatory), '선거적'(electoral), '정실적'(clientelistic), '지시적'(directive) 같이 다양한 유형으로 다시 분류된다(Lawson, 1998, 16-7).

〈그림 4-2〉 주요 정당 지구당의 수(2003년 기준)

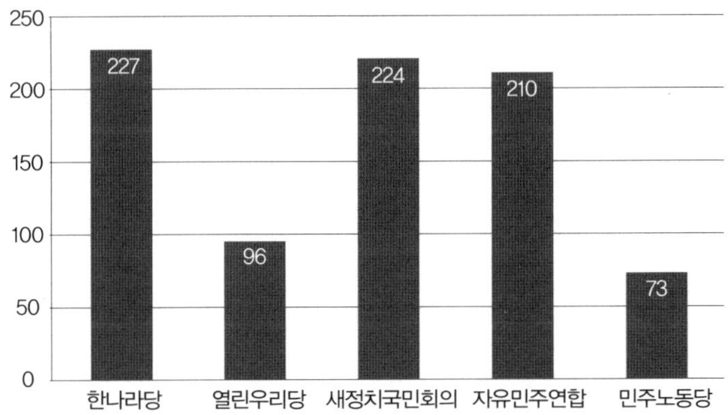

2004년까지 한국에서 정당의 핵심적 지역하위조직인 지구당은 간접적으로는 헌법, 직접적으로는 정당법, 정치자금법, 선거법 등에 의해서 전반적으로 규정되었고, 각 당규는 지구당의 기능과 역할을 규정했다. 2004년 선거법에 의하면 전국 227개 중 10분의 1의 선거구에 지구당이 설립되어 있어야 정당으로서 법적인 설립요건을 갖춘다. 서양 국가와 달리 한국에서는 행정구와 선거구가 일치하도록 법이 제정되었다. 선거구 지구당의 기능과 역할은 당내 조직 수준, 당과 국민, 당과 선거인구 간에 공천, 자금, 충원, 동원, 민원 등 4가지 차원에서 매개나 연계 역할을 한다. 지구당의 공천기능은 국회의원, 지방의원, 지역의원, (중앙당, 시·도당, 지구당 등의) 당직 등에 해당하는 선발과정으로 실현되어 충원 기능까지 포괄한다. 자금조달은 중앙당에서 지구당, 지구당에서 중앙당으로 당 내에서 이루어진다.

〈그림 4-3〉 정당 하부 기구로서의 지구당의 관계와 역할

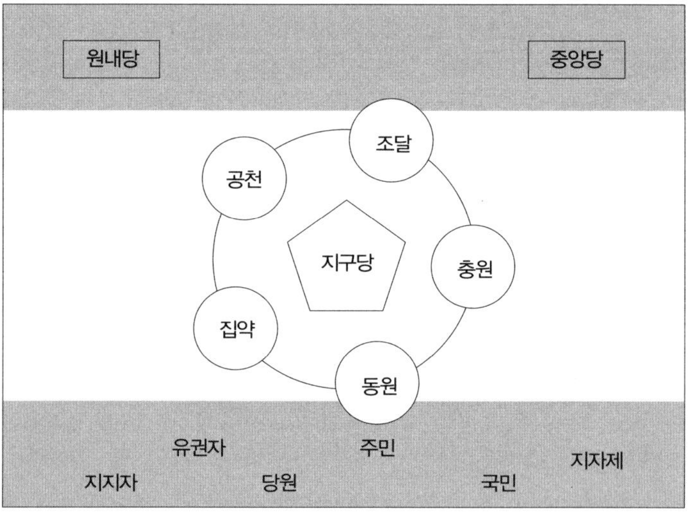

하지만 당비를 내는 당원들의 수가 매우 적어서 당비로 조달되는 자금의 양은 매우 적다. 주로 선거운동 때는 지구당은 득표를 위해 국민들을 동원하는 역할을 한다. 이러한 각각의 기능과 역할을 포괄하는 것은 민원관리 혹은 의사집약의 기능이다. 민원관리라는 것은 단

지 요구사항이나 불만이 있는 국민이 지구당을 접촉하는 과정에서 이루어진다. 즉 당 밖에서 당 내로 들어오는 문제와 관련된 것이다. 이와 달리 개별 상담, 행사와 다른 접촉의 경우에는, 당 안에서 밖으로나 쌍방향의 교류의 과정에서 국민들의 의사가 집약되고 국민들이 교육을 받는다.

2. 한국의 지구당

1) 지구당 조직

2004년에 지구당이 폐지되었을 때까지 지구당의 조직화를 잘 보여주는 사례로 1996년 서울의 한 선거구에 조직화되었던 신한국당의 지구당 사례를 들 수 있다(정영국, 2000 ; 서병길, 1997). 신한국당이 15대 총선을 앞두고 지구당으로 내려보낸 지침서인 〈15대 총선 필승가이드〉(신한국당, 1996)에 설명되어 있는 것처럼 이 지구당의 조직구조는 지구당대회, 위원장, 사무국장, 각 위원회, 각 부장, 동·투표구·리·반 등의 협의회장 또는 책임자로 구성되어 있다. 지구당 최고의 의결기관은 지구당대회이다. 지구당대회는 지구당위원장 선출, 전당대의원 선출, 전국위원회위원 선출, 시도 대의원 선출, 지구당 운영과 선거대책에 관한 사항, 시도 대회에 대한 건의 등의 기능을 가지고 있었다(서병길, 1997, 19). 지구당대회는 (1) 읍, 면, 동 수준의 당무협의회에 의해서 선발된 당직원, (2) 지역에서 선거된 직능대표, (3)시, 군, 구 수준에서 활동하는 당적을 가진 관리부장들, (4) 특별시, 도, 시, 군, 구 수준에서 의원직을 가진 당원, (5) 협의회 간부 등으로 구성된다. 지구당대회 대의원 수는 국회의원 선거구 거주인구의 수에 따라 정해지는데, 200명에서 300명 사이이다.[22] 지구당 집행기관으로는 위원장, 소수의 부위원장들과 사무국장이 있지만, 실질적으로는 위원장 1인의 집행기관으로 봐야 한다(정영국, 2000, 242).

〈그림 4-4〉 지구당 조직 사례[23]

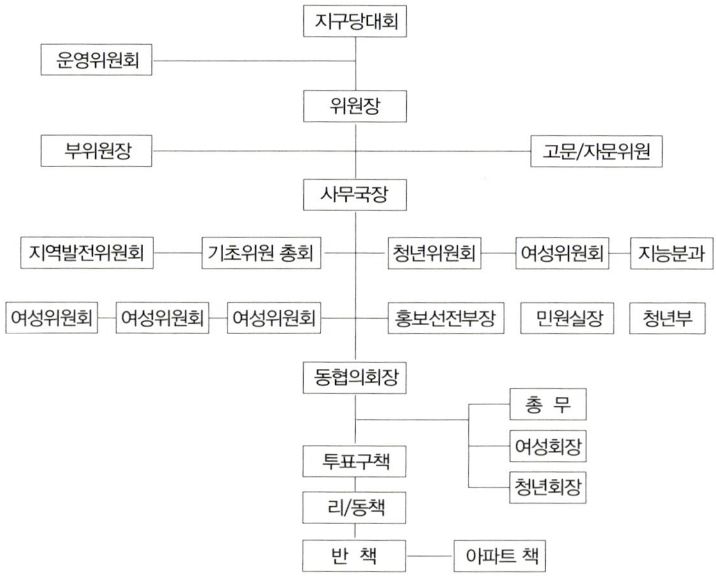

22 서병길(1997)이 인용하는 〈신한국당 지방조직운영〉 제20조에 따르면, 인구 14만 명 이하의 경우 대의원 200명, 14만 명과 21만 명 사이의 경우 인구 700명 당 1명, 인구가 21만 명 이상의 경우 300명으로 규정하고 있다(서병길, 1997, 19).

23 정영국, 2000에서 재인용.

위의 조직을 통해서 해당 선거구의 9개의 동, 40개의 투표구, 364개의 통, 2,091개의 반 등에 64,987세대로서 약 135,000명에 달하는 인구를 대상으로 활동한다. 아래 표에 나와 있는 것처럼 이 지구당조직을 운영하기 위한 인력은 상당하다. 특히 당직자 총 2,700명이 약 135,000명에 달하는 선거구민과의 비율을 계산한 1:26이라는 사실을 보면 더욱 그렇다.

〈표 4-1〉 서울의 한 선거구 지구당 당직자 수

당직	명수
주요 당직자	
위원장	1
부위원장	16
고문/자문위원	20
중앙상무위원	140
청년위원	7
여성위원	40
기간당직자	
동협의회장	9
협의회 청년회장	8
협의회 여성회장	9
협의회 총무	9
투표구책	40
관리장	364
반·아파트책	2,091
총	2,765

이러한 거대 조직을 운영하는 데에 드는 비용은 한 달에 2000-5000만 원에 달한다(정영국, 2000 ; 안영배, 1993 ; 서병길, 1997 ; 정윤재, 2002 ; 정연정, 2009). 물론 상근인력의 인건비는 매월 소요되는 경비의

일부일 뿐이다. 경조사 비용, 각종 격려금, 위원장 개인 품위유지비 등 "지구당위원장을 포함한 정치인들에게 가장 큰 부담으로 작용하는" 비용을 제외하고 제시된 분석자료(서병길, 1997, 62-66)에 의하면 평균적으로 인건비(42%)가 가장 큰 몫을 하고, 이어 사무소유지비(28%), 조직활동비(7%), 당원교육훈련비(7%), 공공요금(5%), 기타 경비(4%), 선전비(3%), 사무용품 및 소모용품(3%), 정책개발비(2%), 의정활동비(1%) 등이다.[24]

신한국당의 사례에서는 사무실 유지비와 대접비용 외에 특히 경조사와 보조금 같은 비용이 가장 큰 몫을 한다(정영국, 2000). 나아가 지구당 위원장이 1년에 72개의 결혼식과 143개의 장례식을 방문했음을 보여주는데, 이는 1주일에 평균 4차례 경조사 방문이 있었다는 것을 의미한다. 또 이런 다양한 이유로 아래 표에서 나온 것처럼 지구당의 월비용은 공식적인 월수입의 몇 배가 된다.

〈표 4-2〉 서울의 한 지구당의 월비용[25]

지출		수입	
내용	금액(백만 원)		내용
상근 직원 인건비 (4명)	6		전년도 이월
사무실유지비	2		당비
접대 및 식비	2		후위원회 기부금
회의준비 및 회식비	1.5		차입금

24 각 비율은 반올림됨.

25 표에 나타난 지출에 대한 자료는 정영국(2000), 수입에 대한 자료는 이현출(2005)에서 인용했다. (지출 : 정영국, 2000 ; 수입 : 이현출, 2005).

경조사·부조금과 관련 비용	6		기타
기타 행사비	1		
총	18.5	4.7	총

현직 국회의원일 경우에 약 9,500백만원의 국회의원 수당(세비)까지 가산하여도 충당되지 않는다. 그 차액의 출처가 비리문제의 원천과 밀접하게 관련되어 있다는 것이 분명해진다.

2) 지구당의 문제점

2004년에 지구당이 폐지되기 전까지 한국 지구당 대부분의 공통적인 문제로 중앙당-지구당의 권한관계, 지구당 권력구조, 지구당 활동내용 혹은 성격 등 3가지의 측면에서 논의되었다. 먼저 (1) 중앙당-지구당의 권한관계는 지구당의 설립요건이 선택권이 아니라 의무사항이기 때문에 규모가 큰 정당에만 유리하였다. 정당을 설립하고자 하면 전국 지역구의 최소한 일정한 곳에서 반드시 지구당을 설립해야 한다는 것이 정당법에 규정되어 있었다. 이러한 지구당 설립작업은 충분한 자원이 있는 거대 정당에 한해 가능한 일이었다. 또한 설립절차에 있어서는 중앙에서 지방으로의 하향절차라서 지구당의 '중앙당 예속화', 즉 중앙당과의 종속관계가 초래된다(정대화, 1998 ; 이경태, 1999). 예컨대 지구당 수준에서는 정치자금관리나 공직후보자공천을 하지 못한다. 또한 지구당 내에서의 각 대의원회 구성원을 지명하는 지구당 위원장은 중앙당에 의해서 지명되기 때문에 지구당의 독립성이 상실

됨(최한수, 1993, 187)에 따라 지구당은 실질적인 권력을 행사하지 못하고 중앙당의 총재나 실세에 의해서 운영되는 수동적 기구로 전락해 있었다(노동일, 1998, 8 ; 13). 이는 지방 선거의 각 공직후보 선출과정에서도 분명히 드러난다. 광역의회, 광역단체장, 기초단체장, 기초의회 등의 선거에는 공식적으로는 민주적으로 아래서부터 구성되고 운영되는 지구당의 결정기구가 작동하지만 비공식적으로는 중앙당에 의해서 결정된다(정연정, 2009, 7).

이와 관련해서 다음으로 (2) 지구당의 권력구조를 보면, 절대적 통치권을 갖는 지구당 위원장 1인체제가 포착된다. 지구당의 모든 자원은 위원장의 정치적 생명 유지, 강화와 연장에 쏠린다(이경태, 1999 ; 정영국, 2000). 지구당 위원장과 하부 지구당 당직자들 간 관계는 후견인-수혜자 관계로 이루어진다. 이러한 비대칭적 의존관계로 인해서 지구당의 조직이 사당화되면서 비민주적으로 운영하게 된다(김산겸, 2005 ; 서병길, 1997). 또한 지구당 당직자 대다수는 여성들이지만, 질적으로는 남성들이 권한이 있는 직책을 갖는 경우가 더 많음으로 가부장적 조직구조가 발견된다.

마지막으로 (3) 지구당의 활동에 있어서 가장 큰 몫을 하는 것은 선거운동 시기에 투표동원을 위한 당원관리와 자금살포이다. 그 결과 지구당 조직은 거의 선거운동기구로 전락하게 된다. 지구당 내 위원회 조직은 다층적이고 복잡하지만 단지 지역 내 모든 계층과 단체 동원을 위해서만 운영된다(정대화, 1998 ; 김혁동, 1998 ; 이경태, 1999 ; 정영국, 2000 ; 이현출, 2005 ; 서경필, 1997). 또한 당(직)원들 대부분은 입당동기가 정견을 같이 하기보다는 개인 친분관계나 출세희망이기 때문에 결국

당원들은 거의 참여하지 않고 있는 실정이다. 더군다나 지구당에서 기본적으로 지역구 내의 계층적이나 환경적 특성을 고려해서 정책을 개발하기 위한 노력은 거의 없고 당원동원도 정책활동에 참여하기 위한 것이 아니라 단지 물량적 동원에 지나지 않는다. 당원 수는 많지만 대다수는 명목상의 당원들이고 당비를 내지 않고 활동비를 받는다. 즉 진성당원은 거의 부재한다. 주민수가 약 13만 명에 달하는 대도시 평균 선거구에서 약 2,500명의 당원들이 활동하는 것으로 미루어봤을 때 인건비의 규모를 가늠할 수 있다(정영국, 2000). 한국에서 당원 수는 전체 인구 대비 12.4%로 선진국과 맞먹지만 대다수 명목상의 당원들이다. 정당들의 당비납부 비율은 평균적으로 약 4%에 불과하다. 따라서 대중정당의 원래 모형과 실제 기능은 매우 상이하다(신명순, 1995 ; 정영국, 2000).

〈그림 4-5〉 한국 지구당의 자금흐름

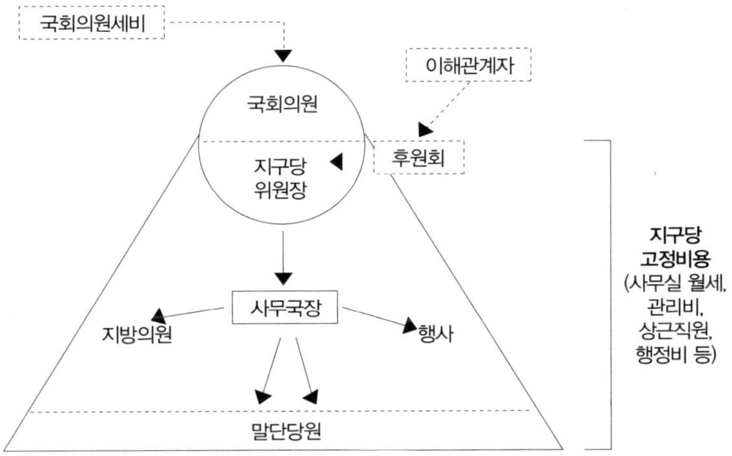

지구당의 조직과 기능은 해당 지역의 문제에 맞추지 않고 단지 투표 동원을 위해 조직화되어 있기 때문에 자금 모금도 자발적 참여도 부재하고 돈 살포를 통해서 유권자들을 동원할 수밖에 없게 된다. 중앙당에서 내려온 자금은 형식 수준에 지나지 않는다. 특히 지구당 위원장은 지역구 내 형식적, 비형식적 행사에 참석하여 지원금도 내기 때문에 지구당의 이러한 동원활동을 위해 돈을 충원하는 방법은 불법이나 편법 행위가 이루어지며 유착관계가 유발된다. "지구당을 중심으로 거대한 유착 사슬이 형성되어 정당 선진화를 방해한다."(이경태, 1999, 433) 그럼으로 정당조직으로서 국민의 의사를 수렴하는 기능을 거의 못하고 있다(서병길, 1997).

3. 정당관계법의 도입과 개정

한국의 정당관계법의 발전사를 요약하면, 해방정국 기간에 미군정에 의해서 제정된 정당등록제(1946년 2월 23일), 박정희 군사독재에 의해서 제정된 정당법, 정치자금법 등과 개헌, 김영삼 정부 때 제정된 선거법 등의 제·개정으로 파악할 수 있다. 1970년대부터 정당법이 규정하는 정당 설립요건은 계속적으로 완화되었다. 이에 따라 정당의 설립은 조건이 완화된 반면에 2000년대 들어서 정당에 대한 질직 규제가 강화되기 시작하였다. 2004년에 지구당이 완전히 폐지된 것은 이것을 대표적으로 보여준다.

지구당 제도의 폐지가 정당법 개정의 차원에서 이루어졌기 때문에 이 과정에서 모든 민주국가에서 근본적으로 논의되고 있는 정당문제를 잘 볼 수 있다. 왜냐하면 일반적으로 정당조직에 대한 개혁은 당 차원에서 이루어지는 것이 아니라 법 개정 과정에서 제기되는 다양한 아이디어를 통해 생성되는 연결 고리들의 상관관계를 분명히 보여주기 때문이다.

한편으로는 정당들이 스스로 주도한 개혁의 내용이 주로 정당조직의 개방과 당내 민주화에 중점을 두었다면, 다른 한편으로 정당법 개정을 통해 이루어진 개혁은 정치자금 통제와 조직경량화 같은 규제가 중점이었다. 전자는 개방화와 참여들을 유인하려는 정당의 지지율 증가 조치라면, 후자는 '놀이의 규칙'을 재정함으로써 재정 및 불신의 부담을 줄이려는 대책으로 평가할 수 있다. 이 점에서 서로 다른 개혁통로를 통해서 다른 성격을 지닌 개혁내용과의 상관관계를 이해할 수 있다. 여기서 드러난 모순은 한편으로는 경선과 상향공천 도입으로 인해 더 많은 국민들을 민주적인 방식으로 참여하게끔 하고자 하는 반면에, 다른 한편으로는 지구당 제도 폐지와 원내정당화[26]로 인해서 전

---

26 원내정당화는 후술되겠지만, '광의의 원내정당화'와 '협의의 원내정당화'를 구별할 필요가 있다. 광의의 원내정당화는 기본적으로 정당제도의 세 가지 요소(중앙당, 원내당이나 교섭단체, 지역당이나 지구당)들 간의 적당한 균형을 위해 민주적인 조직운영을 전제로 상관관계를 재조정해서 정당의 원래 기능을 회복하는 차원에서 이해되는 개념이다. 여기에 여러 가지 방안이 가능하다. 반면에 협의의 원내정당화는 지구당 폐지, 시도당을 지역조직으로 운영하기, 중앙당 최소축소나 폐지, 원내활동의 절대 집중 등의 구체적인 형태를 의미

자가 이루어야 할 (정치적) 공간의 대폭 축소에 있다. 결과적으로는 불법자금 유통만 있을 뿐, 매우 논쟁적인 나머지 문제인 경선과 상향공천의 시도는 착오와 불이행으로 끝나고, 원내정당들의 전문성은 여전히 낮아 대개 실패로 귀결되었다.

〈표 4-3〉 정당관계법의 주요 발전요지

연도	내용
1946	〈정당등록제〉 공포
1960	〈개헌헌법〉 제13조 제2항 및 제3항 ; 신문 등 및 정당 등의 등록에 관한 법률 변형 ; 〈정치운동에 관한 법률〉 제정
1962	〈개헌헌법〉 제7조 ; 제36, 38, 63조; 〈정당법 제정〉;
1969	〈정치자금에 관한 법률〉 제정
1980	〈정치자금법〉 전문 개정
1993	〈공직선거법및부정선거방지법〉 제정
2004	지구당 폐지
2005	당원협의회 허용

1) 정당법 제정 배경

1945년 8월 15일에 일본의 항복 선언과 함께 해방된 한국에서 곧바로 자치운동이 시작되었다. 식민지 시기 동안 국내외에서 항일운동과 건국운동을 해온 세력들은 물론이고 다양한 단체들이 해방 직후의 권력 진공상태에서 정치활동을 시작하였다. 이후 소련과 미국의 규

한다.

대가 한반도의 북쪽과 남쪽을 점령했고 얼마 지나지 않아 각 점령지역에서 정치주체들의 정당성에 대한 문제가 발생하였다. 그 해결책으로 해방되고 난 한 달 후 하지 미군 사령관은 각 정당들의 대표와 회의를 하겠다고 선언했다. 그 결과 정당을 통해서 출세를 하려고 하는 이들이 등장했고, 아무런 정치적 기반도 없는 명목상의 정당들이 급조되었다. 이들이 모두 하지 사령관과의 회의에 참가를 신청했다. 이러한 상황을 완화시키기 위해 미군정은 1946년 2월 23일에 "정당에 관한 규칙"이라는 군정법령 제55호, 즉 일종의 '정당등록법'을 공포하였다. 미군정의 취지는 정당등록제를 도입함으로써 군소정당의 난립을 막고 진성 정당들의 견해를 받아들이고 정당정치를 제도화하려는 첫 시도로 볼 수 있다(심지연, 2004, 24). 하지만 "전 세계적인 규모로 냉전이 전개되자 미군정은 남한 내 우익진영을 육성하고 좌익진영에 대해서는 배제정책을 쓰지 않을 수 없는 상황에 봉착했기 때문에, 정당의 건전한 육성과 발전이라는 제도화 문제에는 신경을 쓸 여유조차 없었던 것이다"(박동진, 1995, 371 ; 심지연, 2004, 24와 박찬표, 2007, 171 비교). 다시 말해 이러한 미군정의 정당정책은 결국 정당들과 사회단체들을 통제하기 위한 것에 불과했다(고성국 1995, 290f ; 최장집 1998, 129 ; 박찬표 2007, 170 이하).

아르헨티나(1957)와 독일(1967)의 정당법을 모형으로 삼은 한국의 정당법은 1963년에 탄생하였다.[27] 물론 그 이전에도 정당에 관한 규칙은

27 정당법을 만들었을 때(1962년) 1967년이 되어서야 효력을 가진 독일의 정당법을 모형을 삼을 수 있었던 것은 독일정당법이 자금문제와 관련한 부분조항

지속적으로 존재하였다. 정당에 관한 규칙은 제1공화국을 거쳐 1960년까지 이어졌다가 제2공화국 시기에 속한 동년 7월 1일에 "신문 등 및 정당 등의 등록에 관한 법률"로 변형되었고, 같은 해 10월 13일에 정치운동에 관한 법률이 추가적으로 제정되었다. 개헌헌법 제13조 제2항 및 제3항에서 정당의 보호를 문명화한 바 있다. 1961년 5월 16일의 군사 쿠데타를 통해 집권한 군사독재정권은 정당과 사회단체의 해산을 명령하고 1962년 3월 16일에 "정치활동정화법"을 통해 주요 인사들의 정치활동을 아예 규제하였다. 같은 해 말에 공포된 개헌헌법은 정당에 대한 규정을 적극적으로 두고 명목상 정당정치를 지향한 내용을 갖추었다. 1962년 12월 31일에 "정당법"이 제정·공포되었고, 다음 해 1월 1일부터 정치활동의 재개가 허용되었다. 당시에 독자적 정당법을 가진 나라는 아르헨티나와 한국뿐이었다.[28] 한국의 정당법의 골자[29]는 정당제도의 체계화를 위한 조항으로 보인다. 박정희는 정당정치의 확립과 의회주의의 합리화를 정당관련 개헌과 정당법 제정의 이유로 들었다(심지연, 2004, 165). 그는 "건전한 정당정치의 확립으로 민주

외에 이미 1950년대 말부터 문서로 존재했었기 때문이다.

28 정당을 규정하는 법률은 나라마다 다르다. 한국은 독립된 정당법을 가진 국가에 속한다. 잔다(Janda, 2005) 비교.

29 (1) 정당등록제, (2) 정당 성립요건, (3) 창당준비위원회에 관한 사항, (4) 당원자격의 제한, (5) 정당의 내부 질서에 관한 사항, (6) 회계보고 제도, (7) 외국인 등으로부터의 기부 금지, (8) 정당의 정기 보고, (9) 정당의 소멸, (10) 정당해산 소송, (11) 정당의 보호, (12) 제1야당 대표자에 대한 수당지급 등이다(박이석 외, 2007, 306 이하).

주의의 요체인 책임정치의 실천을 위하여 정당에 관한 규정을 두어 정당국가적 체제의 정비를 꾀하였다"(한국군사혁명사편찬위원회 편 1963, 72)라고 밝혔다.

이러한 취지를 지지하는 학자도[30] 있었지만, 이 규정을 통해 정당의 설립, 구성과 조직화 요건을 매우 강화시킴에 따라 헌법이 보장하는 정당설립의 자유 등과 어긋난다고 평가하는 것이 일반적인 견해이다(심지연, 2004, 166). 이것은 이후에 개정된 선거법에도 잘 드러난다. 다시 말해서 개정된 헌법, 정당법 등은 겉으로는 민주적이고 제도화된 것으로 보였지만, 사실상은 이것들을 통해 저항세력의 정치진출을 전면적으로 막고자 하였다(고성국, 1995, 293). 다시 말해서 박정희 정권은 개헌과 정당법 제정, 민주공화당의 창당으로 인해서 동시에 정당정치의 제도화를 위한 기반을 마련한 것도 사실이지만(고성국, 1995, 293), 결국 여당의 지속을 보장하고 계급정당과 같은 잠재적 경쟁세력들의 발생을 원천 봉쇄한 것이다(박동진, 1995, 379). 즉 "군부의 집권에 장애가 될 만한 요소들을 제거하기 위한 제반 조치"(김민전, 2006, 316)로 봐야 옳다. 이와 매우 밀접한 관련이 있는 것은 당시 정당법이 지구당을 의무화한 것이다. 이렇게 지구당 제도의 도입은 민주적인 대중정당의 조직형태로 나타났지만 상향식 민주화가 아니라 하향식 완전통제를 위

30 윤치영(1963)은『민정으로 가는 길』에서 정당법 제정은 "전후의 무질서했던 정당의 체제를 새롭게 하고, 이와 같은 새로운 정당 체제를 통하여 의회정치의 질서 확보와 향상을 도모하려는 데 목적이 있었던 것이다"라고 썼다(ibid., 395).

한 것이고, 오늘날까지 이어진 정당조직 핵심문제의 원인이 되었다(김민전 2006, 317에 비슷한 지적).

2) 정당법의 변천

한국 정당법은 비교적으로 규제적인 성격의 정당법이다. 정당을 규정하는 법은 (a) 금지(proscription), (b) 허용(permission), (c) 촉진(promotion), (d) 보장(protection), (e) 지정(prescription), (f) 통제(control) 등의 성격으로 구별할 수 있다(Janda, 2005, 8 이하).[31] 한국 정당법은 규제적 정당법에 속한다고 할 수 있다. 좀 더 정확히 말하면 통제하는 부수유형으로 구별할 수 있다. 예컨대 독일 정당법이 지정-보장하는 유형이라면 한국 정당법은 지정-통제하는 정당법이라고 할 수 있다. 1962년 제정 당시의 한국 정당법에는 독일 정당법을 부분적으로 모형으로 삼은 민주적이고 자유적인 제1, 2조를 제외하면 대부분 제한하거나 통제하는 내용만 나온다. 독재시대에 정당운영을 '통제'하는 정당법을 설정한 것은 오늘까지 유산으로 남아 있다고 할 수 있다.

한국에서 1962년에 정당법이 제정되었을 때 정당, 그리고 특히 지구당은 지시적, 정실적(clientelistic) 연계기능으로 독재정권의 정당화와

---

31 정당법의 '통제적 성격'은 잔다(Janda, 2005)에 없는 그러나 필요한 또 하나의 정당법 유형으로 설정하거나 '지정모형'의 규정에 추가할 것을 생각해 볼 수 있다.

국민의 통제와 동원 등을 위해 활용되었다. 이 과정에서 지구당은 비리, 권력악용 등의 문제의 원천이 되었고, 민주화 이후인 1990년대 초반부터 지구당은 일반적으로 '돈 먹는 하마'라는 비판을 받기 시작하였다. 1990년대 말부터 이런 현상에 대해 '고비용 저효율'이라는 표현이 등장하고 결국 이런 명분을 이유로 2004년에 지구당이 폐지되었다. 그 과정에 개입하는 다양한 행위자들은 유럽식 대중정당과 미국식 선거전문가정당이라는 두 정당모형을 놓고 논쟁했고 결국 정당 개혁이 대의민주주의에 알맞은 참여적(participatory) 연계유형이 아니라, 선거적(electoral) 연계를 주창하는 미국식 선거전문가 정당으로 방향이 기울어지게 됨에 따라 지구당 폐지로 귀결된 것이다.

한국 정당법의 변천사는 크게 민주화 이전과 이후로 나눌 수 있다(박재선, 2005). 40/50년대 정당에 관한 규칙이 미군정부에 의해 특히 좌익에 초점을 맞추어 "정치적 영향을 미치기 쉬운 활동을 은밀히 행하는 단체 또는 협회의 활동[이] 금지"(박동진, 1995, 371)된 것이었다면, 1963년부터 박정희 정권은 정당법 제정을 통해서 정당 설립자유와 집회 및 결사의 자유를 지나치게 제한함(박재선, 2005, 22)으로써 도전세력들을 억눌렀다. 정당들의 조직기초단위까지 규정하는 정당법의 제정을 통해 독재정권이 의도한 바는 (1) 정권을 민주주의적으로 보이게 하고, (2) (재정적이고 조직적으로 약한) 경쟁정당을 배제하고, (3) 최소 행정단위까지도 통제를 하기 위한 것이었다.[32]

---

32 독일 정당법은 2차 대전 이후에 제정된 새 헌법과 함께 매우 발전된 민주주의적 정당법으로 평가할 수 있다. 이 법의 골격을 바탕에 두고 한국 정당체제

60년대 말의 1차 개정까지는 정당법의 설립요건 등을 강화시킨 반면에 70년대에 들어서 2차 개정부터 최소한 정당법의 5차 개정까지는 오히려 정당설립요건의 완화를 통해 권력유지를 위한 제도적 전략을 바꾸어서 연장하였다. 이러한 요건의 완화에도 불구하고 분명한 것은 "집권세력의 집권 편의를 위한 정치적 계산이 깔려 있었다"(박동진·박재선, 2005, 42)는 사실이다. 민주화 이후 1993년에서야 정당법의 설립요건은 "민주적 요인에 의해 개정되었다"(박재선, 2005)고 할 수 있다. 이때까지의 정당변천사는 다음과 같이 평가할 수 있다. "한국에서의 정당법 및 정당관계법은 집권여당의 창출과 지속을 보장하고 계급정당이나 군소정당의 발생을 원천적으로 차단하는 내용으로 유지·보강되어 왔다"(박동진, 1995, 379). 이는 진보 내지 진성 대안정당과 그것을 통해서 영향을 미치는 사회세력을 봉쇄하는 것과 마찬가지라고 하겠다.[33]

2000년 정당법 7차 개정은 37년 만에 중앙당과 지구당의 조직구조를 처음으로 변화시킨 것으로 또 다른 전환점으로 볼 수 있다(김도종 외, 2005, 22). 2000년 제16대 총선을 치르기 직전에 고비용 정치구조의 해소를 목표로 했고, 2002년에 읍·면·동 정당연락소의 폐지 등과 2004년에 지구당 제도를 완전히 폐지하는 등 본격적으로 중앙당

를 설계했기 때문에 공식적으로는 매우 민주주의적인 정당체제로 평가 받을 수 있었을 것이다. 그러나 정당법을 실질적으로 독일의 실천과 정반대로 적용함으로써 풀뿌리부터 국회까지의 상향의 의사중개가 아니라, 반대로 대통령에서 기초단위까지의 철저한 하향지령 체제가 구축되었다.

33 이와 비슷한 주장은 박상훈, 2007, 286 이하 비교. 루만의 체계이론의 핵심개념인 '자기생산체계'에 가깝다고 할 수 있다.

과 지역조직의 변화를 꾀하였다. 2005년 제4차 정당법 개정에 따른 변화로는 특히 정당지역 조직으로서의 당원협의회의 설치허용이 주목된다.[34] 정당법의 7차 개정은 결국 법률적 규제를 통한 정당의 통제로 "타시민사회화 내지 반국가기구화 경향을 시사한다"(김도종 외. 2005, 25)고 할 수 있다. 요약하면 정당법이나 정당에 관한 규칙의 변천사는 1940/50년대에는 미군정과 이승만 정권이 좌익 및 기타 도전세력을, 1960/70/80년대는 각 독재정권들이 좌파 및 저항세력을 배제하려는 의도가 있었고, 1990년대에도 이 틀에서 크게 벗어나지 않았지만, 개정의 과정과 내용은 민주적 요인에 의해 이루어졌다는 것으로 분류할 수 있다. 2000년부터 현재까지는 정당의 조직구조에 대한 개혁을 특징으로 한다(아래 표 참고).

34 이 대목에 주목할 만한 것은 정당의 활동을 규정하는 조항은 1997년 1월 13일자 정당법 제8차 개정에서 제30조(활동의 자유)의 제정이다. 이에 따르면 "정당은 헌법과 법률에 의해서 활동의 자유를 가진다." 2005년에 이 조항을 대신하는 조항은 제37조(활동의 자유)가 된다. '활동의 자유' 중 하나로 당원협의회의 설치가 허용된다는 새로운 내용이 등장한다.

〈표 4-4〉 지구당 제도 관련 정당법 변천사[36]

구 분		제3공화국		제4공화국	제5/6 공화국	문민정부	국민의 정부	참여정부		이명박 정부
		제정	1차 개정	2차 개정	4-6차 개정	7-10차 개정	11-12차 개정	13차 개정	14차 개정	18차 개정
		62.12.31	69.01.13	72.12.30	80.11.25	93.12.27	00.02.23 02.02.03	04.03.09	05.08.04	10.07.23
평가		강화	강화	완화	완화	완화	완화	완화	–	강화
발기 인수	중앙당	30인 이상		30인 이상	20인 이상	20인 이상	20인 이상	20인 이상	20인 이상	200인 이상
	지구당	10인 이상		10인 이상	10인 이상	10인 이상	10인 이상	10인 이상*	10인 이상*	100인 이상
성립 요건건	법정 지구당	국회의원 지역선거구 수의								
		1/3 이상	1/2 이상	1/3 이상	1/4 이상	1/5 이상	1/10 이상	–	–	–
	지구당 분산	–	서울, 부산, 도 등 중							
		5이상		3이상	5 이상			5이상*	5이상*	5이상*
	법정 당원수	50인 이상	100인 이상	50인 이상	30인 이상			1000인 이상*	1000인 이상*	1000인 이상*

35 표는 박재선, 2005, 43 참고하여 잘못을 수정하고 새로운 정보를 추가해서 재정리.

4. 지구당 개혁 논의

1962년에 중앙당과 원내당이 전국적으로 효과적으로 활동을 할 수 있기 위해 동원된 최하위(말단)조직이 정당법의 제정으로 지구당으로 제도화되었다. 다시 말해서 그 동안에 중앙당의 필요를 위해 자의적으로 이루어졌던 조직화는 지구당이라는 형태의 제도로 탄생하게 된 것이었다. 지구당 제도는 도입 당시부터 다양한 문제를 안고 있었지만, 군사독재 시기에는 별다른 논쟁의 대상이 되지 않았다. 물론 당시 민주공화당 내의 권력다툼 과정에서 지구당 문제가 가끔 언론에 등장했지만 본격적으로 다루어지지는 않았다. 1987년 민주화 이후 지구당 폐지가 개혁의제가 되었다. 그러나 그에 대한 구체적인 논의가 시작된 것은 김영삼 정부에 들어서이다. 그 후 2004년까지 지구당 문제는 계속적으로 부각되는 과정을 거친다.

이 문제에 대한 관심은 신문보도의 빈도를 통해서 볼 수 있는 것처럼 시기별로 크게 차이가 있다(아래 그림 참고). 첫째, 신문기사의 건수는 각 대선 전후에 가장 많다. 둘째, 시간경과에 따라 대선 전후의 신문 건수는 몇 배로 많아진다. 평균적으로 1993년에는 1주일에 한 번, 1999년에는 이틀에 한 번, 그리고 2003년에는 거의 매일 지구당 폐지에 관한 기사 한 건이 실렸다. 셋째, 김대중과 노무현 대선 사이에는 김영삼과 김대중 대선 사이와 달리 다시 0으로 떨어지지 않는다. 넷째, 시간경과에 따라 신문기사가 많아지는 현상이 점점 대선 이후로 옮긴다는 경향이다. 다섯째, 시간경과에 따라 대선 전후의 신문기사 건수의 분포는 1년, 3년, 5년 등으로 계속 넓어진다.

〈그림 4-6〉 '지구당 폐지' 신문보도 빈도 분포(1990-2008)

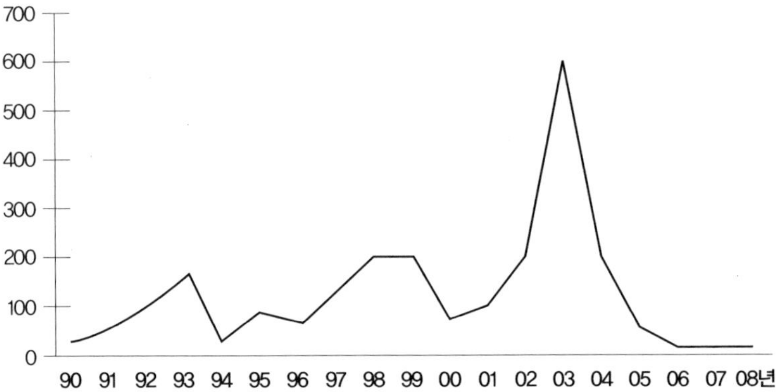

자료출처 : KINDS

통계자료를 심층적으로 분석해 보면 다음과 같은 사실을 확인할 수 있다. 1992/3년, 1997/8년, 2002/3년 등의 대통령선거 또는 대통령 취임식이 지구당 폐지라는 개혁주제에 대한 문제제기의 계기로 기능하였다. 나아가 (1994-1997년 사이에 문제제기가 거의 없다가) 1998년을 월별로 분석하면, 김대중 대통령 당선자의 취임식이 개최된 2월과 6·4 지방선거가 치러진 6월에 기사빈도가 가장 높았다. 1999년도 역시 3·30재보선과 6·3재보선 사이에 있는 5월에 가장 높은 수치가 보인다. 2000년 4·13총선을 앞두고 한 달에 2-4건에 불과한 이유는 낙선 운동이 정당의 조직문제보다 총선을 앞두고 구체적으로 비판할 수 있는 부분에 집중하다 보니 지구당에 대한 문제제기가 거의 제외되었던 것으로 보인다. 2002년에도 역시 6·13지방선거의 6월과 9·12대선의 12월에 지구당 폐지와 관련된 기사 건수는 가장 높았다. 취임식 이후인 2003년 2월이 되어서야 빈도 횟수가 다시 10건 이하로 내려갔다. 같은 해 11월에는 200건을 넘었다. 그 달 5일에는 범국민정치개혁협의회(범개협)가 지구당 폐지를 결정하였다. 2004년 2월에는 다시 증가하는 추세였다가 지구당 폐지가 실현된 3월에도 20건 이상이었지만 4월엔 15건 이하로 떨어졌다. 종합해서 말하자면 지구당 폐지를 내용으로 하는 기사의 빈도 횟수는 대통령, 국회의원(재보선 포함), 지방의원 등의 선거 시기 여론과 밀접한 관계에 있다.

위의 통계분석이 양적인 분석이라면 다음으로 질적인 분석으로 각 시기에 주목을 받았을 때 주로 (a) 어떤 정국에서 이루어졌는지 (b) 어떤 내용의 논의가 있었는지 구분하여 살펴볼 수 있다. 지구당 문제는 길게 잡으면 지구당을 처음으로 규정하는 정당법이 제정된 1963년부터 1990년의 3당합당을 거쳐서 김영삼, 김대중, 노무현 대통령 등까지 고려할 수 있고, 짧게 잡으면 김영삼 대통령 때부터 노무현 대통령 때까지 볼 수 있다. 먼저 일반적으로 보면 1993/4년에 민주공화당에서 원외와 원내 간의 갈등이 발생했을 때 특히 원내 세력들에 의해서 지구당의 폐지가 주장되었다. 1990년 3당합당 때는 지구당 수가 3배가 되었지만 잠재적 지구당위원장들에게 할당할 수 있는 그 수가 너무 적었다는 문제가 발생해 지구당의 폐지/개변에 대한 논쟁이 불거졌다. 이와 다르게 1993년부터 민주화 이후 정당개혁의 맥락에서 부패로 얼룩진 방대한 정당조직의 경량화라는 명분 하에 지구당의 폐지가 논점으로 주목을 받았다. 1998/9년에는 더 개혁적인 김대중 정권과 경영적 효율성을 핵심요구로 하는 IMF 정국이 들어섰을 때인 만큼 지구당의 폐지요구가 보다 치열하게 제기되었다. 3김시대의 종료라 볼 수 있는 노무현 정권 때는 보다 강한 개혁 요구에 대한 정계의 민감한 반응과 이를 활용하는 신주류 정치가들의 발 빠른 움직임을 꼽을 수 있다.

이렇게 10여 년 동안 이루어져 온 논의과정은 전반적으로 크게 2가지의 정당 이상형이나 정당모형으로부터 영향을 받았다고 할 수 있다(아래 표 참고).

〈표 4-5〉 정당모형에 따른 하위조직 형태[36]

	정당모형에 따른 하위조직		
	한국 정당	대중정당	지지자정당
조직형	동원형 정당조직	유럽형 정당조직	미국형 정당조직
하위조직 핵심	지구당 위원장	당원	지지자
지도력 구조	중앙당이 선정한 지구당 위원장의 독점적 지위	당원이 선출하는 위원장	단일, 또는 복수 지도
당원의 규모	방대	다수	소수
당원의 성격	품삯당원 위주	열성당원	진성당원
당원의 입당동기	선택적 유인 위주	집단적 유인 위주	집단적 유인 위주
당원의 참여형태	동원 위주	자발적 참여/노조원이나 종교인들의 집단적 참여	자발적 참여 위주/유권자의 개별적 참여
하위조직의 구조	지역 기반의 계서조직 & 직능별 분과위	강한 조직	느슨한 조직
하위조직의 운영방식	중앙당에 종속적	중앙당과 지방당의 동등한 관계	자율적
선거운동 방식	공조직 & 사조직 위주	정당조직 중심	미디어, 선거전문가 중심

36 김용호, 2008 참조.

다시 말해 정치가, 학자, 시민활동가, 전문가, 기자, 재판관 등 논의에 참가한 행위자 모두가 어느 정도 대중정당 정당모형과 지지자 정당모형 중 하나를 선호했다고 볼 수 있다. 정당모형에 따라 특히 지구당 제도에 대한 견해가 결정적으로 달라지기 때문에 논의과정에서 중요한 요소로 작동했다.

5. 지구당 폐지의 결과

정당조직 개혁을 전체적으로 살펴볼 때 드러나는 흥미 있는 점은 한편으로 정당들이 스스로 주도한 개혁의 내용이 주로 정당조직의 개방과 당내 민주화에 중점을 두었던 반면, 정당법 개혁을 통해 실현된 개혁의 핵심은 정치자금 통제와 조직경량화 같은 규제적 변화에 놓여 있었다. 전자가 개방화와 '참여'를 유인하여 정당의 지지율을 증가시키는 조치라면, 후자는 '경기의 규칙'을 제정함으로써 재정 및 불신의 부담을 줄이려는 대책으로 평가할 수 있다. 이 점에서 각기 다른 개혁통로를 통해서 관찰된 상이한 성격의 개혁들 간의 모순되는 상관관계를 이해하게 될 수 있다. 한편으로는 경선과 상향공천 도입으로 인해 더 많은 국민들이 민주적인 방식으로 참여하게 하면서, 다른 한편으로는 지구당 제도 폐지와 원내정당화로 인해 참여가 이루어져야 할 (정치적) 공간이 대폭 축소되었다.

2004년 정당법 개정에 따라 정당은 중앙당과 시·도당으로만(아래 표 참고) 구성되었고, 지구당을 둘 수 없게 되었다. 정당의 선거구 내지 지구 조직이 법적으로 금지된 것이다. 개혁의 방향에 대해 다양한 논의가 있었지만 결국에는 폐지하는 방향으로 기울었다.[37] 그 결과 몇 백만 명의 당 활동가들로 이루어진 조직이 갑자기 불법화되었다.

〈표 4-6〉 2004년 개정 전후 정당법 제3조

기존 정당법 (2002.3.7 개정)	개정 후 정당법 (2004.3.12 개정)
제3조 (구성) 정당은 수도에 소재하는 중당당과 국회의원지역선거구를 단위로 하는 지구당으로 구성된다. 정당은 수도에 소재하는 중앙당과 국회의원지역선거구를 단위로 하는 지구당으로 구성한다. 다만, 필요한 경우에는 특별시·광역시·도에 당지부를, 구·시·군에 당연락소를 둘 수 있다.	제3조 (구성) 정당은 수도에 소재하는 중앙당과 특별시·광역시·도에 각각 소재하는 시·도당(이하 "시·도당"이라 한다)으로 구성한다.

2004년의 개혁을 통해 정당 기초 조직만 사라진 것은 아니다. 이와

37 구체적으로 후술하겠지만, 이것은 '폐지'라고 하기에는 애매하다. 논의를 보면 지구당 폐지는 '개선', '개편', '개혁', '축소', '조정', '대체' 등 폐지의 정도에 대한 다양한 입장이 있다. 따라서 '폐지'라고 해서 꼭 완전히 없애는 것이 아닐 수도 있다는 것을 분명히 해야 한다. 그러나 포괄적인 표현으로 '경량화'라고 할 수 있다. 따라는 여기서 사용되는 지구당 폐지라는 주장은 지구당의 경량화를 전제로 해서 현 지구당의 제도를 획기적으로 바꾼다는 것으로 이해할 수 있다. 이런 주장의 배경에는 미국식 지지자·전문가 정당모형이 있다고 볼 수 있다. 지구당 폐지에 비판적인 쪽은 지구당의 제도를 그대로 놔두는 것이 아니라, 주로 당원 정당모형을 전제로 지구당 제도의 본래 기능을 개혁을 통해 회복할 것을 주장한다.

동시에 지역조직을 구성하기 위한 당위수와 정당을 구성하기 위한 지역조직 수도 증가했다. 개정 정당법 제25조(법정 시·도당수)와 제27조(법정 시·도당 수)에 따라 정당이 공식적으로 등록하려면 '5곳 이상의 시·도당을 가져야' 하며(제25조), 각 '시·도당은 1천인 이상의 당원을 가져야' 하기(아래 표 참고) 때문에 필수 당원 최소 인원은 5,000명이 되었다.

〈표 4-7〉 2004년 개정 전후 정당법 제25조와 제27조

기존 정당법 (2002.3.7 개정)	개정 후 정당법 (2004.3.12 개정)
제25조 (법정 지구당 수) 정당은 국회의원지역선거구총수의 10분의 1 이상에 해당하는 수의 지구당을 가져야 한다.	제25조 (법정 시·도당 수) 정당은 5 이상의 시·도당을 가져야 한다.
제27조 (지구당의 법정당원 수) 지구당은 30인 이상의 당원을 가져야 한다.	제27조 (법정 시·도당 수) 시·도당은 1천인 이상의 당원을 가져야 한다.

2004년 이전 정당법에 따르면 정당을 구성하기 위해 필요한 최소 인원은 720명이었다. 결국 2004년의 정당법 개정을 통해 정당 구성을 위해 필요한 최소 인원이 7배가 넘게 증가하였다.[38] 이것은 분명히

38 정확하게는 다음과 같다. 2004년 개정에 따라 정당들은 적어도 5개 시나 도에 시도당이 하나 있어야 하며, 각 시·도당은 적어도 1,000명이 있어야 하기 때문에 당원 최소 명수는 5,000명이다. 따라서 16대 국회 기준으로 보면 당시 227개 지역구의 10분의 1, 즉 22.7개 지역구 수를 30인으로 곱하면 법정 당원 최소 명수는 681명으로, 17대 국회 기준으로 보면 당시 243개 지역구의 10분의 1, 즉 24.3개 지역구 수를 30인으로 곱하면 법정 당원 최소 명수는 729명으로 각각 현재 5,000명보다 7.3배와 6.9배가 늘어난 것이다.

2004년 정치 개혁과정에서 발생한 사고였다. 이에 대해서는 뒷장에서 자세히 설명할 것이다. 여기서 중요한 것은 정당이 이전보다 훨씬 더 많은 당원을 갖는 단위조직에 의해 이루어지게 되었다는 점이다. 그로 인해 새로운 질적인 문제가 발생했다. 적어도 이상적으로 보았을 때 정당법 개정 이전에는 당원들이 지구당이나 그 밑에 있는 당연락사무소에서 모여 각 당원의 의사가 어느 정도로 반영될 수 있었다. 하지만 개정 후 지역에서 유일하게 모여 참여할 수 있는 정당의 조직단위는 적어도 4,999명의 다른 당원들과 '경쟁'해야 하는 시·도당들이었다. 그만큼 정치참여의 기회가 줄었다고 볼 수 있고, 또 개인 당원이 민주주의에 참여하기가 어려워졌다고 볼 수 있다. 정당법 개정에 따른 역대 당원 수 변화를 보면 이 문제가 더욱 분명해진다. 정당법 제정 이래 정당 최소 당원 수는 권위주의 시대가 끝나고 나서는 계속 줄었다가 2004년 느닷없이 늘었기 때문이다(아래 그림 참고).

〈그림 4-7〉 정당법상 당원 최소 정수 변화추이(1962-현재, 명)

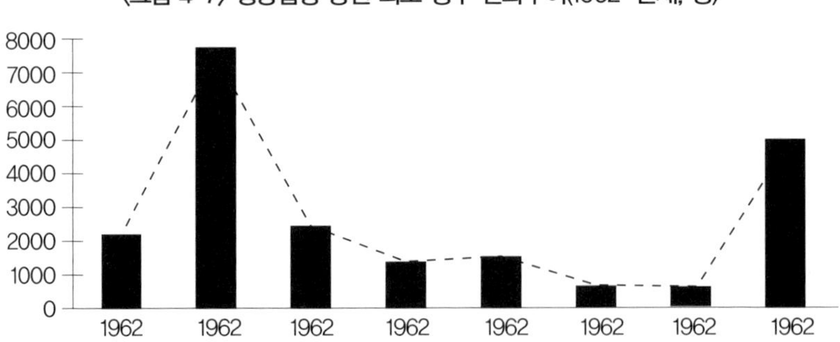

더 구체적으로 말하면 지구당 폐지 이전에 각 지구당이 담당하는 잠

재적 인구수 평균은 191,820명이었다. 지구당 폐지 이후에는 당원관리를 시·도 수준에서 하게 되었기 때문에 지역조직(시·도당)이 담당할 인구수가 적게는 3배, 많게는 무려 51배로 늘었다.

2005년에 새로운 정당법 개정에 의해 지구당이 당원협의회 형태로 부분적으로 복구되었다. 개정된 법 또한 지구당을 금지하고 있지만, '정당의 자유'에 관한 조항(제37조)에서 당원협의회를 둘 수 있다는 내용을 도입하였다. 제14차 법률전문개정의 과정에서 정당법 전체의 구성이 변경되면서 정당법에서 정당 활동의 자유를 보장하는 제30조의 내용이 제37조로 옮겨지고 2항과 위에서 언급된 3항의 내용(당원협의회 허용)이 추가되었다(아래 표 참고). 정당 하위조직에 관한 규정이 2004년 정당법에서는 제3조 '구성'에 포함되어 강제적 규정의 성격이었던 반면, 2005년에 재개정된 정당법에서는 제37조 '정당의 자유' 항목에 포함되어 자율적 성격을 보여준다. 이러한 변화는 우리에게 많은 점을 시사해준다. 여기서 주목할 만한 것은 당원협의회라는 시·도당 이하 정당조직은 이전의 지구당과 달리 더이상 정당조직의 일부가 아니라 정당 활동자유의 차원에서 허용되었다는 사실이다. 다시 말해서 당원협의회는 정당 기구가 아니라, 당원들의 자발적인 모임으로만 규정된 점이다. 이에 따라 발생하는 문제는 당원협의회라는 수준에서 이루어지고 있는 활동에 대한 투명한 감시가 어렵다는 점이다. 이전에는 지구당이라는 조직구성 기구는 정당법 제37조[39]에 따라 선거관리위원

39 "제37조(정기보고) ①중앙당과 지구당은 매년 12월 31일 현재로 그 당원수 및 활동개황을 다음연도 2월 15일까지 당해 선거관리위원회에 보고하여야

회에 보고해야 하는 의무가 매년 정해져 있었지만 그 항목은 지구당과 함께 사라졌다. 또한 선거구 수준에서 당은 조직과 당원을 관리하기 위한 사무실을 둘 수 없다. 다른 하나는 개정 이후에는 조직은 있지만 조직관리 내지 운영을 위한 사무실 즉 공직적인 장은 있으면 안 된다는 사실이다. 즉 인적 조직은 존재하지만 공간적으로 존재하지 못한다는 모순이다.

〈표 4-8〉 2005년 개정 전후 정당법 제37(30)조

기존 정당법 (2004.3.12 개정)	개정 후 정당법 (2005.8.4 개정)
제30조 (활동의 자유) 정당은 수도에 소재하는 중앙당과 국회의원지역선거구를 단위로 하는 지구당으로 구성된다. 정당은 수도에 소재하는 중앙당과 국회의원지역선거구를 단위로 하는 지구당으로 구성한다. 다만, 필요한 경우에는 특별시·광역시·도에 당지부를, 구·시·군에 당 연락소를 둘 수 있다.	제37조 (활동의 자유) ① 정당은 헌법과 법률에 의하여 활동의 자유를 가진다. ② 정당이 특정 정당이나 공직선거의 후보자(후보자가 되고자 하는 자를 포함한다)를 지지·추천하거나 반대함이 없이 자당의 정책이나 정치적 현안에 대한 입장을 인쇄물·시설물·광고 등을 이용하여 홍보하는 행위와 당원을 모집하기 위한 활동(호별 방문을 제외한다)은 통상적인 정당활동으로 보장되어야 한다. ③ 정당은 국회의원지역구 및 자치구·시·군, 읍·면·동별로 당원협의회를 둘 수 있다. 다만, 누구든지 시·도당 하부조직의 운영을 위하여 당원협의회 등의 사무소를 둘 수 없다.

당원들의 참여기회 박탈 문제 등과 관련해서 7장에서 구체적으로 후술하겠지만, 당원을 대상으로 한 실태조사 결과와 정당 지도부급 인사들의 언급을 종합해 보면 지구당 폐지 이후에 당원뿐만 아니라 국회의원 등 정치가들은 지구당과 같은 지역조직의 부활을 필요하다

한다."(정당법 13차 개정 전)

고 생각나는 이들이 대다수다. 당원협의회는 여전히 차기 국회의원 선거에서 승리하기 위한 조직관리를 담당하고 과거 지구당 간부나 당원들이 거의 그대로 참여하는 경우가 많고, 아이디어나 정책을 지지하거나 실현하려는 것이 아니라 연고를 통해 개인적 보상을 얻기 위해 참여하기 때문에, 운영이 개방적이고 민주적이라고 하기 힘들고, 지구당 사무실과 유급직원이 없기 때문에 지역사회와 지속적인 연관을 맺기 어렵다. 비용에 관해서는 조사된 정당에 따라 큰 차이가 있다. 주요 정당들은 비용이 줄었다고 주장하지만 이는 정당법 개정, 즉 지구당 폐지와 거의 무관한 정당자금법과 공직선거법 개정의 결과로 보아야 한다.

지구당과 관련된 정치자금법의 부분개정(2004/03/12)은 총 10개의 조항의 수정으로 이루어졌다. 핵심적으로는 정의(제3조), 후원회(제5조) 등을 들 수 있다. 제3조에서 정당의 정의에서 지구당이라는 부분이 없어짐에 따라 시·도당이 정당 지역조직의 최하위 기구가 되었다. 그 외에는 정당에 기부할 수 있는 주체로 개인, 법인과 단체에서 단지 '개인'으로 한정되었다. 제5조에서 후원회를 둘 수 있는 주체가 중앙당, 시·도당과 지구당에서 중앙당과 시·도당으로 한정되어 지구당이 사라졌다. 기본원칙을 규정하는 제2조는 2개 항을 추가해 정치자금의 기부와 지출을 투명화하고 제한하기 위한 규정을 포함한다. 정치자금법의 전면개정(2005/08/04)에 따라 제2조(기본원칙)에서 정치자금의 사용처를 엄격히 제한하고, 이외의 용도를 "사적 경비"로 규정하면서 금지되었다. 사적 경비로는 "가계의 지원·보조", "개인적인 채무의 변제 또는 대여", "향우회·동창회·종친회, 산악회 등 동호인회", "계모임 등 개인 간의 사적 모임의 회비", "그 밖의 지원경비, 개인적인 여가 또는 취미활동에 소요되는 비용" 등이 포함된다. 특히 동호인회, 계모임 등과 같은 대목은 이전 지구당 비리문제와 관련되었기 때문에 주목해 봐야 할 것이다.

공직선거법의 일부개정(2004/13/04)으로 인해 지원유세나 합동연설회 등의 활동이 금지되었다. 개정된 새 선거법의 대표적인 문항은 제81조, 제105조, 제112-118조(기부행위), 제119-120조(선거비용), 제140-141조(정당활동), 제261조(과태료부과) 등이다. 예컨대 제105조(행렬 등의 금지)는 "① 누구든지 선거운동을 위하여 [···] 무리를 지어 [거리를 행진하는 행위, 다수의 선거구민에게 인사하는 행위]를 할 수 없다."고 한다. 제118조(선거일후 답례금지)는 "후보자와 후보자의 가족 또는 정당의 당직자는 선거일 후에 당선이나 낙선에 대하여 선거구민에게 축하 또는 위로 기타 답례를 하기 위하여 [금품 또는 향응을 제공하는] 행위를 할 수 없다."고 한다. 제261조(과태료의 부과·징수 등)는 "[···] ⑤제116조(기부의 권유·요구 등의 금지)의 규정을 위반[하는] [···] 자[···]는 그 제공받은 금액 또는 음식물·물품 가액의 50배[···]에 상당하는 금액의 과태료에 처한다"고 규정한다.

그 결과 정치제도 개혁이 한국 정당체제의 개선에 일정한 수준까지 기여할 수 있었지만, 한국 정당체제가 안고 있는 근본적 문제는 거의 그대로 남아 있다(김영태, 2009). 이것이 가장 뚜렷하게 드러난 것이 바로 지구당이다. 예컨대 정당의 내적 권력분산은 어느 정도까지 확대되었지만 일반 당원의 수준까지 확대되지 못하고 오히려 전문가의 역할이 증가하였다. 개혁의 목적이 정당의 민주화였지만 당원과 유권자는 아직도 방관자의 입장에서 적극적으로 참여하지 못하는 구조다. 즉 국가와 시민사회와의 연결고리의 역할을 하는 제도로서의 정당의 기능이 오히려 약해짐에 따라 정당의 정치적 대표기능의 취약성의 문제는 그대로 남아 있다. 정당과 시민사회와의 연관의 문제 외에 당내 조직 간의 관계도 크게 다르지 않다. 특히 정당운영이 지나치게 선거 중심적으로 이루어지기 때문에 중앙당과 원내당과 지구당 간의 수직적 권력관계가 여전히 비균형적이다. 그 결과 국민들이 의사형성과정이나 정치에 적극적으로 참여하지 못하는 것이 근본적인 문제로 거의 그대로 남아 있다.

잘 알려져 있는 것처럼 당원들은 당의 정책결정 과정에 자신이 영향력을 행사할 수 있다는 것을 인식하는 것, 즉 자신의 의견이 정책결정 과정에 반영된다는 것을 인식할수록 당내정치에 활발하게 참여한다. 하지만 지구당 제도의 폐지로 이전보다 참여기회마저 줄었기 때문에 이러한 효과가 나타나지 못하고 있다. 심지어 당원을 대상으로 한 여론조사의 결과를 보면(고선규, 2009) 자신이 속하는 정당의 운영에 대해 부정적 평가를 내리는 이들이 대다수다. 다시 말해서 한국 정당은 핵심 기능인 사회적, 정치적 갈등해소에 기여하지 못하고 있다는 이야기다. 또한 지구당의 가장 큰 문제로 지적되어 왔던 것 중의 하나인 불법자금이나 부담스러울 정도의 지구당 운영비용은 각 정당에 따라 어느 정도로 줄었다고 볼 수 있지만 이는 지구당 제도의 폐지 때문이기 보다는 정치자금법과 선거법의 개정으로 인해서 엄격해진 규제 때문이다. 민주노동당의 사례까지 종합해서 말하면 이러한 전반적 평가는 훨씬 더 부정적으로 나타난다. 한국의 정당들이 대중정당이 되기를 원하는데 반해 2000년대 초반에 이루어진 개혁은 대중 정당모형의 반대 유형인 미국식 전문가 정당모형을 핵심 내용으로 했기 때문이다. 종합적인 평가를 내리면, 2000-2004년 정당개혁의 취지는 '민주화'였음에도 불구하고 근본적인 문제는 미해결된 상태로 남았거나, 21세기에서 대의민주주의를 뒷받침하는 역할을 위해 필요한 제도변화가 이루어지지 않고 있다고 할 수 있다. 이런 점에서 2004년 지구당 폐지를 내용으로 한 정당개혁은 한국 정당의 담합화를 심화시키는 결과를 가져왔으며, 또한 그 자체가 이러한 담합화 현상의 일환으로 볼 수 있다.

> "2004년 이루어진 정당법 개정은 이러한 정당의 공직선거 후보자 선출, 그리고 지구당 위원장 선정과정에서 나타난 중앙당 중심의 운영원리를 포함시키지 못한 채 오히려 정당의 공천과 관련된 구조적 문제점의 피해자인 지구당을 폐지하는 대안으로 귀결되었던 것이다. 오히려 정당의 공천과정과 방식을 근본적으로 개혁하고, 당헌, 당규에 명기된 아래로부터의 공천방식을 철저하게 지킬 수 있도록 하는 제도적 강제를 강구하기보다, 오히려 중앙정치의 예속적 기능만을 강요받았던 지구당을 폐지하는 일종의 불완전한 타협이 이루어진 것이라고 볼 수 있다. [···] 고비용의 선거운영 관행이 만들어낸 구조적인 문제일 수 있었다."
> (정연정, 2009, 8)

6. 요약 및 소결

필자는 서론에서 지구당 제도의 폐지라는 한국 정치사 뿐 아니라 세계 정치사에 처음 있는 결정에 대해 강한 의문을 던지며 분석에 임했다. 분석과정에서 세 가지의 새로운 사실을 확인할 수 있었다.

첫째, 정당법 개정에 임하였던 정치적 결정자들이 문제로 지적한 것과 그들이 제시한 개혁의 명목이 실상 지구당이라는 조직이 아니었음은 물론이고, 지구당 제도 자체도 아니었다는 것이다. 지구당이라고 하는 존재의 특성상 민주주의의 발전에 부합하는 바람직한 방향으로 이 조직을 개혁하는 것은 매우 어려운 작업이었다. 권위주의 정권 하에서 기획된 지구당 제도는 원래 독재정권이 자기 자신의 존재와 권력을 민주적인 정당제도를 통해서 정당화하기 위한 형식적 수단으로 삼으면서 존립할 수 있었다. 특히 정당조직과 관련한 제도적 기제들(설립요건이나 분산 정도 등에 대한 규정들)을 매우 엄격하게 설정한 것은 한편으로 권력이 추구하는 지배담론을 지역까지 잘 전달되어 내려가도록 하려는 소극적 통제효과와, 다른 한편으로 잠재적인 도전세력의 제도권 진출을 막는 적극적 통제효과를 동시에 노린 것이었다. 이후 이른바 '3김시대'에 들어서서 '보스정치'라는 비공식적이고 권위적인 문화적 토양에 잠식되면서 지구당이라는 공식적인 제도는 지역주의에 편승해 더욱 심하게 남용되었고, 여야 모두 제도권의 주류 정치세력들은 지구당을 권력투쟁을 위한 '기지'로 만들었다. 그 결과 개혁의 난맥상은 더욱 심화되었고, 그 방식은 매우 급진적인 선택을 요구하는 것으로 치달았다. 즉 개혁을 감행한다면 아예 모든 정당들이 똑같이 기득권을 포기하거나, 그렇지 않으면 겉으로는 획기적인 개혁으로 보일지라도 실상은 종래의 기득권에 전혀 손을 대지 않는 반개혁의 방식 중에 하나가 될 수밖에 없었다.

둘째, 한국 정치에 있어서 지구당 제도가 지니는 매우 독특한 의미와 뿌리 깊은 문제를 이해할 수 있었다. 그리고 그것은 다시 한 번 지구당과 관련해서 발생하는 문제가 발전적으로 개선되어야 한다는 당위성을 부각시켰다. 지구당이라는 정당 지역조직은 오늘까지 비민주적 권력싸움을 위해 남용되었고, 정치과정에 참여하고자 하는 진성당원들의 입당 및 활발한 활동을 통한 자연스러운 조직민주화의 가능성을 차단시켜 왔다. 국민의 참여를 통한 민주적 통제 기회가 부재한 가운데, '보스정치'에 따른 자의적 비리행위가 반복되면서, 정치에 대한 국민의 신뢰는 지속적으로 매우 낮은 수준에 머무는 악순환 상황에 빠져 들었다. 결국 주요 정당들의 비공식 간사회의에서 결정된 정당법 개정과 재개정 작업은 비공식으로 비리제도를 유지하면서 민주적 공식제도를 급조된 방식으로 대체시켜 왔다. 이러한 사실은 국민들이 참여할 수 있는 정당조직이 실현되어야 정당제도의 존립이 자연스러운 필요성을 지닐 수 있음을 분명히 보여주는 것이었다. 그렇지 못하고 정치과정 전체와 마찬가지로 개혁과정이 국민들로부터 심하게 괴리되어 있을 경우 정책결정의 귀결은 일부 지배적인 아이디어에 지나치게 지배당하기 쉽고, 지구당 폐지와 같은 모순적이고 불필요한 개혁의 결과를 가져올 수 있는 위험이 잠재하고 있음을 확인해 주었다.

마지막으로 지구당을 폐지한다는 공식적인 결정으로 인하여 형식상 지역 조직활동(혹은 재개정 이후부터의 공식적인 사무실 운영)이 금지되었지만, 현장에서는 큰 변화가 발생하지 않았다는 사실에 주목할 필요가 있다. 지금 지구당 제도 폐지의 효과를 평가하기에는 다소 이를 수 있겠으나, 현장에서 활동하는 당원들이나 조직을 운영하는 국회의원들은 대부분 그 기능이 '그대로 남아 있다'고 말한다. 그에 대한 평가는 특히 각 정당이 기존의 지구당 조직을 어떤 방식으로 운영하는지에 따라 다르다. 대표적으로 민주노동당과 같이 상대적으로 활발하고 민주적으로 지역조직을 운영하는 경우일수록 지구당 폐지로 인한 고통을 더욱 더 심하게 받기 때문에 어려움과 불만이 많은 것으로 나타났다는 사실은 우리에게 많은 것을 시사해 준다.

이 모든 사실들은 국민의 참여를 통한 개혁이나 적어도 국민의 의사가 반영되는 방향으로 정치개혁이 이루어지지 않는 한, 국민들이 실질적으로 참여할 수 있고 참여하고 싶은 조직으로 정당을 개선하는 개혁이 어렵다고 하는 진퇴양난의 형국을 드러낸다. 다른 대안적인 방법과 방안이 전혀 없지 않았음에도 왜 지구당 제도가 정책결정 과정의 험난한 여정을 거치면서 살아남지 못했는지에 대해서는 여전히 의문으로 남는다. 이에 대한 답은 다음 장에 나올 담론분석들을 통해서 찾을 수 있다.

"돈 먹는 하마",
"고비용 저효율"이라고
비난받아온
지구당은 정말 한국
정치의 고질병일까?

Ⅱ부

분석

제5장

민주화 이후의 과거청산과 정치개혁 운동(14대 국회)

1. 지구당 문제의 등장과 논점화(1992-1996)

이 장에서는 먼저 지구당 조직 개편문제에 관한 논의전개를 파악하기 위하여 제1기간의 중요한 논의 전개 과정을 설명할 것이다. 제1기간은 14대 국회의 전체 회기를 따르지 않고 범위를 좀 더 좁혀서, 제14대 국회 정치관계법심의특별위원회의 활동기간, 혹은 정치관계법심의특별위원회의 첫 회의와 지구당 문제를 다룬 마지막 회의 및 정당법의 개정이 가결된 국회본회의를 각각 시작과 종료 시점으로 설정할 수 있다. 이 기준을 따르는 경우에는 정치관계법심의특별위원회의 첫 회의는 1992년 8월 1일이고, 정당법 개정가결일은 1993년 12월 27

일이다. 물론 지구당 폐지에 대한 논의는 그 이전부터 있었고, 그 이후에도 지속되었다. 지구당 폐지여부 자체에 대해서는 제3공화국까지 거슬러 올라갈 수 있다. 그 당시에 처음으로 지구당 폐지가 쟁점화되었는데, 그 맥락은 본 연구에서 다루고자 하는 것과는 다르다.[40] 그 다음 제기는 3당이 합당되는 전후였다. 그러나 여기도 마찬가지로 단순한 권력분배에 한한 논의였기 때문에 논외로 한다. 가장 먼저 공식적으로 제기된 지구당 폐지에 대한 논의는 1993년 3월 4일 김영삼 대통령 취임 기자회견 때였다. 여기서 김영삼 대통령이 선언한 "돈 한 푼도 받지 않겠다"는 취지의 연장선에서 청와대 관계자는 지구당 폐지라는 방안이 검토되고 있다는 발언을 했다(한겨레신문, 93/03/06). 이와 함께 지구당중심의 정당운영 때문에 과대한 정치자금이 들었던 사실을 감안해서 지구당을 상시조직이 아닌 선거 때만의 한시적인 기구로 하거나 궁극적으로는 "외국의 경우처럼" 지구당 자체를 폐지하는 방안도 제기되었다(동아일보, 93/03/05). 그리고 김영삼 대통령의 "깨끗한 정치"라는 국정취지에 맞춰 비대한 정당조직의 문제도 개혁대상으로 삼는다는 의미에서 지구당 폐지는 대통령의 취임 직후에 공식적인 의제로 등장했다. "돈 안 드는 정치"를 위하여 새로 정비하겠다고 선언한 여타 정치관계법, 즉 선거법, 선거부정방지법, 정치자금법, 지방자치법 등의 개정과 함께 정당법 또한 개정 대상에 포함되었다.

1993년 6월 15일에 개최된 정치관계법심의특별위원회(제161회, 제3차

---

40 당시에는 3당합당의 결과로서 각 지역구에는 위원장 3명이 있었기 때문에 당기구의 이중, 삼중적 직원 배치라는 맥락에서 지구당 문제가 제기되었다.

회의)는 정당법 개정방향에 관한 토론회로 진행되었고, 지구당 문제는 학계에서 심도 있게 다루어졌다. 이때 발표자들은 지구당의 폐지나 감축 방안에 대하여 부정적인 의견을 피력했다. 특히 지방자치시대에 지구당은 오히려 정치의 핵심이 되어야 한다며 지구당이 활성화 되어야 한다는 주장도 있었다. 하지만 집권당이나 정권인사들은 "깨끗한 정치구현"이라는 전반적인 개혁기획과 관련해서 계속 지구당의 폐지 문제를 주장했다. 물론 김영삼 대통령이 구체적으로 지구당 문제를 거론한 것은 아니다. 그는 단지 더 큰 틀에서 "미국의 [정당]제도를 참고해야 한다"는 발언을 하였고(서울신문, 93/08/18, 5면), 민자당 일부 민주계 인사들만 지구당의 폐지를 구체적으로 주장했다. 전체적으로 늦게 이 논의에 개입하게 된 야당인 민주당은 대체로 지구당 폐지에 대한 반대 입장을 취했다. 당시에 정치개혁의 차원에서 논의되고 있었던 정치자금 확대방안 등과 같은 제안들에 동의하면서, 정치자금이 적게 드는 방안을 적극적으로 추진하는 데 동참할 의사를 보였지만, 지구당 폐지 방안에는 반대했다. 그 이유는 지구당이 "정당의 풀뿌리이며 당내 민주주의의 기초단위"라는 것이었다. 그렇기 때문에 지구당을 정당 운영방식의 일환으로 보고 이에 대한 개선방안을 마련해야 한다는 것이었다(한국일보, 93/08/17). 민주당은 이러한 입장을 계속 취하는데, 결국 민자당 내에서도 지구당 폐지 문제를 바라보는 시각은 부정적인 것으로 수렴되었다(서울신문, 93/08/20).

이후 다양한 학술회의에서 지구당 폐지 문제에 대한 찬반 논리가 지속적인 논의대상이 되었지만 여야 정치인들은 대부분 적극적인 폐지 방안에 대해서는 부정적인 입장을 취했다. 결국 1993년 12월 1월에 개최된 정치관계법심의특별위원회(제165회) 제3차 회의에서 지구당 폐지 여부에 대한 심의 없이 정당법 개정을 결의하였다. 1993년 12월 27일에 국회본회의에서 가결된 제7차 정당법의 개정 이유에 대한 설명은 "국민의 정치참여 기회 확대", "자생력 있는 정당운영", "국민 속에 뿌리를 내릴 수 있는 정당"을 핵심으로 기술되었다. 이렇게 정당법 개정은 정당 개혁의 맥락에서 핵심 쟁점 중의 하나가 되었던 지구당 폐지는 내용 없이 이루어졌고 언론에서나 정치·학계에서도 별 다른 비판이나 지적은 발견되지 않았다. 지구당 문제를 포함한 정치개혁을 주제로 정계·학계가 같이 참여하며 교류하는 (학술)회의들은 1993년부터 제1기간의 종료연도인 1996년까지 계속 활발하게 이어지지만, 언론에서는 지구당 폐지문제에 대한 보도를 거의 찾아볼 수 없었다. 그것은 1993년 말에 개정된 정당법과 1994년 초에 기타 정치관계법들이 개정된 이후부터는 적어도 지구당 문제에 한해서는 여론화가 이루어지지 않았다는 것을 의미한다. 지구당 폐지 문제는 제2기간에 해당되는 1997년 봄에 이르러서야 다시 전격적으로 등장하게 된다. 반면에 학계에서는 1993년 이후 지구당 문제를 표방한 정치·정당개혁에 관련한 연구와 발표가 지속적으로 진행되었다.

〈그림 5-1〉 '지구당 폐지'라는 표어의 언론보도 빈도 추이(1993)

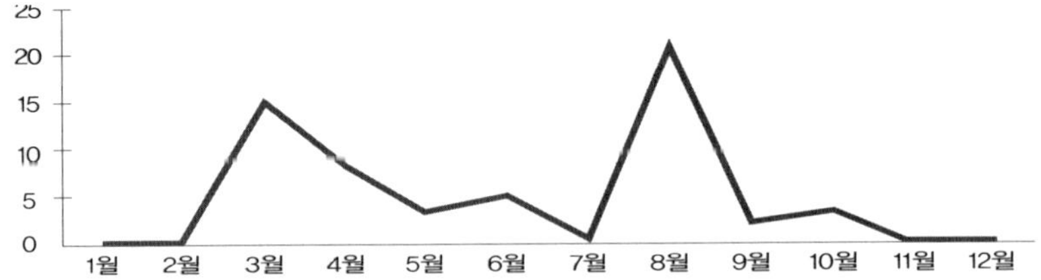

자료출처 : KINDS

2. 이 시기 담론공간을 구성하는 행위자의 구도

제14대 국회 기간 동안 진행된 지구당 담론의 행위자 구도는 지구당 담론이 제기되기 전과 후로 구분할 수 있다. 김영삼 대통령의 취임시점이 지구당 담론의 시작과 같다. 나아가 김영삼 대통령에 의해 지구당 폐지담론이 제기되었기 때문에 김영삼 대통령의 취임 이전과 이후를 각각 행위자 구도의 전반부와 후반부로 규정할 수 있다. 전반부에 행위자 구도는 다음과 같다. 먼저 정치제도적으로 지위가 가장 높은 행위자는 군인출신인 노태우 대통령과 집권여당인 민주자유당이었다. 민주자유당은 1990년에 노태우 대통령이 주도한 민주정의당, 김종필 총재가 주도한 신민주공화당과 김영삼 총재가 이끈 통일민주당의 '3당합당'으로 형성된 거대 여당이었다. 국회에서 218석을 차지함에 따라 개헌선인 3분의 2를 넘기도 했다. 초기에는 노태우 대통령이 1인당 총재와 김영삼, 김종필, 박태준 등의 3인 대표위원이라는 집단지도체제를 갖추었다. 기존 지구당 제도는 기득권 유지와 확대를 위한 군사독재 또는 권위주의 체제의 산물이기 때문에 이러한 세력들이 집권하고 있는 이상 지구당 제도에 대한 어떠한 도전도 생기기 어렵다는 것이 당연하였다. 당시 3당합당으로 국회에서 야당의 영향력이 매우 약화되었고 시민사회의 영역에서는 아직 노동, 탄압, 민주주의 등이라는 시급하고 구체적인 문제를 다루고 있으며 시민단체들은 양적이고 질적으로 많은 어려움이 있었다. 유일하게 지구당 제도와 같은 문제를 제기함으로써 담론경쟁을 일으킬 수 있는 행위자는 아직 여권으로 제한되어 있었다. 하지만 기존 지구당 제도의 현상유지에 대한 이해관계를 품고 있는 노태우 대통령과 그가 통제하는 거대 여당이 담론을 지배하고 있었다.

하지만 민주자유당의 당내 계파 간에 갈등이 지속되어 제 14대 국회의원 선거에서 불과 149석을 넘지 못해서 과반수석 확보에 실패했다. 이는 거대 여당 내의 균열이 본격화되었다는 사실을 의미했다. 대통령 선거의 해인 1992년 5월 19일 민주자유당의 전당대회에서 김영삼 대표가 대통령 후보로 선출되어 같은 해 12월에 제14대 대통령으로 당선됨에 따라 여당 내의 세력관계가 크게 달라지기 시작했다. 물론 1993년 봄 취임 때만 해도 여전히 김영삼 대통령과 그의 민주계(민주자유당 내 옛 통일민주당 구성원)는 소수세력이었다. 당내 공직배분에 있어서 김영삼 대통령의 측근들이 대거 진출했지만[41] 이후에 대통령에 의해서 추진되었던 많은 개혁계획들이 민정공화계와 다른 권위주의 세력들의 저항에 따라 좌절되었다는 사실은 김영삼 대통령의 실질적인 권력이 매우 제한되어 있었다는 것을 의미한다. 이 사실이 중요한 이유는 김영삼 대통령과 그의 민주계에 의해 지구당 폐지를 포함한 정치 개혁이 시도되었지만, 결국 이루어지지 못했기 때문이다.

그러나 김영삼 대통령의 취임 이전 상황과 달리 지구당 담론 자체가 제기될 수 있었기 때문에 이러한 기존 담론에 대한 도전의 상황에

---

41 이와 관련해서 이현출, 1997, 112와 김소희, 2002, 31 참고.

서 행위자 구도가 어떻게 형성되어 있었는지 파악할 수 있다. 먼저 지구당의 축소나 폐지라는 방안을 공식적으로 제기한 행위자는 여권 내 소수 세력인 김영삼 대통령과 민주자유당 내 민주계이었다. 그러나 위에서 언급한 바와 같이 민주계는 여권 내 소수였다.[42] 당시 14대 국회의 의장으로 지내고 있었던 (원래 민주공화당 출신인) 이만섭 의장도 지구당 폐지라는 방안을 지속적으로 주장해 온 정치가이다. 그러나 민정계, 공화계 등 나머지 권위주의 출신 정당들과 정치인들과 야당(민주당)은 지구당의 폐지나 축소에 반대하는 입장이었다. 학계에서는 지구당의 폐지나 축소를 적극적으로 고려하는 연구는 거의 부재하였고, 지구당 폐지를 포함한 개혁방안에 대한 비판적인 학자들이 대다수였다. 하지만 지구당 문제라는 이슈자체에 대한 여론화가 제대로 이루어지지 못하였고, 학계에서 정당에 대한 심층적인 연구가 아직 본격화되어 있지 않았기 때문에 학계에서 찬반의 행위자들을 포착하는 것이 어려웠다. 지구당 문제에 대한 언론의 입장을 살펴보면 보수중도 언론과 진보언론 사이에 분명한 입장의 차이를 확인할 수 있지만 역시 보도의 양 자체가 매우 적었고, 다만 진보언론에서 지구당 폐지라는 방안에 대한 비판적인 언급은 근거 있고 매우 논리적인 식으로 이루어졌다는 사실을 볼 수 있다.

제14대 국회의 지구당 담론 행위자 구도에 대한 위의 설명을 종합하자면 다음과 같다. 이 시기 전반부에 지구당 문제 자체가 제기되지

42 예컨대 민주계(25석) 대 민정계(124석)의 국회의원 석의 수를 비교하면 매우 분명해진다.

않은 이유는 그 정도의 제도적 권력을 가진 행위자가 부재하였다는 사실이 가장 결정적이었다. 후반부에는 집권여당 내에서 김영삼이 대통령 후보로 선출되고, 이어 대통령에 당선되었지만 여권 내의 권력관계에서 김영삼 대통령의 영향력은 이전 대통령 만큼 강력하지 못했다. 따라서 조정적 담론영역에서 지구당 담론은 기존 담론에 대한 도전 수준에 그쳤다는 것이 당연한 것으로 보인다. 더욱이 지구당 문제가 공론화되지 못하였기 때문에 학계와 특히 소통적 담론영역에서 여론과 시민사회도 결정적인 행위자로 등장하기 어려웠다. 이러한 행위자 구도를 도식화해서 다음과 같은 두 가지의 도표로 표현할 수 있다.

〈그림 5-2〉 14대 국회 시기 후반부 지구당 담론 행위자 구도

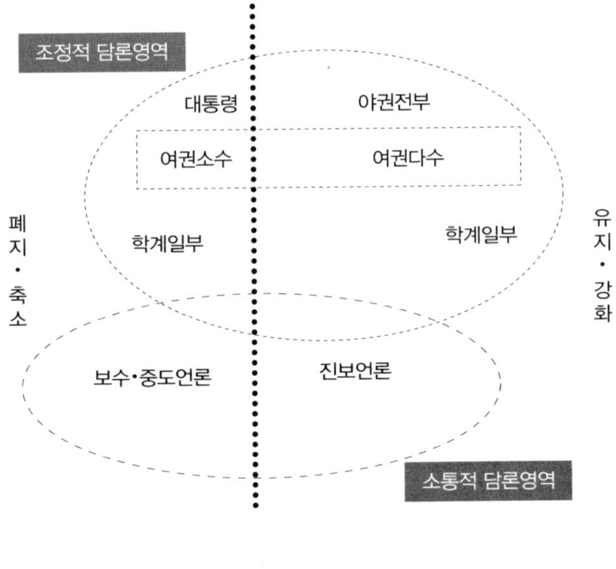

3. 내러티브 분석

지금까지 설명된 사실만으로는 지구당 폐지문제에 관한 정책결정 과정에 대한 피상적이고 개괄적인 이해만 가능하다. 이 과정에는 다양한 행위자들이 관여하며 개입했고 그들의 개별적인 생각이나 이해관계 등이 다양한 영향을 미쳤다. 그렇기 때문에 지구당 폐지 문제에 대한 논의는 서로 다른 이야기 또는 내러티브를 기점으로 한 두 개의 담론연합 간의 경쟁으로 이해할 수 있다. 후술되겠지만 제1기의 경우에는 지구당 폐지문제에 대한 논의는 논의 자체의 성격문제도 있지만, 특히 논의가 막 시작되는 단계여서 양적으로 아직 많이 축적되지 않았었다. 그래서 서로 대결하는 두 담론연합이 아직 그리 뚜렷하게 나타나지 않았다. 그러나 지구당 폐지라는 문제를 놓고 찬반 논의는 분명하게 드러난다. 이는 개혁을 중심으로 하는 '기술관료주의 개혁주의'와 관행과 의식이라는 근본 수준에서의 개선을 요구하는 '민주주의 개선주의'라는 두 가지 카테고리로 정리될 수 있다.

더 나아가 하나의 아이디어를 관철하기 위해 행위자들이 사용하는 이야기(story)와 내러티브(narrative)에서는 은유와 비유와 같은 수사적 전략장치가 중요한 역할을 한다. 은유라는 것은 '다르지만 익히 알고 있는 것을 통해서 다른 것을 이해하는' 수사의 기술인데, 은유를 통해 복잡한 상관관계를 압축해서 전달할 수 있으며 이해될 수 있도록 한다. 특히 정계에서는 상징적인 말이나 비유가 많이 등장한다. 그러나 지구당 담론 제1기에는 지구당 문제에 관한 상징어나 은유 같은 현상은 많지 않고 직접보다 간접 수사가 주를 이룬다. 이러한 내러티브와 이 내러티브가 행위자들의 사고에 스며들 수 있도록 하는 은유를 살펴보면 다음과 같다.

1) '깨끗한 정치'를 위한 개혁

1-1 깨끗한 정치 내러티브

이미 언급한 것처럼 지구당 폐지라는 방안이 처음으로 제기되었을 때는 제3공화국 시기이며, 그 후에 다시 제기된 때는 제6공화국 시기였다. 하지만 박정희 정권 때는 공화당에서의 김종필 계파의 권력 확대를 저지하기 위한 방안이었고, 노태우 정권 때는 3당합당 후에 각 지구당에 세 배로 늘어난 위원장과 기타 당직자 간의 권력분배의 문제였으므로 쟁점화의 방식과 내용은 이후의 논의와 달라 논외로 한다.

본격적으로 지구당 폐지를 주장한 기술관료주의적 개혁주의 내러티브는 민주화운동을 했던 김영삼 대통령 문민정부의 전반적인 개혁 기획에서 기인한 것이다. 김영삼 대통령은 취임과 함께 정경유착의 척결과 같은 '깨끗한 정치'나 '돈 안 드는 정치'를 위한 정치개혁을 강력하게 추진했다. 정치자금 축소에 초점을 맞춘 깨끗한 정치를 실현하기 위해 특히 3당합당 때부터 생긴 '군살빼기'로 일본, 미국 등 '다른 나라처럼' 지구당 폐지를 하나의 방안으로 고려하게 되었다. 정당법의 개정에 있어 미국 제도를 참고하도록 김영삼 대통령의 지시도 내려졌다. 그것은 지구당을 폐지해야만 정치가 깨끗해진다는 식의 논리를 바탕에 두고 있다.

이러한 제도개혁의 필요성의 근거로 두 가지 이유가 제시된다. 하나는 지구당의 용도, 다른 하나는 지구당의 비용과 관련된 문제다. 지구당의 용도 문제는 제 3공화국 때부터 정통성이 없어서 지구당이 정권을 선전하기 위한 도구에 불과했으며 선거 때만 가동되고 효율성이 떨어진다는 논리다. 비용에 관한 문제는 중앙당, 시·도지부, 지구당 등으로 이어지는 정당조직의 하향식 조직의 방만함으로 설명한다. 이러한 현 제도 하에서는 각 당이 전국에 2백여 개의 지구당을 관리하지 않을 수 없으며, 각 지구당은 또한 상설사무실과 상주요원을 두고 지역구민을 관리해야 하기 때문에 비용이 많이 들고, 그러한 비용을 마련하기 위하여 불법적인 행동을 취할 수밖에 없다는 것이다. '지역구 경조사 화환 안보내기 운동'과 같은 시도의 효과도 미미한 수준에 그치기 때문에 이들은 문제의 원인을 정당조직의 구조에서 찾는다. 결국 지구당을 부패의 온상으로 보고 그러한 비리 원천을 해체하기 위하여 지구당을 폐지하거나 감축해야 한다는 논지였다. 정치에 필요한 자금을 음지에서 양지로, 즉 '정상적인 통로를 통한 정치자금의 조달방안을 제도화'하려는 취지였다. 소선거구제가 유지되는 한, 지역구민과 국회의원의 직접적인 친분관계를 중심으로 하는 지구당제를 폐지하는 것이 어렵다고 보고, 선거구 자체를 대선거구로 개편하는 것이 바람직하다는 의견이 제시되었다.

1-2 '깨끗한 정치'라는 은유

이러한 내러티브를 통한 개혁 논의의 큰 틀에서의 핵심적 환유어는 "깨끗한 정치"라는 말이다. 특히 권위주의 시대에서 발생한 정경유착 구조에 의해 비리, 즉 "더러운" 정치가 생겼다. 물론 이 관계는 반대로 비리정치로 인해서 경영유착의 구조가 생겼다고 볼 수도 있다. 하지만 그 관계를 어떻게 보든 간에 결과적으로 특히 민주주의라는 기준으로 보았을 때 그것은 좋지 않은 것이며, 개혁을 통해 개선해야 할 대상이다. "깨끗한 정치"라는 은유와 자주 같이 등장하는 표현은 "돈 안 드는 정치"이다. 물론 돈 안 드는 정치는 불가능하다. 여기서 의미하는 것은 '정치비용 삭감'으로 '돈 적게 쓰는 정치', 혹은 '돈 적당하게 쓰는 정치'를 말한다. 3당합당으로 인해서 특히 비대한 조직을 가지게 된 민자당을 두고 김영삼 당선자가 1993년 1월에 "군살빼기"를 주문한 것은 돈을 많이 쓰게 하는 조직 혹은 구조를 직접 가리킨 것이다. 이러한 표현방식이 서로 어떻게 연결되어 있는가 하는 점은 '군살빼기' 발언 얼마 뒤 세계일보 기사(93/01/26)에서 잘 볼 수 있다. 이 기사는 지구당 폐지문제와 관련한 민자당의 개혁방안을 설명하면서 김영삼 차기대통령이 첫 번째 공식기구로 설정한 당무개선위원회의 1차 당개혁 목표는 "돈 먹는 공룡"인 공조직의 축소 내지 정비작업이라고 보도한다. 이런 과정에서 비대한 정당조직을 "초비만 체질"로 묘사하고 "다이어트를 실현"해야 한다는 내용을 전달한다.[45]

또한 "깨끗한 정치"는 과거정치와 과거정치세력들을 겨냥한다는 의미까지 내포한다고 볼 수 있다. 늦어도 김영삼의 문민정부가 집권했을 때 통치이념과 통치기반을 마련하기 위해 과거와의 단절도 필요했기 때문에, 정치가 깨끗해야 한다는 표현방식으로 말은 하지 않아도 이전의 정치는 '더러운 정치였다'는 의미까지 전달되어 새로운 통치이념을 위한 논거를 더 이상 제시하지 않아도 그것이 정당성을 얻을 수 있는 출발점이 된다. 지구당 문제와 관련한 일부 개혁방안을 보면 지구당 폐지가 아니라 문제가 되는 부분만 개선하여 정치자금을 조달하기 위한 '정상적인 통로'를 확보해야 한다는 내용이 있다. 이것은 정치에 있어서 돈을 쓰는 것은 어쩔 수 없다는 현실을 받아들이면서도, 민주주의 기준으로 보았을 때 정상적인 방법을 찾아야 한다는 당위성을 주장하는 것이다. 방법을 바꿔 더러운 정치를 깨끗한 정치로 바꿀 수 있다는 것이다. 하지만 동시에 "깨끗한 정치"를 실현하기 위하여 필요한 것이 무조건 정치자금의 축소라는 것을 주장하는 내러티브도 있다. 여기에서 전자는 '더러운 정치'를 깨끗하게 하는 방법으로 질적인 접근을 택하는 반면에 후자는 양적인 접근을 택하고 있다. 모두 민주주의와 민주화를 위해서 지구당의 변화가 필요하다고 주장했다. 하지만 지구당의 변화에 대한 구체적인 제안은 서로 다른 시각에서 접근했다. 한쪽은 지구당의 건설적인 개혁이라는 과정을 통해 민주화라는 목적을 달성하려고 했던 반면, 다른 한쪽은 지구당의 축소나 폐지라는 기술적 수단을 통해 효율성 혹은 생산성의 차원에서 민주주의의 실천을 주장했던 것이다.

---

43 그 외에 지구당이 국회의원들에게 "계륵"이라는 존재의 의미를 가진다는 은유도 한 번 나타나지만, 여기서 특별히 주목할 만한 것이 아니다.

2) '민주주의 시대'에 부응한 정당정상화

2-1 '민주주의 시대'라는 내러티브

민주주의적 개선주의의 내러티브는 깨끗한 정치와 한국 정당의 선진화에 동의하면서도, 지구당 제도로 발생하는 문제와 여타 파생문제의 원인과 그 원인의 해소에 대해서는 다른 시각을 가진다. 기본적으로 식민지, 전쟁과 독재시대를 거쳐 국가 혹은 사회의 민주화를 발전 확대해온 것에 초점을 맞추고 있다. 지구당 폐지를 주장하는 기술관료주의적 개혁주의에 대해서 비판적으로 논의하는 주체는 민주당 의원과 당직자들이지만 논의가 피상적이고 매우 적은 양이다. 이에 반해 민주주의적 개선주의 내러티브를 동원하는 학계는 지구당 문제를 이론적으로 보다 본격적으로 분석하였다.

민주주의적 개선주의 서사화에도 외국 사례가 참고가 되지만 정당의 지위와 기능에 있어서는 미국이나 일본보다 독일의 기본법과 정당법을 모범으로 삼아 당내 민주화와 이를 위한 지구당 중심의 정당체계 확립, 그리고 그를 위해 필요한 지구당의 활성화라는 논의이다. 당내적인 면에서 지구당 당원들에 의한 상향식의 결정과정을 가져야 정당의 운영이 민주화된다는 것이다. 여기서 당내 민주화를 국가 전체 차원에서 이루어지는 민주화의 일환으로 보고 지구당 문제를 지구당 조직 자체보다는 그것을 운영하는 방식이나 운영하는 사람의 행태를 핵심적인 개혁 대상으로 간주한다. 또 다른 주장은 지방자치화의 시대에 정당정치는 그이전보다 훨씬 더 국민들의 생활 속으로 파고들며 사회에 뿌리를 내려야 한다는 것이다. 이런 관점에서 볼 때 지구당은 오히려 지역 수준에서의 정당정치를 활성화시키기 위해 더욱 그 기능을 강화해야 할 대상이다. 즉 지역단위에서의 정당의 활성화 없이 전체적인 정당의 활성화를 이룩할 수 없다는 논리다. 때문에 민주주의 개선주의의 입장에서는 기술관료주의적 개혁주의 내러티브에서처럼 지구당 폐지의 당위성을 단순히 비용문제로 설명하는 것에 대해 시대착오적이라는 비판을 제기한다. 지구당에서 발생하는 비용을 줄이는 방안을 마련해야지 정당의 뿌리가 되어야 하는 지구당을 폐지하면 안 된다는 것이 이들의 관점이다.

2-2 '풀뿌리'라는 은유

위에서 논한 "깨끗한 정치"의 은유가 주로 지구당 폐지 내러티브에서 수사적 매개로 사용되었다면 지구당을 "정당의 첨병"(김기배, 1992)이나 "정당의 뿌리"(민주당 연석회의, 93/08/16) 등 '민주주의의 뿌리'와 비유하는 것은 지구당 활성화 내러티브에서 찾을 수 있다. 즉 민주주의라는 전반적인 맥락에서 지구당이 정당제도 안에서 정당조직을 지역 수준까지 확산하여 국민이 민주주의에 참여할 수 있는 일종의 '창구' 역할을 한다는 것을 강조하기 위해 사용된 은유라고 할 수 있다. 지구당을 '공룡'과 같은 비대하고 원래 자기 기능을 하지 않고 오히려 이해관계에 따라 움직이는 측면보다 그동안 실행하지 못한 지구당의 원래 역할을 맡아야 하는 당위성을 강조하는 이야기를 위한 담론전략이다.

지구당 담론 제1기에는 전반적으로 지구당 문제에 관한 상징어가 매우 적다. “깨끗한 정치”라는 정치개혁을 전반적으로 지칭하는 표현 외에 “돈 먹는 공룡”과 “초비만 다이어트”와 “정당의 첨병”과 “정당의 뿌리”라는 인상적인 은유가 있었지만, 매우 드물게 활용되었다. 물론 제1기에 지구당 문제에 대한 논의자체가 적었기 때문에 그 과정에서 지구당 문제만 겨냥해서 은유를 거의 사용하지 않았다고 볼 수 있다. 지구당 문제를 은유화하는 정도가 낮았기 때문에 그것이 정책담론과 정에서 분명한 의제로 만들어지지 않았다고 할 수 있다. 그럼에도 불구하고, 몇 가지 은유들이 함의하는 것을 비교해 보았을 때 서로 다른 두 개의 내러티브를 통해서 두 개의 담론연합이 조심스럽게 형성되고 있는 것을 분명하게 확인할 수 있다.

지구당 폐지문제에 대한 논의의 첫 단계는 1992년에 시작해서 1996년까지 4년 동안 진행되었다. 이 기간 동안 정치권에서 지구당 폐지에 대한 반대 의견이 수렴되었고, 학계는 특히 민주화와 지방자치시대에 당내 민주화와 지구당의 활성화를 강조하는 시각이 지배적이었다. 지구당 폐지를 찬성하는 논지는 미약했다. 이들은 “지구당 폐지”가 구체적으로 무엇을 의미하는지 설득력 있는 논리를 제시하지 못했다. 그러나 지구당 제도를 옹호하는 쪽 의견 또한 분열되었다. 지구당 제도를 그대로 유지하자는 주장은 없었지만 어떻게 해야 할지는 의견이 엇갈렸다. 지구당의 경량화 혹은 축소 의견과 활성화 혹은 강화 시각이 대립했다. 하지만 뚜렷하지 않은 것은 전자의 ‘축소’와 후자의 ‘활성화’라는 방안의 내용이다. 다시 말해서 현행 지구당 제도를 축소해서 활성화할 수도 있는데, 이러한 가능성이 고려되었는지 아닌지에 대한 판단이 어렵다. 하지만 대체로 경량화나 축소론을 편 행위자들은 미국이나 일본의 제도를 보기로 들었고 대선거구로의 확대와 상설운영이 아닌 선거 시에 국한된 운영을 구체적으로 주장했기 때문에 구분은 어느 정도로 가능하다.

4. 문민정부의 통치이념과 통치기반

지구당 담론 제1기에는 위에서 분석한 것처럼 내러티브의 깊이나 논거수준은 아직 크게 발전된 것은 아니나 현상유지(status-quo)에 대한 서로 상이한 시각을 가짐으로써 두 담론연합이 형성되고 있었다. 문민정부의 집권으로 군부독재의 권위주의 체제가 극복되고 민주화의 길이 열렸다. 하지만 동시에 온전한 민주주의의 실현이 불가능했던 상황 하에서 몇 십 년 동안 존속해 왔던 부패정치의 일부인 지구당 문제의 해결방안을 보는 시각은 크게 두 가지가 있었다. 결국 2004년에 구현된 지구당 폐지의 당위성을 규정하기 위한 틀은 1990년대 초에는 아직 정착되지 않았지만 이때부터 발전하기 시작했다. 1990년 초반부터 2004년에 이르러 관철된 이 담론이 처음에 어떻게 설정되었는가는 지구당 문제에 대한 두 담론연합 간의 '논증적 놀이', 즉 논증의 상호작용의 분석을 통해서 알아보기로 한다.

그러기 위해서 먼저 당시의 상황, 즉 역사적 맥락을 살펴보도록 한다. 왜냐하면 담론이란 역사가 없는 진공에서 이루어지는 것이 아니라 "특정한 비담론적 제도와 실천을 안내하는 양식, 이 과정에서 특정의 이해관계를 체계적으로 배제하거나 선택하는 양식"(강명구·박상훈, 1997, 128)으로 나타나고, 담론과정의 발전은 "제도의 모습(institutional arrangements)에 좌우"(하연섭, 2010, 192)되기 때문이다. 이런 점에서 비(非)담론적 조건도 확인할 필요가 있다.

제1기가 시작하기 전에 이루어진 3당합당은 일종의 지배연합의 구조적 변동(changes in systemic governing coalition, Sabatier)이었다. 1990년 초에 이루어진 3당합당(민정당+통일민주당+신민주공화당)은 문민정부 이전 노태우 정권시기에 발생한 결정적인 권력구조 변화였다. 그 의도는 경제성장을 이룬 군사정치세력과 민주화투쟁을 주도한 문민정치그룹이 연합하여 민주화를 추진하는 동시에 경제성장을 가속화하려는 것이다(이용식, 1993, 22 ; 정태환, 2005, 242에서 재인용).[44] 1990년의 3당합당에 이어 1993년에 김영삼의 대통령 취임으로써 등장한 문민정부는 이전 여권세력이 또 한 번 재구성된 것이다. 반독재 민주화운동에 참여하였던 새로운 집권자에 의해 주도되는 새로운 체제의 성격은 대통령당선자의 첫 신년인사부터 드러난다. 김영삼 당선자는 자신의 대선공약의 연장선에서 이제 한국의 위기와 이를 극복하기 위한 노력과 조치를 강조(김영범, 2003)함으로써 새로운 통치이념의 관철을 준비하기 위한

44 3당합당은 민주적 정당정치의 확립과 발전에 역행하는 정치적 야합이었다. […] 신당합당은 일본의 자민당처럼 거대여당을 만들면 장기집권도 가능하다는 판단이었다(정태환, 2005, 243).

소통적 담론(Schmidt, 2002, 309)을 구조화하기 시작했다. 즉 제도적 불균형과 불확실성의 상황에서 아이디어에 의해 행위자가 위기의 본질을 해석해서 불확실성을 감소시킬 수 있도록 해준 것(Blyth, 2003, 35)이다. 이는 문민정부의 통치기반과 통치이념의 형성에도 잘 드러난다. 이런 점에서 대통령과 그의 계파세력(민주계)을 소수로 하는, 새롭게 구성된 지배블록의 통치기반과 통치이념(길승흠, 1993 비교)을 살펴봄으로써 담론연합 간 경쟁의 시대적 맥락을 규명할 수 있다.

당시 한국 민주주의의 성숙도가 낮아서 김영삼 정부는 대선 이후에 새로운 통치기반을 확보할 필요가 있었다(길승흠, 1993, 55). 김영삼의 권력기반은 "문민정부화"였다. 민주적으로 이루어진 대선을 거쳐서 당선된 대통령으로 정통성을 가지게 되었다는 점이다. YS의 권력기반의 특징은 (1) 개혁인사 정책[45], (2) 폭력담당기구(안기부, 기무사 등)의 기능 축소와 비정치화, (3) 군부(하나회 등)의 비정치화, (4) TK세력의 퇴조 등이다(길승흠, 1993, 56). 하지만 민자당 내 민주계의 절대 소수적 위치(당시 민정계 대 민주계 국회의원 수는 124 대 25석이었다) 때문에 일반적 기대와 달리 청와대비서실 인사는 박관용을 비롯한 민정계가 추천한 인사들도 포함되었다. 그럼에도 불구하고 집권 초기에 적극적인 개혁을 위한 시도가 구체적으로 이루어질 수 있었던 것은 김영삼에 대한 국민들의 강력한 지지 때문에 가능했다. 이는 통치이념과 연관시켜 보면

45 그 인사 중 예컨대 다음과 같은 이들이 포함되었다. (a) 청와대비서실 (박관용), (b) 정부장관 (김덕룡), (c) 행정부 요직 (한완상), (d) 민자당 사무총장직 (황명수)

분명하게 드러난다.

박정희의 경우 분명한 통치이념을 가지고 있었지만, 전두환 노태우의 경우는 그와 유사한 것을 찾아볼 수 없었다. 김영삼은 자신의 통치이념을 "신한국 창조"를 내세웠고 그것을 (a) 한국병 치유, (b) 경제활성화라는 조치로 구체화하고자 했다(길승흠, 1993). 한국병은 비리, 부정부패 등을 의미한다. 한국병 치유를 위해 구체적으로 그가 제기한 것은 "윗물맑기 운동"이었다. 경제활성화에는 "경제건설"이었다. 윗물맑기 운동은 (1) 공직자윤리법 제정, (2) 금융실명제 도입[46], (3) 정치관계법 재정비 등의 핵심요소를 가졌다.

이러한 통치이념을 통해서 통치기반을 마련한 배경을 이해하기 위해서는 당시의 시대적 변화를 고려해야 한다. 경제 성장에 따라 1980년 후반부터 한국은 선진 자본주의 국가로부터 강하게 시장개방 압력을 받았고 1990년대 초반에는 시장 부분 개방을 하지 않을 수밖에 없게 되었다(김영범, 2003). 또한 1990년 초반에 현실사회주의권의 붕괴로 이전의 반공·반북한 담론도 더 이상 효력을 갖지 못했다. 1980년 후반과 1990년대 초반에 전 지구적 수준에서 이루어지는 경제적, 정

46 5.6공화국 때 금융실명제의 도입이 시도되었지만, 일부 세력들의 로비활동에 의해 무산되었다. 비리와 부정부패로 인해서 40조원의 "지하경제"가 생겼다. 전반적으로 이와 관련된 문제들 때문에 실명제의 도입이 요구되어 왔다. 실시에 따라 다음과 같은 주요행위자들에게 영향을 미쳤다. (a) 그동안 청와대도 받아온 "통치자금"의 뿌리를 제도적으로 끊었다. (b) 기업들이 의원 등에게 주는 "로비자금"이 축소되었다. (c) 정당의 "운영자금"이 축소되었다. (d) 돈 안 드는 선거문화의 정착을 위한 전제조건이 마련되었다.

치적 변화에 따라 한국 국내정치의 담론내용도 변화되었는데, 이는 가장 먼저 구체적으로 김영삼 정권 시기에 국제경쟁과 세계화의 담론으로 구현되었다.

김영삼의 1993년의 취임사에서 외적 변화에 따른 위기와 이러한 도전을 받기 위한 한국의 능력이 현재로서는 부족하다고 위기를 역설했다.[47] 그럼으로써 그는 소통적 담론(Schmidt, 2002, 309)을 통해서 조정적 담론지위를 강화한 담론전략을 편 것이다. 즉 외적인 도전 혹은 위기를 명분으로 삼아 '한국병'을 치유해야 한다는 '지렛대'를 활용하려고 했던 것이다. 이러한 국제경쟁이라는 담론은 나중에 세계화 담론으로 구체화되며, 이를 통하여 신자유주의 담론이 도입(김영범, 2003, 407)되면서 정당화되었다(김영범, 2003, 409). 이러한 담론의 "원칙으로서 제시되는 생산성과 유연성, 공정과 자율 등은 모두 민간의 자율성 증진과 국가 역할의 축소를 지향하는데, 즉 '조직은 간소하게 하고 각 단위와 개인의 역할을 크게 하는 것'과 '규제자로서의 역할보다는 심판자로서의 역할에 충실'한 국가를 만들자는 것이다."(김영범, 2003, 408)

이러한 세계화 담론을 주장하는 김영삼 정권은 그 담론이 문민정부 구조의 한계에서 기인한 것으로 볼 수 있다(김영범, 2003, 409). 다시 말해서 김영삼 대통령과 절대 소수파인 민주계의 힘은 타 권력세력에 비해서 약했기 때문에 국민들에게서 지지를 받는 정책을 실천함(강원택, 2005, 263)으로써 일종의 '지렛대'를 마련한 것이다. 즉 김영삼이 대

47 이는 Schmidt(2002)가 말하는 '내외적 충격으로 인해 촉발된 위기'의 개념과 일치한다.

통령으로 선출된 것, 나아가 집권 초기에 여권 내의 갈등과 권력에 대한 계파 간의 투쟁에도 불구하고 국민들에게서 높은 지지를 누렸던 것은 피지배계급의 민주주의의 확대에 대한 열망으로 가능했던 것이다.

하지만 집권 후 권력구조 및 구성으로는 민주주의 확대가 어려워졌기 때문에 민주주의 확대에 대한 열망을 희석시키면서도 지지율이 떨어지지 않게 하는 대책이 필요하게 되었다. 세계화 담론의 논리는 이러한 민주주의의 무조건적 확대의 불가론을 합리화해주는 역할을 했다(김영범, 2003, 409). 즉 무한 경쟁시대를 주장해서 이러한 상황에서 불가피하게 민주주의의 확대를 보류하고, 가장 우선순위에 있는 경제의 경쟁력을 키우기 위한 조치를 취해야 한다는 논리였다(김영범, 2003, 410). 민족이 멸망하지 않기 위해서도 경제가 우선이고, 그것이 민주주의의 확대를 위한 전제조건이라는 주장으로 국민을 포섭하려고 했던 것이다.

한국에서 이데올로기 독점의 형성이라는 문제의식을 바탕으로 민주화를 전환점으로 설정하고 그 전후를 비교해서 이데올로기 독점의 변형 과정을 분석하는 작업(이광일, 2007)은 김영삼 정권의 정치담론에 대한 이해를 높여준다. 이러한 분석에 따르면, 민주화 이전 시기 보수정치세력은 국가 수준에서 배타적인 이데올로기 영향력을 가지고 있다가 점점 자유주의 정치세력이 보수이데올로기를 압도하기 시작했다. 이러한 양자 관계는 적대적 갈등관계로 발전하고, 민주화 이후에는 자유주의 세력이 집권하게 됨으로써 새로운 헤게모니 이데올로기가 되었고 양자의 관계는 경쟁적 갈등관계로 변했다. 이러한 변형은 양자 간, 급진적 이데올로기와의 상호작용의 변증법적인 과정에서 이루어졌다. 민주화 이전에 독재에 저항하던 자유주의 세력들은 민주주의를 요구했다가 결국 집권했을 때 일종의 이데올로기 수렴 과정에서 오히려 보수우파세력의 이데올로기와의 접점을 찾아서 수구화되었다.

구체적으로 말해 자유주의 우파 세력은 3당합당을 통하여 정권 장악에 성공하였고, 지배이데올로기 생산의 핵심적인 역할을 담당하게 되었다. 정부의 시장 규제적 역할을 부정하였다. 바로 여기서 이전 자유주의 세력과 수구정치 세력 간의 접점이 형성되었다. 이 과정에서 수구정치 세력은 대기업 등 경제를 국가의 억압으로부터 해방하려고 했었고, 자유주의 우파세력은 정경유착을 청산하기 위해 신자유주의의 일환인 투명성 등을 포함한 세계표준 논리를 받아들였다. 특히 냉전 체제의 붕괴와 신자유주의의 영향력 강화 때문에 자본과 시장의 원리를 유일한 사회 운영 원리로 강조하기 시작했다. 이에 따라 이전의 수구정치세력은 쇠퇴하고 자유주의 우파의 집권이 가능해졌다. 이 흐름은 김영삼 정권이 1993년 3월 '고통분담론', 11월 '국가경쟁력 강화-국제화론', 1994년 11월 APEC회담 이후 '세계화'를 국정 모토로 내걸면서 전면화되었다.

김영삼 정권의 개혁과정은 이러한 기점들을 토대로 "신한국 담론 시기"(93.2-93.11), "국제화 담론 시기"(93.12-94.10)와 "세계화 담론 시기"(94.11 이후)로 구분할 수 있다(강명구·박상훈, 1997). 위에서 살펴본 바와 같이 김영삼 정권 시기에 지구당 폐지라는 의제가 가장 활발히 담론의 스토리라인으로 등장한 때는 1993년이었다. 그 이유는 김영삼 정부 기간 동안의 담론시기 분석을 보면 이해가 된다. 김영삼 대통령은 취임 후 야심찬 정치개혁의 포부를 가졌다. 그것은 '경제회복', '경쟁력 강화', '국가기강 강화' 등의 슬로건으로 표출되었다. 그리고 기본적으로 "한국병"을 치유해야 한다는 논리를 통해 개혁이 주창되었다. 이는 사회 전반적인 변화를 의미하는 것이었다. 그러기 위해 일종의 "고통분담"이 요구되었다. 이는 지배층의 양보와 피지배층의 자제(임금인상 요구에 대한)를 의미했다. 사회 전체가 직면하고 있는 위기상황에서 지배층과 피지배층이 함께 노력하지 않을 수 없기 때문에 이러한 수사를 통해 경쟁력 강화와 개혁을 유기적으로 연결시키려고 하였다. 또한 그것으로써 과거 권위주의 산업화에 의해 구축된 지배적(지배층과 피지배층 간의) 사회관계를 대중이 수용할 수 있는 방식으로 '정상화' 하겠다는 헤게모니 기획의 전략적 측면을 반영하고 있다(박상훈·강명구, 1997, 131).

이러한 위로부터의 개혁기획은 정치, 경제, 사회, 국제 등 다양한 분야 모두를 포함하는데, 정당을 포함한 정치분야에 대해서는 "부정부패 척결"과 "정경유착 단절"을 위한 "사정개혁", 군대, 안기부 등 억압적 국가기구에 대한 제도적 통제, 선거 및 정당과 관련된 제도개혁이었다(박상훈·강명구, 1997, 132). 그 시점만 해도 대통령은 많게는 90%에 육박하는 지지도를 누리고 있었기 때문에 이러한 개혁에 대한 국민들의 지지도 존재했다고 볼 수 있다. 그러나 여권 내에서 경제계와의 갈등이 생기면서 결국 그가 갖고 있었던 개혁의제의 근본적인 계획 일부는 포기하게 되었다. 물론 처음부터 김영삼 정권에 의해서 제기된 개혁은 내재적 한계가 있었다고 볼 수 있다.

이런 평가는 예컨대 손호철(1995)에 의해 제기된다. 민주화 이후 민주주의에 대한 규정은 학자마다 다른데, 크게 주류학계와 이른바 재야 학계를 구분할 수 있다. 전자는 90년대의 한국 민주주의를 "자유민주주의"로 규정하는가 하면, 후자는 "부르주아 민주주의"(조희연), "제한적 민주주의"(최장집)나 "파시즘적 자유민주주의"(김세균)로 규정한다(손호철, 1995, 257). 손호철(1995)이 "제한적 절차적 민주주의"라는 정의를 내린 것은 (a) 민주주의 중 정치적 민주주의만 실현, (b) 정치적 민주주의 중 절차적 민주주의만 실현, 그리고 (c) 절차적 민주주의 중 일부 절차만 실현되었기 때문이다(손호철, 1995, 275). 국가성격 자체에 대한 이런 문제의식과 함께 이에 따른 개혁성격에 있어서 "지배블록 내적 합리성 제고"의 개혁과 "대 민중 계급관계 개혁" 등이 구별된다. 전자가 지배블록의 기득권 유지 목적이라면, 후자는 "지배블록과 피지배블록 즉 민중의 힘의 관계를 후자에게 유리하도록 변화시키고 이들 양자 간의 관계를 민주화시키는 개혁을 의미한다"(손호철, 1995, 276)는 것으로 '진정의 개혁'으로 볼 수 있다. 그러나 1995년 진행되었던 개혁은 전자의 성격에 속한다는 것이다.[48]

> "정경유착 공직자의 축재, 과다한 정치자금 소요, 억압적 국가장치의 과잉자율화 등으로 인해 정치의 사회적 비용이 커져 체제 재생산에 장애로 부상하고 정치의 효율성을 제고시키는 데 초점이 맞추어져 있다. 반면에 국가보안법, 노동 관계법, 전교조 문제 등 대 민중 계급의 정책에 있어서는 과연 변한 것이 무엇이냐 반문이 제기될 정도로 의제 자

48 김영삼 정권의 개혁의 한계에 대해 손호철, 1995, 278-281 참고.

체가 개혁의 대상에서 아예 제외되거나 별로 과거와의 차이를 발견하기 어려운 실정이다(손호철, 1995, 276).

5. 담론연합의 경쟁분석

1) 기존 담론에 대한 도전

김영삼은 한국의 정치제도에서 가장 강력한 지위를 갖는 대통령직에 취임하기도 전에 신년 기자회견을 통해 자기의 선거 공약인 금융실명제 등 정경유착에 대한 개혁조치를 반드시 실천하겠다고 선언하였다. 그는 (1) 이때부터(93/01/01) 민자당과 (2) 당무개선협의회가 추진해야 할 당정비 계획에 대한 '군살빼기' 지시(93/01/14), (3) 인수위 전체회의(93/01/27)와 (4) 취임(93/02/25)까지 깨끗한 정치를 위한 무조건적인 개혁을 설파해왔다. 민자당 내 당무개선협의회의 업무에 있어서 김영삼 당선자는 1월 중순에 사무총장(김영구)에게 당의 조직을 새 정부 출범에 맞춰 개편하라고 지시했는데, 이는 무엇보다 당풍 쇄신과 당내 민주주의 실현을 통해서 친정체제를 구축하고 당내에서 통치기반을 마련하기 위한 것이었다. 이러한 '군살빼기'[49]와 '정치비용 삭감'에 역점

---

49 현재의 조직은 3당합당 당시 민정 민주 공화 계파 간 안배를 고려한 나머지 당 기능의 효율성을 저해할 정도로 비대화돼 있어 일대수술이 필요하다는 지

을 둔 체제정비가 당에 대한 김영삼의 지도력을 강화하기 위한 '효율성'과 '능률'의 극대화를 추구하는 '개혁적 성격'을 띨 것이라는 분석이 중론이었다(세계일보, 93/01/17, 3면). 당에 대한 장악력을 강화하기 위해 김영삼 대통령은 1993년 3월 3일 50여 명에 달하는 당직개편을 실시하고 다음 날인 3월 4일 첫 청와대 출입기자들과의 (5)기자간담회에서 '돈 한 푼도 안 받겠다'는 선언으로 깨끗한 정치의 취지를 다시 한 번 다졌다. 이를 위하여 정치자금 수요 축소 방안으로 선거공영제 확대와 함께 정당구조 개선을 제시했다. 이와 관련해서 "청와대 관계자들은 정당구조의 개선에 대해 예를 들면 지구당과 시도지부의 폐지 등을 포함할 수도 있다"(한겨레, 93/04/05)고 밝힌 것은 지구당 폐지와 관련해서 처음으로 공식적으로 가장 큰 영향력을 가진 행위자에 의해 발설된 것이다. 바로 그 다음 날 민자당은 향후 정치자금법, 정당법, 선거법 등 3개 법안 개정작업에 착수하여 지구당과 관련해서 "외국의 경우처럼 지구당 자체를 폐지하는 방안" 등이 거론되었다. 이는 위에서 설명한 소통적 담론을 통해서 조정적 담론에서의 지위강화라는 전략을 당 조직개편의 정책영역에서 구체화한 행위였고, 이로써 '효율성을 높이고 비용을 줄이기 위해 지구당을 폐지해야 된다'는 권위있는 내러티브의 등장이었다.

언론에서는 1993년 초부터 구체적인 개혁방안에 관해 언급하기 시작했다. 1월 1일자 조선일보의 사설에서는 지구당의 유급간부제를 폐

적이 오래전부터 제기돼왔다(세계일보, 93/01/17, 3면).

지하고 지구당의 운영방식은 상설운영이 아닌 단순 연락실로 임시운영 방식을 도입하는 안을 내놓았었다. 민자당의 당무개혁개선협의회의 구성과 출범이 있고 일주일 후인 1월 26일자 세계일보에서는 "일본에서처럼 지구당 사무실도 아예 폐쇄하는 방안"을 소개했고, 2월 4일자엔 이러한 방안을 반복해서 보도했다. 그 후에야 청와대에서 지구당의 폐지라는 구체적인 언급이 처음으로 나왔다. 3월 8일자의 한국일보 시설은 지구당 제도 자체가 3공화국 시기에 박정희 정권이 정통성 결여를 무마하기 위해 도입한 것이기 때문에 효율성이 떨어지는 것으로 지구당을 폐지해야만 정치가 깨끗해질 수 있다고 주장했다. 4월 10일에 민자당 정책위원장 김종호는 "김영삼 대통령이 강조한 '깨끗한 정치'를 위해서는 지구당 제도를 없애거나 지구당 기능을 축소하는 게 절실하다"고 밝히면서 지구당 폐지의 필요성을 강조했다. 그의 논리는 지구당을 폐지하기 위해 "무엇보다도 선거구제를 대선거구제로 전환"해야 한다는 것이었다. 세계일보는 이것을 "지구당 폐지의 가정사실화"로 보도했다. 5월 26일에는 "정당법 개정방향에 관한 토론회"로 진행될 정치관계법 심의특별위원회의 개최(93/06/15)를 앞두고 김영구 민자당 원내총무는 이러한 구체적인 방안을 검토하고 있다는 사실을 다시 한 번 확인했다. 기존의 정당조직으로서의 지구당 문제는 과거 독재정권 하에서 정통성 결여를 보완하기 위한 도구였을 뿐인 인위적인 장치로서 정치의 효율성과 비용절감을 위해 아예 폐지해야 한다는 방안(이야기/내러티브)이 청와대에서 제기된 이후 이 시점까지는 그에 대한 주목할 만한 비판적 반응이 없었다. 그리고 이미 그 전부터 비슷한 대책을 제안하였던 일부 언론에서도 그와 유사한 논지를 보도

하면서 소통적 담론의 장이 열리기 시작했다.

그러나 곧 이어 1993년 6월과 금융실명제 실시가 전격 발표된 8월 사이에 지배블록 보수 분파를 중심으로 일종의 '반개혁연합전선'이 구성되었다. 그들이 생산하는 담론은 "개혁강화론 대 경제활성화론"(조선일보, 93/6/26)을 모토로 "사정은 짧게, 경제는 길게"(조선일보, 93/6/26)라는 논리가 핵심적인 것이었다. 이들은 1993년 9월에 대통령과의 접견 자리에서 "과거사에 연연하는 개혁 대신 경쟁력 강화와 경제 재도약이 국정 최대목표가 되어야 한다"는 주장을 펼쳐 구조적이고 근본적인 원인을 치유하는 개혁보다는 신속한 성장을 가능하게 하는 방향으로 개혁 내용을 바꾸려고 했던 것이다. 이러한 목적을 위해 그들은 매체와 관련단체들을 (거시행위자로) 동원했다. 뿐만 아니라 지식인, 언론인, 관료, 정치인 등을 포괄해서 자기들의 담론을 생산해 나갔다. 특히 전경련의 경우에는 1993년 7월에 이와 관련된 간담회를 열고 9월에 위원회를 구성하고 10월에 더 확대시키는 등 담론 주도를 위한 조직적 움직임이 활발해졌다(강명구·박상훈, 1997, 135).

이 반개혁연합 세력들은 개혁이라는 주제영역을 배제하고 경제 재도약, 경쟁력 강화라는 주제영역을 체계화하는 데 있어서 다양한 언술주체들을 활용할 수 있었으며, 국가와 시민사회 영역 모두에서 이를 뒷받침할 제도적 기반을 장악하고 있음으로 해서 강력한 영향력을 발휘하였다(박상훈·강명구, 1997, 135). 이에 따라 신노동정책이나 소유구조 분산정책 등 경제분야에 대한 개혁계획들이 의제로 배제되었고, 결국 개혁계획은 무산되었다. 이러한 의제배제 효과는 당시의 신문보도의 통계적 분석에서 확인할 수 있다. 늦어도 1993년 10월부터 "개혁"과 관련된 기사보다 "경쟁력"과 관련된 기사의 빈도가 가파르게 상승하는 현상이 발견된다(강명구·박상훈, 1997, 136 비교). "이 시점에서부터 개혁이라는 주제영역이 권위주의적 유산을 척결하는 의미가 아니라 경제회복과 경쟁력 강화를 위한 제도개선이라는 의미로 변형되기 시작"하였던 것이다(강명구·박상훈, 1997, 136).

"지구당 폐지"도 이 시점(9/10월 이후)에서 갑자기 더 이상 언론에 등장하지 않게 되었고 1997년까지 찾아볼 수 없었다. 결국 공식담론에 영향을 미친 반개혁 보수연합은 개혁담론 안에서 당론의 초점을 위기의 원인을 제거하기 위한 개혁에서 앞으로의 도약을 위한 개혁으로 바꾸는 데 어느 정도 성공했었던 것이다. 그것은 두 가지 함의를 내포한다. (1) 하나는 자기들이 구성하는 세력들의 권력기반인 부패구조를 대부분 존속시키는 것이다. (2) 다른 하나는 현재 문제의 원인을 근본적으로 파악해서 그에 상응한 해결책을 실천하는 접근이 아니라, 경쟁력이나 효율성을 일차적인 목적으로 설정한 채 초점을 단순히 앞으로 정당운영을 '잘'하기 위한 개선으로 옮겼다는 것이다. 이와 유사한 지구당 현상을 우리는 담론에서도 관찰할 수 있다. (1) 당시 특히 민자당 내 민정계와 공화계 세력의 권력기반은 풀뿌리까지 내려간 위계질서 조직과 경제와의 유착을 통해서 정치자금을 마련하는 것이었다. 그렇기 때문에 지구당 조직은 보수분파가 포기할 수 없는 구조였다. 그래서 그들은 이 구조를 없애려 했던 담론에 반대했고 결국 지구당 폐지라는 의제가 (12월 정당법 개정 때에) 배제되었다 (2) 반면에 기존 지구당위원장들이 지구당을 운영하는 방식과 이러한 방식을 채택하게 된 배경을 문제삼지 않고 효율성의 논리에 따라 지구당 제도나 지구당 개선을 요구했다. 이런 개선논리가 1997년 봄에 한보사건이 터지면서 "지구당 폐지"로 그 초점이 전환되었다.

정치계 안에서의 갈등은 (a) 김영삼 대통령의 민주계 사조직과 (b) 신한국위원회와 관련된 것이었다. 대선 후보 시기부터 민주계 조직은 민정계와 보수언론에 의해 비판을 받았다. 신한국위원회는 신한국담론의 제도적 기반을 마련하기 위해 설치된 기구였지만 보수세력의 거센 반발로 그 계획은 무산되었다. 경제에서는 개혁과 경제 재도약의 주제영역 간의 갈등이 생겼다. 원래 김영삼 대선 공약이었던 쌀시장의 비개방은 1993년 12월 타결된 우루과이라운드로 무산되었고, 농민과 야당의 거센 반발 속에 예산안이 날치기로 처리되었다.

신한국 담론 시기 때에는 시민사회 영역에서 가장 강력한 개혁지향성을 갖는 대안세력이 담론 생산주체로서 큰 영향을 미치지 못했다. 그 이유는 (1) 변화된 국면에서 대안세력의 존재양식과 관련된 문제이고, (2) 김영삼의 통치양식과 관련된 문제다. 우루과이라운드와 관련된 갈등이 일어나고 나서야 대안세력들의 존재감이 부각되었다. 1993년 후반기부터 위에서 설명한 보수분파의 반개혁연합 활동에 따라 개혁이 후퇴하게 되었을 때, 그리고 1993년 12월 우루과이라운드 타결 및 예산안 날치기 처리에 따라 대안세력이 정부의 정책에 가장 큰 장애물이 되었다. 그 결과 갈등관계는 정부개혁세력(자유주의 우파)과 정권반개혁세력(수구 보수파) 간에서 정권세력과 대안세력(자유주의 좌파+급진진보) 사이로 옮겨가게 되었다(강명구·박상훈, 1997, 138).

국회의 정치관계법심의특별위원회(93/06/16)에서 지구당 문제를 포함한 정당개혁에 대한 발제를 맡은 이남영 교수와 박상철 한국법제

연구원의 연구위원은 처음으로 공개적으로 학계에서 이 문제를 다루었는데, 지구당 폐지의 내러티브가 등장한 후부터 처음으로 강한 반대의 입장을 취하였다. 이남영의 경우에 그동안에 여권에서 명분으로 삼은 비용문제를 가지고 지구당의 폐지, 또는 축소를 주장하는 것에 대해 "시대역행적 발상"이라고 강하게 비판했다(경향신문, 93/06/17, 4면). 그것은 경영의 분야에 속한 비용문제를 그대로 정치 혹은 민주주의 문제에 적용하는 접근방법에 내포된 잘못을 지적했다. 다시 말해서 '무조건적인 개혁'이라는 정책을 관철하기 위해 하나의 담론전략으로 경제담론과 정치담론을 엮으려고 했던 것에 대한 문제제기다. 그는 오히려 정치개선 담론으로 "지방자치시대에서의 지구당은 정치의 핵"이 되어야 할 것을 주장했다. 박상철 연구위원도 역시 지구당 폐지에 정반대로 당내민주화를 위해 공직자 선거입후보자에 대한 최종의결을 지구당에 맡기는 안을 제시함으로써 "지구당 활성화"의 필요성이라는 결론을 내리는 논리를 전개하였다.[50] 이 사실은 지구당 문제에 관한 두 담론연합이 형성되기 시작했다는 것을 의미한다. 물론 학계 혹은 전문가들은 이 문제를 그 이전부터 다루었다. 이와 비슷한 입장은 이미 1990년에 학계에서 나왔다. 당시에 정무장관실의 정책자료로 발간된 연구보고서에서 신명순 교수는 정당정치가 "국민들 속으로 파고들어 생활화되고 정당이 국민들 속에 굳건히 뿌리를 내리기 위해서는 지역수준에서의 정당정치를 활성화시켜야" 하고, 특히 "지역에서의 정당과

50 지방자치정치와 지구당을 통해서 중앙정치와의 관계에 관한 문제는 김주정(1990) 참조.

정당정치가 없이 중앙에서만 정치가 이루어지는 상황에서 정치발전은 이룩될 수 없다"며 "지역단위에서의 정당의 활성화 없이 정당의 활성화는 이룩할 수 없다"고 주장했다(신명순, 1990, 41). 최대권 교수도 역시 1991년에 정무장관(제1실)의 정책자료에서 당내 민주주의의 증가와 이를 위한 지구당의 활성화의 필요성(최대권, 1991, 176)을 주장했다.

학계의 이러한 일관성이 있는 주장에 반해 국회 특위의 토론회가 이루어진 후에도 정치권의 여권세력들에 의해서 계속적으로 지구당 폐지의 당위성이 동일한 논리에 따라 제기되었다.[51] 예컨대 이만섭 국회의장은 초청강연(한국발전연구원 주최)에서 "과다한 자금이 드는 현행 지구당 세노로는 절대로 깨끗한 정치를 할 수 없기 때문에 즉각 폐지해야 한다"며 지구당 제도의 개편방향에 대해 "시·도지부도 연락사무소정도로 규모를 축소해야 한다" 면서 "지구당도 미국과 영국 등 선진국처럼 단순한 연락사무소로만 운영하는 방안도 검토할 수 있다"고 말했다(국민일보, 93/06/18, 2면). 그는 자신의 주장의 설득력을 강화하기 위하여 전에 세계일보에 의해서 제기된 일본의 정치제도 외에 선진국으로 여겨지는 미국과 영국의 제도도 일종의 모델로 언급하였다. 그

51 물론 예외적인 경우도 있었고, 여야 막론하고 지구당 폐지 문제에 입장 차이가 있었을 가능성이 높아 보인다. 단, 언론이나 기타 자료에 나타나지는 않은 점을 미루어 보았을 때 매우 드물고 전반적인 담론발전에 그만큼 영향력도 미비했을 것이다. 한 예로는 김기배 민자당 의원은 지구당을 "정당의 첨병으로서 대민접촉을 통한 직접적인 민의수렴기능을 담당하면서 각 선거구 단위로 조직되어 있어 주민 또는 유권자와 직접적인 접촉을 갖는 중요한 대민 최일선 조직"으로 설명한다(김기배, 1992, 24).

리고 8월초에 일어난 소위 '제1 금융실명제 파동'(93/08/12)과 보궐선거(93/08/12)에서의 여당이 패배한 이후 지구당 폐지라는 '획기적인' 개혁조치가 여권에서 더욱 활발하게 설파되어 그 논증적 윤곽도 더 분명하게 드러나기 시작했다. 김영삼 대통령과 그의 민주계에게 완패로 끝난 보궐선거 바로 다음 날 민자당에서 지구당 폐지를 포함한 구체적인 개혁방안을 검토하고 있다는 소식(세계일보, 93/08/14, 2면)이 나온 후 14일에 황명수 민자당 총장은 현재의 지구당 체제는 과다한 경상비용 등으로 의원들에게 너무 큰 부담을 주고 있기 때문에 "돈 안 드는 정치의 구현을 위해 많은 문제점을 갖고 있는 지구당 상설운영체제를 폐지하고 일본처럼 후원회 중심의 운영체제로 전환하는 방안을 정치특위에서 전향적으로 논의"(국민일보, 93/08/14, 2면)하는 것을 밝혔다.[52]

이와 관련해서 금융실명제의 실시에 맞추어서 정당법을 포함한 제도개혁을 위해 일본이 아니라 미국 제도를 참고하라고 김영삼 대통령은 지시했다.[53] 그는 일종의 기초토양으로 여길 수 있는 금융실명제에 이어 '깨끗한 정치'와 '돈 안 드는 정치'를 실현하기 위해 '정경유착의

52 이는 민자당 내 민주계 대 민정·공화계의 구도에서 기인된 것으로 추측할 수 있다. 즉 보궐선거에서 민정당의 영향력의 규모가 입증됨에 따라 민주계는 당을 비롯해서 여권 내의 권력싸움에서 지지 않기 위해 국민들에게 인기가 있을 가능성이 높은 개혁을 추진하는 일환으로 지구당 폐지를 주장하게 되었을 것이다.

53 그는 1993년 8월 16일에 "정당·선거제도·정치자금 등은 미국의 제도를 참고해야 할 것 […] 깨끗한 정치를 위해서는 정경유착의 고리를 차단하는 것이 중요하다!"고 말했다(서울신문, 93/08/18, 5면).

표본처럼 되어 있는 일본식 정치제도를 지양하고 금융실명제가 정착된 미국식의 투명한 정치관행을 정치개혁의 요체'로 참고해야 한다고 주장했다(서울신문, 93/08/18, 5면).

그러나 얼마 뒤 여권 내에서 지구당 폐지에 대한 거센 반발이 일기 시작했다. 지구당 폐지방안을 마지막으로 구체적으로 언급한 신한국당 황명수는 일부 세력들의 비판을 면하지 못하게 되었다. 결국 8월 20일에 황 총장은 "지구당 폐지를 발설한 적이 없다"며 "선진국에서 그렇게 한다는 말만 했다"고 해명하게 된다. 그러나 그 이전에 이미 정치계에서도 드디어 본격적인 반대의사가 형성되기 시작했다. 박상천 의원이 여야 특위 간사회의에 대해 자신이 소속한 민주당이 보고하는 자리(93/08/16)에서 민주당은 민자당이 검토하고 있던 지구당 제도 폐지에 대해서 반대한다는 것을 분명히 했다. 민주당은 "정당법 개정에서 지구당은 정당의 뿌리이며 당내 민주주의의 기초단위가 되어야 하기 때문에 폐지해서는 안 되며 단지 지구당 운영 경비가 최소화될 수 있는 방안을 마련해야 한다"고 밝혔다. 즉 비용의 문제에 동의하면서도 지구당 폐지 반대 및 지구당 활성화론처럼 여기에서도 기본적으로 지구당 조직을 민주주의가 뿌리를 내릴 수 있도록 해주는 중요한 제도로 여기기 때문에 폐지는 안 된다는 논리를 담은 이야기가 이루어진다.

진보인 언론도 이와 비슷한 문제의식을 갖고 있었다. 한겨레신문 사설(93/08/17)은 지구당의 활성화와 건실화를 당위적인 것으로 보고 그를 통하여 "국민 여망을 정치화해야 한다"고 주장한다. 월간말지의 8월호에서 안영배 기자는 민주당의 지구당 조직구조에 대해 보도하면서, 지구당 폐지론에 대해 매우 회의적인 입장을 취한다. 여기서도 역시 오히려 활성화론이 제기된다(안영배, 1993, 43).[54] 이와 달리 서울신문은 지구당 같은 '후진국 구조'를 미국을 비롯한 '선진외국처럼' 폐지해야 한다는 사설을 실었다(서울신문, 93/08/17).

민자당과 민주당 공동으로 개최한 3역회의(93/08/19)에서 지구당 폐지에 대한 여야의 주장이 반대로 나타난다. 민주당은 지구당 폐지 문제에 있어서 "한국적 정치현실을 감안할 때 그 타당성 등에 대한 충분한 검증이 있어야 한다"며 부정적 견해를 나타냈고, 민자당은 오히려 지구당 폐지의 위헌소지를 거론하고, 한국의 정치문화를 지적해가면서 지구당 폐지에 대한 입장전환을 나타냈다(경향신문, 93/08/20). 국회 정치관계법심의특별위원회 소속위원들의 정치관계법제도 해외연구시찰[55](7월 18일-7월 30일)이 선행되었음에도 불구하고 이 위원회 회의에

---

54 흥미로운 점은 두 '진보' 매체의 지구당 폐지론을 두고 "시기상조"라는 평가가 있었다는 점이다. 안영배(1993)는 "지구당의 기능이 정상화돼 정치자금을 오히려 중앙당에 지원하는 '정상적인' 구조가 정착할 때까지"(안영배, 1993, 43)라는 설명을 하고, 한겨레신문에서는 어떤 구체적인 발전에 따라 어떤 시점에서 지구당 폐지가 마땅한지에 대한 설명은 전혀 없어서 막연한 느낌을 준다.

55 신상식(위원장), 박희태, 강신옥, 김영일 등 민자당 소속 위원들과 방상천, 이영권, 정균환 등 민주당 소속 위원들을 1993년 7월 18일부터 동월 30일까지 독일, 영국, 미국 등을 방문하여 각 나라의 정당조직의 운영방식을 포함한 정당과 선거제도에 대한 시찰했다. 그들의 시찰목적은 "국회정치관계법심의특별위원회에 회부된 정치관계법안을 보다 효율적으로 심의하기 위하여 주요 선진국의 정당 및 정치자금제도, 선거제도, 지방자치제도, 정도기구 및 의회

서도 지구당 폐지문제는 의제가 되지 못했다(정치관계법심의특별위원회의 163회의 1차 회의록, 93/08/23 비교)[56]. 이 시점에서 지구당 폐지 담론이 배제되고, 그로 인하여 제도개혁의 구체적인 장인 국회특위에서 지구당 폐지가 의제로 채택도 되지 않게 되었다. 11/12월의 특위 개최를 앞둔 8월말부터 10월 중순까지는 정계에서 지구당 폐지를 긍정적으로 검토한다는 소식은 없었다. 대신 제2의 금융실명제 파동(93/09/07) 이후의 기간 동안에 정치가들과 학자들이 같이 모여서 지구당 문제를 포함한 다양한 정치개혁의 의제에 대해 의논하는 사례들이 있었다. 여기서 윤영오 교수는 지구당 운영의 문제와 정당리더십의 형성과 계보정치의 문제는 정치자금문제와 연결되어 있다고 보면서도, 그렇다고 해서 이 문제들을 금융실명제를 통해서 해결할 수 있다고 보지는 않는다고 말한다. 왜냐하면 정치행태와 운영관행을 더 근본적인 문제로 평

정보위원회제도에 대하여 현지에 가서 직접 그 제도 및 운영실태를 관찰하고 그 장.단점을 파악함으로써 우리나라의 제도 전반에 관한 개선방안을 강구하여 법개정에 반영하기 위함임"을 밝혔다 (국회정치관계법심의특별위원회시찰단, 1993). 그들의 지구당에 관한 시찰에 있어서 〈정치관계법제도 해외연구시찰보고서〉를 보면 독일과 영국에서 약 2시간 정도로 정당운영에 대한 설명을 들었고 독일에서는 지역조직이 전통적으로 발달되지 않은 기민당(CDU) 담당자만 만났다. 어쨌든, 전반적으로 지구당 폐지를 주창하게 하는 단서가 발견되지 않은 것으로 보인다.

56 흥미로운 것은 월간〈말〉지는 1993년 12월호에 미국, 영국, 일본, 독일 등 외국에서의 지구당 운영을 소개하는 특집을 실었다. 여기서 소개된 사례들은 위의 보고서보다 훨씬 더 구체적이고 각 나라의 특유한 제도와 제도운영을 설명해준다.

가하기 때문이었다. 그는 특히 우리 정당은 헌법상으로 '그저 있어도 되는 것'이라는 위상을 가지는 반면, 독일은 '마땅히 있어야 할 것'이라는 위상을 가지는 것과 같이 한국도 독일 정당법처럼 정당의 필수불가결한 것으로 규정하는 개정이 요구된다고 보았다(윤영오, 1993, 24). 또한 특히 지방화의 시대에는 지역정치를 향상하기 위하여 정당의 존재가 필수불가결한 것으로 강조되었다(윤영오, 1993, 25). 같은 회의에서 고성국 교수는 법과 제도의 개선 뿐만 아니라, 이를 운영하는 '사람들의 자질이 향상되어야 한다'는 점에서 윤영오(1993)와 비슷한 이야기를 하지만, 그와 달리 금융실명제 실시에 발맞추어 지구당 운영과 조직을 축소해야 한다고 주장했다(고성국, 1993, 4).

10월에 개최된 특별좌담회(경향신문 주최)에서 신명순 교수는 '돈 안 드는 정치'를 실천하기 위해 "정치자금의 수요 측면에서 상당 부분을 차지하는 지구당 제도 폐지나 축소가 바람직한" 해결책으로 제시하지만 여야의 법안개정작업을 진두지휘하고 위에서 언급된 해외시찰에도 동행한 박희태 민자당 의원은[57] 모두 다 즉각 반발했다. 그 후 민자당은 지구당을 폐지하지 않고 '미국에서처럼' 단순 연락사무소로 운영하겠다는 계획을 밝히고(국민일보, 93/10/16), 이는 다음 날 "정당운영은 미국제도를, 선거제도는 영국제도를 참고하라"는 김영삼 대통령에 의

57 "지구당을 폐지하자는 발상은 정당제도를 없애자는 것과 같다. 뿌리를 없애고 머리만 남겨두는 말이다. 주민수렴이라는 국회의원 본영의 활동이 중요하다!", 경향신문, 93/10/06)과 박상천 민주당 의원, '지구당 제도를 폐지해서는 안 된다.'

해서 더 큰 틀에서 확인된다(경향신문, 93/10/17). 이를 실천하기 위해 민자당 내에 정당운영 발전연구위원회라는 거시 행위자 장치를 구성한다. 1993년 11월에는 김영삼 대통령은 APEC정상회담에서 향후 한국의 정치담론에 큰 영향을 미칠 "국제화 추진"을 선언했다.

1993년 11월초부터 국회특위 회의들이 이어지면서 작성된 개정안 취지를 보면 우리는 1993년 12월 27일 국회 본회의에서 가결된 제7차 정당법 개정 이유가 지구당 폐지를 주창한 담론과는 매우 다르다는 것을 알 수 있다. 그에 따르면 "국민의 정치참여 기회를 확대하여 자생력 있는 정당운영을 제도적으로 보장함으로써 정당이 국민 속에 그 뿌리를 튼튼히 내릴 수 있도록"(법안)하고자 했다는 것이 그 설명이다. 이로써 정치제도의 개혁에서 14대 국회 회기에 담론의 구체적인 제도화로의 발전이 막을 내리고 제1기간 후반으로 넘어가게 된다.

〈표 5-1〉 제7차 정당법 개정의 지구당 관련 내용[58]

법률 제1246호 정당법 1962.12.31	법률 제4609호 정당법 1993.12.27
제22조의 2(당비)[신설]	
없음.	①정당은 당원의 정예화와 당의 재정자립을 도모하기 위하여 당비납부제도를 설정·운영하여야 한다. ②당비납부의무를 이행하지 아니하는 당원에 대한 권리행사의 제한, 제명 등 필요한 사항은 당헌으로 정한다.
법률 제4087호 정당법 1989.3.25	**법률 제4609호 정당법 1993.12.27**
제25조(법정지구당 수)	
정당은 국회의원 지역선거구 총수의 5분의 1 이상에 해당하는 수의 지구당을 가져야 한다.	정당은 국회의원 지역선거구 총수의 10분의 1 이상에 해당하는 수의 지구당을 가져야 한다.
법률 제2089호 정당법 1969.1.23	법률 제4609호 정당법 1993.12.27
제29조의 2(서면결의의 금지)	
	대의기관의 결의와 소속국회의원의 제명에 관한 소속국회의원의 결의는 서면이나 대리인에 의하여 의결할 수 없다.

2) '지구당 활성화·강화' 내러티브

제1기 후반기는 "국제화 담론시기"(93.12-94.10)로의 전환과 동시에 시작된다. 1993년 11월에 김영삼 대통령이 APEC정상회담에서 선언한 "국제화추진"은 기존 개혁 기획의 변화를 의미했다. 이미 반개혁 보수연합의 간섭으로 인해서 크게 달라진 개혁 프로그램의 내용은 이제 공식적으로 "국가경쟁력" 중심으로 변화했다. 이로써 개혁이란 언술의 의미는 부정부패 등 권위주의 유산을 척결하는 개혁에서 "미래형 국가조직을 갖추고 새로운 방식의 국가경영전략"을 구축하는 개혁으로 변경되어 "국제화 곧 개혁"이라고 정의되었다(국정신문, 94/1/13 ; 박상훈, 138에서 재인용). 즉 선진국 진입이라는 목표를 달성하기 위하여 국가가 기업형 조직을 갖추어 국민을 '경제인'으로 조직함으로써 한국경제

58 7차 정당법 개정의 내용은 제4조의 2(합당), 제6조(자격), 제10조(창당증인), 제20조(입당), 제21조(거주요건), 제22조의 2(당비), 제23조 1항(탈당), 제24조의 2(법정부책 등의 인계), 제25조(법정지구당수), 제29조의 2(서면결의 금지), 제38조 제1항(등록취소), 제39조의 2(지구당창당승인의 취소), 제43조 제3항(유사명칭 사용금지), 제55조의 제1과 제2항(창당방해 등의 죄) 등 그것들이다(제7차 정당법 개정 "일부개정 1993.12.27 법률 제4609호" 참조). 1993.12-이유 : 정당설립요건 및 정당가입자격·절차 등을 완화 내지 간소화하여 국민의 정치참여 기회를 확대하며 자생력 있는 정당운영을 제도적으로 보장함으로써 정당이 국민 속에 그 뿌리를 튼튼히 내릴 수 있도록 하고, 기타 선거제도의 변경 등으로 나타난 법체계 및 운용상 문제점을 보완하려는 것이다.

의 경쟁력 증대를 위해 본격적으로 나서겠다는 것으로 요약할 수 있다. 경쟁력 강화라는 담론에 의해 '효율적인 정치, 행정', '기업의 경쟁력 강화를 위한 규제완화'(국정신문, 94/8/16) 등의 내용이 설파되었다. 국제화추진을 위한 국민의식개혁에 동원된 핵심 상징어는 "경쟁력"이 되었다. 이러한 담론 및 정책 변화는 전경련으로 대표되는 대자본의 조직활동과 조선일보 같은 대중매체들의 일정한 보도방식과 기획을 통해서 더 확대 가속화되었다.

'세계화 담론 시기'(94.11-95.9)의 내용은 국제화 담론과 많이 다르지 않다. 단지 이 시기에는 복지라는 담론이 주제영역과 결합되었으며 세계중심 경영국가라는 미래국가 개념이 더 강조되었다. 또 하나 차별점은 담론의 생산량이 크게 증가한 것이다. 거창한 수사도 양적으로 늘어나 언론에서 재활용되었고, 국무총리 자문기구에 불과했던 국제화추진위원회와 달리 세계화추진위원회는 대통령직속기구이며 거시행위자 혹은 담론생산주체로서 더 큰 자원과 권력을 가지게 되었다(강명구·박상훈, 1997, 143). 민자당 국회의원과 지구당위원장 청와대 초청 만찬에서 김영삼 대통령은 사실상 김종필을 겨냥한 "당세계화" 발언을 강하게 했다. (정부의 세계화작업을 열거하고 나서 "40년이 넘는 낡은 구조를 가지고는 세계화를 이룰 수 없다"며 "(정부의 세계화와) 동시에 추진해야 할 것은 당의 세계화다"라고 하면서 "선진국 정당과 함께 어깨를 겨룰 있도록 변해야 한다"(경향신문, 94/12/27)고 주장했다.

제1기 후반부에는 지구당 문제가 소통적 담론에 거의 등장하지 않았다. 정당법, 선거법, 선거부정방지법, 정치자금법, 지방자치법 등 정치관계법들의 개정으로 새로운 담론의 일부가 수용되어 제도화되었다. 지구당 문제에 관한 소통적 담론이 잠잠해지고 오히려 조정적 담론이 활발하게 이루어진다. 특히 학계에서는 민주화라는 주제로 정당개혁이 주된 문제가 된다.

1994년 3월에 발간된 『사회과학논집』에서 신명순 교수는 미국, 영국, 캐나다 등의 사례를 들어 한국에서 지구당 중심의 정당운영을 바람직한 것으로 주장하며 그 원인으로는 다음 세 가지를 제시한다. (1) 그 나라들의 공통점으로 공직자선거의 경우에 입후보자들이 당원들에 의해서 선출된다. (2) 자금모금은 지구당에서 이루어지고 어떤 경우에는 오히려 지구당이 중앙당에 지원금을 제공한다. (3) 평상시에 최소한 직원으로 운영되다가 선거 때가 되면 활발하게 운영된다. 이러한 점에 비춰볼 때 한국에서 지구당의 바람직한 운영방식은 선거 시에는 적극적으로 당원들에 의해서 운영되고, 비선거시에는 연락실로 운영하여 정당의 전반적인 운영이 지구당 중심으로 이루어지기 때문에 중앙당 규모도 축소하는 것이 바람직하다는 것이다. 지구당과 선거를 중심으로 하는 정당운영은 거액의 정치자금을 줄이고, 중앙정치와 지방정치, 국회의원과 선거구주민 간에 필요한 밀접한 관계가 형성될 수 있다고 그는 주장한다(신명순, 1994, 106 이하).

1995년 1월에 개최된 〈지방자치선거와 정치개혁과제〉(나라정책연구회 주최)라는 학술대회에서[59] 최한수 교수는 지방자치시대 지구당 운영에 관해 다음과 같은 주장을 한다. 세계화시대는 무한경쟁의 시대다.

---

59 이 학술대회에서 최한수, 신광영, 한대수, 이창식, 이석원 등의 학계 외에 박범진(민자당), 박계동(민주당) 등 정치계도 참석했다.

이러한 시기에 정당의 세계화는 민주적이고 효율적인 정치를 가능하게 하는 원동력이 된다. 그래서 정당들은 사회 제반분야에 대외적으로 국제경쟁력을 제고해야 한다. 결국 세계화에 걸맞은 정당과 정당정치의 개혁이 필요하다는 것이다. 개혁은 자유의 증대와 평등의 확대, 즉 민주주의의 구현을 위한 바람직한 방향으로의 합법적인 변화를 의미한다. 그러한 변화가 어렵지만 가능하다는 것은 선진국이 보여주고 있다(최한수, 1994, 3). 정당이 민주적이지 못하면 그에 의하여 유지되는 모든 정치과정이 민주적이기 어렵다(최한수, 1994, 4). 지방선거와 관련해서 지구당위원장 제도를 개혁하지 않으면 모든 행정을 다음 선거에 맞추도록 주문할 것이고, 이것은 극단적으로 말하면 자칫 일선 시·군·구에서 특정 정당의 지구당화 현상을 초래할 우려가 있다(최한수, 1994, 6). 현행 지구당 조직을 지구당 대의원대회와 지구당당협의회로 대체한다. 지구당의 운영은 지구당 후원회 후원금, 당원의 당비, 대의원의 특별당비(상한선), 국고보조금, 사업비 등으로 한다(최한수, 1994, 9). 공천제도는 미국, 영국, 독일 등의 제도를 참고해서 상향식으로 개혁한다. 그러나 한국사회의 특징인 혈연, 지연, 학연과 금품 등 때문에 이러한 새 제도에 따라 후보자를 선출하기 어려울 것이다. 그렇기 때문에 중앙당의 독립적인 공천심사위원회의 심사절차가 필요하다. 그리고 당원제도는 동원당원체제에서 자원당원체제로 바꾸어야 한다(최한수, 1994, 10).

〈세계화와 한국 정치〉(95/01/18)라는 학술대회에서 정용대 교수는 "한국 정치의 문제점과 정당개혁방안"에 대해 다음과 같은 주장을 했다. 정당은 국민들의 요구와 이익을 수렴하여 정치체제에 투입하고 그

산출결과를 다시 국민에게 전달하는 역할을 한다. 정당의 본질적인 기능은 국민과 정부를 연결하는 것, 즉 국민들을 대표하는 것이다. 정당의 세계화는 기존 정당의 운영체제와 의식 개혁으로 볼 수 있다. 한국의 정당정치는 21세기형의 정당으로 탈바꿈 해야 하며, 세계화시대에 적응할 수 있는 정당으로 개혁하고, 그에 합당한 인물을 충원하고 개혁에 맞는 선거과정을 통해 지방자치시대를 열어야 한다(정용대, 1995, 23) 민자당은 그동안 '신한국'과 '국제화·세계화'의 구호에도 불구하고 국민들에게 구체적인 대안을 제시하지 못하고 오히려 걸림돌이 되어 국민적 활력 창출에 실패하였으며, 개혁세력이라고 하는 민주계도 도덕성과 전문성에서 국민에 대한 신뢰를 획득하지 못하였다.[60] 이러한 문제를 해결하기 위해 (a) 정치조직 (b) 절차상의 민주화를 우선적으로 확립해야 한다. 민주주의를 공고화하기 위해 의회구조와 정당구조, 이익대표구조에 의한 전적인 뒷받침이 있어야 한다. 이를 위하여 정용대는 6개의 개혁과제를 제시하였는데, 그것은 (1) 여야간의 관계의 변화, (2) 이념정당과 정책노선에 준한 재편성, (3) 당내 민주주의 실현, (4) 정치지도세력의 세대교체, (5) 계급갈등을 바탕으로 한 정치

60 이와 관련해서 정용대는 다음과 같은 여론조사결과를 제시한다. KBS 1TV와 연대 사회과학연구소의 전문가(1000여명) 여론조사("광복 50주년, 한국인의 진로") : 79%=한국의 정치현실에 대한 불만, 79%=국회활동에 대한 불만, 66%=국회의원 자질, 80%=청렴성에서, 70%=미래지향성과 개혁성에서 불만, 우선적으로 청산해야 문제는 정치인의 자질부족(34,5%), 지역감정 극복(22,3%), 파벌주의(17,2%), 권위주의(17,2%) 등이었다.(정용대 1995, 25)

갈등의 해소, (6) 정당정치가 국민들 속에 파고들어 정당이 국민들 속에 굳건히 뿌리를 내리기 위해서는 지역수준의 정당정치가 활성화되어야 한다는 것이다. 그에 따르면 모든 정당이 지방자치 실시를 통해 전근대적 정당에서 탈피하고 그것을 진정한 대중정당 기반을 마련하기 위한 계기로 삼아야 한다(정용대, 1995, 26 이하). 사회구조 조건을 보더라도 개혁에의 동의 기반은 광범위하나 실질적 개혁을 위한 기반은 취약하며 많은 부분은 저항적이기까지 하다(정용대, 1995, 27). 만약 우리 정당들이 내부적으로 지역 및 인적구조를 둘러싸고 갈등을 계속하면서 개혁과 세계화 시대에 부응하는 정당으로 탈바꿈하지 못하고 계파이기주의에 따른 인물의 자리바꿈에 그친다면 그것이 바로 한국 정치의 불행이다. 이러한 불행을 피하기 위해 그가 제시하는 구체적인 개혁방안은 (1) 당비를 내는 당원을 확보하고 당원 중심으로 당의 운영이 이루어져야 한다는 것, (2) 지구당에서 모든 결정은 상향식으로 당원들에 의해서 이루어져야 한다(정용대, 1995, 28)는 것, (3) 지구당 운영은 지구당 후원회 후원금, 당원의 당비, 대의원 특별당비(상한선), 국고보조금, 사어비 등으로 해야 한다(정용대, 1995, 30)는 것이다.

같은 대회에서 심익섭 교수의 발표에서 지방자치제의 본격 실시를 앞두고 "지방정치의 활성화"라는 말이 정치개혁과 연계된다. 즉 지금까지 한국에서 국가발전을 주도해 왔던 "위로부터의 발전전략"을 "아래로부터의 발전전략"이라는 본질적 대전환을 시도한다. 특히 정부에 의해 "세계화"가 국가시책이며, 하나의 구호성 운동으로 확산되면서 완전한 지방자치제도의 정착은 무한경쟁 하의 세계화 전략과 맞물리게 되었다. 세계화와 지방화는 동반한다. 그는 동년 6월 27일 발표에서 4대 지방선거 이후 본격적인 지방자치 시대가 전개된 것(심익섭, 1995, 33)이며, 지역민주주의의 확립과정에서 정당개혁과 함께 지역정당체제의 변화가 수반될 것이라고 보았다. 그것이 정당차원에서는 정당민주화와 직결된 것(심익섭, 1995, 35)이라고 주장했다.

〈한국 정치의 선진화. 정당개혁을 중심으로〉(95/03/15)라는 학술대회에서 윤영오 교수는 한국 정치의 선진화와 관련된 주장을 한다. 한국이 세계의 선진국 대열에 진입하고 있지만 '한국에서 공동체의 견인차 역할을 할 정치 분야는 아직도 낙후되어 있다.' 그렇기 때문에 그는 정치의 선진화를 당위성으로 설명한다. 당내에서 정책결정을 위한 경쟁체제의 도입이 필요하고 1인 또는 한 계파가 일사불란하게 주도하고 강행하는 당내 독주를 타파해야 할 필요성을 설명하며 정당 내 민주화를 이룩하기 위해서는 당내 경선제의 과감한 도입의 필요하다고 강조한다. 한국의 정치현실에는 미국의 대중정당제도가 적절하다고 주장(윤영오, 1995, 5)하면서 다음과 같은 조치를 제안한다. (1) 정당정치 제도화, (2) 지역주의와 귀속주의 타파, (3) 선거제도개선과 공명선거 정착, (4) 권력분산. 그에 따르면 한국 정치가 발전하지 못한 주요 원인은 중앙집권적인 행정부 독주의 관행 때문이다. 그래서 지방자치제가 전면적으로 실시되면 중앙, 지방 간 수평적 행정분배를 하는 가운데 업무중복과 책임전가를 막는 기능배분이 이루어져야만 한다(윤영오, 1995, 9)는 것이 그의 논지였다.

같은 학술대회에서 신명순 교수는 "한국의 정당조직 개혁방안"이라는 주제로 발표했다. 그는 한국 정당조직의 개혁방안으로서 (1) 중앙당 축소 개편, (2) 지구당 중심 정당체계 확립, (3) 지구당을 지원하고 보조하는 기능을 담당하는 중앙당, (4) 시·도지부 정당조직의 역할 제한 등을 제시했다. 정당조직 개혁의 두 번째 방안은 거대한 중앙당을 선거중심조직으로 전환시켜 선거가 없는 기간에는 최소화된 조직으로 가동함과 동시에 정당활동의 중심을 지구당으로 옮기는 것이다. 지구당 중심의 정당운영은 미국 정당과 영국 정당에서 시행되고 있다. 이 나라들에서는 정당활동에서 가장 핵심적인 두 가지 요소, 즉 자금과 의회의원 후보자의 선출이 모두 지구당에서 이루어진다. 캐나다의 경우에도 하원의원 후보자는 지구당에서 선출된다(신명순, 1995, 13 이하). 한국의 경우에는 지구당을 정당활동의 중요 조직으로 만드는 보완책으로서 공직선거 후보자를 지구당에서 당원들이 직접 선출하는 예비선거제도를 채택해야 한다고 그는 주장한다. 정당정치를 통한 풀뿌리 민주정치의 활성화나 당원을 기반으로 하는 정당의 실현이라는 한국 정당이 안고 있는 최대 과제를 해결하기 위해서는 일반 당원들에 의한 후보자 선출제도가 필수적(신명순, 1995, 14)이라는 것이다. 그는 나아가 정당의 사당화 현상을 거론하며 한국 정치의 병폐를 치유가 불가능한 것으로 비판만 할 것이 아니라 이를 변화시키기 위한 유인책을 도입하여 정당이 매개가 되어야 한다고 주장한다. 지구당의 경우에도 정당의 기본 성격을 선거정당으로 전환시켜 선거가 끝난 이후에는 소규모로 지구당을 유지하여 평상시에는 선거민의 민원사항을 접수할 1-2명의 사무직원만을 두면 된다(신명순, 1995, 15)는 것이다. 지구당과 중앙당의 관계는 선진국 정당의 예에서 보는 바와 같이 중앙당이 지구당을 지원하고 보조하는 관계로 변화시켜야 한다(신명순 1995, 16). 그렇게 할 때 지구당의 자율성을 높이고 또한 정당과 국민,

의회의원과 국민들 간의 관계를 밀접하게 만들어 국민들 속에 뿌리를 내리는 정당정치를 실현할 수 있을 것이라고 주장한다. 이를 위해서는 자발당원제도를 실천하고 정치자금도 지구당 중심의 자체 모금 사용으로 변화되어야 한다(신명순, 1995, 17)고 한다.

6. 요약 및 소결

14대 국회 회기는 지구당 담론의 제1기로서 일종의 '배양과정'을 담은 담론 도전의 시기였다고 규정할 수 있다. 이 시기에는 민주화가 어느 정도 성취되면서도 여전히 권위주의 성격의 정권이 들어섰지만, 정부기관에서 정치개혁을 위한 연구를 의뢰한 자료를 살펴보면 이미 정당조직의 개선에 대한 연구가 수행되기 시작했다. 즉 조정적 담론의 영역에서 지구당과 관련된 담론활동이 시작되었고, 그 내용은 양적으로는 아직 미미한 수준이고 질적으로도 선진국의 사례를 참고하는 수준이지만, 경향적으로 정당민주주의의 원칙에 충실한 스토리라인(story-line)이 표출된다. 1993년에 출범한 문민정부의 시작은 정치, 경제, 사회 등 전 사회적인 분위기에 중대한 전환으로 충격을 불러왔고, 동시에 1980년대 말부터 두드러졌던 권위주의 체제가 의존했던 개발독재 모델의 한계가 분명해지면서 경제와 정치에 대한 새로운 비전이 요구되었다. 이런 상황에서 김영삼은 대통령 취임 직후부터 선거운동 때부터 강조해 온 과거청산과 부패척결 등의 공약을 활발하게 실천으로 옮기는 등 집권초기 소위 '신한국' 담론의 구조화와 제도화가 진행되었다. 당시 이런 거시 담론맥락의 파급효과의 일환으로 지구당 문제가 최초로 부상하게 되었다. 특히 3당합당으로 인해 극적으로 비대해진 민자당 내 권력관계의 문제와 관련해, '깨끗한 정치'와 '군살빼기' 등의 구호 하에 지구당문제도 개혁 의제에 오르게 되었으며, 특히 금융실명제 파동이라는 담론 제도화 사건에 힘입어 더욱 구체적인 의제가 되었다. 그러나 이러한 문제제기는 분명히 민자당 내 민주계 즉 청와대로부터 비롯되었지만, 대통령이 강한 제도적 지위를 지녔음에도 불구하고 당시 여권 내 권력관계의 특성상 현실적으로는 제한적인 영향만을 끼칠 수밖에 없었다. 부패청산이나 하나회 해체 같은 사회 전체에서 지지를 받는 이니셔티브의 수행이 대통령의 권한을 강화했던 것(empower)과 달리 지구당 폐지 문제는 그만큼 의미를 지니지 못하였다. 그 핵심적인 이유는 무엇보다도 여권 내 권력관계 때문이었던 바, 그러한 관계를 이완시키기에는 지구당에 대한 쟁점화 자체가 역부족이었다.

다른 하나는 새 정권을 결정적으로 정당화하는 민주화 발전 담론의 영향력이다. 특히 지구당 문제를 포함한 정당문제 전반과 관련하여 정계(정당법 개정이유), 학계(국회토론회), 언론계(월간 말, 한겨레)의 태도를 살펴보면, 지방자치의 발전기획에 대한 논의에서 파생되는 민주제도를 설정하는 드라이브에 편승하여 정당지역조직을 폐지하자는 스토리라인의 설득력을 떨어뜨리는 효과를 나타냈다. 다시 말해 문민정부 초반에 활발했던 민주화담론의 제도화 과정에서 전반적인 인식의 전환이 이루어짐에 따라 지구당 문제는 결코 신속한 해결을 요하는 문제로 부상하지 않았고, 권력관계에서도 그에 대한 문제제기를 최우선으로 동원하기 어려웠다. 1993년 말에 결정된 정당개정을 정당화하는 스토리라인이 형성되면서 '국민의 참여기회 확대', '정당의 자생력 보장', '국민 속의 뿌리' 등의 내용이 강조되었고, 그러면서 지구당 폐지 방안을 주장하는 쪽의 '깨끗한 정치'의 스토리라인과 '돈 먹는 하마' 등의 주장이 설 곳이 없었다. 다만 지구당 문제는 여전히 해결되어야 할 문제로 인식되었고, 그 방법을 찾는 과정에서 미국과 일본이라는 소위 선진국에서 성공한 금융실명제와 연관해서 폐지의 스토리라인을 구성하기 위한 구체적인 논거가 세워지게 되었다. 즉 제1기에서는 민주화 이후와 첫 민선 대통령의 등장이라는 상황의 전환효과에 따라 지구당 제도가 개혁 대상으로 출현하기 시작했고, 개혁 방식으로 폐지에 대한 찬반논의가 각각 고개를 들기 시작하면서 적어도 두 가지 담론형성을 위한 전제조건이 마련되었다고 할 수 있다.

늦어도 김영삼 차기대통령의 취임사 직후부터 청와대라는 거대 행위자에게서 지구당 폐지의 내러티브가 생성되기 시작했다. 그것은 전반적인 정치 정당개혁 담론에서 비교적 작은 부분을 차지했지만, 일시적으로 개혁 논의에서 어느 정도 구체적인 논점이 되어 언론에도 등장했다. 하지만 이와 관련해서 대통령의 직접적인 언급은 없었고, 단지 대통령이나 여당 일부 핵심 인사라는 주요행위자들에 의해 제시되었을 뿐이며, 여권 내 다른 행위자와 야당 행위자, 학계에 의한 담론적 저항이 뒤를 따랐다. 특히 1990년 초까지 거슬러 올라가는 학계의 담론발전을 보면 일부를 제외하고 거의 일관성 있게 지구당의 활성화를 줄거리로 한 이야기들이 그 내러티브를 주도하였다. 지구당 폐지를 주창한 쪽은 정치계와 학계 모두 주로 미국, 영국, 일본 등의 '선진국 제도'를 참고하였으며, 독일과 같은 대안적 사례를 고려하지 않거나 간단하게 다루는 배제의 담론전략을 사용하였다. 특히 국회 특위의 해외시찰보고서와 월간 말지에 실린 지구당 외국운영사례 특집을 비교할 때 이 점이 잘 드러난다.

학계에서는 지구당 문제에 대한 보다 심층적인 연구 사례들을 보면 지구당 폐지와 지구당 활성화라는 두 개의 내러티브가 분명히 드러난다. 이러한 현상은 담론발전과정 제1기에서 가정한 것이다. 담론발전과정은 구체적인 환경(구조와 제도)에서 존재하는 행위자들을 매개로 하는 담론의 발전방향은 이 행위자들의 상호작용을 통하여 결정된다. 이들의 상호작용으로 설득당하고 설득하면서 일종의 학습과정(learning process)이 이루어져, 한 내러티브에 의해서 갖게 된 아이디어가 새 아이디어로 대체되거나 다른 아이디어로 변경될 수 있다. 그럼에도 불구하고 이미 어느 정도 드러난 것은 근본적으로 서로 다른 시각에서 지구당 문제를 접근하는 것이다. 그 동안 권위주의 체제 하에서 깊게 뿌리내린 지구당의 비리에 대한 해석은 문민정부 집권이라는 '충격'과 기본적인 문제의식을 같이 한다. 그것은 더 이상 기존 제도를 그대로 존속하면 곤란하다고 보는 강력한 제도적 행위자인 대통령에 의해서 새로이 제시된 국가담론인 정치개혁이라는 위기의식에 기인한 것으로 이해할 수 있다.

그러나 이러한 위기에 대처하기 위한 방안 제시로서의 담론과정에서 해결 조치의 실천 순서는 서로 달랐다. 한편에서는 새로운 국가담론의 맥락에서 기존 제도의 원래 기능보다 금융실명제 등의 조치로 구현되는 양적인 규모의 삭감에 초점을 맞춘다. 이러한 양적인 삭감 조치를 통해 전반적인 비용수준을 감소시킴으로써 비리의 정도를 낮출 수 있다고 보는 방법은 기술적인 접근방법이라고 할 수 있다. 이 논리에 따르면 정치자금의 흐름이 '정상적'인 수준으로 내려가면 정치제도에서 과정도 정상화된다는 것이다. 이는 환자의 열을 낮추기 위해 얼음을 활용하는 응급조치와 비슷한 방식으로 이해할 수 있다. 다른 한편으로는 '환자의 열을 가급적 빨리 낮추는 것'을 간과하지 않지만, 열을 일으킨 원인을 찾으려고 하고 몸이 스스로 열이 내리게 하는 능력을 키우는 것에 초점을 맞추는 '(유기)체계적인' 접근방식이 있다. 이러한 차이를 둔 두 개의 내러티브와 이로 구성되는 담론연합의 발전은 제2시기에 계속 분명해진다는 사실을 확인할 수 있다.

제6장

정당 연구의 발전과 국가위기 극복을 위한 구조조정 개혁(15대 국회)

1. 지구당 문제의 재등장과 논점화(1996-2000)

지구당 담론의 제2기는 1996년 5월 30일에 국회의 원구성으로 시작해서 2000년 4월 13일에 총선으로 마감되는데, 제도적인 맥락(입법과정)으로 좁히면 1997년 7월 1일에 개회하고 2000년 1월 18일에 폐회한 정치개혁입법특별위원회의 활동기간으로 볼 수 있다. 적어도 "지구당 폐지"라는 핵심단어에 대한 언론보도를 볼 때는 이 시기가 가장 집중적인 논의 기간이라고 할 수 있다. 1996년에는 정당과 관련된 국회 특별위원회가 구성되지도 않았다. 1996년 내내 별 다른 문제제기가 없었다. 단, 제15대 총선 앞둔 2월에 민주당은 미국제도의 도입을 통해 정당의 민주화를 실천한다면서 중앙당의 권한을 지구당으로 대폭 이양하겠다는 방안을 공개한 것이 흥미롭다(한겨레, 96/02/17, 6면).

대선이 있었던 1997년에 접어들면서 1월에 발생한 한보철강 특혜대출 비리사건과 관련해서 비리의혹을 정경유착의 문제와 연관시키는 언론보도가 잇따르기 시작했다. 이러한 분위기 속에서 정계, 언론, 학계, 시민사회 등에서 지구당 문제를 포함한 정당·정치개혁에 대한 문제제기가 활발해져 대부분은 지구당의 폐지 또는 축소를 주창했다. 특히 신한국당에서 1997년 봄부터 당내 개혁특위가 구성되어서 소장의원들 중심으로 지구당 폐지·축소론을 제기하기 시작했고, 이회창 대표위원도 특히 대선을 앞두고 '돈 안 드는 정치'의 실현을 위해 과감한 개혁이 필요함을 주장했다. 학계도 대부분 미국제도의 도입을 통한 지구당 폐지나 축소의 입장을 취했다. 그런 가운데 7월에 신한국당의 대선후보 자유경선 과정에서 소위 '돈살포설'이 제기되었다.[61] 7월초에 김대중 총재의 국민회의와 김종필 총재의 자민련은 공동으로 정치개혁입법특별위원회를 구성해 첫 회의를 가졌는데, 지구당 존폐 문제를 비롯한 여러 가지 개혁안에 대해서는 아직 의견이 엇갈렸다. 8월 말부터 활동에 들어간 국회 정치개혁입법특별위원회에서는 대선전까지 지구당 존폐문제는 아예 안건으로 오르지 않았다. 10월에는 국민회의측 후보의 대선자금에 대한 의혹이 제기되었고, 12월의 대선까지는 국민회의와 자민련의 지구당 폐지문제에 대한 수동적인 자세와 달리 여권

61 6월초에 한태수 한보그룹 총회장은 15년 징역선고를 받았다. 나아가 김영삼 대통령의 아들과 기타 정치계 인사의 연루가 밝혀졌고 중순에는 금융감독위원회가 신설되었다.

(신한국당), 언론과 학계는 주로 지구당의 폐지를 주장했다.

〈그림 6-1〉 '지구당 폐지'라는 표어의 언론보도 빈도 추이(1998)

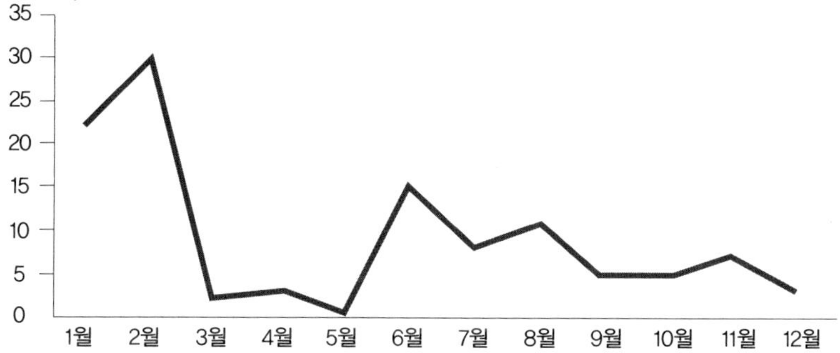

자료출처 : KINDS

그러나 국민회의 총재 김대중이 자민련의 김종필의 지원에 힘입어 대통령에 당선되고 난 이후에는 새로운 여권[62]이 오히려 지구당 폐지를 강력하게 주장하게 되고, 일부 인사를 제외한 신한국당 측은 이 문제에 대하여 비교적 수동적인 자세를 취하는 것을 볼 수 있다. 지구당 폐지라는 핵심단어를 포함한 언로보도의 빈도는 특히 김대중 대통령 취임식이 있었던 1998년 2월에 가장 높게 나타났지만, 그 이후에도 논의가 크게 활발해졌다. 취임 전부터 김대중 당선자 측근들을 통하여 그들이 지구당 폐지라는 구체적인 방안을 검토하고 있다는

---

62 여당, 즉 정권연정은 국민회의와 자민련으로 구성되었다. 14대 총선의 결과에 따른 의석수는 국민회의 79석, 자민련 50석, 신한국당 139, 통합민주당 15, 무소속 16 등으로 여소(129)야대(154)의 관계가 형성되었다.

사실이 공식적으로 확인되었다. 1월 말에 새 여권의 핵심인물들의 이른바 'DJT회동'에서 지구당의 폐지를 비롯해서 중앙당의 축소, 국회의원 정수의 축소, 중대선거구 등 '돈 안 드는 정치'를 위한 방안이 소개되었다. 2월 초에 신한국당은 지구당 폐지에 대한 반대의 입장을 밝힌 적이 있으나 전반적으로 부연설명을 하지 않았다. 반면 경제일간지를 중심으로 정치개혁이 곧 지구당 폐지라는 주장이 제기되고, 김대중 대통령의 취임식 다음 날 전경련과 대한상공회의소와 같은 핵심 재계세력들은 지구당 폐지를 포함한 정치개혁의견서를 제출했다. 학계에서는 지구당 문제에 대한 찬성과 반대의 주장이 있었는데, 특히 미국의 제도를 원용해서 '원내정당'화, 즉 '원외경량화'라는 주장으로 지구당 폐지를 주장하는 추가 내용이 등장하기 시작했다. 신한국당을 제외하고 지구당 폐지에 대한 광범위한 동의는 6·4 지방선거까지 이어지고 7월 초에 다시 한 번 직접 김대중 대통령에 의해서 재확인되었다. 그는 한 일간지와의 인터뷰에서 지역주의의 폐해 극복, 돈 안 드는 선거문화, 정당의 당내 민주주의 등의 개혁과제를 위해 지구당 폐지라는 정당조직 축소를 주장했다(매일신문, 97/07/07).

7·12재보선 이후부터 특히 학계와 시민사회에서 지구당 폐지에 대한 반대의견이 강력해지는 추세가 발견된다. 그러나 계속 이어지는 학술대회, 연구모임, 토론회 등의 자리에서 중론은 정당/정치개혁이 지구당 개선이 아닌 지구당 폐지로 나아가서는 안 된다는 것이었다. 결국 9월 초에 지구당 폐지를 적극적으로 주장한 국민회의도 당내 제7차 정치개혁특위를 열어 지구당 존속를 결정하게 되고, 같은 달 말 선관위도 자치구·시·군에 정당의 지역조직을 설치하는 등 개편방안을 공

개한다. 국민회의는 이러한 주장을 지구당 폐지안의 철회로 재확인하고 선관위도 11월에 오히려 지구당의 강화와 활성화를 방안으로 제시한다. 결국 정당제 관련법 개정 논의는 다음 해로 연기되었다.

1999년 6월에 정기국회를 앞두고 여권에서 고비용 저효율의 정치구조를 타파하는 의미에서 지구당 폐지론을 다시 제기한다. 국회 특위에서 정당법에 관한 공청회 보름 전인 10월에 김대중 대통령은 국회 특위의 국민회의와 자민련 소속 의원들과의 만찬에서 지구당 폐지 방안을 논의했고, (11월에) 특위 공청회에서는 여야 간에 지구당 폐지 문제에 대한 전형적인 찬반의 논쟁이 이루어졌다. 변정일 한나라당 의원을 비롯해서 한나라당에서 추천한 것으로 추측된 진술인들은 모두 지구당의 현상 유지나 개선론을 폈으며 지구당 폐지에 반대의사를 분명하게 피력했다. 선관위 진술인도 지구당 활성화를 주장했다. 그런가 하면 자민련 김학원 의원과 나머지 진술인들은 대체로 지구당의 폐지를 주장했다. 2000년 2월 중순에 가결된 정당법 개정법률안은 '고비용정치구조 해소'와 '정치선진화'라는 표현으로 정당법 개정이유를 설명했지만, 지구당은 폐지되거나 축소되지 않았다.

〈그림 6-2〉 '지구당 폐지'라는 표어의 언론보도 빈도 추이(1999)[66]

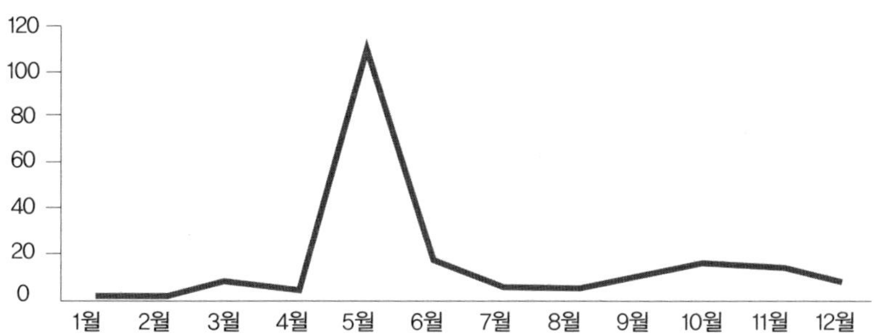

2. 이 시기 담론공간을 구성하는 행위자의 구도

지구당 담론에 관한 제15대 국회 기간의 행위자 구도는 1999년 후반기 전후로 구분할 수 있다. 16대 국회의원 선거 1년을 앞둔 시점 이전에는 여야 막론하고 고비용 저효율의 논리에 따라 지구당 폐지라는 화두가 지배적이었지만, 그 후부터는 지구당 폐지에 대한 찬반 여부가 여야 간 대립구도로 이어졌기 때문이다.

먼저 15대 국회 시기의 전반부에서 지구당 담론에 관한 행위자구도는 다음과 같다. 15대 국회의원 선거(1996년 4월 11일)의 결과 여당인 신한국당은 139석, 야당인 새정치국민회의, 자유민주연합과 통합민주당은 각각 79석, 50석과 15석을[64] 차지해 여소야대의 상황이었다가, 김대중 대통령 취임 시에도 역시 공동여당은 여소야대였지만, 여당의 영입작업으로 인해서 곧 여대야소로 바뀌었다. 그러나 지구당을 포함한 정치에 대한 저비용/고효율의 개혁에 대해서는 여야를 막론하고 요구했기 때문에 이러한 권력관계는 일방적으로 지구당 축소폐지의 경향을 초래했다. 조정적 담론영역에서 볼 때 신한국당과 새정치국민회의

63 한국언론연구원의 'KINDS'라는 언론기사검색 데이터베이스를 이용하여 1999년 1월 1일과 12월 31일 사이 '지구당 폐지'라는 표어가 등장하는 보도의 빈도를 통계적으로 표시한 결과이다.

64 나머지 무소속은 16석을 달했다.

는 대선을 앞두고 지구당 축소·폐지라는 방안을 포함한 개혁안을 세우기 위하여 1997년 봄부터 당내 정치개혁특별위원회를 운영하기 시작했다. 이는 지구당 담론에 있어서는 제도화를 통한 행위자의 강화라고 볼 수 있다. 지구당 담론이 단지 당론의 여론화를 넘어서 구체적으로 제도화된 행위자 그룹이 형성되었기 때문이다. 지구당에 대한 개혁을 구현하려는 국회차원에서의 정치개혁특별위원회를 위한 구체적인 준비 단계이기도 하다.[65] 이러한 행위자 구도는 정권교체 이후에도 지속되었다. 특히 김대중 대통령의 취임 직후부터 거시 행위자로서의 노사정위원회(이하 노사위)가 지구당 폐지를 적극적으로 지지하는 행동은 중요한 기여를 했다. 전경련 등 재계가 전반적으로도 계속해서 '경제에 대한 정치의 영향력을 축소시키는 생산적인 정치'의 맥락에서 비용/효율성의 논리에 따라 정치제도의 과감한 개혁을 촉구하고 있는 행위자로 담론에 기여했다. 특히 1998년 접어들면서 적극적으로 지구당 담론에 개입하게 되었던 학계는 소위 모형논쟁으로 인해서 지구당 폐지에 대해 찬반대립의 행위자구도를 형성하고 있는 상황이었다. 언론은 '고비용 저효율'이라는 맥락에서 사설과 보도기사를 대량으로 내보내 지구당 축소·폐지 취지의 내러티브를 간접적으로 촉진시키는 중요한 행위자로 등장했다. '소통적 담론영역'은 처음 '지구당 폐지'보다는 '고비용 저효율'의 내러티브로 포섭되어 있었지만, 이후 지구당

65 물론 결국 15대 국회의 전반부에 속한 1997년 8-9월에 국회차원에서 개최된 정치개혁특별위원회에서 지구당문제가 구체적으로 다루어지지 않았지만, 이론적으로 중요한 사실이다.

축소폐지의 내러티브를 퍼뜨리게 되기 위한 사전작업으로 이해할 수 있다. 이와 달리 경실련과 참여연대와 같은 시민단체들은 오히려 정당들의 당내민주화와 당비를 내는 당원의 제도화와 같은 방안과 지구당 축소·폐지라는 방안의 허구성을 주장하는 주요 담론에 대한 매우 비판적인 입장을 취한 행위자로 볼 수 있다. 이를 강력하게 주장하기 위해 '공명선거실천시민운동협의회'나 '범국민 정치개혁위원회'와 같은 거시 행위자 조직을 구성하기도 했다. 그리고 대통령자문기구였던 정책기획위원회(이하 정기위)도 오히려 지구당 폐지와 같은 개혁방안에 대해 비판적인 입장이었지만, 김대중 대통령이 정기위의 대안적인 방안을 고려하지 않았기 때문에 정기위는 행위자로서 별 다른 영향을 미치지 못했다. 소통적 담론영역의 이러한 전반적인 분위기는 여론조사 결과에도 반영된 것처럼 지구당 폐지에 대한 찬반입장은 대략 반반이었지만, 지구당문제의 공론화가 제한되어 있었기 때문에 일반 대중은 지구당이라는 구체적인 담론영역에 별 다른 관심이 없었다.

〈그림 6-3〉 제15대 국회 시기 전반부의 지구당 담론 행위자 구도

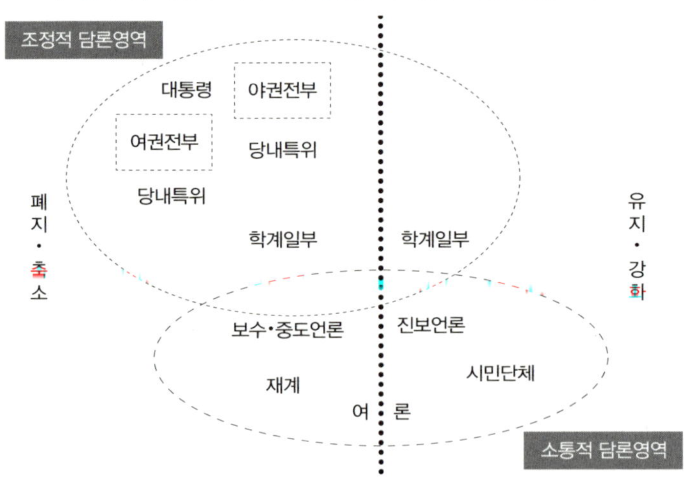

그런데 1999년 봄에 단기적으로는 6·3재선, 장기적으로 4·13총선을 앞둔 시점에서 정치개혁이라는 화두가 다시 한 번 크게 부상했다. 지구당 담론과 관련해서는 6·3재선 이후부터 10월초부터 행위자구도가 현저하게 달라졌다. 6월에 있었던 '사회안전망구축 파문'[66]과 여권이 강력하게 주장하고 있었던 중선거구제와 긴밀하게 연결된 지구당 폐지 문제에 대해 한나라당이 의심을 품기 시작했다. 결국 11월 초부터 개최되었던 국회 정치개혁특별위원회에서 한나라당은 지구당 유지에 대한 강력한 반대 입장을 취하게 되었다. 2000년 총선을 앞두고 조정적 담론영역에서 지구당 폐지와 관한 행위자구도는 여야를 막론한 찬성구도에서 갑자기 여야 간의 찬반구도로 변했다. 국회정치개혁특별위원회 차원에서는 관련 공청회에 초청된 전문가들도 양자 초청자의 입장에 따라 찬반 논쟁을 하는 대립구도를 형성했다. 소통적 담론영역에서 언론은 전반적으로 정치개혁을 추구하는 영향력 있는 행위자로 활동했다. 언론은 여야에 의해 지구당 폐지라는 방안이 제기되고 나서 재검토될 때마다 적극적으로 반발하고 비판하는 식으로 반응했지만, 스스로 지구당 폐지라는 조치를 요구하기 보다는 이 방안을 정치개혁이 올바른 방향으로 이루어지도록 영향을 미치려는 동

---

66 '사회안전망 파문'은 1999년 6월 초에 행정자치부가 새마을운동중앙협의회 등의 주도로 읍면동의 지역수준에서 사회안전망을 구축하는 사업을 벌이기 시작했을 때 발생했다. 야당인 한나라당은 당시에 특이 여권이 적극적으로 제안하고 있었던 지구당 폐지론이 실천될 경우 다음 해 총선을 위한 선거운동에 있어서 여당은 지구당이 없어도 지역에서 많은 지지를 얻을 있다고 판단했다(한국일보, 99/06/11, 2면).

기를 갖는 행위자로 보았다. 따라서 결국 언론은 지구당 폐지를 포함한 정치개혁을 위한 방안을 촉진하는 행위자로 확인된다. 시민단체들은 2000년 초부터 새로 개발한 낙선낙천 운동에 돌입함으로써 지구당 존폐를 핵심 이슈로 삼을 만한 여유가 없었기 때문에 지구당 담론과 관련한 구도에서 결정적인 행위자로 부상하지 않았다.

15대 국회의 지구당 담론과 관련한 행위자구도와 이 구도의 변화를 종합해서 말하면 다음과 같다. 김대중 대통령의 취임으로 인해서 이루어진 정권교체에도 불구하고 조정적 담론영역에서는 경제위기 이후와 총선 이전이라는 시점에서 정치계에서 전반적으로 지구당 축소·폐지에 대한 합의가 형성되어 있었던 상황이었고, 소통적 담론영역에서 지구당 담론과 관련한 행위자 구도는 지구당 폐지문제에 대한 찬반 대립구도로 되어 있었다. 그러나 1999년 후반부로 접어들면서 4·13총선을 앞둔 시점에서 야당에 의해서 지구당 폐지에 대한 반대 입장이 제기됨에 따라 행위자구도가 찬반의 구도로 변했다가 결국 국회 정치개혁특위에서 지구당 존속론으로 귀결되는 결과로 마무리되었다. 소통적 담론영역에서는 찬반의 행위자대립구조가 지속되었음에도 불구하고, 폐지에 찬성하는 행위자들의 영향력은 결과적으로 결정적인 영향을 미치지 못했을 정도로 약했다.

〈그림 6-4〉 제15대 국회 시기 후반부의 지구당 담론 행위자 구도

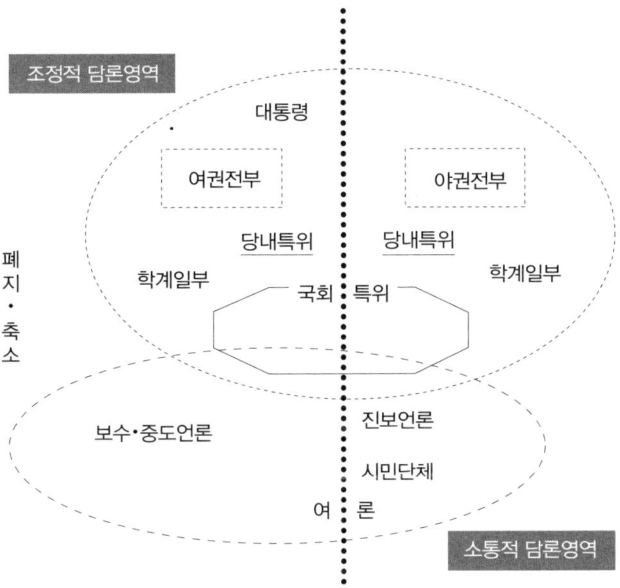

3. 내러티브 분석

1) 정당의 경량화를 통한 효율성 제고

이 내러티브에서 가장 주된 문제로 지목되는 것은 현행 정당조직이나 구조 때문에 비용이 많이 들게 된다는 것이다. 또한 새 인물의 등원을 막는 것과 같은 잘못된 정치관행도 개혁을 당위적인 것으로 만드는 근거로 제시된다. 나아가 이러한 고비용 구조의 '원죄'로는 정당성이 없는 과거 권위주의 체제가 꼽힌다. 권위주의 체제에서 도입된

지구당은 선거만 대비하는 조직이 되었고, 당원들이나 유권자들의 의사를 형성하는 역할을 하지 못하였다는 것이다. 거기에서 비용만 들고 선거 시에만 잘못된 정치관행으로 악용된 지구당 위주의 정당구조이므로 폐지해야 한다는 기본 논리가 나온다. 한국 정치의 현실을 고려했을 때 지구당 폐지 없이는 정당·정치의 개혁이 불가능하다는 판단이다. 다시 말해서 지구당이 있기 때문에 정치자금이 많이 들고 비리가 생기기 때문에 폐지해야만 한다는 것이다. 여기서 제시되는 일차적인 해결책은 지구당의 폐지인데, 그 후속조치로는 중선거구제 도입, 당원들의 자발적 비상설 협의회의 운영, 선거구에 연락사무소 설정, 전국구 비례대표제 도입, 당원중심이 아닌 지지자 중심의 정당운영 등 원외 경량화와 더불어 원내정당화를 추진해야 한다는 것이다. 만약에 사무실이 필요하면 각자 개인 사무실을 개설하고 이전의 지구당 업무는 시·도당에서 처리하면 된다. 정당이 꼭 반영해야 할 여론, 민원은 편지, 전화, 팩스 등 통신기술을 통해서 중앙당이나 국회의원에게 전달할 수 있고, 필요 시에는 중앙당 방문도 가능하다. 이렇게 지구당을 폐지함으로써 도달하고자 하는 것은 저비용 고효율의 정치이다. 이 내러티브의 핵심은 지구당폐지가 탈냉전과 탈근대의 새로운 환경에 적응하기 위해 필요한 조건이며 정당의 역량 강화를 의미한다는 주장이다.

요약해서 말하면 과거 권위주의시대에 인위적으로 만들어진 고비용 저효율의 정치구조가 더 이상 적합하지 않기 때문에 비용을 줄이고 효율성을 높이는 결과를 가져오는 개혁을 실행해야 한다는 논리다. 지구당 운영에 관한 관행이나 자세가 아니라 이러한 구조로 인해서 발생하는 비용과 비리를 개혁의 당면과제로 설정함에 따라 비용절감과 비리 감소를 어떻게 가장 효과적으로 달성할 수 있는가에 대해 생각한 결과, 비용과 비리의 직접적인 인과관계로 이루는 지구당이라는 구조자체의 제고가 가장 집중적인 주목을 받게 된다.

2) 정당 기능 강화를 통한 민주화

이 내러티브에서는 지구당을 비롯한 현행 정당구조와 관련된 비리 문제를 과거 권위주의 시대에 권력남용에서 기인된 잘못된 관행과 조직운영의 결과로 본다. 그것은 한국의 정당들이 권력에 의해 위로부터 만들어졌기 때문에 반민주적이고 반시민적인 정치결사체라는 근본적인 문제를 안고 있다는 주장이다. 다시 말해 과거의 반민주적인 방식과 내용으로 정당들이 형성되었으며 그러한 관행이 그동안 이어졌기 때문에 정당개혁을 할 때 일차적으로 민주주의 내·외적 확장을 목표로 정하고 민주주의를 지향하는 정치개혁의 정신에 기초해야 한다는 입장이다. 왜냐하면 민주주의의 부재가 정경유착 등 고비용 정치구조를 초래하는 데에 현저하게 기여했다고 보기 때문이다. 대의민주주의에서의 의회민주주의라면 정당과 의회를 바탕으로 삼는데, 여기서 정당은 민주주의의 근간이 된다. 국민 여론 수렴, 사회세력들의 정치참여, 주민들의 정치교육 등에 기초하여 권력을 지향해서 국민의 의사를 대신하는 매개역할은 정당의 근본적인 기능들이다.

그렇기 때문에 비리 등 잘못된 관행으로 인해서 문제가 있다면 그것은 운영의 개선을 통해서 해결하고 지구당의 역할을 강화해야 한다. 그를 위해서는 예컨대 중앙당과 지구당의 관계가 개혁 대상이 되어야 한다. 현행의 하향식의 중앙당의 지구당에 대한 통제관계가 아니라 수평적 관계로 변경시켜 지구당의 독자적 결정권, 지구당에 의한 해당 지역 공직후보에 대한 선출권, 당원의 권리와 의무의 확보, 중앙당에 대한 지구당의 자발적 지지와 비판의 권리, 지구당 수준의 정책개발, 국고보조금 지급 등의 개혁을 통하여 지구당은 지구당다운 존재가 될 수 있으며 중앙당의 독재를 해소할 수 있다는 것이다. 이로써 정당민주화의 실현이 가능해진다. 나아가 산업사회 혹은 후기산업사회로 인해서 정당의 환경이 전반적으로 변했기 때문에 이러한 새로운 갈등균열 등을 잘 매개하기 위해서도 지구당을 비롯한 민주적으로 운영되는 정당조직과 정당정치가 요구된다는 것이 이 내러티브를 주도하는 측의 입장이다. 이들은 지구당의 정치적 권한이 부정되는 한 민주적인 정당 운영이 불가능하다고 보기 때문에 강력하게 지구당 활성화론을 펼쳤다.

이를 통해서 우리는 지구당 폐지에 대한 언론보도 빈도의 증가라는 양적인 확대에 못지않게 논의과정의 내용적인 측면에서도 약진했다는 것이 잘 드러나고 담론연합의 형성이 이루어지고 있다는 것을 알 수 있다. 기본적으로 두 담론연합의 내러티브는 모두 지구당을 비롯한 현행 정당구조와 정당운영에서 발생한 문제에 대한 인식을 같이 한다. 하지만 이러한 현상이 일어난 원인에 대한 설명을 보면 지구당 문제를 이해하는 시각은 두 연합이 각기 상이하다는 것이 분명하다. 두 연합은 모두 권위주의의 유산을 일종의 경로의존성으로 들지만,

지구당 폐지론자들은 '돈살포'와 같은 지지과시 관행을 중심으로 논증하고, 변형론자들은 비민주성을 결정적인 원인으로 꼽는다. 물론 폐지론자들도 정당운영의 비민주성을, 또 변형론자들도 불법자금을 문제로 인식하지만 그들 간의 인과관계적 순서에 있어서 현저한 입장차를 보이고, 이에 따라 개혁의 당면과제에 대한 규정도 달리 나타난다. 폐지론자들은 자금이 결정적 요인으로 보기 때문에 비용문제를 해결하면 이로 인해서 발생했던 비민주적 문제도 같이 스스로 해결된다는 논리를 암시한다. 반면에 변형론자들은 반민주성을 비리의 원인으로 봄으로써 그들에게 당면과제가 자연히 정당의 민주화가 된다. 이러한 차이는 두 연합에 의해서 발설된 스토리라인들에서, 그리고 개혁의 목표에 대한 언급에서 잘 드러난다. 전자는 효율성, 후자는 민주성을 높이려고 하면서 한쪽은 양적 개선, 다른 한쪽은 질적 개선을 목표로 삼는다.

4. 위기상황과 정권교체

1997년의 경제위기는 경제영역에 국한된 것도 아니고 이전 정권의 잘못에 국한된 것도 아니었다. 발전주의 국가 모형의 유산이 경제위기의 주된 원인이었다. 하지만 처음으로 여야 간의 정권교체를 이루어낸 김대중 정부는 통치 정당성을 확보하기 위해 경제위기의 원인으로 정경유착의 발전국가를 키워온 권위주의 시대의 마지막 계승자인 문민정부를 현재에 직면한 위기의 책임자로 지적하고, 자기 자신의 무죄를 강조하며 경제개혁에 몰두했다. 이렇게 경제위기의 원인을 과거 정치세력의 경제운영에 대한 몰이해로 해석했기 때문에 개혁의 초점은 '고비용'의 문제가 되었고, 그 해결책 역시 '고효율'을 성취하는 것으로 정리되었다(강원택, 2005, 283 이하). 경제위기의 원래 원인이 발전국가라는 복합적인 문제에 있었다고 이해했으면 그 당시에 야당이었던 현 정권세력들을 포함한 정계의 전반적 책임을 묻게 되었을 것이고, 경제위기의 보다 근본적이고 구조적인 원인을 찾아서 해소하기 위하여 단순히 '비용 효율성'이라는 경영적 차원에서만 접근하지 않았을 것이다(강원택, 2005, 284 이하). 자본의 과잉축적과 투기자본화, 세계화 및 자본의 국제적 이동, 한국의 OECD 가입 및 세계화 전략, 강경식 체제 등의 김영삼 대통령의 정책적 대응의 실패를 경제위기의 원인으로 분석하면(손호철, 1999, 21 이하) 전자의 두 가지의 원인을 쉽게 외적인 원인으로 돌리고 후자의 두 가지는 바로 전 정권이었던 문민정부의 무능 혹은 김영삼 대통령의 개인적인 실수를 탓할 수 있다(강원택, 2005, 286). 그리고 이전의 대선 선거운동과 달리 1997년의 15대 대선에서 불법 정치자금이 비교적으로 적게 사용되었고 첫 여야 간의 정권교체로서 김대중 정부는 애초부터의 정당성을 갖추었기 때문에 정치체제 자체가 개혁의 주된 대상이 되지 못하게 한 이유로 볼 수 있다. 그 결과 새로 집권한 세력은 통치이념과 통치기반을 마련할 수 있다고 믿었을 수 있지만, 궁극적으로는 직면하고 있는 위기의 원인과 결과의 인과관계의 순위가 뒤바뀌어 전반적으로 개혁에 실패했다는 평을 받았다. 위기원인 분석에서 정치영역을 간과한 채 주로 경제영역을 주목하고 결국 '고통분담'이라는 구호를 내세웠다. 그 결과 새로운 정부에서 뒤늦게 정치를 개혁하려고 했을 때에는[67] 이미 '비용 효율성' 혹은 '효율성 제고'의 경영원리로 규정된 개혁논리가 적용될 수밖에 없었다.[68]

1998년 초 여야는 개혁추진에 동의하여 적극적으로 나서지 않을 수 없었지만, 그 이유는 모두 다 민주주의의 질적인 발전이라는 공통의 목표가 있어서가 아니라 위기의식에 따른 개혁의 불가피성이라는 단순한 전략적 결정에서 비롯되었다.[69]

김대중 정부가 재벌개혁을 위해 신자유주의를 활용했던 것은 한편으로 IMF에 의해서 압도적인 압력을 받고 있는 상황과 여소야대라는 분점정부(강원택, 2005)의 지역주의적 정부(정대화)라는 약점 때문이라는 추측도 가능하다. 즉 제도적 자원이라는 측면에서 김영삼 대통령은 여권 내에서의 갈등 구조 내에서의 열세라는 사실이 가장 결정적인 한계를 안았던 것처럼 김대중 정부는 여소야대의 권력관계라는 상

67 정치개혁의 전면화의 배경으로는 임박한 지방선거에 선거법 개정의 필요성, 고비용 정치구조를 개혁해야 한다는 국민적인 여론, 정치개혁 없이는 재벌개혁 등 경제개혁도 어렵다는 상황인식, 여소야대 구조의 혁파를 위한 정계개편의 요구 등이 제시할 수 있다(정대화, 1998, 7).

68 국회의원수를 299명에서 273명으로 축소한 개혁조치는 이러한 비용효율성이라는 단순 계량의 문제의식에 의해서 수행된 개혁의 가장 대표적인 사례라고 할 수 있다.

69 "정치개혁을 제도개혁의 수준으로 발전시켜 정치적 민주주의를 발전시킨다는 순수한 정치개혁의 필요성보다는 단순히 정치비용을 줄이거나 정치개혁을 통해 사회경제적 개혁을 재추진한다는 도구적 문제의식에서 제기된 것이라 할 수 있다"(정대화, 1998, 7).

황에서 돌파구를 찾기 위해 신자유주의를 채택한 것으로 볼 수 있다. "정치개혁 역시 신자유주의라는 이념적 동기에 앞서 무엇보다도 수적 다수의 확보를 위한 제도적 장치의 확립에 주안점을 두고 진행되었다(강원택, 2005, 300)[70].

강원택(2005)이 지적한 것처럼 신자유주의의 '모범국가'인 영국의 경우에 시장만능주의를 방해하는 사회적 힘이 노동에서 비롯된 것이었다면 한국에서 시장질서를 교란하는 세력은 재벌이었다(강원택, 2005, 291).

그렇게 김대중 정부는 첫 여야 간의 정권교체를 근거로 '자동적 정당성'을 등에 업고 1997/8년의 위기가 단순히 '이전 정권의 실수로 인해 발생한 것이라는 논리 돌리기'에다가 IMF의 신자유주의화 프로그램을 근거로 자기 정책을 정당화할 수 있었다.

문제는 경제위기 극복을 위하여 불가피하다고 여겨지던 재벌을 개혁하기 위해서는 다시금 국가의 강력한 개입이 필요했다는 것이다. 신자유주의 프로그램을 기반으로 하는 새로운 정부가 재벌개혁을 철저히 하지 못한 것이 놀라운 일은 아니다. 그 핵심적인 이유는 한국에서 신자유주의에 대한 저항세력이 노동계보다도 오히려 재벌 혹은 우파 기득권세력들이었기 때문이다(강원택, 2005, 294).

신자유주의에서 말하는 것과 달리 1997/8년 한국이 위기의 원인이 국가가 시장에 개입하는 것이 아니라 발전주의 국가라는 특별한

---

70 특히 2000년 총선을 앞두고 1999년에 여당의 가장 큰 관심사는 여당의 안정 의석 확보를 가능케 하는 선거제도 개정에 있었다(강원택, 2005, 300).

형태의 국가개입으로 인해서 발생했다는 사실을 간과한 것은 잘못된 분석에서 비롯되었다고 보아야 한다. 결국 김대중 정부는 발전주의 국가의 유산을 척결하기 위해 정부의 개입 축소 혹은 작은 정부를 처방하는 신자유주의를 활용하였고, 그 결과 원래의 문제를 간과하고 새로운 문제를 초래하게 되었다.

김대중 정부가 1997/8년의 위기를 분석하는 과정에서 신자유주의 정책을 도입하게 된 배경을 여기서 한 번 짚어볼 필요가 있다. 김대중 정부는 IMF 관리체제와 함께 시작했다. 그들은 IMF 관리체제를 통하여 1997년에 노동법 개악의 실패로 인하여 주춤거리던 신자유주의 세계화의 정책의 새로운 돌파구를 찾았다. 1997년 노동총파업은 자유주의 좌파세력(DJ)에게 보다 어려운 문제를 던졌었다. 왜냐하면 그들은 민중지향성을 내세우며 상대적 진보성을 강조해 왔고, 또 자유주의 우파(YS)와 달리 국가의 위상과 역할에 있어서 조직자와 관리자라는 당위성을 쉽게 포기하지 못했기 때문이다. 그들이 옹호했던 분배 중심의 발전주의는 국가의 적극적인 개입을 통한 사회관계의 변화를 매개로 해서만 실현될 수 있는 것이었다. 때문에 국가의 시장개입을 악으로까지 규정하는 신자유주의와는 팽팽한 긴장관계가 생길 수밖에 없었다.

이러한 딜레마를 안고 있는 그들에게 경제위기는 오히려 난제를 풀어주는 위기 속 기회로 다가왔다. 그 이유는 위기가 다음과 같은 두 가지의 계기를 마련해주었기 때문이다. 하나는 대중경제론을 설파해왔던 자유주의 좌파세력이 1997년 대통령선거 과정에서 국가위기, 이른바 '국난' 극복의 적임자로 부각되었다는 점과, 다른 하나는 이들이 자연스럽게 신자유주의로 전향하며 자신의 정체성을 재구성하는 계기가 됐다는 것이었다.

원래 대중지향적 입장을 취하던 자유주의 좌파세력이 왜 그리고 어떻게 자연스럽게 신자유주의로 전향하게 되었는지는 그들이 위기를 분석하는 과정을 통하여 잘 볼 수 있다. 그들은 IMF위기의 근원이 권위주의 시대 '한강의 기적'을 이루었다고 평가 받는 '발전국가'에 있다고 비판하였다. 시장에 대한 국가의 개입, 그에 따른 시장투명성의 약화, 재벌과 정치권력의 유착 등 국가와 자본의 비합리적 구조가 신자유주의 세계화라는 외적인 환경 변화에 민감하게 대응하지 못하게 함으로써 위기를 자초했다는 것이었다. 문제는 이러한 비판이 국가 개입의 내용을 문제시 하기보다 국가 개입 자체를 부정적으로 문제 삼는다는 데에 있다. 이런 점에서 자유주의 좌파 세력은 IMF가 제시한 신자유주의 구조조정과 안정화 정책을 위기의 해결방안으로 수용했다. 그 결과 그들의 정책은 당연히 그들의 원래 이데올로기였던 분배중심적 발전주의로부터 멀어지게 되었다.

물론 이 세력이 처음부터 신자유주의자였던 것은 아니다. 그렇다면 그들이 신자유주의 이념에 동감하고 그것을 실천하는 데 적극적으로 동참하게 한 이데올로기적 근거는 무엇인가? 자유주의 좌파 세력들이 갖고 있었던 민주주의 개념, 즉 민주주의를 이해하는 시각은 세계화 신자유주의에 직면했을 때 신자유주의로 수렴하게 될 수 있는 논리적 측면을 내포하고 있었다. 이들에게 민주주의는 그동안 확대·재생산되어 온 노동과 자본 사이의 비대칭적 관계의 해소라는 사회관계의 맥락에서 접근할 문제가 아니라, '국가 대 시민사회'라는 이분법 속에서 정치적 민주주의로 이해되었다. 그런 맥락에서 볼 때 사회계급의 비대칭관계는 정경유착으로 인해 발생하는 원인에 의거한 것으로 인식되는 것이 아니라, 정경유착·재벌의 문제가 그저 정치권력과 자본 사이의 불법적인 공모에 기인하는 것으로, 그리하여 글로벌 자본에의 시장 개방을 포함한 시장의 투명성 제고를 통해 해소될 수 있는 것으로 간주되었다.

여기서 분석되는 민주주의 개념에 대한 파악논리의 문제는 최한수(1997)가 분석한 정당개혁의 당위성에 대한 해석의 문제와 매우 비슷한 면이 발견된다. 즉 이광일(2007)에 의하면 김대중 정권이 현상으로서의 민주주의와 구조적 원인으로서의 민주주의라는 민주주의의 두 측면 중 전자만 주목했기 때문에 시민사회의 대국가적 권리를 쟁취하기 위하여 신자유주의에도 담겨있는 투명성과 경쟁성을 활용하면 그 정경유착 등(그리고 그로 인해서 발생하는 사회적 불이익 등)의 문제를 해결할 수 있다고 보게 되었다. 그러나 김대중 정권이 애초 직면하고 있는 문제를 민주주의 실현의 부족으로 인해서 발생한 것으로 이해했다면, 이러한 민주주의의 진전을 저해하는 내용을 가지는, 즉 민주주의에 반하는 신자유주의의 내용을 받아들이게 어려웠을 것이다. 우리는 모두 자신이 가지고 있는 세계관 내지 입장에 따라 새로운 이데올로기를 수용하거나 거부한다. 그리고 자유주의 좌파세력들은 그들이 실천하고자 했던 목적 중의 일부를 해줄 수 있다고 보았기 때문에 신자유주의를 수용했다. (물론 전반적인 세계화현상과 구체적인 경제위기와 같은 외부적 압박 등 외생적 요소도 중요한 역할을 한 것이다.)

최한수(1997)는 이러한 거시담론 차원보다 미시담론 차원에서 정당

개혁과 관련된 논의에서 등장하게 된 "고비용"의 개념과 그 의미와 결과를 분석한다. 고비용이라고 했을 때 경영개념으로서 투자한 만큼 결과가 안 나왔기 때문에 적자를 기록하는 것이다. 따라서 흑자를 기록하기 위해서, 즉 체제가 순조롭게 돌아가기 위해 무엇을 고쳐야 하는가에 초점을 맞춘다. 이와 달리 고비용보다 "부패"가 문제제기의 핵심이 되었을 때에는 행위자들의 구체적인 비리와 이를 유리하게 하는 구조를 말하는 것이고, 구체적인 원인분석에 초점을 맞추는 것이다. 이것을 지구당에 관련시켜서 말하면 지구당 내지 지구당 제도의 존재 그 자체가 문제인지 아니면 지구당이 운영되고 그렇게 운영하게 되는 원인이 문제인지라는 것과 비슷하다. 그러한 분석에 따라 문제를 해결하기 위하여 무슨 조치를 취해야 하는가 결정한다. 고비용이라고 했을 때 투자와 산출 관계의 양적인 면만 주목하고 질적인 측면을 차치하거나 아예 제외시킨다. 양적인 면은 단지 돈이 많이 든다는 것을 문제로 삼는 것이고, 양적으로 봤을 때 어떤 것을 위해 돈이 사용되는가 하는 점까지 고려해서 그에 따라 투자의 정당성을 평가한다. 때문에 고비용정치구조가 아니라 부패정치구조를 개혁의 핵심으로 삼을 때 부패 내지 부패의 원인이 존속함에도 불구하고 비용만 적게 들면 문제없다고 보지 않고, 부패와 부패의 원인을 우선순위로 문제로 삼으며 해결하기 위한 대책을 모색하는 것이다. 단지 돈을 아끼려면 돈이 많이 소비되는 부분을 그냥 없애면 된다는 "대증요법(對症療法) 방식"(정대화, 1998, 9)의 입장을 취할 수 있지만, 돈을 의미 있게 사용해야 된다고 보면 자금소비의 양적인 문제보다 질적인 문제를 해결하기 위하여 문제의 근본적인 원인을 찾아내게 될 수 있다.

5. 담론연합의 경쟁분석

1) '한보사태'와 지구당 담론경쟁

김영삼 대통령의 집권이 군부독재의 청산을 촉진했다면 김대중의 집권으로 평화적인 여야 정권교체가 이루어졌다. 문민정부는 군부독재의 잔재와 정경유착을 정리하는 것을 개혁의 핵심과제로 삼았고, 국민정부는 재벌개혁 등을 통해 경제위기의 극복이 화두였다(강원택, 2005, 281). 외환위기 때문에 김대중 대통령이 취임하기 전부터 재벌개혁이 개혁의 핵심의제로 했다. 이러한 위기상황은 원래 개혁의지가 강해 보인 김대중 정권에게 유리하게 작용했다고 볼 수 있다. 결과적으로는 재벌개혁이 미흡한 수준에 그쳤지만, 자신의 이해관계 때문에 개혁에 부정적인 세력조차 개혁을 거부할 정당성이 약해 국민의 정부는 위기를 기회로 만들 수 있었던 것이다. 이러한 위기상황에서 관찰 할 수 있는 '위기위임'(crisis-mandate), '시급성', '공포' 등의 기제(Keeler, 1993, 440 이하)[71]와 '변화과시'와 '파급효과'(Kingdon, 1984, 200) 등이 충분한 효

---

71 '위기위임'과 그 이어지는 기제들은 위기상황이 발생하면, 그 때 집권당이 위기에 대한 책임을 묻게 되어 야당이 집권하기 유리한 조건을 마련한다는 메커니즘을 말한다. 위기가 지속하면서 향후의 부정적인 결과에 대한 걱정이 커지고 어떤 대책이든 대처해야만 할 것이 전 사회적인 중론이 됨으로써 집

력을 발휘하였기 때문에 정권의 정치개혁 시도에도 도움이 많이 되었다.[72] 이는 김대중 당선자가 취임하기 전부터 국정에 개입한 것을 통하여 잘 볼 수 있다. 위기를 경제위기로 인식했기 때문에 주로 경제부문을 개혁의 대상으로 삼았지만, 이후에 경제개혁과 똑같은 논리('고효율 저비용')를 정치분야에도 그대로 적용했다는 것(정대화, 1998, 143)은 파급효과의 결과로 볼 수 있다. 물론 지구당 폐지문제는 정치개혁의 일부분인 정당개혁에 해당하지만 "지구당은 정당개혁과 정당발전의 가장 핵심적 전제"(정대화, 1998, 151)였기 때문에 정치개혁의 중심적인 문제였다.

대선을 앞두고 1997년 초에 터진 한보비리 사건 때문에 언론을 비롯해서 사회 전체가 반부패의 분위기에 휩싸인 상태에서 정치계는 대선후보자 경선정국에 들어갔고, 학계는 정치개혁을 활발히 연구하고 논의하고 있었다. 이미 1997년 초부터 한보사태와 이와 관련되어 잇따른 검찰의 소환으로 정치계는 혼란스러운 상태에 있었다. 1997년 1월 1일부터 전 해에 이어서 "고비용 저효율 경제 산업구조의 개선"[73]이 전 사회적인 화두로 등장했다. 경제 5단체장 신년사에서 최종현

권당에 대한 압박이 계속 심화된다는 것이다. 때라서 일단 야당이 집권하면 위기를 극복하기 위한 개혁에 대한 지지를 받기 수월해진다.

72 '파급효과'는 한 영역에서 어떤 문제를 크게 개선할 수 있었기 때문에 다른 영역에도 같은 방법을 적용하면 그러한 성공을 거둘 수 있다는 보기 때문에 하나의 대책방식을 가지고 다양하게 서로 나른 영역을 개선하게 되는 것을 말한다.

73 언론보도의 기록에 의하면 "고비용 저효율"이라는 표현은 처음으로 1993년 1월 1일에 당시 한국은행 총재였던 조순에 의해서 사용한 말이다.

전경련 회장은 "OECD 가입으로 경제선진국들과 어깨를 나란히 하게 될 올해 우리경제는 국제경제조류에 순응하면서 대외경쟁에서 살아남을 수 있도록 고비용 저효율구조 개선을 통한 기업의 체질 강화 및 국가경쟁력 제고에 총력을 기울여야 할 것이다. 아울러 정부도 규제 완화와 철폐 각종 제도의 선진화로 자유로운 경제활동을 뒷받침해 주었으면 한다"(국민일보, 97/01/01, 9면)고 설명하였다. 이러한 '고비용 저효율' 화두가 제기된 출발점은 1996년 중순에 거슬러 올라가 확인할 수 있다. 이때 당시 부총리였던 나웅배에 의해 처음으로 공석에서 제기된 표현이다. 당시는 한국의 국제수지적자가 사상최대를 기록하고 있는 시점에서 김영삼 대통령에게 보고를 하고 기자회견에서 발표했을 때였다. 이후에 나웅배 부총리는 한국경제의 '고비용 저능률'의 구조적인 문제라고 하면서 "우리 산업의 국제 경쟁력 회복을 위해 가장 절실한 과제는 지난 1987년 6 29선언 이후 평균 15%씩 올라가고 있는 임금문제"를 말하면서 임금이 노동생산성 증가율을 계속 초과하는 한 한국은 경쟁에서 계속 뒤처질 수밖에 없다고 주장했다(동아일보, 95/06/21, 11면). 김영삼 대통령은 이러한 저비용고효율의 논리를 받아들여 같은 해 10월 22일에 있었던 시정연설에서 '고비용 저효율'이라는 표현을 쓰면서 경제문제를 지적한 바 있다. 그에 부응하여 1997년 신년연설 이후에도 일간지들은 '고비용저효율 체질개선' 화두를 무려 28개 사설에서 다루었으며 1월에만 이 표현이 포함된 보도 빈도수도 176개 기사로 그 해에서 최고치를 기록한 만큼 '고비용 저효율'이라는 표어(catch phrase)와 이로 인해서 전달되는 신자유주의 담론이 널리 확산되었다(〈그림 5-1〉 참고).

<그림 6-5> "고비용 저효율" 표어의 언론보도 빈도 추이(1992-2000)

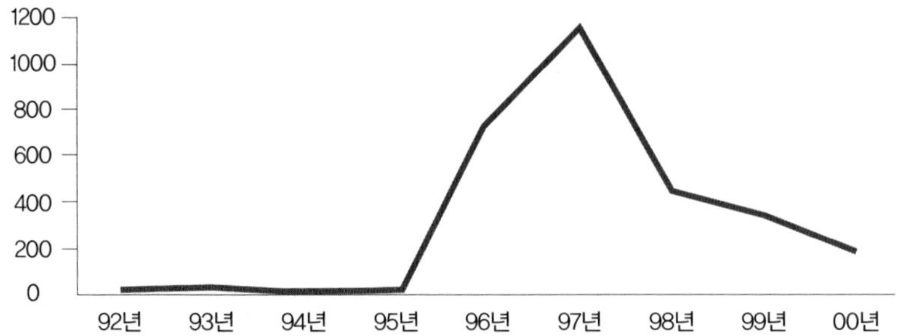

자료출처 : KINDS

노동법 파동과 한보사태를 거치면서 신한국당에서도 이러한 담론을 이어 받아 1997년을 '정치개혁의 해'로 선언하고 정치에 '비용개념'을 도입해서 "정치의 생산성을 높인다는 것이 개혁방향의 핵심"이라고 설명했다(서울신문, 97/02/22, 6면). 대선을 앞두고 신한국당이 정비해야 할 정치관계법으로는 정치자금법과 통합선거법, 정당법, 국회법 등이 꼽혔다. 그 중 정당법은 지구당 중심의 정당운영방식을 전면 개편하는 혁신적인 방안을 신중히 검토하고 있었다. 이러한 의제와 관련해서 3월부터 "우리정치의 고비용저효율 구조를 극복하기 위한 세미나를 개최하는 등 본격적인 공론화작업을 시작할 계획"도 밝혔다. 5월 9일에 개최된 "고비용 정치구조 개선을 위한 공청회"나 5월 13일에 열린 "부패정치구조의 청산과 그 대책"이라는 토론회를 이런 움직임의 일환으로 볼 수 있다. 이런 자리에서는 지구당을 중심으로 한 정당운영이 아니라 지구당의 축소나 폐지라는 방안을 주창하는 스토리라인들이 제기되었다.

1997년 3월 24일에 개최되었던 <경영대통령 뽑자>라는 토론회의 논의과정(매일경제, 97/03/24, 50면)을 살펴보면 당시에 '고비용 저효율'이라는 표어로 제기된 신자유주의적 시장논리와 건전한 민주화라는 두 내러티브의 스토리라인들이 엮이는 현상을 발견할 수 있다. 한 편에서는 세계무역기구(WTO)와 경제협력개발기구(OECD)에 한국이 가입하면서 시장화 경향이 세계적인 흐름임을 확인하면서 이것이 "한국의 경제현장에도 적용돼야 한다"거나 "대통령의 통치스타일에 경영 개념을 수용해야 한다"(조중빈)고 주장한다. 이 내러티브의 핵심은 "이데올로기의 붕괴와 함께 동서간의 시장문제를 받아들여야" 한다는 입장이다. 이런 입장에서 경영이란 말이 '매력 있게' 느껴지는 이유는 경영을 통해서 권위주의 시대와 달리 정치가 더 이상 소수에 집중되지 않는다는 것이다. 한국경제가 선진국에 비해서 '부실하기' 때문에 경영개념이 도입되어야 한다고 본다. '경영대통령'은 '기업이 물건을 생산하지 못하면 망하는 것처럼' 고객제일주의 측면을 중시해야 한다는 것이 이들의 논리이다. 안 그러면 '나라도 망하기' 때문이다. 그런 의미에서 볼 때 경영대통령의 경영개념이 생경한 것은 분명하지만 '통치개념보다는 우월한 개념'이라는 것이 이 내러티브의 핵심이다.

또 하나의 내러티브는 동일한 토론회에서 손호철에 의해 제기되었다. 그는 '경영대통령'이라는 표현을 시장화의 논리를 반영하는 시대 담론으로 분석하며 경제의 중요성을 인정하면서도 그것을 지나치게 강조하는 것을 경고한다. 국가경쟁력도 중요하지만 사회적 지역적인 갈등을 무시할 수는 없다는 것이 그의 논리이다. 그러나 경영대통령이라는 개념을 굳이 수용하자면 국민을 고객으로 생각하고 "고객만족주의를 민주주의의 실현"으로 이해하면 된다고 한다. 그러나 이러한 경영개념을 수용한다고 하더라도 김영삼 정부의 오류가 바로 드러난다고 그는 지적한다. 왜냐하면 경영개념의 핵심은 최소비용으로 최대공공재를 제공해야 함에도 불구하고 김영삼 정부는 "개혁을 국제경쟁력 확보라고 생각해 가장 중점을 둔 것이 시장화"였기 때문이다. 그에 따르면 정치를 시장으로 보면 정치에도 경쟁원리가 도입되어야 하는데, 김영삼 정부는 '제품의 질이 아닌 광고나 선전', '정책대안이 아닌 보스들의 매수합병으로 문제를 해결하려' 했을 뿐만 아니라 '경쟁이 아닌 독점시장'을 형성하려 했다. 즉 정치를 경영개념으로 이해한다면 소비자 주권에 의해 국민이 심판할 수 있어야 하고, 국민에 의한 견제는 지역주의에 의한 독점시장화를 방지해야 하는 것을 전제로 해야 한다고 그는 주장한다. 결국 이 토론회에서는 정치를 설명하기 위해 경영이라는 동일한 언어를 동원하였지만, 서로 상반되는 스토리라인이 제시되었던 것이다. 그러나 당시 이 토론회에 대해 보도했던 신문기사에서는 마치 경영대통령이라는 표어로 담론참여 행위자들의 주장을 하나로 묶을 수 있는 것처럼 기술한다.

2) 여야 간의 담론경쟁

1997년에는 전반적으로 여야 지도부도 '정치개혁을 외치지 않고는 자리보전이 어렵게 됐다'고 인식하게 되었다. 신한국당과 국민회의는 4월 말(24일)에 각각 '고비용 정치구조 개선특위'와 '정치개혁특위'를 발족시킨 것은 이와 관련된 것으로 볼 수 있다. 자민련도 국민회의와 공동기구를 구성했다. 특히 한보사태라는 충격적인 사건과 대선이라는 큰 선거를 앞둔 시점에서 정치계는 정치개혁의 초점은 분명히 '돈 안 쓰는 선거'에 맞추기 시작하였다. 신한국당은 검찰의 김현철 소환과 사법처리를 계기로 5월말까지 당헌당규 개정작업을 모두 마치고 다음 달 대의원 선출대회를 동시에 진행시키는 등 혼란스러운 정국을 경선 국면으로 이끄는 전략을 폈다. 이와 함께 '고비용 정치구조 개선특위'를 통해 '저비용 정치개혁'을 추진해서 정국 주도권을 잡을 방침이었다(경향신문, 97/05/15, 5면).

신한국당과 국민회의는 각각 '고비용 정치구조 개선특위'와 '정치개혁특위'를 발족시켜 지구당 폐지를 포함한 정치개혁안을 내놓았다(경향신문 97/04/30). 당시 여론 또한 이와 유사한 추세를 보였다는 사실은 주요 신문의 사설분석을 통해서 확인될 수 있다. 1997년 초부터 16대 총선까지 22개의 신문사설이 지구당의 폐지 문제를 다루었다.[74]

이런 상황에서 신한국당과 민주당의 초선의원과 소장의원들은 단지 대선공영제나 TV토론 등의 대중매체를 통해 대선 선거운동을 하겠다는 정당지도부들의 제안이 부족하고 철저히 '저비용 정치'를 실천해야 한다는 입장을 취했다. 중앙당과 지구당을 아예 폐지하거나 축소하고 선거구제를 중·대선거구로 개편하고 경조사비 같은 관행을 제

---

74 이들을 분석해보면 예외 없이 주장되는 것은 '돈정치의 청산이 시급하다'(문화일보 97/04/17), '정치도 과감한 구조조정을'(동아일보 98/01/23), '개혁 등진 선거법 개정'(서울신문 00/02/10) 등과 같은 제목은 이들 사설의 논지를 잘 보여준다.

한하는 등의 방안을 제안했다(경향신문, 97/04/30, 3면). 이러한 대책은 적어도 민주당에서는 갈등을 일으켰다. 민주당은 1996년 총선을 앞두고 발표한 공약에는 정당민주주의를 실현하기 위해 '미국식 예비선거제', '당비납부 의무화', '중앙당 권한의 지구당으로의 대폭 이양' 등의 방안들이 포함(한겨레, 96/02/17, 6면)되었기 때문이다. 그러나 대선자금 논란정국에서 정당개혁에 대한 아이디어의 경향이 달라지는 징후는 계속 이어졌다. 언론에서도 한보비리사건을 계기로 해서 지구당 조직을 "전면 폐지하거나 획기적으로 축소"(경향신문 사설, 07/04/03), "깨끗하고 돈 적게 드는 선거와 정치를 위해서는 고비용 구조개선을 위해 중앙당의 대폭 축소, 지구당 폐지, 시도지부 운용 체제"(한국일보 사설, 97/05/12), "지구당 조직 해체"(경향신문 사설, 97/06/02) 등의 입장이 표명되었다. 또한 신한국당 이만섭 상임고문은 특강에서 대선을 '깨끗하게 치르기'를 위해 지구당의 폐지를 비롯한 여러 가지 대책을 발표했다(세계일보, 97/05/07, 4면). 신한국당 원내·외 지구당위원장들의 연구모임인 '푸른정치연대'가 5월 중순(13일)에 마련한 "부패정치구조의 청산과 대책"이라는 주제의 토론회에서 지구당 폐지나 축소 방안을 제안한 최한수 교수와 신명순 교수의 주제발표를 듣고 나서 특히 당내 초선의원 모임인 '시월회' 회원들 중심으로 지구당 축소 또는 폐지, 정치자금 조달의 투명성 보장, 계보정치 지양, 선관위의 위상 강화 등의 개혁방안이 논의되었다(서울신문, 97/05/14, 5면). 지구당과 관련해서는 "고비용 정치의 온상인 지구당을 대폭 축소 또는 폐지해야 한다"(경향신문, 97/06/03)는 데 여야가 분명히 동의하고 있었다는 상황이었다.

김영삼 대통령 또한 대국민담화(5월30일)를 통하여 정치개혁의 시급성을 강조했다. "여야 정당이 중지를 모아 빠른 시일 안에 획기적인 정치개혁안을 마련하고 국회에서 관련 법률의 개정을 포함한 제반조치를 취해 달라"고 당부하고 "여야 모두가 기득권을 과감히 버려야 한다"고 촉구했다(경향신문, 97/05/31, 1면). "국가적 과제인 정치 개혁이 정치권의 근시안적인 당리당략으로 좌초한다면 불가피하게 '중대한 결심'을 하지 않을 수 없다"고 경고함으로써 정치개혁의 중요성을 거듭 강조했다. 그러나 대통령이라는 강한 제도적 행위자의 이러한 담론개입에도 불구하고 8월말(25일)부터 가동되었던 국회 정치개혁입법특별위원회에서는 주로 정치자금법과 선거법만 다루었고, 지구당에 관한 정당법에 대한 논의는 1997년 말까지 제도적인 장에서 아예 이루어지지 않았다.

1997년 11월 21일에 한국은 공식적으로 IMF에게 구제금융을 요청하게 되고 대선 2주 앞둔 시점인 12월 3일에 합의서에 서명함으로써 한국의 경제정책 전반이 IMF의 관리체제에 놓이게 되는 또 하나의 역사적인 사건이 벌어졌다.

'고비용 정치구조 개선'이라는 구호 아래 김대중 대통령이 취임하기 한 달 전인 1998년 1월에 김대중 당선자를 비롯해서 재계, 노동계, 자민련, 국민신당과 한나라당까지 지구당의 폐지가 정치개혁의 핵심이라고 모두 주장했다. 김대중 당선자가 개혁을 위한 '고통분담'을 신년사에서 강조한 데에 이어 신여권은 1월 30일 'DJT 회동'[75]에서 고통분담

75 김대중 대통령당선자와 자민련 김종필 명예총재, 박태준 총재 등 참석.

차원에서 정치권의 구조개혁에 합의해서 지구당 상설화 폐지를 비롯해서 중앙당 축소, 국회의원 정수 2백 명선 축소, 돈 안 드는 선거를 위한 중대선거구제 도입 등을 골자로 한 정치권 구조개혁을 늦어도 4월안에 마무리 하기로 합의한 사실을 발표했다(문화일보, 98/01/31, 1면). 같은 날에 노사정위의 노동계와 경영계측 대표들도 고통분담의 차원에서 2월 열릴 임시국회에서 지구당조직 폐지를 비롯해 국회의원 숫자 3분의 2 감축을 의결할 것을 공동으로 요구했다(세계일보, 98/01/31, 2면). 특히 재계를 대표하는 전경련과 대한상공회의소는 여당에 제출한 의견서를 통해 지구당의 폐지를 포함한 개혁요구를 분명히 했다(한국경제 98/02/28). 재계는 김영삼 정권시기부터 지구당 폐지를 포함한 정치개혁을 주장해왔다. 이들은 경제적인 잣대를 통하여 정당체제의 투명성, 경제성과 효율성을 일관성 있게 주장했다. 전경련은 정치개혁의 기본 방향으로 '경제를 위한 정치', ' 생산적인 정치', '돈 안 드는 정치' 등과 같은 기본원칙을 밝혔다. 그것은 정치권의 구조조정을 요구하는 일종의 주문과 같은 것이었다. 또한 이러한 주문의 배후는 재벌들이었다. 재벌들이 소위 '고비용' 담론을 통해 경제위기의 극복 대책으로 잃은 정치권에 대한 영향력을 회복하려고 했다는 "재별의 정치적 음모론"(정대화, 1998, 145)이 제기될 정도로 재벌들은 강하게 정치세력화되었다.

6·4 지방선거를 앞두고 여당인 국민회의의 정치개혁 추진에 이어 원내 제1당인 한나라당도 정치개혁계획을 밝히고 나섰다. 특히 오래 여당으로 집권했던 한나라당에게는 개혁을 통한 정당개편은 사실 절실한 문제였다. 그러나 당지도부는 "모든 정치개혁의 출발이 IMF 관

리체제라는 시대상황에 부응해야할 수 밖에 없다는 데 있다"(세계일보, 98/01/12, 3면)는 논지로 그들의 계획을 합리화했다. 한나라당은 이런 계획에 따라 지구당폐지를 비롯해서 중앙당축소 공천제 폐지 등 '미국식 정당제도의 도입'을 하기로 하였다. 이와 관련해서 한나라당은 "고비용 정치구조 개선을 위해" 지구당을 폐지하는 대신에 선거 때만 연락사무소를 일시적으로 운영하고 여론수렴, 사전조사, 선거기획 등의 기능들을 모두 시도지부로 이관하겠다는 계획을 발표했다.

정당들은 정부교체(administrative turnover)와 매우 밀접한 관계를 이루지 않을 수 없다. 16대 대선 선거과정부터 김대중 후보의 새정치국민회의(국민회의)와 김종필 총재의 자민련이 협력해 당시 여당인 신한국당에 도전했다. 대선에 성공하고 1998년 2월에 김대중 대통령이 취임할 당시 여야 국회의석수 분포는 121(국민회의와 자민련) 대 139(한나라당)의 구도를 가졌다. 즉 국민회의와 자민련의 공조에도 불구하고 여소야대의 상황이었다. 대선 선거과정에서 내각제 도입과 김종필의 총리 임명 보장을 고리로 국민회의와 자민련은 협력해서 대성공을 거둔 반면에 한나라당의 대선 참패에 따라 당내 분열이 발생했다. 때문에 한나라당은 6·4 지방선거를 앞둔 1998년 상반기에 김종필 총재의 총리임명 등 여권의 순조로운 협력을 방해했다. 하지만 여권은 지방선거를 함께 준비해서 유권자들로부터 큰 지지를 받아 또 다시 대성공을 거둘 수 있다(심지연, 2004, 453 이하). 또한 여당들은 30명 가까이 한나라당 의원들을 영입해 같은 해 말에 여소야대를 여대야소로 바꿨다. 즉 여권 공조에 대한 한나라당의 공격에도 불구하고 내각제도입을 정치개혁을 위한 협력으로 한(심지연, 2004, 464) 국민회의와 자민련의 연대는 1998년 가을까지만 해도 정부의 개혁계획을 실천하기 위한 합의를 이루고 있었다. 그러나 늦어도 1999년 초부터 두 공동여당의 공조에 가장 핵심적인 내각제문제와 관련해 갈등이 생겨 결국 2000년 2월 말에 새천년민주당으로의 국민회의의 신당창당과 함께 김종필 총재가 결별을 선언해 공조가 붕괴되었다. 두 여당이 다시 분리되어 4·13 총선을 따로 치름으로써 지역주의가 심화되었으며, 한나라당은 제1당을 유지하고 이전의 여소야대의 상황도 다시 복원되었다.

한편 김대중 대통령은 당선자 시설부터 지구당 폐지를 포함한 정치개혁을 공인했고 취임 직후부터 지구당 폐지의 신중한 검토를 여러 번 지시했다(세계일보, 98/01/12, 3면 ; 한겨레신문, 98/01/31, 5면 ; 세계일보, 98/02/03, 4면 ; 한국일보, 98/06/19, 2면 ; 한국일보, 98/07/02, 5면 등). 그에 반해 전통적으로 지방 최소단위까지 조직화된 한나라당은 지구당의 풀뿌리 역할과 그 중요성을 강조하면서 폐지 반대입장을 폈다(경향신문, 98/02/04, 4면). 이는 정권유지에 실패하고 2년 후에 실시될 총선에 대한 전략적 고려에서 기인한 것으로 볼 수 있다. 일시 연정을 한 국민회의와 자민련은 1998년 12월까지만 해도 지구당 폐지를 관철하기 위한 지위와 능력을 갖추고 있었다. 김대중 정부는 같은 해 6월에 있을 지방선거를 치르기 전에 정치개혁을 해야 하는 근거를 또 다른 각도에서 확인했다.

그런 가운데 1998년 5월 19일에 정책기획위원회(이하 정기위)라는 대통령자문기구의 구성원 40명이 위촉되었다. 그 중 최장집(위원장)을 비롯해서 박찬욱, 임혁백 등 개혁적 정치학자도 포함되었다(세계일보, 98/05/20, 2면). 대통령 자문기구로서 정기위의 제도적 지위는 매우 강한 잠재력을 가지고 있었으나, 결국 그 실질적 영향력은 대통령이 그 자문을 활용할지의 여부에 좌우될 수밖에 없었다.[76] 예컨대 1998년 봄부터 국민회의 당내 정치개혁특위에서 마련한 정치개혁계획보다 정기위가 개발한 계획이 훨씬 더 합리적이었지만 결국 신한국당과 국민회의의 반발에 무산되었다. 실은 이 정책기획이 제대로 여론화되지도 못했다는 것이 결정적인 실패원인이었다. 정당개혁을 내용으로 한 이 계획이 9월 말에 대통령에게 보고된 후에 한나라당 김광원 의원에 의해 야당공격용인 것처럼 '폭로'되어 논란을 일으켰다. 이미 8월 2일에 "제2의 건국 범국민추진위 창립대회"에서 공식적으로 공개되었던 보고서의 내용의 요지가 '전국 국민정당화'라는 계획으로 요약되어 야당을 공격하는 전략으로 묘사되었다(세계일보, 98/11/20). 그러나 보고서의 내용을 자세히 분석해 보면 그것이 매우 합리적인 정당개혁계획이었다는 것을 알 수 있다. 이 계획은 정당구조의 민주화와 대중화, 정당체제의 선진화를 통한 참여민주주의의 구현을 개혁의 기본 목표로 설정하고 다음과 같은 5가지의 개혁과제를 제시하고 있다(정대화, 1998, 149). (1) 지구당의 자율성 강화, (2) 정당의 민주적 재정확충, (3) 공직후보의 민주적 선출, (4) 정당설립요건 완화와 대중정당화, (5) 정당의 정책기능 강화 등이다. 이것은 조정적 담론 영역에서 분명히 제기되었던 대안담론에 의한 경쟁적 스토리라인에 따른 정책이었다. 그러나 이

76 정기위는 지속적으로 정책을 개발해서 대통령에게 보고하는 것이 아니라 현안이 있을 때만 기획을 준비하여 대통령을 자문한다(최장집, 1998, 말지 인터뷰).

계획은 소통적 담론으로 전환되지 못했기 때문에 실질적인 경쟁에 개입하지 못했다.

국민회의는 7월 10일 정당과 선거, 국회제도 개혁 등 3개 분과를 둔 정치개혁특위를 발족해 한 달 가까이 분과별 개혁방안을 마련했었지만, 위원들의 의견이 맞서 결정을 유보했다. 7월 중순(19일)부터 국민회의에서 유급당직자 제한 등과 같은 대체 조치를 포함한 지구당 존속론이 나오기 시작했다(한겨레, 98/07/20, 4면). '고비용 정치주방 차원에서 없애버리자'는 폐지론과 '현재와 같은 정치풍토에서 지구당 폐지는 시기상조'라는 유지론이 맞섰다(경향신문, 98/08/08, 5면)가 10월 초에는 아예 지구당 폐지 방안을 철회하게 되었다(한국경제, 98/10/07, 2면). 지구당 폐지문제를 비롯한 정치개혁에 대한 논의가 계속되었지만, 11월에 국민회의, 자민련, 한나라당 등 여야는 정당제도 관련법 개정을 이듬해로 미루기로 했다(매일경제, 98/11/30, 5면).

3·30재보선 때의 국민회의 측에 대한 '돈살포설'에 이어 6·3재보선에 '옷로비사건'으로 인하여 여권정당들은 잇따라 선거에서 패배하였고, 다음 해 총선을 앞두고 있던 여당과 야당은 개혁을 다시 핵심의제로 삼지 않을 수 없게 되었다. 한나라당은 6월 1일부터 정치개혁특위를 열고 소선거구 유지와 지구당 폐지 대신에 연락사무소의 유지 등의 내용을 담은 정치개혁안을 확정했다(세계일보, 99/06/02, 5면). 6월 23일에 국민회의와 자민련이 지구당 폐지에는 원칙적으로 의견을 같이했으나 당원관리와 지역 의견수렴, 중앙당과의 연락업무 등을 위한 대체조직 구성 방안에 의견이 맞서 복수로 채택하기로 합의했다. 중앙당의 유급 당직자 수를 100명 이내로 축소하기로 했다(서울신문,

99/06/24, 2면).

3) '정당모형 논쟁'과 지구당 담론

1990년대 후반부터 부상한 정당개혁담론은 '정당모형 논쟁'(모슬러, 2008, 142)으로 발전하면서 학계는 두 가지 모형을 주창하는 진영으로 갈라졌다. 정당의 제도적 형태 즉 정당모형에 대한 연구는 매우 논쟁적으로 나타났다. 이는 1997년부터 2000년까지 개최된 지구당 문제와 관련된 학계와 정치계가 같이 참석한 학술회, 토론회, 특별위원회 등에서 분명히 관찰할 수 있었다. 한 편에서는 미국, 영국, 캐나다 등과 같이 학자들이 있었고, 다른 한 편에는 사례연구를 바탕에 두어 지구당의 경량화, 대체나 제거를 주장하는 학자들이 있었다. 신명순(1997 ; 1998), 김영래(1998), 김용호(1998 ; 1998) 등이 대표적이다. 풀뿌리 정당조직을 정상화시켜 강화해야 한다고 주장하는 학자로는 손호철(1998), 손혁재(1998), 정대화(1998), 김혁동(1998), 장훈(1999) 등이 있었다. 이들은 특히 참여민주주의의 기본 원리를 강조하면서 섣부른 개혁을 경고했다. 최한수(1997 ; 1998 ; 1998), 이경태(1999)와 같은 학자들은 중간적인 입장을 취하였다. 전체적으로 봤을 때 지구당의 제거·축소 아니면 보완·강화 등 개혁문제의 양면이 다 균형 있게 논의되었다고 볼 수 있다.

전체적으로 보았을 때 학계에서 논의되고 있었던 지구당과 관련된 문제제기는 미국식 정당제도를 적용하는 주장은 있었으나 별다른 이론적 토대나 근거가 없으며 주로 정치계의 소통적 담론영역을 위해서 제기되었다. 반면에 지구당의 폐지를 강력하게 반대하며 오히려 지구당의 강화와 활성화를 주장하는 스토리라인이 설득력이 있게 제기되었다. 학자를 대상으로 한 설문조사에서는 당시에 학계 담론경쟁 상황을 가늠할 수 있다.

1997년 여름에 실시된 설문조사[77] 결과에 의하면 '정치비용 축소방안'에 대한 질문에 가장 많은 응답자들(35.4%)이 '경조사비, 찬조금 등 정치인의 기부행위를 전면 금지시켜야 한다'고 답함으로써 '지구당 제도의 개선'(31.3%)이라는 방안보다 더 중요시 했다. '중앙당 조직 축소'(14.6%)나 '사조직 운영의 엄격한 규제'(18.8%)가 그 뒤를 잇는다. 물론 이는 경조사비 등과 같은 구체적인 자금흐름을 차단한다는 효과적이고 가시적 조치로 인식되어서 나온 결과로 볼 수 있다. 하여튼, 이런 맥락에서 지구당의 존폐문제에 대해서 학자들은 대부분(54.0%) 존치를 주장하고, 46.0%는 폐지를 선호했다. 물론 여기도 역시 '지구당 폐지'와 '지구당 존치'가 구체적으로 무엇을 뜻하는 지는 분명하지는 않지만, 여기서 분석되고 있는 담론경쟁에서 경쟁적 내러티브라는 맥락에서 보았을 때, 경쟁이 진행 중이라는 것을 잘 볼 수 있었다. 지구당 폐지반대자들의 대표적인 논리는 "지구당 폐지가 가뜩이나 취약한 정당의 대중적 기초를 더욱 허약하게 만들 우려가 있으며 음성적인 사조직 활동을 더욱 조장할 가능성이 크다"(경향신문, 97/06/18, 3)는 것이

77 참여연대가 여론조사 전문기관인 한길리서치에 의뢰해서 정치학자 50명을 대상으로 한 설문조사(경향신문, 97/06/18, 3).

다.

학계에서 지구당 폐지라는 방안에 대해 대체적으로 비판적인 입장을 가지고 있다는 것은 다양한 학자들이 참여한 선관위 토론회 발표문집의 내용에도 들어난다. 1998년에 중앙선거관리위원회가 주최한 토론회(중앙선거관리위원회, 1998)에 참석한 학자들의 발표논문집[78]에서는 전체 토론회는 외환위기를 의식해서 "저비용 고효율의 지구당 운영방안"이라는 주제로 진행되었지만, 발표자 대부분은 저렴하고 효율성이 있는 운영을 주장하면서도 지구당 폐지나 다른 경제적 논리를 통해 정당개혁을 해서는 안 된다는 주장을 펼쳤다.

1년 후에 실시된 설문조사[79]에서는 지구당 존폐문제는 여전히 '논쟁의 대상'(controversial)이었다는 것을 볼 수 있다. 이 조사에서는 1년 전과는 뒤바뀐 결과가 나왔다. 폐지를 선호하는 학자들이 54.0%에 달한 반면에 존치를 주창하는 전문가들은 43.9%에 그쳤다(한국 정당정치연구소, 1998, 41).

---

78 이 발표문집은 선관위의 16개 시·도위원회가 주최한 정당발전토론회에서 발표된 논문을 집필된 것이다. 책자는 "고비용 저효율의 정당구조를 개선하여 정당발전에 도움이 되도록 하기 위하여 발간한 것"으로 설명되어 있다.

79 한국 정당정치연구소는 (98.7.10-18)정치 법·제도 개선을 위한 설문조사를 실시했다. 66명의 전문가들의 응답의 내용을 보면, 크게 의견일치(consensual), 준일치(semi-consensual), 쟁점(controversial) 등 3가지로 분류할 수 있다. 의견일치의 응답은 10개 항목으로 가장 많았고, 준일치의 응답은 6개 항목으로 두 번째 많았고, 논쟁적 사안은 4가지였는데, 그 중 지구당 존폐문제는 하나다. 즉 지구당 존폐 문제가 분명한 논점이었다는 것을 보여준다.

원외정당조직 축소 혹은 제거라는 주장을 뒷받침하는 스토리라인은 지구당이 1인 보스체제로 운영되고 실질적인 역할이 부재하며 '잘못된 정치관행의 온상'이라는 평가를 근거로 한다. 이를 개혁하기 위해 지구당의 폐지와 중선거구제의 도입을 요구한다(최한수, 서울신문, 97/05/14, 5면).

학계의 담론경쟁에서 처음으로 '원내정당화'(김용호, 1998)라는 개념이 1998년에 소개된다. 김용호(1998)는 특히 탈냉전과 탈근대 정보사회의 새로운 환경과 거기에 적응하기 위한 변화를 강조하고, 그 방안으로 "기존의 정당을 선거전문가 정당화, 원내정당화, 민주화, 분권화시키는 방향으로 개혁해야 한다"(김용호, 1998, 18)고 제안한다. 여기서 그가 핵심적으로 보는 것은 "기존의 원외정당적 요소를 제거하여 정국 운영의 중심을 당에서 국회로 전환해야 한다"(김용호, 1998, 23)는 것이다. 물론 그의 의도는 지도자가 독주하는 인물 중심의 정당 운영방식에서 탈피하고 상향식 결정방식의 도입을 주장하고자 하는 것이다. 기존의 정당구조 하에서 그런 변화가 불가능하다고 보기 때문에 지구당을 폐지하는 대신에 국회의원이나 입후보자의 경우에는 "각자 개인 사무실을 개설하고 지구당에는 비상설 협의체를 두고 운영"(김용호, 1998, 26 ; 김영래, 1998, 172도 비교)하는 구체적인 대책을 제안한다.

이와 유사한 논지에서 신명순은 지구당이 원래의 기능과 역할을 못하고 있기 때문에 폐지해야 한다고 하였다. 지구당을 '고비용정치의 근원'으로 규정하는 신명순은 이러한 진단을 바탕으로 해서 "정당과 정당정치의 개혁에서 첫 번째 과제는 정당의 지구당을 폐지하는 것"(신명순, 1998, 12)이라고 하였다. 그는 나아가 지구당 폐지로 인하여 사라지게 될 정당의 지역조직과 그 조직이 해야 하는 역할이라는 문제에 관해서는 "정당이 꼭 반영해야 할 중요 여론이 있다면 그것은 편지, 전화, 팩스 등을 통해 중앙당이나 국회의원에게 전달될 수 있으며 필요하다면 중앙당방문을 통해 여론을 정당에 전달하는 것도 가능하다"(신명순, 1998, 13)고 보았다. 같은 맥락에서 대안적으로 이전의 지구당 업무는 "시·도당에서 처리하면 된다"는 방안도 제안되었다(김용호, 1998, 26). 지구당을 없애게 되면 국회의원들은 "불필요한 부담에서 벗어나 그들의 주 업무인 국가적 문제에 전념하면서 국회의원 본연의 역할에 충실"(신명순, 1998, 12)할 수 있을 것이라고 그는 주장했다.

그것은 결국 지역에서의 정당조직을 최소화하고, 선거운동을 위해서만 가동하라는 것이다. 다시 말해 지역조직을 비상설 조직으로 전환하자는 것이다. "중앙당과 시도지부 사무국은 비선거기간에 최소한의 인원을 배치하고 선거기간에는 선거전문 지식을 가진 자원봉사자 등을 임시로 운영해 나가는 것이다(김영래, 1998, 172). 신명순(1997)은 아예 지구당사무실을 없애고 "국회의원(또는 지구당위원장)의 자택에서 직원 1명이 여론수집과 연락업무를 담당한다"(신명순, 1997, 21)는 방안까지 내놓는다.

지구당 폐지론에 강력하게 반대하는 핵심 논지를 정당개혁의 핵심이 고비용 정치구조의 해소로만 설정하는 것은 "본말이 전도된 논리"라는 것이다. 정당개혁의 핵심은 '고비용 해소'가 아니라 '민주주의 확장'이라는 것이다. 민주주의의 부재가 정경유착 등 고비용 정치구조를 초래하였기 때문이다. 그래서 개혁방향도 저효율 고비용 구조가 아니라 결여된 민주주의의 활성화에 초점을 맞춰야 한다는 것이다(정대화,

1998.7. 7). 그러나 대통령, 청와대, 집권여당, 재계 등 여러 가지 거시 행위자들이 지구당 폐지를 주장하는 것은 "민주주의의 뿌리를 자르는 것이라는 원론적 비판은 차치하고 사태의 본질을 왜곡하는 것"으로 평가한다(정대화, 1998.4. 16). 이러한 왜곡은 한국 정당정치의 본질적 문제에 대한 몰이해에서 비롯된다고 본다. 특히 지구당 폐지론이 비용절감이라는 '경제적 요구'와 미국식 선거정당론[80]에 경도된 주장'으로 문제를 지나치게 경제논리에서 접근하고 있으며 미국제도의 무차별적인 적용을 시도하는 오류를 범하고 있다는 비판이다. 지구당 문제에 있어서 원래의 쟁점은 비용이 아니라, 운영방식이고 비용에 초점을 맞추는 것은 "본질이 정치개혁과는 전혀 무관한 것"이라고 한다. 특히 재계에서 이러한 주장이 제기되고 있다는 사실에 대해 "기업에 대한 정치적 간섭과 정치비용의 전가를 회피하려는 전략"으로 분석한다. 재계의 이러한 폐지론을 주장하는 사람들은 "신자유주의적 입장에서 정치권력과 경제권력을 이분법으로 구분하면[서] 고비용 정치구조의 해소를 명목으로 정치영역[을] 축소"하려 한다고 비판한다. 그리고 지구당 폐지 담론의 내러티브에서 거의 빠짐없이 인용되는 미국의 정당제도를 적용하려는 것은 미국에만 있는 독특한 환경과 조건을 간과하고 있다

---

80 그런 미국식 선거정당은 미국만의 독특한 역사적 산물로서, 정당 외에도 기업, 언론, 지역사회의 자율적인 조직들이 다양한 방식으로 여론수렴 기능을 담당하기 때문에 정당이 유일하게 여론수렴 기능을 담당하지 않는 정치상황을 반영하여 등장한 제도다(정대화, 1998, 15). (최장집, 2007, 258 이하도 비슷한 관점임.)

는 설명이다. 미국의 정당체계는 한국과 다를 뿐만 아니라, 지구당을 대신하는 수많은 사회적 의사소통체계가 형성되어 있다는 사실을 간과하지 말아야 한다고 보았다(정대화, 1998.7, 11). 나아가 지구당 폐지론자들이 독일을 비롯한 유럽의 정당제도를 거의 고려하지 않는다고 지적한다. 미국과 지구당이 강력한 자율적 권한 가지고 있는 이들 국가의 경험을 충분히 고려해야 한다는 것이 이들의 주장이다.

지구당 개혁담론은 지구당의 강화와 활성화를 요구한다(손혁재, 1998 ; 정대화, 1998 ; 김선종, 1998 ; 김태룡, 1998). 이들은 민주주의를 지향하는 정신을 기본 전제로 한다. 정대화(1998.4)에 따르면 그것은 (1) 현대정치의 기본 원리인 삼권분립의 정신에서 출발해야 하고, (2) 정당과 의회에 기초한 정당정치, 의회정치의 정신에서 출발해야 하며, (3) 모든 사람, 모든 사회세력에게 폭넓고 자유롭고 균등한 정치참여의 기회를 보장해야 한다는 것이다(정대화, 1998.4, 10). 정당, 특히 지구당이 민주주의의 뿌리이기(손혁재, 1998, 29) 때문에 그것의 토대인 지구당을 없애는 것이 아니라, 활성화를 통하여 중앙당과의 관계에서 강화시키는 방안이 필요하다는 것이다. 그렇게 볼 때 정치개혁 논의의 요체는 정치 부문의 경쟁력 강화, 생산성 향상 등의 논리가 아니라, "어떻게 하면 민주주의를 정착시킬 수 있는지가 핵심이 되어야 하지만 [폐지론자들은-HBM] 정치 구조조정을 효율성과 경제성의 논리로만 접근하는 듯한 경향이 강하다. 자칫 잘못하면 정치 실종, 민주주의 포기사태가 나타날지도 모른다"(손혁재, 1998, 27)고 우려한다. 실제 한국 정당 개혁이 실현하여야 하는 것은 정당 내부의 민주주의이고, 그를 위해서는 중앙당과 지구당조직의 자율성의 강화와 탄력적인 상설화, 당비의 의무화에 따른 당원의 권리와 의무의 확보, 당 재정의 자율성확보, 공영선거제의 확대로 인한 고비용선거구조의 개선 등 정당의 제도화에 필수적인 구조적·재정적 자율성의 확보 방안에 대한 심각한 논의가 이루어져야 한다고 본다(김태룡, 1998, 530). "이런 방식으로 지구당이 건설되면 지구당의 존폐는 오직 스스로에 의해서만 결정되므로 중앙당에 의한 사고당부지정은 불필요한 기능이 된다"(정대화, 1998.4, 16). 예컨대 공직 후보의 공천권을 중앙당의 지도자들이 독점하고 중앙당에 모든 권력이 집중화되어 있기 때문에 중앙당과 지구당의 관계는 지시와 복종의 관계인데, 그것이 바로 한국 정당체제와 그 구조가 안고 있는 문제의 핵심이라고 보고, 현재 공천권을 지구당으로 이관해야 한다는 주당을 편다(김선종, 1996, 한겨레, 96/07/29, 5면). 나아가 지방자치체제에서도 지구당의 역할을 강화하고 활성화해야 할 필요가 있다고 본다. 그러기 위해 지구당의 독자적 결정권, 지구당에 의한 해당 지역 공직후보 선출권, 중앙당에 대한 지구당의 자발적인 지지와 비판의 권리, 지구당 수준의 정책개발, 지구당에 국고보조금의 일부 지급 등의 조치가 필요하다(정대화, 1998.7, 12)고 주장한다.

4) 정치개혁과 지구당-여론의 반응

당시 사회의 전반적인 분위기는 개혁을 선호하는 추세였다. 언론의 보도행태는 전반적으로 이 시기에 여야의 정치개혁을 위한 추진 노력을 높이 평가하고, 개혁적인 법개정을 위한 방안이 재검토될 때마다 크게 반발하는 모습을 보였다. 특히 1999년 5월에 6·3재보선을 앞둔 시점에서 여당이 지구당 폐지를 포함한 개혁계획을 재검토하려고 했을 때[81]와 총선을 6개월 앞둔 10월에 국회 정치개혁특별위원회가 개최되었을 때 한나라당이 먼저 지구당 폐지에 반대의사를 분명히 하고 이후에 여당도 갑자기 지구당 방안을 취소했을 때[82] 보수·진보 신문을 막론하고 사설에서 강력한 비판을 가하였다.

이전 정부의 개혁에 대한 실망과 국민정부가 추구하는 권위주의 탈피에 거는 기대가 그런 분위기를 이끌었다. 위에서 언급된 여론조사도 이런 가정을 뒷받침한다. 적어도 그런 사회적 분위기 하에서 '고효율 저비용'의 논리에 따른 정당개혁으로써 지구당 폐지에 대한 이견은 별로 없었다(강원택, 2005, 286). 그럼에도 불구하고 집권 초기에 당시 정부가 개혁에 대한 "국민적 공감대를 형성하지 못하고 [···] 개혁적 사회기풍과 분위기를 만들어 내는 데 실패"(정기영, 1998, 96)했다는 평가가 있다. 정기영(1998)과 강원택(2005)의 논지는 둘 다 전반적인 사회 분위기가 개혁을 선호하였다는 것으로 모인다. 그러나 강원택은 정기영과 달리 개혁분위기가 주도했다는 것만을 언급하는 것이 아니라, 당시 분위기가 전반적으로 위기의 진정한 원인을 파악하지 못한 상태에서 경제위기 처방과 같은 것을 정치 분야에도 적용하는 데에 공감대

81 동아일보(99/05/08), 경향신문(99/05/09), 국민일보(99/05/26) 등의 사설을 예로 들 수 있다.

82 서울신문(99/10/06), 세계일보(99/12/14), 한겨레신문(00/01/17) 등의 사설을 예로 들 수 있다.

가 형성되어서 전체적인 국민기류가 지구당 폐지까지 긍정적이었다고 진단한다.

1998년 9월 하순에 실시된 여론조사[83] 결과를 통해서 당시 논점이 되었던 국회의원 수, 선거구제, 금품제공, 후보공천 등에 대한 국민들의 의견을 알아 볼 수 있다. 국회의원 의석수와 관련해서 대다수 응답자(64.6%)는 현재의 299석보다는 200석이 '적절하다'고 말했다.[84] 선거구제의 경우 가장 많은 응답자(53.9%)가 현행 소선거구를 선호하고 33.4%는 중선거구제, 10.9%는 대선거구제를 선호했다. 현행법상 정치가는 15,000원 미만의 경조품을 제공할 수 있지만, 61.7%가 경조품 제공을 전면 금지해야 한다고 응답했다. '현행유지'는 27.9%였고 '전면 허용'은 9.7%로 나타났다. 지구당과 직접적으로 관련된 후보공천제도에 대한 질문에는 29.5%가 중앙당에서 신청을 받아 지구당에서 투표로 결정해야 한다고 답했고, 27.1%는 지구당 당원대의원이 결정해야 한다는 입장이었다. '지구당에서 복수추천한 뒤 중앙당에서 결정'하는 방침을 선호하는 사람이 24.2%였고, 중앙당에서 일방적으로 결정하는 것을 선호하는 사람들이 6.6%에 달했다. 또한 전반적으로 새 정부가 추진하는 각종 개혁작업의 속도 내지 진행방식에 대해 가장 많은 응답자들(54%)이 '빠를수록 좋다'로 답했고, '시간을 두고 충분하게 검토한 뒤 해야 한다'는 의견(35.9%)이 그 뒤를 이었다. 그러나 '금년 내

83 중앙선관위가 최근 극동조사연구소에 의뢰, 전국 20세 이상 유권자 1천5백명을 상대로 실시해 9월 27일에 발표. (세계일보, 98/09/28, 5면)

84 2백50명 19.3%, 현행유지 9.9%로 나타났다.

에 이루어져야 한다'는 응답은 9.3%에 그쳤다.

이러한 여론조사의 결과를 종합해서 해석하면 국민들은 개혁의 시급성을 분명히 인식하고 있었으며, 개혁의 내용은 주로 비용절감(의석 수 축소)이나 비리차단(금품제공금지)에 초점이 맞추어져 있었다. 지구당에 대한 국민들의 의견을 간접적으로 알 수 있는 후보공천방식과 관련된 항목은 대부분 상향공천제도를 지지하는 것으로 나타났다. 상향공천의 형태나 운영방식에 대한 질문은 없었으나 민주적 공천은 지구당이라는 하위조직으로 이루어지는 것이 일반적이라 할 수 있다. 이러한 개혁이 시급하다고 인식하고 있었기 때문에 대부분 응답자는 '충분한 검토'보다 '빠를수록 좋다'고 답했다. 몇 개월 후 경제위기가 전면적으로 시작되었을 때 실시된 여론조사에서는 이러한 인식은 더 뚜렷해졌다(한겨레, 98/12/11, 4면).[85] 그 결과에 따르면 무려 45.9%가 '지구당 폐지'에 찬성하고, 불과 21.2%만 반대했다(아래 그림 참고).[86] 그럼에도 불구하고 국민들 대다수가 지구당 폐지를 지지한다고 보기는 어렵다. 여론조사를 통해서 국민의사를 분석한다는 방법 자체의 한계도 있지만, 여론조사 때 질문을 어떻게 던지는지 그리고 어떤 질문을 하는지 그리고 어떤 질문을 하지 않는지가 그 결과에 큰 영향을 미칠

85 1998년 12월 9일 하루에 한겨레신문사 여론조사팀(담당 황영철)이 전국 성인남녀 600명을 대상으로 실시한 전화 여론조사의 결과이다. 조사는 인구비례에 따른 무작위 추출 방식으로 이뤄졌으며, 오차한계는 95% 신뢰수준에서 4.0%이다(한겨레신문, 98/12/11, 1면).

86 잘 모르겠다는 응답은 32.9%였다.

수 있기 때문이다. 그럼에도 불구하고 일반국민들의 견해와 이른바 전문가들의 견해를 비교함을 통해서 적어도 어느 정도의 추세를 파악할 수는 있다.

〈그림 6-6〉 지구당 폐지에 대한 국민들의 입장(1998.12)

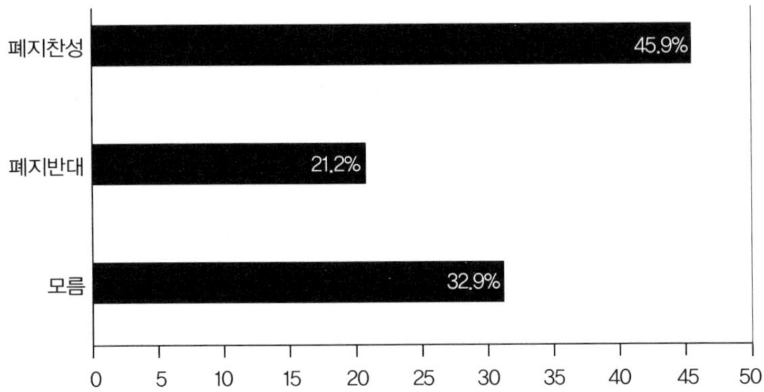

1999년 봄에 실시된 여론조사(한겨레, 99/04/23, 4면)에서는 일반인과 전문가들이 대상이었다.[87] 예컨대 공천방식과 관련해서 일반국민들은 총 73.9%가 당 지도부와 당원에 의해서 후보자가 공천되어야 한다고 본 것에 비해 학자들은 무려 93.1%가 그렇게 주장했다. 지구당 제도의 문제에 대한 인식에 있어서는 일반인들의 경우 '문제 있는 편이다' 40.2%, '매우 문제 있다' 12.3%로 모두 52.5%가 부정적으로 평가하고, '문제없는 편이다' 12.6%, '전혀 문제없다' 1.3%로 긍정적 평가

87 조사는 1999년 4월 18일 하루에 한겨레 조사팀에 의해 실시되었다.

는 13.9%에 불과했다. 이와 달리 학자들의 경우는 '문제 있는 편이다' 50.5%, '매우 문제 있다' 34.2%로 무려 84.7%가, 일반인보다 약 32%의 많은 비율이 부정적 평가를 내렸다. '문제없는 편이다' 10.6%, '전혀 문제없다'는 0.5%에 그쳤다. 이렇게 훨씬 더 심각하게 인식하고 있는 지구당 문제의 해결책에 대해서는 일반인과 학자 사이에 차이가 드러났다. 일반국민의 경우에는 '당직자를 대폭 줄여야 한다'는 의견이 59.8%로 가장 많았고 '지구당 폐지' 16.0%, '평상시 중앙당 지구당 모두 폐지' 2.8%, '현행 유지'가 5.7%의 분포를 보였다(아래 그림 참고). 이렇게 18.8%가 지구당의 폐지를 주장하는데 비해 학자들의 경우 무려 38.2%가 폐지 주장을 폈다. 여기서 우리는 문제의 심각성에 대한 인식의 수준에 따라 이에 대응하는 대책의 정도도 달라진다는 것을 볼 수 있다. 일반국민보다 학자들에게서 축소·폐지식의 개혁의 필요성이 훨씬 더 강하게 나타난 것이다. 이런 현상은 국회의원 정수의 적당한 수준에 대한 질문에도 드러난다. 여기서는 일반국민의 54.2%와 학자의 63.3%는 250명 이하를 가장 선호하는 정수로 나왔다. 두 그룹에서 동일하게 확인되는 특수한 사항은 양쪽 다 무조건 비용절감을 당위적인 것으로 본다는 점이다. 이것은 국회의원 수에 관한 두 그룹의 의견에도 해당한다. 당시에 무려 78.5%의 일반국민과 76.8%의 학자들이 의원 정수가 299명이라는 사실에 대해 문제를 제기했다.

〈그림 6-7〉 지구당 문제에 대한 해결책 선호(1999.4)

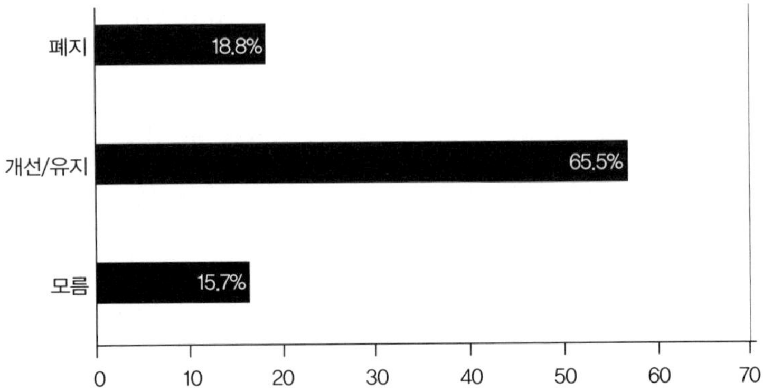

5) 개혁과 낙선운동

시민사회에서는 특히 경실련과 참여연대가 지구당 논의에 활발히 참여했다. 시민단체들이 개최한 다양한 토론회나 학술회의에서도 "지구당 폐지와 연락사무소 설치는 현행 지구당의 고비용구조를 개선하기 위한 근본대책이 없는 임시방편에 불과하다"(문화일보, 99/05/26)고 평가되었다. 이 단체들은 끊임없이 정치개혁의 문제와 그 시급성을 공론화하기 위해 노력하면서도 "지구당 폐지론과 고비용 저효율정치 담론의 허구성을 지적"(한겨레, 98/07/22)함으로써 그들의 시각에서 잘못된 방향으로 진행되어 가고 있는 개혁을 "근본대책이 없이 임시방편에 불과하다"(문화일보, 99/05/26, 5면)며 '국민을 기만하는 행위'라고 정부를 비판했다(경향신문, 99/11/30). 시민사회는 정치권에서 경제위기를 "단기적이고 현상적인 것으로"(강원택, 2005, 284-5) 보았던 경제논리를 정치영역에 적용한다는 문제제기를 통해 보다 근본적인 위기원인을 찾아서 지속가능한 개혁을 공론화시키는 데 노력했다. 공명선거실천시민운동협의회도 지구당의 폐지를 주장했다(98/10/12). 시민사회는 범국민 차원의 정치개혁위원회를 구성해 정치개혁을 추진해야 한다고 주장했지만(한국일보, 99/04/15), 이 제안은 받아들여지지 않았다.

1980년대 말, 1990년 초부터 주로 의정활동 감시를 벌이는 시민사회단체의 운동이 본격적으로 이루어지기 시작했다. 특히 1994년 9월에 참여연대가 출범되면서 의정감시센터를 설치하는 등 의정감시활동을 구체적으로 시작하였다.[88] 1996년 총선 때 이미 한 번 '지역주의 타파운동'을 시도한 바가 있지만 별 다른 성과를 거두지 못했었다. 이러한 제도정치를 상대로 하는 시민사회의 운동이 1999년부터 국정감사를 모니터링 활동으로 이어졌다. 상임위원회에 대한 감시활동을 벌인 것이었는데, 민감한 내용이 언론에서 보도되자 시민단체 관계자들의 방청이 금지되었다. 이런 경험으로 인하여 결국 총선시민연대의 낙천·낙선운동이 촉발되었다고 볼 수 있다(조희연, 2003, 294).

낙선운동은 2000년 1월 10일 경실련이 총선 부적격자 명단을 발표하면서 시작되었다. 1월 하순(24일)에는 정치개혁시민연대라는 조직체가 89명의 낙천낙선 대상자 명단을 발표했고, 2월 2일에는 결국 총선시민연대에 의해 2차 공천 부적격자의 명단이 공개되어 낙천·낙선

---

88 1997년과 2000년 사이 시민단체는 3.500개에서 6.000개로 거의 2배나 되는 증가세 보였다(임혁백 2000, 225).

운동이 본격적으로 시작되었다. 총선시민연대의 운동은 (a) 낙천운동, (b) 공천철회운동, (c) 낙선운동 등 3개의 단계로 이루어졌다. 이런 가운데 이러한 낙천/낙선 운동은 사전선거운동으로 문제화되었다. 때문에 이러한 정당한 운동을 합법화 하기 위해 선거법 개정을 위한 운동도 동시에 이루어졌다. 4월 3일에는 낙선명단이 공개되어 12일까지 권역별·지역별 구체적인 현장 낙선운동이 이루어졌다.

〈표 6-1〉 낙천·낙선운동 전개의 주요 활동(정당법 개정 이전)[89]

시기(2000)	내용
1월 10일	경실련 총선 부적격자 명단 발표
1월 12일	총선시민연대 발족
1월 24일 / 2월 2일	총선시민연대 1차 및 공천반대 명단 발표
1월 30일 / 2월 19일	총선시민연대 1·2차 공천반대 전국 동시 집회
1~2월	선거법 개정운동
2~3월	공천철회운동 및 소송 원고인단 모집

낙천·낙선 운동의 효과를 평가하면 운동의 직접적인 그리고 구조적인 효과를 구분할 수 있다(조희연, 2003, 310 이하).[90] 낙선 운동의 직접적 효과는 (1) 총선에서 70% 정도의 매우 높은 낙선율 달성(임혁백, 2000, 225도 비교), (2) 공천과정에서의 개혁 유도, 368세대 부상, 기성정당 핵분열(민국당), (3) 국가기구의 전향적 해위 유발(선거법, 국회법 등 개정 ; 선관위 : 병역, 납세, 전과, 재산 등 정보공개 ; 언론의 대안적 보도(한국언론재단,

89 표는 조희연, 2000, 302에서 재인용.

90 이와 관련한 효과평가는 Shin(2003, 18), 정대화(2000)도 참고.

2000 비교 ; 임혁백, 2000, 225 비교) 등이다. 낙천·낙선 운동의 구조적 효과는 (1) 낙선성공을 통한 개혁적 참여의식/정치의식을 확대, (2) 정치행위자인 시민운동조직들의 대(對)제도정치의 위상 대폭 강화[91], (3) 시민사회의 요구에 대한 제도정치의 감수성과 개방성이 증대 등의 세 가지 사항이 있다.

> "이처럼 시민사회 운동단체의 개혁요구에 대해 정치권이 '신경'을 쓰지 않을 수 없는 상황, 나아가 시민사회 운동단체의 정책적 요구에 대하여 정치권이 보다 개방적이 되는 상황일 출현한다는 것은, 총선 이후 '개혁입법공간'이 확대될 것임을 예측하게 해준다"(조희연, 2001, 316).

이와 비슷하게 조기숙(2003)도 낙선운동의 효과에 대해 "정치권에 하나의 위협으로 작용하면서 지속될 가능성이 있다"(조기숙, 2003, 159)고 평가하고, 손호철(2000, 88), 최장집(2000/4/20, 중앙일보) 등도 당시 낙천낙선 운동의 효과에 대해 유사한 견해를 피력하였다(조기숙, 2003, 159에서 재인용).[92]

---

91 제도정치는 시민사회라는 행위자를 더 이상 무시할 수 없고 적극적으로 접근하게 되었다.

92 Steinberg(2000, 60)과 정대화(2000, 178)도 그러한 평가와 전망을 내놓는다.

6) 국회 정치개혁특위에서의 논쟁

1999년 9월에 정기국회가 개원해서 10월 하순(22일)에 김대중 대통령은 국회 정치개혁특별위원회의 국민회의와 자민련 소속의원들을 청와대로 초청했는데, 지구당 폐지를 포함한 정치개혁에 대한 논의가 있었다. 약 한 달 후에 열린 국회 정치개혁특별위원회 공청회에서 여권의 이러한 입장은 소위위원들을 통하여 분명히 확인할 수 있었다. 여야 위원 각각의 기조발표와 여야가 각각 초청한 전문가들은 이구동성으로 양측의 입장을 대변하였다. 여야는 기존 지구당과 관련된 문제를 모두 인정하지만 문제의 원인에 대한 해석과 제도개선을 위한 해결책에 있어서는 뚜렷한 차이가 보여 전형적인 찬반대치 상황이 벌어졌다. 이는 개혁특위 소위의 공청회라는 시간적으로 그리고 공간적으로 매우 제한된 공간에서 벌어진 상황이기 때문에 일반화하기 어려우나 당시 담론경쟁을 압축적으로 보여주는 일종 담론축소판으로 이해할 수 있어 의미가 있다.

공청회 참여자들이 지구당의 폐해에 대해 갖는 인식은 기본적으로 매우 비슷하다. 하지만 문제의 원인과 결과를 설명할 때 상관관계와 중요성에 대한 서로 다른 입장을 가진다. 여기서 도출되는 결론은 지구당의 존폐여부를 가리는 정도로 상이하다(표 참고).

〈표 6-2〉 정계 지구당 문제 관련 스토리라인의 에피소드 비교

		지구당 존치·강화	지구당 축소·폐지
Ⅰ	문제의 현상	부패 = 지구당 운영방식 = 1인 보스체제 = 고비용·저효율	정경유착 = 고비용 정치구조 = 제 기능 못함 = 사당화
Ⅱ	문제의 원인	3김 시대 = 지역주의 = 정경유착 = 지구당 운영방식 = 운영비가 아니라 선거비용 = 인격과 자질의 문제	지구당 = 돈 먹는 하마 = 고비용 정치구조의 온상
Ⅲ	문제의 해결책	정당구조개혁 = 지구당 개편 = 지구당 단위에 공천위원회 설치, 진성당원제 도입 = 공동대표제	지구당 폐지, 시도지도부를 통한 의사수렴 역할대신, (비상설대체조직설치), 당비당원제
Ⅳ	본 해결책 결과	지구당 원래 기능복원 및 활성화, 자율성 강화, 부패척결	비용절감, 부패척결, 생산화, 효율화
Ⅴ	타해결책 입장	비논리, 돈 문제 아님, 외국실패사례, 음성편법 발생, 비용증가·유지, 정당제도 해체, 감정적 주장, 시도수준에서의 역할이관 불가능	한국현실에서 무용
Ⅵ	목표	정당 민주화, 고비용저효율개선, 깨끗한 정치, 정당자율성 높이고 책임성 강화, 국민참여, 지구당 정치적인 주체로, 선의의 경쟁	고비용 정치구조 타파, 정당민주화, 정치자금투명화, 생산적인 정치
Ⅶ	문제의식	정당민주주의, 참여민주주의, 권력분권	효율화

지구당 존치·개편 스토리라인에 따르면 문제는 정치의 부패, 지구당이 1인 보스체제로 운영되는 방식과 고비용저효율의 현상을 극복의 대상으로 삼는다. 여기까지는 지구당 폐지 축소를 주장하는 논지는 크게 다르지 않다. 그러나 문제원인에 대한 설명을 보면 두 진영의 논거가 다르다는 것을 알 수 있다. 축소·폐지론은 지구당을 '돈 먹는 하마'와 비유하면서 "경영유착의 원죄"(김학원, 1999, 5), "고비용 정치구조의 온상"(김영래, 1999, 15), "고비용의 주범"(천정배, 1999, 40) 등으로 주목한다. 즉 여기서 "지구당이 있기 때문에 정치자금이 많이 들어가는 것은 틀림없다"(송훈석, 1999, 37)는 원인과 결과의 상관관계를 설정한다.

반면에 존치·개편론은 '3김 시대', 지역주의, 정경유착 등을 구조적 원인으로 열거하고, 지구당의 존재자체나 지구당의 체질적인 것보다 지구당의 운영방식을 주목한다. 즉 여기서 주장되는 것은 "지구당 운영비가 돈이 많이 들어가는 것이 아니라 사실은 선거비용이 많이 들어간다"(이원복, 1999, 34)거나 "지구당이 있다고 해서 생긴 비용이 아니라, 국회의원이나 위원장 개개인의 인격과 자질의 문제"(변정일, 1999, 39)라는 논거다. 다시 말해서 폐지·축소론의 스토리라인은 지구당 자체를 일종의 '판도라의 박스'로 여기고 이것을 전면 부정하는가 하면, 존치·개편론은 지구당을 하나의 '블랙박스'로 이해하여 이것을 열고 그 안에 있는 세밀한 기제들을 분석해서 지구당 운영방식과 이러한 운영을 실행하는 행위자들을 주목한다.

이러한 분석을 통하여 제기되는 해결책은 더 달라진다. 지구당 자체를 문제로 보는 폐지·축소론의 시각에서는 지구당 자체를 없애는 것이 적절하다. 폐지·축소론자들의 일부가 지구당의 원래 역할과 기능에 대한 언급하기도 하지만 이른바 '한국 현실'이라는 맥락에서 개혁해도 문제가 변함이 없다고 보기 때문에 폐지라는 방안의 적절성을 정당화한다. 이와 달리 존치·개편론자들은 이런 논리가 세 가지의 측면에서 '비논리'적이라고 반박한다. 하나는 지구당의 폐지를 주장하면서도 동시에 민주적 방식에 의한 공천제도의 도입을 주장하는 것이 모순이라는 점이다. 다른 하나는 정당개혁을 비용의 차원에서만 접근하는 편협성에 대한 비판이다. 즉 존치·개편론에서 "돈 안 드는 정치를 [지구당의] 폐지 이유로 드는 것이 비논리적이다"(변정일, 1999, 4)라는 것은 "초점은 돈이 아니라 어떻게 하면 정치다운 정치, 보다 민주적이고 효율적인 정치가 되게 할 것인가"(임춘웅, 1999, 20)라는 질문을 던지며 "과연 지구당이 돈 먹는 하마인가"(이원복, 1999, 32)라는 표현을 통하여 은유의 담론전략에 직설적으로 도전하기도 한다. 또 다른 폐지·축소론자들이 모순은 한편으로 한국 정치의 현실이라는 특수성을 강조하면서 동시에 다른 나라의 정치제도를 무차별적으로 도입하려는 것(예컨대 김영래, 1999, 15)이다. 예를 들면 임춘웅은 "미국이나 일본 같은 나라에 지구당 없어도 정치 잘 되고 있다"(임춘웅, 1999, 53)고 주장한다. 이는 존치·개편 옹호론자들에 의해 직접적으로 공격되는 것은 아니지만, 외국의 실패사례를 들어 지구당 폐지와 같은 해결책에 대한 비판적인 입장을 설명하는 대목(예를 들면 변정일, 1999, 4)에서 드러난다.

때문에 존치·개편 옹호론자들은 정당구조의 개혁과제로 지구당 단위에 공천위원회 설치, 공동대표제 도입, 진성당원제 도입 등을 통해 지구당을 활성화하는 것이 나아갈 방향이라고 주창한다. 이렇게 해서 지구당이 원래 가져야 할 제 기능을 가지게 될 수 있고 동시에 부패척결이 자연스럽게 이루어지는 것이 가능해진다. 폐지·축소 스토리라인은 지구당을 폐지 한 후 당비를 내는 당원의 제도화를 실천하고, 지구당이 수행하고 있었던 기능과 역할을 시도지부에 이관하는 대책을 주창한다.[93] 이렇게 '비리의 온상' 자체를 없앤다면 비용의 절감, 부패의 척결, 정치의 생산화와 효율화 등의 성과를 거둘 수 있다는 것은

93 일부에서는 축소된 지구당 대체조직을 주장하기도 하지만 이와 관련된 논의는 거의 없다.

폐지·축소론의 주장이다. 이에 대해 존치·개편론은 그것의 비논리성을 지적할 뿐만 아니라, 현실적인 문제도 제기한다. 공식적인 지구당을 없애면 오히려 음성적, 편법적 조직화와 활동이 발생함으로써 오히려 비용이 더 많아지거나 그대로 유지된다는 우려를 표시한다. 또한 지구당 수준에서 이루어지거나 이루어져야 할 역할을 시도 수준으로 이양했을 때 실질적인 실천에 대한 강한 회의를 표현했다. 이러한 폐지개혁을 실천하면 '풀뿌리정당조직'이 없어지고 "정당정치를 하지 말자는 것"(박주천, 1999, 36)이나 "정당제도를 해체하는 것과 똑같다"(이원복 1999, 33)고 본다.

문제 원인에 대한 일정한 분석에 따라 정책결정을 통해서 달성하려는 목표도 달라진다는 것은 서로 다른 문제의식 혹은 세계관에서 비롯된다. 존치·개편론자들은 정당 내지 지구당의 분권화, 활성화, 정치주체 등을 통하여 정당민주화와 전반적인 민주화와 민주주의 공고화를 달성하고자 하는 논거다. 이와 달리 폐지·축소론은 지구당 폐지 등을 통하여 비용감소와 부패척결을 달성해서 민주화에 기여하고자 하는 입장이다. 전자가 민주성을 기반으로 정당민주주의를 지향한다면 후자는 효율성을 바탕으로 해서 '생산적인 정치'를 지향한다.

7) 정당법 개정의 공식적 이유를 통해서 본 담론경쟁의 구현

다음으로 국회정치개혁특별위원회 소위원회에서의 이러한 담론경쟁의 구현에 따라 결국 정당법 개정의 필요성에 대한 논의를 한다.

국회위원회 차원에서 지구당과 관련해서 추가적인 논의는 없었으나 2000년 1월 15일에 여야 합의 이후 본회의(2000년 2월9일)에서 가결되었다. 지구당 문제와 직간접적으로 관련된 변화는 지구당에 유급사무원을 둘 수 없게 하는 것과 당비납부자나 자원봉사자에 한해서만 당직선거권을 부여하는 것이었다. 즉 지구당의 폐지와 개편에 관한 기존 논의는 다시 거론되지 않고 사라졌다. 그러나 이미 개혁논의가 구조화된 고비용저효율 담론은 개정방안의 근거로 등장한다. 여기서 "정당의 유급사무직원수를 제한함으로써 고비용 정치구조를 해소하고 당비 납부자나 자원봉사자에 한하여 공직선거후보자와 당직자의 선거권을 부여하여 정당의 건전한 발전을 촉진하는 등 정치선진화를 이루고자 하려는 것"(제11차 정당법 개정법률안)이라고 설명한다. 여기서 볼 수 있는 것처럼 '고비용 정치구조'나 '정치선진화'라는 표현으로 비용/효율 담론이 표출된다. 즉 특위에서의 치열하고 대치적인 지구당 폐지 찬반논의의 담론구도임에도 불구하고, 정당법 개정이유에 대한 설명에는 거의 전형적인 비용담론이 지배적이고, 지구당에 유급사무원을 둘 수 없는 규정(아래 〈표 5-5〉 참고)으로 제도화되었다. 당비를 내는 당원이나 자원봉사자에게만 공직선거권을 부여하는 것은 진전으로 평가할 수 있으나, 강하게 비판되었던 '부패의 온상'이나 '비민주적 권력구조'는 그대로 유지되었다. 같은 논리로 선거법의 11차와 12차 개정의 일부가 해석된다. 제 11차 선거법 개정에서 선거기간 동안 지구당에 둘 수 있는 유급사무원 수는 '7인'에서 '5인'으로, 구시군마다 '5인' 이내로 둘 수 있었던 것이 '3인' 이내로 줄였다(공직선거법 제144조). 또한 12차 선거법 개정에서는 국회의원정수가 '299인'에서 '273인'으로 축소되었다(제21조, 〈표 5-4〉 참고). 일각에서 이러한 논리는 IMF사태 이후부터 신자유주의가 전사회적으로 확산되었다는 현실과 직접 관련시킨다. "국민회의는 정치행정구조개혁의 문제를 (참여)민주주의의 실현 또는 신화라는 각도에서 접근한 것이 아니라 '저비용 고효율'이라는 경제, 그것도 신자유주의적 경제논리로 접근함으로써 정치영역에서조차 '비용절감의 담론'이 '민주주의와 참여의 담론'을 환치하게 만들었다"(정영태, 2005a, 121).

〈표 6-3〉 제 11·12차 선거법 개정의 지구당 관련 내용[94]

법률 제4739호 선거법 1994.3.16	법률 제5537호 선거법 1998.4.30
제144조(정당의 당원모집 등의 제한)	
② 정당의 지구당은 선거기간 중에 7人 이내의 유급사무원을 둘 수 있되, 하나의 국회의원지역구가 2 이상의 구·시·군으로 된 경우에는 그 추가되는 구·시·군마다 5人 이내의 유급사무원을 더 둘 수 있다. 이 경우 그 교체는 유급사무원 정수의 2分의 1을 넘을 수 없다.	② 정당의 지구당은 선거기간 중에 5人 이내의 유급사무원을 둘 수 있되, 하나의 국회의원지역구가 2이상의 구·시·군으로 된 경우에는 그 추가되는 구·시·군마다 3人 이내의 유급사무원을 더 둘 수 있다. 이 경우 그 교체는 유급사무원 정수의 2分의 1을 넘을 수 없다.
법률 제4739호 선거법 1994.3.16	법률 제6388호 선거법 2000.02.16
제21조 (국회의 의원정수)	
① 국회의 의원정수는 지역구국회의원과 전국구국회의원을 합하여 299인으로 한다.	① 국회의 의원정수는 지역구국회의원과 비례대표국회의원을 합하여 273人으로 한다.

94 1998.4-이유(선거법-제1차) : 제2회 전국동시지방선거를 앞두고, 지방의회의원정수를 축소 조정하고, 유급선거사무원수를 축소하며, 선출직공직자 등의 축의 부의금품 제공과 주례행위를 제한하는 등 고비용 정치구조를 개선하고 현수막과 명함형 소형인쇄물을 폐지하는 등 비효율적인 선거운동방법을 개선하여 새로운 선거풍토를 조성함으로써 정치문화의 선진화를 이루는 계기가 되도록 하려는 것임.

〈표 6-4〉 제11차 정당법 개정의 지구당 관련 내용

법률 제5454호 정당법 1997.12.13	법률 제6269호 정당법 2000.2.16
제30조의2(정당의 유급사무직원 수 제한) [신설]	
없음.	①정당에 둘 수 있는 유급사무직원은 중앙당에는 150人이내(당헌으로 정하는 일정한 자격 등을 갖춘 정책개발연구원은 그 수에서 제외한다), 당지부에는 5人이내로 한다. ②중앙선거관리위원회는 정당이 제1항에 규정된 유급사무직원수를 초과한 경우에는 다음 연도에 정치자금에 관한법률 제17조(보조금의 계상) 제1항 및 제3항의 규정에 의하여 지급하는 보조금에서 당해정당의 유급사무직원의 연간평균인건비에 초과한 유급사무직원수를 곱한 금액을 감액한다.
법률 제4609호 정당법 1993.12.27	**법률 제6269호 정당법 2000.2.16**
제31조(공직선거후보자의 추천)	
① 정당의 공직선거후보자의 추천은 민주적이어야 한다. ② 정당의 공직선거후보자 추천에는 후보자를 추천할 공직선거의 선거구를 관할하는 해당당부 대의기관의 의사가 반영되도록 하여야 하며, 그 구체적 절차는 당헌으로 정한다.	① [동일] ② [동일] ③ 정당의 당원으로서 당헌에서 정한 바에 따라 당비를 납부하거나 무급으로 각급 당부에서 자원봉사를 한 자에 한하여 당해정당의 공직선거후보자 또는 당직자의 선거권이 있다.

6. 요약 및 소결

1997년 신년사에서 전경련 회장이 '고비용 저효율 구조의 개선'이라는 화두를 던졌을 때, 전년도부터 급속히 대두된 고비용 저효율 담론의 사회적 확산이 최고치에 도달했다. 곧 이어 '한보비리 사건'의 충격으로 연말에 치러질 대선을 앞둔 시점에서 정계를 포함하여 전사회

적으로 주된 담론의 주제가 이미 정해졌다고 할 수 있다. 그 해를 '정치개혁의 해'로 규정한 여당인 신한국당과 대선에 상호 협력하기로 결의한 두 야당인 국민회의와 자민련도 당내 정치개혁특별위원회를 가동시켜 지구당 폐지라는 방안을 공식적으로 의제화했다. 이전과 달리 당내 일부 당파세력들은 독립적으로 지구당 폐지안을 포함한 개혁계획을 세우기도 했다. 한보사태에 대한 자세한 정보가 추가적으로 알려지면서, 언론들에 의해서도 지구당 폐지 같은 정치개혁에 대한 강력한 요구가 확산되었고, 결국 1997년 내내 전 사회적 여론은 '정경유착'과 '부패척결'의 화두를 통하여 고비용 저효율의 스토리라인이 포화상태를 이루었다고 해도 과언이 아니었다. 그 해 말에 한국 경제가 IMF의 관리체제 하에 놓이게 되는 충격까지 가해지면서 상황은 더욱 악화되었다. 한보사태의 예를 통하여 사회 전반적으로 정경유착의 폐해의 영향이 실감되면서 무조건 그것을 척결하는 개혁이 필요하다는 문제의식이 확산되었다 마침내 전대미문의 국가수준의 위기가 닥치자 '저비용 고효율'의 스토리라인은 그러한 담론에 이미 포획된 사회에서 더욱 더 커다란 힘을 지니고 국민들에게 다가가게 되었다. 그러한 가운데 김대중이라는 새로운 지도자와 그와 연관되는 아이디어 및 사회세력의 등장과 함께, 위기에 대한 대책 담론은 독특한 방향을 향해 나아갔다. 즉 신임 대통령이 당선 전부터 지녔던 국정개념과 IMF체제에 따른 신자유주의 기획과의 담론적 친화성에 따라 청와대는 위기를 경제위기로 규정하고 그 해결방안으로 신소합주의를 추진했다. 이와 같은 위기관리 방식을 추구하면서 직접적으로 행해진 조치는 예컨대 재벌들의 이해관계를 대표하는 전경련과 상공회의소로 하여금 자유롭게 정치개혁을 요구할 수 있게 하고 그것을 수용하는 것이었다. 신정부는 거시행위자를 끌어드리면서 이미 추진하고 있었던 지구당 폐지를 포함한 과격한 정치개혁담론에 추가적인 힘을 실어주려 했다. '경제를 위한 정치'를 주문한 경제단체의 스토리라인과 마찬가지로, 위기 직후에 '국민의 정부'가 설정한 노사정위라는 또 다른 거시행위자 차원에서 요구된 '고통분담' 스토리라인도 지구당의 폐지를 포함한 정치개혁을 적극적으로 요구함으로써, 소통적 담론영역을 지렛대로 사용하여 조정적 담론영역에 대해 본격적으로 압박을 가하기 시작했다. 이전과 달리 대통령이 직접적으로 지구당 폐지라는 방안을 포함한 급진적인 정치개혁을 몇 차례나 지시하며 재확인하기도 했다. 이런 사회 전체 분위기 속에서 한나라당도 여기에 합류해 정치개혁이 IMF체제에 부응해야 한다는 입장을 강하게 표명하기도 했다. 정계와 학계가 같이 참석하는 정치개혁 토론회의 횟수가 많아지면서 1990년 중반부터 축적되어온 연구결과들은 권위가 있는 스토리라인을 제공하기 시작했다. 여기서 특히 달라진 것은 정당개혁과 관련된 연구 분량의 증가뿐 아니라, 그 속에서 주장되는 논거도 다양해지고 그 기반도 더 다져졌다는 사실이다. 특히 지구당의 폐지나 축소를 주창하는 논거는 정당 운영을 의회로 집중화시키는 방안이 처음으로 체계적으로 제기된 이 시기에 함께 제기되었다. 그러한 개혁의 주창자들은 탈산업사회의 특징으로 통신과 교통의 발전이라는 기술적인 변화를 들면서, 미국과 영국 등에서처럼 원외정당의 지역조직을 축소해서 시·도당 수준으로까지만 조직을 운영함으로써, '고비용 정치의 근원'을 해소시킬 수 있다는 논거를 제시했다. 반면 이러한 논거에 반박하는 학자들은 오히려 지구당 제도의 강화와 활성화를 주문했다. 그들이 형성한 스토리라인에 의하면, 문제의 원인은 부패라는 현상이 아니라 비민주적 조직운영에서 비롯되었기 때문에 필요한 조치는 조직의 운영을 민주화시키는 조치라는 것이었다. 또 폐지에 대해 비판적인 또 다른 스토리라인은 폐지론자들이 독일의 정당제도 사례의 의미를 간과하고 영국과 미국 사례가 한국과 상이한 맥락을 지닌다는 사실을 간과한다는 점과 함께, 경영논리를 정치에 그대로 적용하는 것은 잘못이라는 점 등을 지적하면서 담론경쟁을 가중시켰다. 경실련, 참여연대 같은 시민사회세력들의 경우 이와 같은 맥락에서 정부와 정계의 고비용·저효율 담론의 경제주의적 논리의 '허구성'을 공박하고 나섰다. 이러한 선명한 찬반 구도의 담론경쟁은 1999년 말에 열린 국회 정치개혁특별위원회의 공청회에서 그대로 이어졌다. 김종필의 총리 인준문제와 관한 파행과 다음 해로 예정된 총선이라는 유인 요인에 따라 여야는 권력관계의 변화 또는 유지를 위해 안간힘을 쓰고 있었고, 그 상황에서 열린 공청회에서 지구당 폐지에 대한 입장을 놓고도 여야는 전면적으로 대치했다. 이전 정권에서 김영삼과 그의 민주당 계파가 그러했듯이, 김대중도 김종필의 자민련과 협력함으로써만 집권할 수 있었다는 점에서 일정한 제약을 받았지만, 그 정도는 현저히 약했다. 김대중 정권을 한계 지웠던 것은 오히려 여소야대의 정국 구도였다. 1996년 봄에 치러진 제15대 총선의 결과로 이후에 김대중 정권 하에서는 신한국당이 과반수 의석을 유지함으로써 여소야대의 상황이 벌어졌기 때문이다. 요점은 정책결정 과정의 담론경쟁에 있어서 김대중 정부의 제도적 지위가 강한 편은 아니었다는 사실이다. 당시 공청회에서 여당의원들 및 여당에 의해 초청된 발언자들은 그간 제기되어 온 고비용–저효율의 논거와 학계의 정당선진화라는 권위 있는 스토리라인을 동원, 지구당 폐지를 강력하게 주창한 반면, 야당과 야당에 의해서 초청된 발언자들은 민주화를 통한 풀뿌리 조직의 활성화와 강화를 주창했다. 결국 2000년에 이루어진 정당법 개정으로 초래된 제도변화에서 지구당 폐지방안이 포함되지는 않았으나, 전반적으로 저비용-저효율의 담론이 반영되었다는 흔적은 선명하게 남아 있었다. 즉 정당법의 공식적 개정이유를 설명하는 과정에서 '고비용 정치구조의 해소'라는 구체적 문구까지 등장하였고, 이에 상응하는 제도적 조치의 일환으로 지구당 조직에 유급사무원을 두는 것을 금지하는 법조항이 마련되었다. 또한 당시 개정된 선거법의 내용을 보면, 국회의원 수를 299명에서 273명으로 축소시키는 제도변화를 도모하면서 양적인 비용–편익 논리를 담은 스토리라인의 담론 프레임이 이미 정치개혁의 인식을 구조화하고 있음을 엿볼 수 있다.

제7장
새 정치시대 개혁히스테리 산물로서의 지구당 폐지 (16대 국회)

1. 지배담론화를 위한 준비(2000-2004)

2000년의 국회의원 선거 이후부터 2004년 정당법 개정과 총선까지 이어지는 담론 제도화 시기는 2002년 대선 이전, 대선 이후 그리고 신당창당 이후 등의 3가지의 하위 기간으로 나눌 수 있다. 첫 하위 기간(2000.5-2002.12)은 적어도 지구당과 관련된 담론발전이 뚜렷하지 않은 편이다. 2002년에 들어서야 학계에서 꾸준히 의논되어 온 개념들이 조금씩 정계에 흘러들어오고 언론에서도 언급하기 시작한다. 결과적으로 지구당 담론 제도화 시기에 본 기간의 3분의 1은 몇 가지의 언론보도를 제외하고는 거의 전적으로 조정적 담론차원에서만 지구당 문제에 관한 담론발전이 있었다. 총선을 치른 후 남북정상회담, 'IMF 졸업'에 이어 2001년이 되어서야 국회에서 특위가 구성되며 지구당 문제를 포함한 개혁논의가 본격화되었다. 결국 2002년 지방선거와 대선 이전에 정당법의 개정은 이루어졌으나, 내용은 지구당 관련해서 일보 일퇴였다. 하지만 2002년 대선의 결과가 담론경쟁의 활성화를 촉발하는 새로운 계기가 되었다.

두 번째 하위 기간(2002.12-2003.8)은 노무현 대통령의 당선으로 시작한다. 대선 직후부터 노 당선자의 측근들로부터 여러 가지의 개혁 의제들이 제기되기 시작했다. 그 중 지구당 폐지라는 조치도 언급되었다. 하지만 2003년 1월에 민주당 내 개혁특위 첫 번째 회의 때 민주당을 어느 정도로 장악한 개혁파들에 의해서 지구당 자체의 폐지가 아니라 지구당의 위원장 제도의 폐지가 구체적인 방안으로 소개되었고 노무현 당선자에 의해서 공식적으로 재확인되었다. 하지만 당 내에서 이에 대한 갈등이 생겨서 개혁 계획의 현실성이 불분명해졌다. 한나라당에서도 일찌감치 쇄신파들이 당 개혁을 요구하기 시작했지만, 6·26 한나라당 전당대회 앞둔 5월이 되어서야 민주당 개혁파의 위원장 폐지안을 벤치마킹해서 공식적인 개혁안으로 제시하게 된다. 그러나 한나라당에서도 역시 구주류 정치가들은 위원장제도의 폐지에 반대하고, 전당대회에서 새 대표로 뽑힌 최병렬도 역시 폐지에 대한 강력한 반대 입장을 취하고 있었다. 민주당에서 천정배 의원은 지구당위원장직을 사퇴했고, 한나라당 쇄신파들도 그런 조치를 검토하고 있다는 사실을 공개했다.

세 번째 하위 기간(2003.9-2004.4)은 (7월의 굿모닝시티게이트[95]를 겪고서) 9월에 민주당에서 탈당해서 통합신당의 창당운동을 벌이는 움직임으로 시작한다. 민주당 내 신주류파는 통합신당을 창당하고 9월 19일에 김근태 의원을 새 원내대표로 내정하여 20일에 원내교섭단체로 등록했다. 10월 15일에 정기국회 원내대표연설에서 정당·정치·개혁에 대한 강력한 의지를 보여주면서 지구당의 폐지를 역설함으로써 통합신당의 입장이 이전에 민주당 내에서 주창해온 위원장제가 아니라 지구당 자체를 아예 폐지하는 것으로 변화되었음을 분명히 보여주었다. 며칠 뒤인 22일에 차떼기 사건이 공개되면서 이후에 한나라당에서도 위원장제도를 폐지하자는 논지가 사라지고 대신에 지구당을 폐지하는 방안이 재등장한다. 11월 2일에 한나라당 쇄신파들이 위원장직을 사퇴하면서 지구당의 폐지를 요구하고, 지구당은 물론이고 지구당위원제의 폐지에 절대적으로 반대해온 한나라당 최병렬 대표는 3일에 지구당 폐지를 당의 공식적 개혁방안으로 공개했다. 다음 날에는 4당들은 박관용 국회의장의 주도로 만나 지구당 폐지를 포함한 정당개혁에 대해서 합의했고, 범국민정치개혁협의회(이하 범개협)을 자문기구로 설치하기로 했고 1월 중순·말에 열린 두 번의 소위회의를 거쳐서 지구당의 폐지를 포함한 정당법 개정안이 특위, 법사위, 본회 등에서 별 다른 반발 없이 가결되어 3월 2일부터 효력을 가지게 되었다.

---

95 7월 10일에 민주당 대표 정대철은 윤창열 대표에게서 정치자금(4억)을 받은 것을 시인했다.

〈그림 7-1〉 '지구당 폐지'라는 표어의 언론보도 빈도 추이(2003/2004)

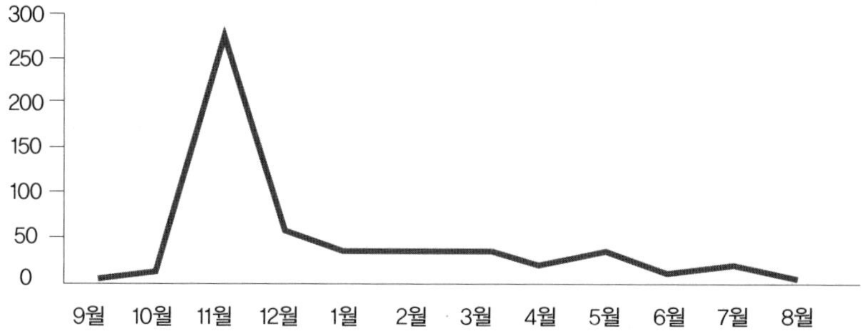

자료출처 : KINDS

2. 이 시기 담론공간을 구성하는 행위자의 구도

지구당 담론에 관한 제16대 국회 기간의 행위자구도는 2003년 가을 이전과 이후로 구분할 수 있다. 2003년 10월말부터 특히 '차떼기 사건' 등 대선자금 문제와 관련된 파문이 확대되었을 때 그 동안 여야당에서 신주류를 중심으로 요구되어 온 지구당 폐지가 구주류도 더 이상 거부할 수 없게 되었다. 노무현 대통령후보의 측근들로부터 전년 선거운동 때부터 제기되었던 지구당 폐지를 포함한 정치개혁방안에 대하여 강력한 반대 입장을 견지했던 구주류들이 이러한 위기 상황에서 갑자기 반전했기 때문이다. 지구당 폐지의 문제에 대한 신·구주류 간의 찬반구도는 그 직후에는 '찬찬구도'로 돌변했다는 것으로 제16대 국회기간의 후반부의 시작으로 볼 수 있다. 전·후반부에 대하여 구체적으로 살펴보면 다음과 같다.

제16대 국회기간의 전반부에서 지구당 담론과 관련한 행위자구도는 조정적 담론영역에서 정치계의 찬반의 대립관계로 이루어졌다. 2000년 4월 13일에 있었던 15대 총선에서 많지는 않지만 몇 명의 젊고 개혁적인 여야당의 정치가들이 원내에 진출했다. 총선 직후에는 여야에서 지구당 유급직원의 고용금지라는 조치의 취소를 요구하는 상황에서 개혁적인 정치인들이 목소리를 내기가 아직 어려웠다. 하지만 2002년 6월 13일에 있었던 지방선거에서 야당인 한나라당이 크게 약진하고 나서 같은 해 말에 대선을 앞둔 시점에서 선거운동에서 정치개혁에 대한 공약을 하지 않을 수 없게 되었다. 이에 따라 지구당 폐지라는 개혁방안도 다시 여야에 의해 제기되었지만, 대선 이후에 특히 신주류에 의해 강력하게 요구되었다. 반면에 여야의 구주류는 2004년에 있었던 17대 총선을 앞둔 시점에서 지구당조직으로 구현된 기득권을 포기하지 않으려는 입장이어서 이전과 달리 조정적 담론영역에서 행위자 구도는 최초로 여야 내의 신·구주류 간의 쟁점이 되었다. 이에 따라 각 여당이 설정한 당내 정치개혁특별위원회 외에 여야 내의 정파에 의해서도 자체 정치개혁특별모임이 생겼고, 그리고 여야 내 신주류들이 시민사회단체와 함께 공동으로 운영하는 토론회와 "범국민정치개혁연대(범개연)"와 같은 조직까지 등장했다. 학계는 이전 15대 국회기간처럼 계속 정당모형의 '균열'에 따른 찬반의 구도가 이어졌는데, 단지 지구당 축소·폐지의 주장을 펴는 학자들의 수가 늘어났다. 소통적 담론영역에서 언론은 정치개혁을 강력하게 요구함으로써 직·간접적으로 지구당의 축소 폐지 논리에 힘을 실어주는 행위자였다. 마찬가지로 재계도 '경제를 위한 정치'나 '효율성 있는 정치'라는 논리를 퍼트리면서 지구당 축소·폐지를 포함한 거의 무조건적인 정치개혁담론의 형성에 기여했던 행위자로 행동했다. 이와 달리 시민단체들은 무조건적인 정치개혁을 비판적으로 보고, 오히려 지구당 정상화 강화라는 주장을 펴면서 지구당 담론에 개입한 행위자였지만, 큰 영향을 미칠 수 있는 행위자가 아니었다.

〈그림 7-2〉 제16대 국회 시기 전반부의 지구당 담론 행위자 구도

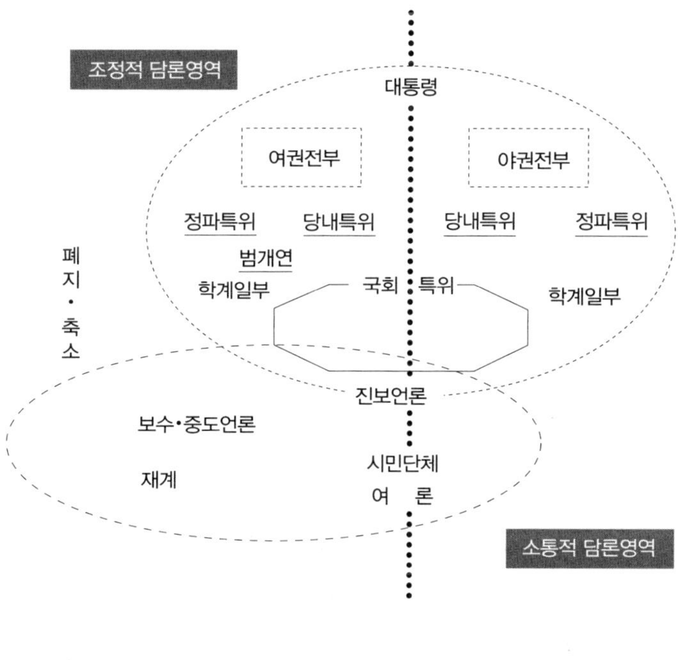

16대 국회기간의 후반부는 10월 말부터 시작되었다. 이 때 결정적으로 달라진 것은 이전에 여야 내의 신구주류들이 지구당 폐지문제

에 대하여 찬반의 대립으로 형성되어 있던 행위자 구도가 구주류들이 갑작스럽게 지구당 폐지에 찬성하게 됨으로써 정치계 전반이 지구당의 폐지를 강력하게 요구하는 상황으로 돌변했던 것이다. 단지, 노무현 대통령과 민주노동당만이 이러한 폐지방안에 대한 강력한 반대 입장을 폈지만, 노무현은 당정분리와 신당창당으로 제도적인 힘이 많이 축소된 상황이었고, 민주노동당은 당시 시점에서 원내에 진출하지도 못한 한계를 지녔기 때문에 영향을 미칠 수 있는 힘이 매우 약했다. 국회차원에서는 이번에도 정치개혁특별위원회와 정당법 소위원회까지 설치되어 운영되었는데, 결국 여야 신구주류가 합의한 지구당 담론을 관철하게 된 제도적 행위자가 되었다. 이 특위에서 결정되는 정책형성 과정에 고문의 역할을 하기 위하여 정치계, 법계, 시민사회계 등을 아우르는 차원에서 범국민정치개혁협의회(범개협)라는 기구가 설정됨으로써 지구당 축소·폐지 개혁담론에 이바지하는 또 하나의 거시행위자가 등장했다. 소통적 담론영역에서 언론, 시민단체, 재계 등의 행위자들은 전반부와 크게 다른 역할을 하지 않아 행위자구도는 거의 그대로였다. 단지 언론이 지구당 폐지도 마다하지 않은 무조건적인 정치개혁을 거의 히스테리 수준에서 선전하였다는 사실을 통해 지구당폐지 내러티브를 위한 보다 적극적인 행위자로 기능했다는 것을 알 수 있다. 정치계의 비리를 강력하게 비판하며 대대적인 정치개혁을 요구한 시민사회와 대선자금과 같은 문제를 제기했던 언론은 결국 정치권에서 무조건적인 개혁을 하지 않을 수 없게 만드는 데 중요한 역할을 하였다.

〈그림 7-3〉 제16대 국회 시기 후반부의 지구당 담론 행위자 구도

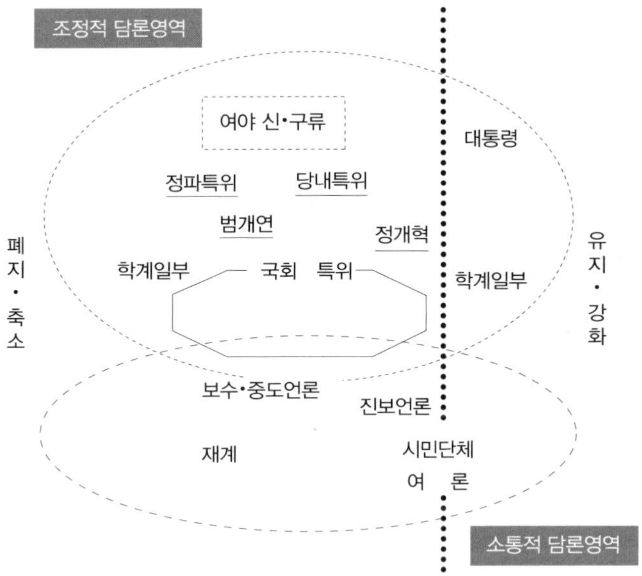

3. 1기—총선, 지방선거와 대통령선거 사이 (2000.5-2002.12)

1) 언론과 지구당 폐지담론

2000년 4월 13일 총선 후부터 가장 중요한 다음 정치일정은 단기적으로 남북정상회담(6.15)이고 중기적으로 2002년 지방선거(6.2), 장기적으로 2002년 대선(12.18)이었다. 총선이 끝나자 그 동안에 지구당 폐

지까지 제안한 정치가들이 지구당의 강화 내지 존치를 주장하고 나섰다(연합뉴스, 00/05/17). 그 배경에는 11차 정당법 개정에 신설된 유급 사무원의 수에 대한 제한과 2년 앞둔 대선이 있었다. 그러나 언론과 시민사회에서는 이러한 주장에 대해 매우 비판적 입장을 취한다. 국민일보의 사설(00/08/08, 4면)을 예로 들 수 있다.

"유급직원 없이 지구당 운영이 불가능하다거나 법의 규정을 회피하기 위해 편법이 난무할 것이라는 현실론은 한심하다. 지구당은 '돈 먹는 하마'라는 속설이 말해주듯 고비용정치구조의 핵심이다. 지구당에 유급 직원을 둘 수 없도록 한 것은 장기적으로 지구당을 폐지함으로써 조직에 의존하는 구시대적 정치구조를 개혁하라는 취지다."

특히 여기서 동원되는 은유활용 방식이 매우 시사적이다. 언론행위자인 신문사의 입장을 설득력 있게 하기 위하여 '돈 먹는 하마'라는 은유를 활용한다. 고비용의 정치구조가 문제의 핵심인 것을 인식시키기 위해 사설에서는 이미 속설이 된 하마의 은유가 인용되는데, 이 속설이 그러한 사실을 '말해준다'고 주장한다. 그리고 언론 일부는 지금 '한심한' 정치가들이 "얼빠진 정당법 재개정 논의"(경향신문, 00/08/09)를 통하여 다시 복원하고자 하는 유급직원 제도가 폐지되었을 때, 이는 '구시대적 정치의' 지구당의 폐지라는 장기적인 계획의 일부뿐이었다는 논리를 편다.

2) 국회-비용-효율성 내러티브

총선 1년 후에 국회의 정치개혁특별위원회가 처음으로 다시 구성되었을 때 지구당과 관련한 의제는 특히 유급직원과 조직축소의 문제로 집중화되었다(국회특위, 01/04/23). 이후의 특위 공청회에서도 이 문제가 주목받았다. 여기서 잘 들어나는 것은 '원칙적으로' 그리고 '장기적으로'는 대부분의 국회의원과 진술인으로 참가한 전문가들이 지구당의 폐지에 동의한다는 것이다. 지구당의 읍면동 조직의 존폐문제와 지구당에의 유급직원 허용부활의 문제에 대한 논의에서 정치가들은 주로 읍면동 조직의 존치에는 반대하는 한편 유급직원의 부활에는 찬성한다. 하지만 전문가 대부분은 유급직원 금지를 유지하고 읍면동 폐지도 제도화하는 것에 적극 찬성한다. 유급직원의 부활에 대한 정치가들의 주장은 일종의 '현실론'인데, 2000년에 이야기가 되었던 지구당의 폐지가 이루어지지 않았음에도 불구하고 유급직원이 금지되었다는 법개정이 "현실을 도외시한 이상적인 발상이었다."(이해봉, 2001, 2)는 것으로 평가를 받는다. 사실상 지구당에 유급직원을 두고 운영하는 것이 변하지 않았기 때문에 '법을 제정하는 국회의원들이 스스로 법을 지키지 못하게 되는 이러한 비현실적인 문제도 발생되고 있다'는 것은 모순이다(김덕배, 2001, 25도 비교). 이런 점에서 지구당을 관리할 수 있는 최소한의 인원만을 두는 것이 현실적으로 불가피하고 많은 비용이 들지 않기 때문에 가능하다는 논리다. 그러나 전문가들은 유급사원을 복원시킬 경우에는 '더 많은 정치자금이 필요'하기 때문에 "개혁의 후퇴라는 비난"(백화종, 2001, 21)을 경고하며, "이 부분은 여야가 합의한 대로 이대로 지키는 것이 옳다."(김삼웅, 2001, 22)는 주장을 편다. 특히 "돈 안 드는 정치를 실현한다는 차원에서 자원봉사자 등을 활용하는 방안을 강구하는 게 바람직하다"(백화종 2001, 21).

여기서 드러나는 것은 정치가들은 현실적인 시각에서 유급직원의 필요성을 느껴서 복원의 주장을 하게 되는 반면, 전문가들은 이로 이한 개혁의 후퇴 때문에 국민들로부터 비판 받을 것이라는 논리로 복원을 반대한다. 그러나 원칙적으로는 그리고 장기적으로 지구당의 폐지에 모두 동의한다. 그리고 전문가들의 반대근거가 개혁의 후퇴이지만, 구체적인 이유가 '더 많은 정치자금을 필요하기 때문'이라고 설명하는 것을 보면 결국 그들이 비용절감이라는 문제를 역시 제일 중요한 것으로 여기는 것을 알 수 있다. 일부에서 시민사회가 제기하는 '선 당내 민주화, 후 비용 절감 및 비리 축소론'을 거론하였지만, 이들도 궁극적으로는 비용 문제에만 초점을 맞춘다. 이런 점에서 유급직원 복원 여부라는 문제에 대한 이견이 발견되지만, 이는 정치가와 비정치가의 현실인식의 차이 때문일 뿐이라는 해석이 가능하다. 지구당 내지 읍면동 폐지의 문제에 관한 공청회의 참여자의 논리를 보면 그들 행위자들의 스토리라인은 기본적으로 동일하다는 것을 알 수 있다. 이에 대한 주장을 가장 대표적으로 펴는 박우순 변호사의 논지는 다음과 같다.

> "지금 지구당의 운영현실이 고비용·저효율의 정치구조를 유발하는 '돈먹는 하마'로 지목되고 있습니다. 국회의원들이 지구당의 대소사에

얽매여서 국회의원으로서의 본연의 역할을 충실히 하지 못하고 있습니다.

결국 우리 정치현실의 가장 고질적인 문제인 지구당 제도를 폐지함으로써 앞으로 생산적인 정치를 구현하는 데 보탬이 되지 않을까 싶습니다.

지구당을 폐지하는 대신 중앙당과 시·도지부의 기능을 강화해서 국회의 정치활동 무대를 가급적 국가적 차원으로 높이고 원내 중심이 되도록 해야 한다는 소신을 갖고 있습니다. [···] 선거가 있을 때만 선거구별로 선거구협의회를 신설함으로써 고비용·저효율의 지구당 제도를 폐지하고 하의상달식 당내 민주주의를 제도화하여야 한다는 생각을 하고 있습니다."(박우순, 2001, 16)

물론 이 공청회는 지구당 폐지가 아니라 지구당의 읍면동 조직의 폐지가 논점인데, 폐지를 주창하는 논거는 동일하다. 주로 "정치비용 절감 차원에서"(백화종, 2001, 21) "소지역의 정파대결이 지역주민 사이에 불화를 가져오고 또한 불필요한 국력낭비"를 초래하기 때문에 폐지에 찬성하는데, "요즘은 교통이나 통신이 많이 발달해서 [···] 충분히 지역민심을 전달할 수 있는 통로도 마련되어 있다"(김삼웅, 2001, 22)고 본다. 정치가들도 이러한 문제의식을 갖고 있다는 것은 2001년 12월 19일에 있은 특위회의에서도 확인된다. 조정무 의원은 "원칙적으로는 지구당을 폐지해야 마땅합니다. 그런데 이것을 부활시킨다면 정치 개혁이 아니라 정치 후퇴"(조정무, 2001, 14)라고 발언하였다. 이와 유사한 논지로 송영길 의원이 "지구당까지 폐지하자고 하는 의견에 대해서는 저도 장기적으로 그렇게 가야 된다"(송영길, 2001, 17)고 의견을 표명하였다. 이 두 의원의 발언을 비교해 보면 국회특위에서의 조정적 담론이 이미 비용·효율성·내러티브에 포화되어 있는 상황에서 단지 기술적이거나 현실적인 면에서 약간의 의견 차이가 발생할 뿐이라는 것을 알 수 있다.[96]

3) 학계–지구당 정상화 내러티브의 제공

한편 학계와 정계가 같이 참여하는 연구와 발표회의들이 지속적으로 이어졌다. (〈표 6-1〉 참고) 시민단체와 언론처럼 학계에서도 정당제 개혁에 대해 비판을 하는 추세였다. 그러나 단지 재개혁 계획 때문에 비판하는 것이 아니라, 개혁의 논리 자체를 반박하는 것이다. 개혁을 추진하는 정치가들이 내세우는 목표부터 문제를 삼는다. 예컨대 박찬욱(2000)은 "경제위기를 겪고 나서 효율성을 최우선시하는 경제주의가 정치인들을 억누른 강박관념이었다. [⋯] 정치의 효율성 제고가 중요하지 않은 것은 아니다. 하지만 한국 민주주의를 공고화하기 위해 여전히 절실한 목표, 즉 선거의 대표성, 정치자금 흐름의 투명성,

---

96 즉 이전 기간과 달리 여야 간의 잔반의 남톤경생 구도가 아니다, 여야 미론히고 비용/효율 담론의 내러티브를 확인해주는 발상으로 분석할 수 있다. 이는 후술하겠지만, 2002년 대선 이후부터 불거지는 신주류 대 구주류 간의 갈등 구도로 발전했을 때의 담론상황과 또 다른 현상이다.

국회 운영의 개방성, 정당과 국회의 정책적 영향력을 증진시키는 목표는 모두 부차적인 것으로 밀렸다(박찬욱, 2000, 12)"는 분석을 내놓았었다. 그는 정당의 운영이 민주적이어야(박찬욱, 2000, 17) 하기 때문에 "지구당 수준에서부터 대의원 선출, 의원후보자 공천 등에 있어서 일반당원의 주체적인 참여가 이루어지도록 해야 한다."(박찬욱, 2000, 18 ; 손혁재, 2002.9, 84도 참고)고 주장한다. 정영국(2000)도 "민주정치란 기본적으로 비용을 대가로 참여를 통해 민주적 합의를 구하는 과정이기 때문"에 "정당개혁은 단순히 '고비용 타파'라는 경제효율성 차원에서 접근할 문제는 아니다"(정영국, 2000, 226)라는 진단을 내린다.

방승주(2002)는 헌법상의 정당 내 민주주의의 규정에 대한 고찰을 통하여 정치영역에 경제논리를 적용하는 문제와 관련해서 더욱 근본적인 시각에서 문제를 제기한다. 그는 통합모델, 전달모델, 경쟁모델 등 정당에 대한 3가지의 민주주의 모형을 소개한 후 한국의 현실에는 전달모델을 추구하는 것이 가장 적합하다고 평가한다. 그 이유는 통합모델과 경쟁모델이 민주주의를 파악하는 데에 있어서 그것의 내용에 대한 규범적인 이해가 아니라, 각각 사회학적이고 경제학적인 관점에서 공리주의를 통해 접근하기 때문이라고 한다. 통합모델에서 정당은 우선적으로 상위 정치체제의 안정성 혹은 존립을 위한 역할을 해야 한다는 것으로 이해되기 때문에 효율적인 정당지도를 위해서라도 헌법이 요구하는 당내 민주주의에 대해 비판적일 수밖에 없다고 그는 설명한다. 그리고 경쟁모형은 경제학적 민주주의이론과 시장모형에 근거해서 선거승리를 통한 지배를 위한 정당엘리트들 간의 무한경쟁을 정당한 것으로 이해하기 때문에 대한민국 헌법이 요구하고 있는 민주주의의 이상모형에 부합하지 않는다는 것이다(방승주, 2002, 27). 그렇게 볼 때 헌법 제8조 제2항 등[97]이 규정하는 정당의 당내외적 민주주의에 "부합하는 모델은 전달모델이라고 보며, 당원들이 정치적 의사형성에 적극적으로 참여하는 당원중심의 상향식 정치의사형성이 바로 우리 헌법이 요구하고 있는 당내 민주주의라고 할 것"(박승주, 2002, 28)[98]이라고 강조한다. 이렇게 학계에서의 스토리라인은 기본적으로 비용-효율성 담론의 적합성을 되물음으로써 그 담론의 정당성에 도전하는 것이다.

정영국(2000)은 "지구당을 폐지하기에는 참여정치와 정당정치의 기본 골격을 폐지하는 결과를 초래한다는 점에서 바람직하다고 할 수가 없다. 따라서 연구자는 지구당 조직의 조직론적 개편을 통한 지구당 기능의 개혁을 추진하는 것이 보다 효과적이라고 주장"(정영국, 2000, 248)하면서 현행 개혁의 논리와 진행에 대해 "문제제기는 기능적 차원에서 이루어지고 있으나, 그 해법은 조직운영적 차원에서 제시되고 있다"고 지적한다. 이는 '본말이 전도되었다'는 비판처럼 정책개발 부재, 파벌정치, 보스중심주의 등 기능상의 문제들은 무엇보다도 당내 민주

---

97 그는 헌법 제1조 제2항, 제41조 제1항, 제67조 제1항, 제49조, 제130오 제2항 등도 '민주적'이라는 기준을 규정한다고 본다(방승주, 2002, 29).

98 방승주(2002)는 헌법에 이렇게 뚜렷하게 보장되어 있는 정당 내의 민주주의적 절차실천에 대한 (의무)규정은 정당법에도 반영되어 성문화되어야 하지만 그렇지 않다는 것을 심대한 결여로 평가한다(방승주, 2000, 29). 박찬욱 2000b도 이와 유사한 문제제기를 하고 역시도 '관련 조항을 더욱 명확하게 구체화할 필요가' 있다고 역설한다(박찬욱, 2000b, 195).

화의 결여로 인한 산물로 분석한다. 그렇기 때문에 이렇게 당내 권력의 집중화에서 비롯된 문제를 해결하기 위하여 후보공천권 행사로 인한 당원참여 보장 등과 같은 상향식 의사 결정구조의 제도화, 즉 기능적 차원의 조치를 통하여 당내 민주화를 향상시킬 수 있다는 주장이다(정영국, 2000, 226).

손혁재(2002)는 같은 당내 민주주의를 성취하기 위한 고찰을 하지만 이보다 더 근본적인 변화의 필요성을 제기한다. 그에게 가장 핵심적인 것은 정당의 시민적 토대, 즉 명부상실한 대중정당의 실천이다. 그러기 위하여 재정적 자립이 전제되어야 하는데, 이는 당비를 내는 진성당원이 존재할 때만 가능하다는 것이다. 이를 통해 사당화와 이로 인한 부패가 개선될 수 있다고 본다.

4) 제주지역 한나라당 일부 당원 설문조사 분석[99]

제주지역 한나라당 일부 당원을 대상으로 한 이 설문조사의 결과를 보면 응답한 당원들은 지구당의 문제를 명백하게 인식하고 있고 어디서 무엇을 개선해야 할지 분명하게 지적하고, 폐지라는 해결책에 대해서는 매우 회의적이라는 입장을 가진다는 것을 알 수 있다. 먼저

99 이 설문조사는 고동수(2002)의 석사논문을 위한 현장조사과정에서 이루어졌다(고동수, 2002). 조사일시는 2002년 10월1일부터 10월15일까지 15일 동안 이루어졌다. 최종적으로 설문지 회수결과 응답한 설문지는 총 450개이다.

지구당 폐지에 대한 의견은 대다수(57.3%)는 반대하고, 불과 16.2%가 찬성한다. '모른다'고 답한 사람들(25.3%)도 많았지만, 폐지 반대 입장은 매우 뚜렷하다.

〈그림 7-4〉 지구당 폐지안에 대한 입장 (2002.10)

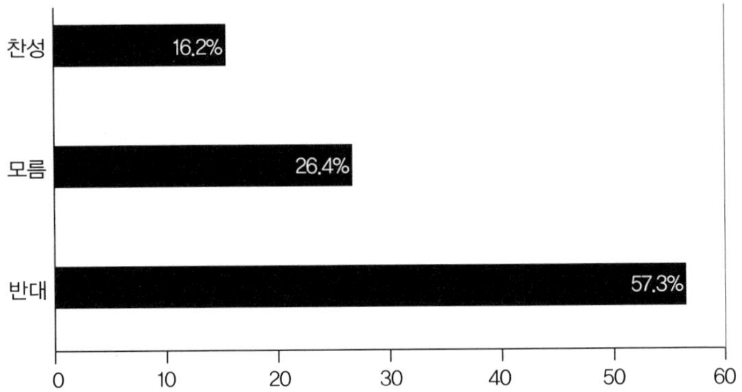

응답자들 중 지구당의 역할이 필요하다고 느끼는 이들도 많았다(68.7%). 그러면 지구당의 변화가 구체적으로 어떻게 이루어져야 하는가? 이에 대해 대다수(70.9%)는 당원이 변해야 지구당의 변화가 가능해진다고 보았다. 당원들이 달라져야 할 부분 중 예컨대 이른바 진성당원화를 꼽을 수 있다. 이와 관련해서 44%가 당비납부가 의무화되어야 한다고 주장했다. 모른다고 답한 사람들(30.0%)도 비교적 많았지만 당비납부 의무에 찬성한 수는 의무화에 반대 입장을 피력한 이들(22.9%)보다 2배나 많았다. 또한 지구당을 통해서 지역현안이나 국가현안문제에 대한 민의수렴이 이루어져야 된다고 보는 응답자들은 각각 88%와 68.9%로 매우 높았다. 이런 역할 변화를 가능케 하기 위해 무엇보다도 선거과정은 물론, 정책결정의 민주화를 이룩하는 것이 필수적인 요소로 보는 응답자 역시 52.4%로 가장 높았다. 따라서 상응한 선거법 개정도 필요하고 (75.6%) 지구당의 일인체제를 집단지도체제로 구조개선할 필요성을 주장한 응답자들도 대다수였다(77.1%). 하향 공천제도의 개혁 필요성에 대한 긍정적인 입장(76.9%)도 역시 높게 나타났다.

이 설문조사는 제주지역 한나라당 당원들이라는 매우 국한된 표본을 대상으로 한 것이지만, 2002년 당시만 해도 당원들은 지구당 폐지에 대해 매우 분명한 반대 입장을 가지고 있었으며, 지구당 활성화를 위한 의지가 매우 강했었다. 또한 어떤 부분을 활성화하고 강화시켜야 되는지도 아주 잘 알고 있었다는 것을 알 수 있다. 종합해서 말하자면, 고동수도 말했듯이 "'지구당 폐지론'이 부활하여 위세를 펼치면서 정당개혁을 위해 지구당을 폐지해야 한다는 주장을 펼치고 있으나, 적어도 제주지역 한나라당에서 만큼은 지구당 폐지론보다는 지구당에 소속된 당원들의 민주적 정치참여를 유도해낼 수 있는 지구당으로 변화할 것을 요구하는 목소리가 더 크다는 점을 상기시켜 줄 수 있다. 또한 본 연구자는 이런 목소리는 비단 제주지역 한나라당의 당원들만의 생각이 아니라, 전 국민들의 생각일 가능성이 크다고 생각한다."(고동수, 2002, 57)

5) 제 12차 정당법 개정의 공식적 이유를 통해서 본 담론경쟁의 구현

2002년 3월 7일에 효력을 가진 정당법(제6661호)100에서 지구당과 관련된 조항 중에는 특히 제3조(구성)와 제30조의 2 제1항(유급사무원 수 제한)에 주목할 필요가 있다. 표에서 볼 수 있는 것처럼 읍·면·동에 더 이상 당 연락소를 둘 수 없게 되었지만, 유급직원의 수는 지구당에 2인 이하, 연락소에 1인 이하로 허용되었다. 우리는 이것을 '저비용 고효율'의 담론 내러티브에 따라 지구당 조직의 강제적 축소를 통하여 자금지출을 제도적으로 차단하고자 하는 양적인 방식의 조치로 평가할 수 있다. 이 점에 대해 개정법안의 도입 이유를 "정당운영제도의 합리성을 제고하고 그 운영상의 미비점을 보완 개선하기" 위한 "정당의 조직구조 개선"(제12차 정당법중개정법률안)으로 설명하고 있다. 여기서 언급되는 조직의 개선이란 궁극적으로 조직의 효율화만을 의미할 뿐이다. 이와 달리 개정된 법에 포함된 매수행위 금지, 당비 대리납부 금지 등은 본질적으로 보았을 때 오히려 당내 민주주의를 위한 것으로 설명할 수 있지만, 이들 조항까지도 "민주적 절차"의 한계를 넘어서

---

100 이 외에는 제10조의 2의 제2항(창당집회 공간), 제22조의 2의 제2항(당비), 제31조 제5항 및 제6항(공직선거후보자의 추천), 제31조의 2(당원등 매수금지), 제37조제 1항(정기보고), 제43조제 4항(유사명칭 등 사용금지), 제45조의 2(당원등 매수금지위반죄) 등 지구당과 직간접적인 개정도 포함되었다.

지 못한다. 그러나 개정된 법안의 내용 중에 가장 흥미로운 것은 지구당의 축소를 지향함에도 불구하고, 11차 정당법 개정을 통하여 이미 금지된 지구당 유급직원제가 다시 부활되었다는 사실이다. 한편으로 읍면동에 당 연락소를 둘 수 있다는 제도를 폐지함으로써 그로 인한 비용을 줄이고자 하면서, 비용절감의 이유로 폐지된 유급직원 투입제도를 복원시킨 것이다. 이는 담론경쟁의 과정이 분명히 구조화의 단계를 넘어 제도화의 단계에 이르렀음에도 불구하고, 지배적 담론에 반하는 실천이 가능하다는 것은 담론의 완전한 제도화를 위한 충분조건이 아직 마련되지 않았다는 것을 의미한다.

〈표 7-1〉 제12차 정당법 개정 내용

법률 제6269호 정당법 2000.2.16	법률 제6661호 정당법 2002.3.7
제3조(구성)	
다만, 필요한 경우에는 특별시·광역시·도에 당지부를, 구·시·군, 읍·면·동에 당연락소를 둘 수 있다.	다만, 필요한 경우에는 특별시·광역시·도에 당지부를, 구·시·군에 당연락소를 둘 수 있다.
제30조의 2제1항(유급사무원수 제한)	
①정당에 둘 수 있는 유급사무직원은 중앙당에는 150인 이내(당헌으로 정하는 일정한 자격 등을 갖춘 정책개발연구원은 그 수에서 제외한다), 당지부에는 5인 이내로 한다.	①정당에 둘 수 있는 유급사무직원은 중앙당에는 150인 이내(당헌으로 정하는 일정한 자격 등을 갖춘 정책개발연구원은 그 수에서 제외한다), 당지부에는 5인 이내, 지구당에는 2인 이내로 하되, 구·시·군의 당연락소에 각 1인을 둘 수 있다.

4. 2기–신주류의 개혁드라이브와 정치권의 지각변동 (2002.12–2003.8)

1) 노무현과 개혁세력의 부상

2002년 12월 18일에 노무현 후보자 당선되고 나서 민주당 내에서 특히 노무현 당선자 측근들을 중심으로 향후 정치개혁에 대한 계획이 공개적으로 제시되기 시작했다. 이 과정에서 지구당의 폐지라는 방안도 거론되지만 구체적인 설명은 없었다. 1월이 되어 민주당 내 개혁특위의 첫 회에서 개혁특위 위원장인 김원기 의원이 처음으로 지구당위원장 제도의 폐지를 개혁안으로 밝혔다. 민주당 내에서 노무현 측근 강경파 개혁세력들은 소수이지만, 새 대통령을 당선시킨 성과가 있어 당내에서 그만큼 힘을 가지게 되었기 때문에 지구당위원장 제도폐지라는 방안은 매우 강력한 주장이 될 수 있었다. 이러한 사실은 언론보도에서 '지구당 폐지'와 '지구당위원장 제도폐지'에 대한 언급의 빈도추이에 반영된다. 〈그림 6-1〉에서 볼 수 있는 것처럼 위원장 제도 폐지안에 대한 보도가 압도적으로 많아지면서 두 단어에 대한 보도 빈도는 2월부터 8월까지 뒤바뀌기까지 했다.[101] 이러한 보도추이는 민

101 김태랑 최고위원이 월드리서치에 의뢰해 지난 2월 14 15일 이틀 동안 민주당 대의원 1010명을 대상으로 실시한 당 개혁안에 관한 당원 여론조사에서

주당과 한나라당 내에서의 개혁담론발전에서 이미 치열한 경쟁이 벌어진 것을 보여주는 것이기도 하다.

민주당 내 개혁특위 위원장 김원기 의원이 1월 2일에 지구당위원장에서 비롯된 문제를 해결해야 한다고 언급한 다음 날 개혁위의 공식적인 개혁안에 지구당위원장 제도의 폐지가 공식적으로 채택되었다. 같은 달 23일에 노무현 당선자도 지구당위원장의 기득권을 포기해야 한다는 발언으로 개혁위 개혁방안을 직설적으로 재확인해주었다. 이로써 새 정부의 핵심세력들은 지구당 자체의 폐지보다는 지구당위원장 제도를 정당문제의 핵심으로 지목하였다. 이를 통하여 노무현 의원이 대선후보자가 된 시점 전후부터 민주당 내에서 형성되어 가고 있는 신주류와 구주류 간의 갈등이 다시 한 번 촉발되었다.

김대중 대통령 측근 동교동계를 중심으로 한 구주류는 지구당위원장 제도의 폐지에 대해 강하게 반발했다. 신주류와 구주류 간의 갈등 구조에 더해 신주류는 강경파와 온건파로 분류할 수 있을 정도로 지구당 문제 등에 관해서는 이견이 분분하였다. 강경파의 다수는 지구당위원장 제도의 폐지를 주장한 반면에 온건파는 구주류와 일종의 절충안을 찾고자 하였다.102 이런 치열한 갈등과정에서 신주류는 결

도 그러한 영향의 결과가 잘 드러난다. 이에 따라 지구당위원장 제도의 폐지를 주장한 의견이 47.2%로 지구당위원장 제도의 폐지에 반대한다(50.7%)는 의견보다 다소 낮게 나타났다(오마이뉴스, 03/03/04). 즉 이른바 강격개혁파는 민주당 내에서 절대 소수임에도 불구하고 그들이 주창하는 지구당위원장 제도폐지에 대한 전당적인 지지는 거의 절반에 이른다는 것이다.

102 이러한 폐지반대의 주장은 '무장해제'와 '시기상조'의 논거로 설명되었다.

국 신당창당을 제시했고, 구주류의 대표적 인사로 꼽힌 한화갑 당대표는 노무현 당선자의 취임식을 하루 앞두고 2월 24일에 강경파의 개혁계획에 대해 "개혁독재"라며 대표직을 사퇴했다. 구주류의 계속적인 반발에 부딪힌 신주류는 3월 14일에 결국 지구당위원장 제도의 폐지를 포함한 개혁안을 철회하였고, 이는 19일 당무회의에서 현행 지구당 제도를 유지하기로 한 결정(경향신문, 03/03/20, 4면)으로 재확인되었다. 그럼에도 불구하고 강경파에 속한 천정배 의원은 개혁의지를 보여주기 위하여 3월 24일에 지구당위원장직을 사퇴하고 지구당 위원장 제도의 폐지를 강력하게 요구했다. 27일에 신주류는 지구당위원장 제도의 폐지를 포함한 개혁안을 받아들이지 않으면 탈당하겠다고 압박을 가했고, 그 이후부터 신당창당운동에 착수하기 시작했다.

2) 한나라당 내 개혁세력의 등장

한나라당에서도 쇄신파들은 당 개혁을 강하게 요구하고 나섰다. 대선의 반복된 패배는 특히 한나라당 내의 쇄신파들에게 힘을 실어 주었다. 예컨대 12월 25일에 쇄신파인 미래연대의 대선평가토론회에서 "미국모델에 기반한 원내정당화"가 정당개혁의 방안으로 논의되었다. 재선의원모임인 '희망연대'도 원내총무 주임의 당운영을 제안했다(조선일보, 02/12/26). 이러한 움직임들은 두 번에 걸친 대선 패배로 인하여 한나라당이 내에서 기존의 선거운동을 비롯한 정당운영에 대한 회의감 내지 위기감이 촉발했음을 보여주는 것이다. 기존의 운영정책으로 더 이상 생존(선거승리)하지 못한다는 것이 거듭 확인되었다. 특히 노무현 대통령이 당선되기까지의 특이한 경로, 즉 경선승리에 이어 노사모의 절대적인 지지와 헌신적인 선거운동을 통하여 새로운 패턴이 확실해졌다. 이러한 일련의 사건들을 통하여 한나라당으로 하여금 기존행태의 대한 위기감을 가지 않을 수 없게 되었다. 그것은 전체 행위자들에게 영향을 미치는 주요 사건(key event)이 되었고, 그리고 더 이상 "대규모 동원체제로 이루어진 중앙당" 등의 '낡은 정치'로는 성공할 수 없었다는 인식전환의 촉발점이 되었다(서복경, 2004, 15). 이러한 불확실한 상황에 대한 해석지침을 안겨준 것은 원내정당화의 내러티브이었다. 그 "지역정당체제 하에서 만들어진 정당구조가 변화된 정치환경 속에서 더 이상 유의미하게 작동하지 않은 조건, 다른 방식으로 현재의 위기를 탈출할 수 없는 주체의 한계가 만들어낸 청산주의적 인식의 결과물"이라고 볼 수 있다. "이러한 교착상태는 마치 19세기 영국에서 의원중심의 간부정당이 의회를 독점했던 것과 같은 상태로 회귀하려는 퇴행적 욕구를 불러일으켰다. 그리고 '원내정당화'는 이러한 퇴행적 욕구를 정당화해주는 매력적인 대안으로 보였던 것이다. 필자가 굳이 '퇴행적'이라는 표현을 쓰는 이유는 기존 정당 엘리트들이 다른 대안을 거부하는 이면에 대중정치에 대한 강한 공포가 잠재되어 있다고 보기 때문이다"(서복경, 2004, 17 이하). 그러나 4월 3일에 개최된 당무회의에서는 당내 개혁특위가 추진하고 있었던 중앙당 축소와 지구당 폐지안은 채택되지 않았다(경향신문, 03/04/04, 4면).

한나라당이 대선에서 다시 패배경험을 한 시점에서 당 내에서 소수였던 개혁파의 이러한 주장이 힘을 가지게 된 것은 민주당과 비슷한 현상이다. 그러나 한나라당 소장파는 지구당위원장의 제도폐지가 아니라 아직까지 지구당 자체를 폐지하는 방안을 고수하고 있었다. 한나라당의 새 대표가 뽑힐 6.26 전당대회 앞둔 4, 5월 중순이 되어서야 '쇄신연대', '미래연대' 등 개혁파들은 민주당 쇄신파의 개혁안과 매우 유사한 요구들을 내놓았다. 이렇게 민주당의 개혁파의 개혁안을 벤치마킹을 함으로써 그들은 두 마리 토끼를 한 번에 잡으려 하였다. 한편으로 지구당 자체가 아니라 절충안으로 지구당위원장의 폐지 방안을 채택하여 당내에서 관철가능성을 높이면서, 다른 한편으로는 민주당보다 개혁 움직임에 있어서 뒤지지 않는다는 모습을 보여줄 수 있었다. 그러나 전당대회를 앞둔 당시 개혁진영 내부는 "워낙 다양한 입장을 가진 인사들로 구성되어 있어서 첨예한 정치적 사안에 대해 행동통일이 쉽지 않[았]을"(경향신문, 03/06/04, 5면) 뿐만 아니라, 민주당 쇄신파보다 "배짱이 약하고 내부 단합도 잘되지 않고"(문화일보, 03/04/04, 4면)있었다. 어쨌든, 한나라당 쇄신파의 개혁안 중 특히 지구당 자체의 폐지가 아니라 지구장위원장 제도의 폐지가 주목된다. 전당대회를 앞두고 남경필, 안상수, 홍준표, 이우재 등 한나라당 의원으로 구성된 쇄신모임은 박근혜 의원을 대표후보로 출마시키는 계획을 세우고 정당개혁 중 지구당위원장 제도의 폐지를 공식적인 방침으로 채택하기로 결정했다(문화일보, 03/05/16, 5면). 이어 6월 8일에 쇄신모임[103]에서 이러한 개혁안이 결의되고 당내 대표직 경선을 위한 등록일인

103 6월 3일에 공식적으로 출범했다. 구성원은 이부영, 박근혜, 남경필, 안상수, 정의화, 권오을, 김문수, 김부겸, 원희룡, 오세훈, 안영근 의원 등 총 27명 한

11일부터 공식적인 선거운동에서 대표후보자들을 검증하는 핵심의제 중 하나가 되었다.

3) 여권 신주류와 새로운 거대 행위자의 등장

6월 14일에 여야 인사들과 시민사회 등 다양한 세력들이 동참하는 〈범국민 개혁연대〉의 공식적인 개혁안에 지구당위원장 제도의 폐지가 포함되면서 그 이슈가 더욱 주목받게 되었다. 이부영 의원 등 한나라당 일부 쇄신인사들은 민주당 쇄신파와 시민사회와 함께 2월 17일에 "정치개혁추진 범국민협의회"를 발족[104]시켜 정치자금의 투명성 확보를 통한 정치부패 척결, 중앙당 슬림화와 지구당 쇄신을 통한 정당구조 쇄신, 국회 기능의 활성화와 국회 중심의 생산적 정치 실현 등 지구당위원장의 폐지를 골자로 하는 개혁안을 추진하겠다고 선언했다 (경향신문, 03/02/18, 4면). 〈정치개혁 추진 범국민협의회〉는 여야를 초월해서 정계, 학계, 시민사회 등을 모두 아우르는 네트워크의 대표적인 사례다. 이로써 여야를 막론하고 시민사회까지 포괄하는 개혁 거시행

나라당 소장그룹과 원외위원장 7명으로 구성되었다(문화일보, 03/06/03, 4면).

104 협의회는 이부영, 이해찬, 이남주 (한국YMCA전국연맹 사무총장) 등 공동운영위원장을 맡았고 여야 의원과 시민사회단체 관계자 등 총 176명이 추진위원으로 참여했다(경향신문, 03/02/18, 4면).

위자가 등장해서 지구당 문제에 있어서 위원장제도라는 문제에 시각을 집중시켰다. 6월 13일에 운영위원회를 열어 시민단체의 낙선운동을 보장하고 경선 불복자의 후보등록을 제안하는 등의 개혁안을 채택했다. 그 중 지구당위원장 제도를 폐지하고 관리형 위원장 제도를 도입하고 중앙당이 지구당 운영에 국고보조금의 일정비율을 지원토록 하는 방안이 채택되었고, 향후 국회에 제출할 것을 밝혔다(경향신문, 03/06/14, 2면).

4) 신·구주류 간의 갈등과 '지구당위원장제'

그러나 한나라당에서 처음부터 끝가지 지구당이나 지구당위원장 제도의 폐지에 대해 가장 강력한 반대 입장을 표명한 최병렬 의원이 대표로 당선되었다.[105] 그 이후에는 지구당위원장제 폐지나 지구당 자체폐지의 방안의 영향력이 약해졌고, 7월 중순에 정병국 의원이 대표 발의한 법안은 이러한 취지의 개혁의제의 거의 마지막 시도였을 것이다. 7월 19일에 한나라당 정병국 의원을 비롯해서 23명 한나라당 의원들은 "지구당이 민주적 운영위원회 제도로 운영되어야 하며, 그 구

105 〈한겨레신문〉이 대표 후보자에게 지구당위원장 사퇴조치에 대한 입장을 물어보았는데, 김형오 의원 ('상향식 공천제를 실질적으로 구현하기 위해 찬성') 외에 모두 다 '현시점에서 반대'로 답했다(한겨레신문, 03/05/20, 5면).

체적 내용은 당헌으로 정한다."는 법안(정병국 외, 2003)을 발의했다.[106]

민주당은 굿모닝시티 비리사건[107]이 터진 7월 10일에 이어 20일에 선관위가 공개한 정치개혁방안에서 지구당 위원장과 공직선거 후보자 분리하는 것을 제안했다. 이 방안은 현행 1인 위원장 중심의 지구당 제도를 3인 이상 공동대표가 이끄는 시·군·구 당체제로 대폭 개편하고, 공직선거 후보자나 예비후보자는 당 대표를 겸직하지 못하도록 했다. 이는 한나라당 쇄신파가 국회에 제출한 정당법 개정안의 지구당위원장제 관련 방안과 매우 비슷한 제안으로 볼 수 있다. 그 방안은 현역 지구당 위원장은 물론, 지구당위원장직을 사퇴하더라도 5년간 해당 정당의 공천을 받을 수 없도록 하는 것이다(한겨레, 03/07/21, 5면). 이러한 상황에서 민주당 내에서 신주류와 구주류 간의 치열한 갈등이 벌어졌지만, 결국 민주당내 개혁위는 8월 29일에 지구당위원장 제도의 폐지와 관리형위원장 제도의 도입이라는 방안이 확정되었다.

그런 가운데 민주당에서는 신당창당 움직임이 거세지고 있었기 때

106 법안의 취지를 보면 민주당 내 개혁파가 제안한 개혁방안을 거의 그대로 반영한 것이다. "정당정치의 발전 및 사당화된 정당구조를 개혁하기 위하여 정당의 지구당은 민주적 운영위원회 제도로 운영되도록 하고, 지구당의 대표자는 정당의 공직후보자가 될 수 없으며, 지구당 대표의 직을 그만둔 때로부터 5년간 정당의 공직후보자로 추천받을 수 없도록 하고, 다만, 2004년 국회의원 선거에서 정당의 공직후보자로 추천받길 원하는 지구당 대표자는 선거일 6월전에 사퇴하도록 하며, 정당의 공직선거후보자는 해당 선거구에서 비밀투표로 선출하도록 함."(정병국 외, 2003)

107 7월 10일에 민주당 대표 정대철은 윤창열 대표에게서 정치자금(4억)을 받은 것일 시인했다.

문에 당내의 지구당 문제에 대한 갈등이 사라졌다. 그러나 3월 초부터 일관성 있게 지구당위원장제가 아닌 지구당 자체의 폐지를 요구(폴리뉴스, 2003/03/05 비교)해 온 김근태 의원이 통합신당의 원내대표로 선출된(9월 18일) 후부터는 통합신당에서 지구당 폐지의 방안이 다시 전면에 등장하기 시작했다. 민주당을 탈당한 쇄신파들에 의해 창당된 통합신당과 민주당의 잔류파 사이에 '생존경쟁'이라고 할 수 있는 개혁경쟁이 발생한 것이다(문화일보, 03/09/22). 특히 새로운 정부정당인 통합신당은 의석수에 있어서 매우 약했기 때문에 기존 여당과 거대 야당으로부터 차별화하고 지지를 얻기 위하여 보다 더 개혁적인 움직임을 보일 필요성이 있었다. 이런 배경 앞에서 그리고 노무현 대통령의 재신임 제의(10월 13일)[108]에 이어 김근태 원내대표는 국회 대표연설(10월 15일)에서 지구당 폐지라는 보다 과격한 주장을 밝히게 되었으며, 이로써 당의 공식적인 당론으로 밝혔음으로 김대중 시기와 같은 개혁담론의 내러티브를 부추겼다.

---

108 "저는 제 자신이 먼저 몸을 던져야 할 때라고 판단했습니다. 금액의 많고 적음을 떠나 국민의 의혹을 받고 있는 한 과감히 국민의 심판을 받고 그리고 이것을 계기로 해서 앞으로 우리 사회의 부정부패가 철저한 조사, 그리고 고해성사, 필요하면 대사면, 제도 개혁 이런 절차를 통해서 우리 사회 지도층의 도덕적 신뢰를 바로 세울 수 있다면 그리고 깨끗한 정치, 투명한 정치가 실현될 수 있다면 남은 임기동안 모자라는 솜씨로 국정운영을 통해서 해 낼 수 있는 그 어떤 개혁보다 더 큰 정치 발전을 이루는 길이라고 저는 판단했습니다. 그렇게만 된다면 기쁜 마음으로 대통령직을 내놓을 각오가 되어 있습니다." (노무현 대통령의 제243회 정기국회 시정연설 중)

"투명하고 깨끗한 정치를 합시다. 선관위와 시민단체 등이 정치자금 투명화를 위한 획기적 제안을 했습니다. 정치적 득실을 떠나 전면 수용합시다. 정당개혁에 나섭시다. 지구당을 폐지하고, 중앙당은 줄입시다. 확실하게 원내정책정당을 실현합시다. 상향식 공천을 의무화하고 국민경선을 제도적으로 뒷받침하여 정치를 국민에게 돌려줍시다."
(2003년 10월 15일 김근태 통합신당 국회 원내대표연설 중)

한나라당에서는 SK비리 사건이 공개되면서 당내 쇄신파의 지위는 그만큼 강화되었다. 계속 당의 재창당 개혁을 요구해온 그들은 더 많은 영향력을 가지게 될 수밖에 없는 상황이었다. 이러한 기회를 활용해서 오세훈 의원을 비롯해서 소장파 의원들이 11월 2일에 먼저 지구당위원장직을 사퇴하고 지구당의 폐지를 요구하고 나섰다. 이른바 '3김시대' 내지 '낡은 정치'의 추한 모습이 다시 한 번 드러난 이 충격적인 SK사건에 힘입어 쇄신파의 개혁요구가 강력한 영향을 미치지 않을 수 없었다. 가장 강력하게 지구당 폐지의 반대 입장을 취해온 최병렬 대표도 마지못해 3일에 지구당 폐지라는 방안을 공식화하고, 4일에 국회의장 박관용의 주도 하에서 4당이 만나서 지구당 폐지를 포함한 개혁에 대해 합의했고, 국회 개혁특위의 자문기구로 범개협을 설치하기로 결정했다. 인터뷰에서 박관용 의장은 기본적으로 정당을 개혁해야 한다는 문제의식을 가지고 있었고 고비용 저효율의 문제를 가장 중요한 것으로 여겼다고 말했다. "우리는 그때 지구당을 없애야만 했다"고 설명하면서 그 이유로 "이회창 때문에 정치자금에 대한 문제의식이 높아졌고" 특히 시민단체들의 고비용 저효율에 대한 문제제기와 이로 인해 형성된 "분위기" 때문이었다고 설명한다. 또한 "학자 대부분은 미국에서 공부했다. 교육 등 다양한 분야에서 미국의 논리가 지배적이었다"는 언급으로 학계로부터의 영향을 평가했다. 물론 박관용 의장은 지구당의 의사수렴 기능이나 국민 속에 뿌리를 내리는 정당에 대한 문제의식도 드러냈고, 지구당은 "다시 부활되어야 한다"고까지 말했지만, 그 당시 분위기 속에서 "고비용 저효율[이 문제라는 것]에 공감했고, 어쩔 수 없는 것으로 보았다. 분위기가 그랬기" 때문(박관용 인터뷰)이라는 것이다.

지구당위원장 제도 폐지의 스토리라인은 여야 개혁세력에게 2가지 강력한 무기를 제공했다. 하나는 각 당내에서 구주류가 상징하던 낡은 정치에 대응하는 개혁의 정당성으로 그 내용은 지구당 자체의 폐지보다는 완화된 내러티브였다. 다른 하나는 한나라당 쇄신파가 민주당 쇄신파의 지구당위원장 제도 폐지라는 스토리라인을 거의 그대로 벤치마킹함으로써 여야를 초월하는 강한 개혁담론연합이 가능해졌다는 것이다. 그 후 '굿모닝게이트'와 '차떼기 논란'이 공개되면서 각 당의 쇄신파들에게는 결정적인 기회가 주어졌는데, 그 때 이들의 스토리라인이 한 단계 더 강화되면서 지구당 폐지를 주장하게 되면서 당내 구주류의 반대가 무너지지 않을 수 없었다.

그런 가운데 SK비자금 사건과 관련해서 비리 규모가 공개되면서 사회전체에서 정치계의 부패문제가 집중적으로 주목받았다. 이에 대응하기 위하여 문희상 청와대비서실장을 비롯해서 청와대는 7월 15일에 여야 대선자금 공개 및 검증을 제안하고 나섰지만, 별 다른 진전이 없자 노무현 대통령이 21일에 기자회견을 갖고 여야의 대선자금에 대한 전면적인 공개를 제안(문화일보, 03/07/21, 3면)해서 정치자금에 대한 강력한 개혁의지를 보임으로써 여야 당내에서 몇 개월 동안 지구당위원장 제도라는 보다 구체적이고 자세한 문제보다는 다시 고비용 축소라는 단순하고 강력한 문제가 주목 받게 되는 데 영향을 미쳤다.

〈그림 7-5〉 '폐지' 표어의 보도 빈도 추이(2002.11-2003.9)

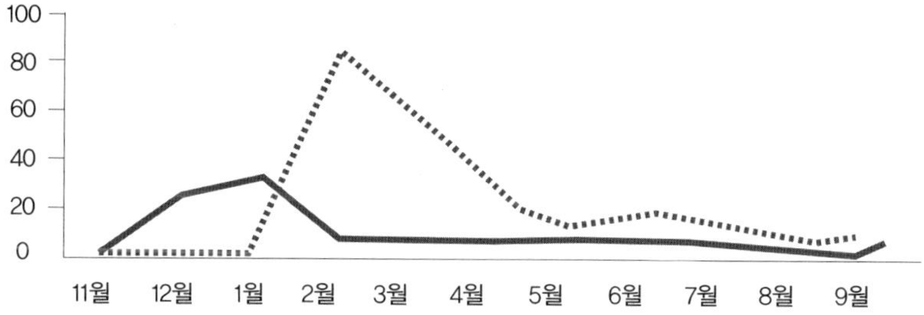

자료출처 : KINDS

4-1 민주당의 위원장 제도 폐지 내러티브

지구당 위원장 제도의 폐지에 관한 민주당의 내러티브는 다음과 같이 요약할 수 있다. 지구당위원장은 재선을 위하여 조직위에 '제왕적'(=비민주적으로)으로 군림하며 재정적 부담이 커서 돈을 많이 쓰게 된다(=부패). 이것을 해결하려면 위원장이 독과점적인 위치를 차지하려는 것 자체를 폐기해야 한다. 그렇게 하면 제도적으로 혹은 항구적으로 지구당 위원장직을 활용해서 자유적이고 공정한 공천 경쟁을 확보할 수 있다. 왜냐하면 국민들이 참여할 수 있는 (=참여민주주의) 정당을 만들려면 공정한 경쟁에 따른 공천이 가능해야 하는데, 이것은 현행 지구당위원장이 기득권을 포기하지 않은 한 불가능하다. 그러므로 지구당위원장 제도를 폐지해야 한다. 이렇게 하면 지구당 자체가 없어지는 것은 아니다. 지구당의 위원장직을 단순히 조직 관리직으로 바꾸면 선거운동 조직으로서의 지구당은 많은 의미를 잃게 되는 효과를 가진다. 때문에 지구당 문제에 있어서 지구당 자체가 아니라 현행 지구당위원장 제도의 지구당 운영방식에서 기인한 문제가 핵심이 된다.

이런 민주신당의 주도적인 내러티브는 다시 상이한 하위 내러티브들로 갈라진다. 지구장 위원장 제도의 폐지를 반대하는 구주류와 폐지를 주장하는 신주류가 있고, 신주류는 또다시 지구당위원장 제도의 즉각적인 폐지를 요구하는 강경파와 전략적으로 폐지 연기를 옹호하는 온건파로 분류된다. 신주류 온건파인 김원기, 정대철 등은 지구당위원장 제도를 즉각적으로 폐지하는 것이 다가올 선거에서 한나라당과 경쟁할 수 없을 정도로 '무장해제'하는 것과 동일할 뿐만 아니라, 그것이 한국 현실에 비추어 볼 때 시기상조라고 주장하였다(국민일보, 03/02/14). 그에 반해 천정배, 조순형, 정동영 등으로 대표되는 신주류 강경파는 개혁이 신속히 실현되어야 하며 그 기준은 국민적 명분이나 민주적 원칙과의 부합 여부이다(천정배 위원과의 인터뷰, 프레시안, 03/02/13 ; 한겨레21 03/02/27)

4-2 한나라당의 위원장 제도의 폐지 내러티브

지구당위원장 폐지에 대한 한나라당의 내러티브는 당내 개혁파와 보수파의 내러티브로 분류할 수 있다. 보수파가 전략적으로 지구당의 점진적 개혁을 요구한데 반해 개혁파는 다음과 같이 주장하였다.

한나라당의 재창당 수준의 개혁, 즉 자기회생을 위하여 세대교체나 물갈이가 필요하고 이를 통해서 새 인물의 정치권 진입이 가능하게 되는 것이다. 그러기 위하여 지구당 위원장의 제왕적 기득권을 폐지해야 한다. 현재까지는 상향식 공천제가 무의미하다. 위원장이 대의원들을 장악하기 때문이다. 즉 국민들의 지지를 받지 않음에도 불구하고 공천을 받을 수 있는 제도다. 이러한 제왕적 제도가 존속하는 한 당 개혁이 불가능하다. 국민들이 참여하고 관심을 가져야 정치에 대한 무관심이나 신뢰가 회복될 수 있다. 향후는 지구당 자체가 없어져야 한다. 위원장 제도의 폐지에 따라 당은 원내정당으로, 정책정당으로 거듭나게 될 수 있고 그래야 한다. 그렇게 되면 국회의원들은 어디에도 묶이지 않고 입법 기관으로 자율적으로 유권자나 국민에게 책임지고 입법활동을 할 수 있게 된다.

5) 지구당 문제에 대한 국민 여론의 경향[109]

노무현 대통령 당선자 취임을 몇 주 앞둔 2003년 1월에 일반국민

---

109 '새정부 정책 관련 대한매일 국민여론조사'는 대한매일과 한국사회과학데이터센터(KSDC)에 의해 2003년 1월 15일부터 사흘간 전국의 만20세 이상 1002명을 상대로 이루어진 조사이며, 표본오차는 95% 신뢰수준에서 3.1% 포인트이고, 결과는 2003년 1월 29일에 서울신문 8면에 보도되었다.

1600여 명을 대상으로 한 여론조사가 실시되었다. 여론조사의 항복 중 다음과 같은 질문이 주목된다. "현재 당원은 지구당 위원장 개인에 의해 만들어진 이름만 당원인 허수 당원이 대부분입니다. 자발적으로 당비를 내는 '진짜 당원'을 만들기 위해 가장 필요한 조치가 무엇이라고 생각하십니까?" 다시 말해 지구당 문제와 밀접하게 관련된 허수당원문제를 해결하기 위해 진성당원을 만들어야 하는데, 이를 위한 조치로 '당원들의 공직후보 선거참여 확대'(31.7%), '지구당의 공동운영'(24.3%), '지구당은 존속하되 지구당 위원장직 폐지'(19.2%) 등의 순으로 꼽았다. '지구당 폐지'는 응답자 16.0%에게만 선호한 대책으로 보였다. 이 항목의 설문조사 결과는 지구당 폐지의 문제와는 약간 다른 맥락, 즉 간접적인 내용이지만 역추론으로 지구당 폐지에 대한 국민들의 입장인 여론을 가늠할 수 있다. 여기서 특별히 주목되는 것은 지구당 폐지 보다 오히려 당내 공직후보 선발에 있어서 당원들의 참여확대가 가장 중대한 사안으로 꼽혔다는 사실이다. 다시 말해서 지역구에서 당원들의 활동을 활성화하고 권리를 현실화하기를 요구하는 대목이기 때문이다. 또한 지구당의 공동운동과 위원장직 폐지라는 대책들도 이런 문제의식과 같은 맥락에서 나왔다고 추측할 수 있다. 대부분이 당원들의 참여권이 오히려 더 확대되고 활성화되어야 한다고 생각하기 때문에 제왕적 지구당위원장 관행을 없애야 하고 대안적인 운용체제를 도입해야 된다는 주장이다. 이런 점에서 16%의 소수만 지구당 폐지를 적절한 조치로 봤다는 것이다.

〈그림 7-6〉 지구당 문제 해결책 선호에 대한 여론조사(2003.1)

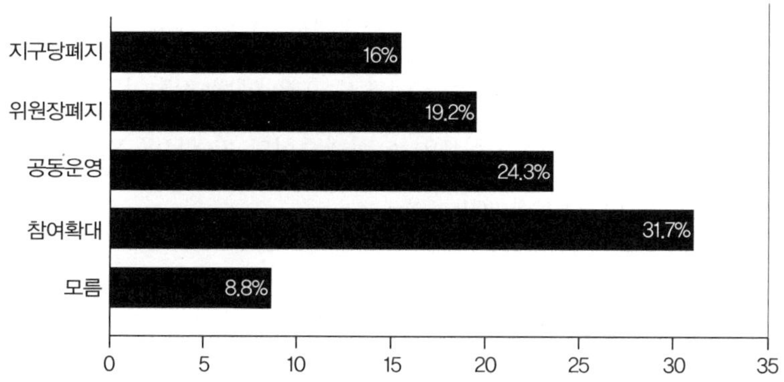

6) '원내정당화'를 둘러싼 학계의 논쟁

노무현 대통령 당선 이후부터 학계에서도 지구당 문제를 비롯한 정당개혁에 관한 연구결과에 대한 발표회나 토론회와 같은 교류가 활발하게 이루어졌고 특히 원내정당화라는 방안이 크게 두드러졌으며, 이에 대한 논쟁이 치열했다. 원내정당화는 "대안적 정당발전 모델을 지칭하는 개념일 수 없으며, 2002년 한국 정치현실의 특정 단면을 보여주는 하나의 정치담론일 뿐"이라고 평가할 수 있다(서복경, 2004, 32). 하지만 그러한 담론 내러티브로서 나름의 영향력을 발휘한 것은 무시할 수 없는 사실이다. 특히 지구당 문제와 관련해서 학계에서 매우 치열하게 논쟁된 것인 만큼 지구당 폐지 내러티브와 밀접히 관련된 것이다. 원내정당화는 처음으로 1998년에 김용호 교수에 의해서 제기(김용호, 1998)되었지만, 위에서 기술한 것처럼 노무현 대통령의 당선 직후부터 원래 정몽준 후보의 공약이었던 이 담론은 한나라당과 일부 학자들에 의해 확산되기 시작했다. 원내정당화의 기본 내용은 '정당 간 정책경쟁을 위해서는 의원집단 중심의 정책생산기능의 강화', '고비용 저효율의 지구당 조직을 폐지하고 원내조직 혹은 개별 정치인들이 직접 지지자집단과 관계 설정', '의회운영을 정책중심의 자유로운 타협의 정치로의 전환' 등이다(서복경, 2004, 32).

6-1 원내정당화의 내러티브

원내정당화를 최초로 가장 체계적으로 논의하고 제안한 학자는 임성학 교수다. 그의 출발점은 탈산업사회로 인해서 변화된 정당의 환경 속에서 대중정당을 주장하는 논리를 시대착오적인 것으로 비판함으로써 군사독재 시대의 유산인 낡은 정당체제에 대한 비판담론과 구체적인 정당위기 담론을 엮는다. 잉글하트(Inglehart) 등이 주장하는 가치변화에 따른 탈산업사회론을 제기한 정진민(1998)의 주장을 인용해서 이러한 교착상태를 해결해줄 수 있는 조치로 원내정당화를 제안한다. 생산적 국회를 만들기 위해서 원내정당을 원외정당으로부터 독립시켜야 된다는 것이다. 그러기 위해서 지구당을 굳이 폐지할 필요가 없지만, 중앙당과 지구당은 축소되어야 할 대상이다. 여기서 중요한 것은 축소에 대한 구체적인 설명이 없다는 것이다. 그 축소가 단지 양적이 축소인지, 아니면 질적인 개혁의 결과로서의 축소인지에 대한 기술이 없기 때문에 원내정당화 개념 자체가 분명하지 않다. 그가 매우 강하게 주장하는 원외정당의 축소는 언뜻 듣기에는 원외정당의 제거를 의미할 정도로 강력하게 느껴진다. 그는 통신기술의 발달을 들어 마치의원과 유권자 사이에 의사소통을 매개하는 조직을 필요 없는 것처럼 주장한다. 그리고 "실제상 유권자와 의원 사이에 매개체 없이 보다 직접적인 연계가 이루어진다는 의미에서 원내정당을 유권자중심 정당이라고도 표현할 수 있다"(임성학, 2003, 140)고 주장했다. 그는 원내정당이 단지 의원과 유권자와의 관계를 더 밀접하게 해주는 것뿐만 아니라 "가변성이 심한 대중의 선호에 오히려 보다 민감하고 신축성 있게 반응할 수 있을 것"으로 본다(임성학, 2003, 145 이하). 그러나 그는 같은 글의 후반부에서 지구당 조직을 폐지하면 자칫 국회의원과 유권자의 관계가 왜곡될 수도 있다는 위험성을 거론하면서 자신의 주장을 불분명하게 만든다.[110] 더욱이 "원내정당화에 대중정당 요소를 절충적으로 가미함에 있어서 지구당 조직은 중요한 공헌을 할 수 있다(임성학, 2003, 155)"면서 지구당의 중요성까지 설명한다. 지구당이 공헌할 수 있는 것 중의 하나는 의원에 대한 선거구민의 견제로 예로 든다(임성학, 2003, 155).

정진민 교수도 비슷한 입장을 취하면서 더 구체적인 방안을 제안한다. 그 또한 꼭 지구당의 폐지를 주장하는 것은 아니지만, 상시 아닌 임시의 선거조직으로서의 '느슨한 네트워크'형의 지역당을 주문한다. 그리고 자원봉사자로 구성된 이 조직을 구시군의 단위나 아예 광

110 임성학은 "원내정당의 진척에 따라 자칫 정당과 대중 사이에 괴리감이 생기고 의원들이 지역구민의 요구에 다소 둔감해질 수도 있다"(임성학, 2003, 155)는 심각한 위험성을 거론한다.

역, 즉 시도 단위의 지역당으로 전환할 것을 제안한다.[111] 정진민 또한 '최근 정보통신기술의 발전'을 지구당 제도의 근본적인 개편을 정당화하는 근거로 제시한다(정진민, 2003, 34). 하지만 그의 주장의 궁극적인 목표는 지구당 혹은 지역당의 활성화이다. 그것은 지구당이 주로 자원봉사자로 구성되고 공천 시에 상향식의 공천이 이루어지고, 또 공직후보와 지구당 운영위원회 겸직은 금지하는 방안을 골자로 한다(정진민, 2003, 35). 이와 비슷하게 김용호 교수가 주창하는 원내정당화는 기본적으로 원내와 원외를 이원화해서 원외는 행정업무, 원내는 입법업무로 구별한다(김용호, 2003, 15). 그 이유는 "지금까지 우리의 정당정치는 국민의 민생이나 의정활동과 관련된 시비나 토론보다 권력투쟁 자체에 시간을 많이 허비하고 있기 때문(김용호, 2003, 156)"이다. 그 제안의 핵심은 지구당 단위에 위원장 대신 협의체를 두는 방안이다. 사무국제도를 폐기함으로써 "기존의 당사무국체제 중심의 원외정당 요소를 제거하여 정국운영의 중심을 당에서 국회로 전환해야 한다.(김용호, 2003, 156)"는 것이다. 정진민처럼 김용호도 영국 보수당이 각 지역구에 가지고 있는 '보수클럽'을 예로 들면서 기존의 지구당 조직 대신에 각 당이 지역에서 "자원봉사자 모임"(김용호, 2003, 15)과 같은 형식의 협의체를 설치하는 것을 대안으로 제시한다. 그렇게 되면 지역조직이 더 이상 중앙당에 전적으로 의존하지 않게 되고 공직후보 선출을 위한 자유경쟁이 이루어질 수 있다는 주장이다.

---

111 일종의 '광역지역당'의 형태로서의 협의체에 있어서는 임성학과 거의 일치한다(임성학, 2003, 139 비교).

2003년 11월 5일에 4당 간에 지구당 폐지에 대한 합의가 이루어지고 난 시점에서 최창열 교수는 원내정당화 담론을 수용하고 그 실천은 "국회가 정당정치의 중심"이 되는 방식이어야 한다고 주장한다(최창열, 2003, 90). 탈산업화로 인한 '대의민주주의의 위기'를 타파하기 위해 한국 정치체제를 다수제에서 합의제로 바꿔야 한다는 입장인데, 그러기 위한 여러 조치 중 핵심은 "한국 정치의 고질적 구조가 개선"되어야 한다는 것이다. 최창열에게는 그것이 곧 "고비용 저효율의 정치구조가 개혁되어야 한다"는 것을 의미하며, 더 나아가 "그것이 정치개혁과 정치발전의 중심이 되어야 하며, 정치개혁은 의회가 정치의 중심이 되는데서 출발해야 한다"(최창열, 2003, 88)는 것이다. 이러한 아래로부터의 민주화가 활성화된 지구당 및 시도지부의 운영은 기존의 명목뿐인 시도지부(지방당)의 활성화를 가져올 수 있을 것이다. 지역별로 조직된 지방당들의 총합으로 중앙당의 지도부가 결성된다면, 그리고 그 중앙당 지도부가 일정한 숫자 이상의 다양한 사회적 대표성을 갖는 정치인들로 구성되는 집단 지도체제적인 성격을 띤다면 정당의 분권화가 달성될 수 있을 것이다. 이것은 오늘날 사회적 호응을 얻고 있는 지방분권화의 추이와 발맞추는 효과도 있을 것이다. 물론 이와 같은 구상은 원외 정당부분에 관한 것이고 동시에 이와 구분되지만 어느 정도 느슨한 연계를 갖는 원내정당의 독립적 존재를 전제하고 있어야 한다.

그러기 위해 정당구조가 먼저 민주적이 되어야 하는데, 먼저 이에 "부합하는 정당조직이 필연적으로 수반되어야"한다는 설명이다. 그러나 그는 헌법에서도 규정되어 있는 정당조직의 민주주의의 의무성은 원내정당에 한해서만 역설하고, 원외조직은 '대폭축소'라는 대책으로 아예 규모상의 '개혁'만 주문한다. (최창열, 2003, 90) 또한 "여야가 합의한 지구당 폐지는 정당 공천을 진정한 상향식제도로 바꿀 수 있는 좋은 기회"(최창열, 2003, 92)라고 평가하지만 이러한 상향식 공천이 이루어져야 하는 조직의 존재는 부정하는 모순된 논리를 펼친다. "현재의 우리나라 선거구조상 지구당 폐지는 마땅하다."(최창열, 2003, 96)고 보면서, 다른 한편으로 "기본적으로는 지구당에 공직후보의 선출권을 부여하는 상향식 제도를 채택"해야 한다는 이론적인 설명을 제시하는 모순을 반복적으로 범하고 있다.

〈그림 7-7〉 '원내정당화' 표어 보도 빈도 추이 (2002.10-2003.4)

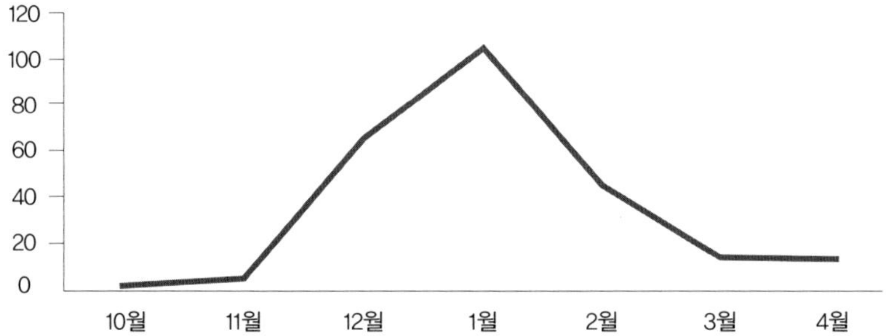

자료출처 : KINDS

6-2 '협의의 원내정당화'에 대한 비판적 내러티브

이러한 원내정당화 담론에 회의적이고 비판적인 담론연합은 이 담론이 원내정당화라는 개념 자체를 제대로 이해하지 못하고 있다고 지적한다. 기본적으로 여기서 제안되는 원내정당화의 '모델의 경험적 준거사례를 미국 정당정치'로 분석(서복경, 2004, 1 ; 정대화, 2003.1, 2 ; 최장집, 2003, 173 ; 성낙인, 2003, 247)하고, 그것을 한국에 적용하려는 것은 미국의 정당과 의회구조 등 '미국적 특수성에 대한 이해부족에 비롯된 주장'으로 비판한다(정대화, 2003.1, 6). 한국에서는 미국처럼 이익집단이나 사회적 결사가 발전하지 못하기 때문에 지구당마저 폐지하거나 의미가 없는 '광역당'으로 축소하면, "그나마 존재하는 사회적 여론수렴기능을 폐지하는 것과 마찬가지"로 평가한다(박찬표, 2003, 150). 정대화 교수는 정당개혁의 전반적인 경향을 "철학적 방향 설정이 결여된 채 피상적인 논의"로 규정하고, 그 원인으로는 활용되는 외국모형에 대한 몰이해에 따라 미국정당정치와 유럽정당정치의 개념들이 "뒤섞여 혼란을 가중시키고 있다"(정대화, 2003.1, 2)고 비판한다. 성낙인 교수는 정당의 헌법상의 '특별보호 조항' 등을 거론하면서 이에 상응하는 정치적 책임을 부과하기 위한 개혁에 있어서는 "미국식의 규율화된 정당제를 중심에 두는 사고 틀은 일정한 한계를 가질 수밖에 없다"고 평을 내린다(성낙인, 2003, 247). 이 담론연합에서 '미국식' 원내정당화에 대하여 제기되는 분석적 비판에 최장집 교수도 가세한다. 최장집 교수에 의하면 특수성이 따로 있는 외국사례를 한국에 적용하는 데에 있어서의 문제 자체 외에도 이미 일정한 문제의식을 가지고 외국사례를 단지 하나의 '권위 있는 잣대'로 사용하는 것에 비판의 초점을 맞춘다. 당시 정당개혁안들은 주로 반부패를 핵심 가치 내지 규범으로 하기 때문에 부패문제에 대한 해결책을 찾게 된다는 것이다. 다시 말해서 "반부패가 개혁의 중심적 동안이 될 때, 개혁의 대상은 정치부패가 발생하는 원천에 집중될 수밖에 없다."(최장집, 2003, 173) 물론 최장집도 부패는 중대한 문제로 보지만, 특히 제도적인 접근에 있어서 외국사례를 적용하는 것에 대해서 비판적이다. 그 이유는 "현상의 인식이 대안을 유도"할 수 없기 때문이다. 그런 의미에서 외국사례를 적용하는 것은 "전제-현상인식-대안이라는 일련의 세트로 된 사고과정."(최장집, 2003, 173)일 뿐이라고 본다.

최장집은 지구당과 관련되어 발생하는 문제분석은 부패발생 그 자체보다는 정당의 비민주적 운영과 그 원인에 대한 규명에서 출발해야 한다는 입장이다. 지구당 문제를 이렇게 접근하면, 궁극적으로 민주주의의 활성화를 통하여 비용도 감소하거나 최소화할 수 있다는 논리이다. 바로 이 대목이 비판적 담론연합의 논리적 일관성(지속성)을 보여주는 부분이기도 하다. 이 논지는 정대화(98.7.23)가 문제화한 '본말의 전도'와 일치한다. 그는 정당조직에서 발생하는 각종 비리를 없애거나 최소화하기 위해 자금전달의 통로나 기회 구조를 차단하는 증상치료법(지구당 폐지 또는 광역화로의 축소 등)도 일리가 있는 것으로 인정하면서도, 원래의 원인에 초점을 맞추면 보다 지속가능한 해결책을 찾을 수 있다고 주장했다. 최장집은 이와 유사한 논지로 지구당 문제와 관련하여 부패척결에만 초점을 맞추면 "정당의 내부구조에 집중된 좁은 의미의 정당개혁"(최장집, 2003, 173)을 이야기할 수밖에 없지만, 현재 한국 정치의 개혁에 요구되는 것은 "사회균열에 기반을 둔 정치적 대표제체"에 초점을 맞추는 것이다.

이러한 내러티브에 따르면 정당·정치개혁의 일차적인 핵심은 부패척결이나 효율화가 아니라 "정당에 기생하는 정치 룸펜을 정당에 헌신하는 자발적 정당원으로 물갈이하는 것이다. 자발적인 유권자 중심의 네트워크로 연결된 원외정당에서 공천과 정강정책을 상향식으로 결정해야 한다. 이를 위해서는 지구당위원장이 모두 사퇴하고 공천권과 의사결정권을 당비를 내는 진성 당원에게 돌려주어야 한다. 지구당위원장과 대의원은 명실공히 당원에 의해 선출되어야 하며 지구당 위원장은 지구당원의 의사를 취합해 조정하는 역할을 수행하되 다음 선거에서는 선출직에 출마하는 것이 금지되어야 한다(조기숙, 2003, 33)"는 것이다.

이런 의미에서 그들은 "국민참여를 전제로 한 민주성, 개방성, 투명성, 효율성"의 순서로 개혁의 기본적인 방향을 규정한다(정대화, 2003.3, 1). 이것은 더 구체적으로 말하면, 지구당에 공직후보의 공천, 국고보조금의 조달, 정책개발 등과 같은 권한부여를 통하여 지구당을 기본적으로 활성화하고 강화하는 방안으로 이어진다. 지구당 내부적으로는 지구당위원장 제도를 "관리형 지구당위원장 제도"로, 당비를 내는 진성당원제, 즉 권리와 의무를 부여 받는 당원제로 개혁한다(정대화, 2003.3, 3 ; 박찬표, 2003). 지방화 시대에 지역정치를 활성화해야 한다는 취지에서 개혁은 "풀뿌리 민주주의 정신에 부합"해야 하고, 이에 따라 지구당은 위원장을 폐지하는 것이 아니라, "기초 및 광역의회 의원과 더불어 지방화 시대에 지역 정치를 활성화할 수 있는 정치의 본산"이 될 수 있는 개혁을 실행해야 한다(성낙인, 2003, 248). 그러기 위해서 지구당을 중심으로 한 "구시군의 기초 및 광역의회 의원 등으로 형성되는 새로운 공동체의 모색이 필요하다"며 여기서 "모든 공직 후보자[선출-HBM]는 지역 주민의 의사에 기초해야" 한다는 것이다(성낙인, 2003, 248).

그렇다고 해서 이들이 의회의 입법활동을 과소평가하는 것은 아니다. 다만, 원외와 원내를 미국모형처럼 철저하게 "이원화"해서 행정과 입법으로 구분하는 것이 아니라, "정치적 의사수렴 제도로서의 정당(원외정당)과 국회활동기구로서의 정당(원내정당)의 효용가치를 동시에 고려"한다(정대화, 2003.1, 5). 지구당 담론에서 좁은 의미의 원내정당화를 옹호하는 임성학 교수조차도 지구당의 폐지나 축소를 전제로 한 원내정당화로 인해 발생할 수 있는 문제를 지적한 바 있다. 정대화 교수는 이러한 문제의 예로 "사회경제적 관계에서 정치적 영역의 위축과 기득권세력의 발호의 초래, 국민적 의견수렴 기능의 약화, 지역갈등과 계층갈등의 해결을 위한 정치적 역할의 위축, 남북통일을 대비한 정치적 역할의 축소, 진보정당의 정치적 당장의 결정적인 장애물"(정대화, 2003.1, 6) 등을 든다.

미국과 유럽의 모형에 대한 이러한 입장에 관해서는 조기숙 교수는 타협적 방안을 주장한다. 이것을 두 경쟁담론 간의 중층가능성을 내비치는 실마리를 제공하는 사례라고 볼 수 있다. 그는 "의원의 자율성과 권한은 확대해야 하지만 원외정당을 완전히 없애고 원내정당으로 가는 것은 우리의 정당문화에서 가능하지도 않을 뿐만 아니라 바람직하지도 않다."고 전제하고 "현재 우리가 추구해야 할 정당개혁의 미래상은 유럽의 책임정당과 미국의 원내정당의 중간형태라 할 수 있다."(조기숙, 2003, 33)는 방안을 제시한다.

6-3 절충내러티브 제기

2003년 11월에 신명순 교수 등 한국 정치학회 연구자들이 국회 법제사위에 제출한 연구논문에서는 위의 두 담론들을 절충한 새로운 시도가 발견된다. 그는 주로 원내정당화 담론을 원용하지만 수사학적으로는 두 경쟁 담론들이 문제의 원인과 그 해결책으로 제시한 방안을 함께 포함한다. 여기서 우리는 새로 등장하는 담론의 내러티브를 미리 볼 수 있다. 신명순이 말하는 정당변화의 가장 핵심적인 목표는 "분권화·민주화와 원내화"이다. 그는 지나치게 중앙집권적인 정당의 내부 권력구조를 분권화하는 것이 민주화를 위한 구조적인 전제조건이라고 설명한다. 구조자체를 분권화시키고, 진성당원의 참여를 통해 정당운영을 민주화하는 문제의식에서 기인한다. 이와 동시에 이루어져야 하는 것은 원외정당과 원내정당 간의 권력관계의 정상화이다. 현행 제도와 달리 원내정당에 대한 원외정당(중앙당)의 우위를 감소시키고, 원내정당 내에서 의원의 자율성을 강화한다는 것이다. 이러한 이중적 개혁방침을 통해서 얻을 수 있는 또 다른 성과는 '정쟁성의 지양'과 '정책성의 제고'(신명순, 2003, 50)라고 그는 설명한다.

"노정한 정당의 분권화와 민주화는 사회 저변으로부터 표출된 다양한 이익을 정당이 집약하고 이것을 국회에서 표출해내는 흐름을 정상화하기 위한 당연한 필요에서 제기된다. 동시에 이는 권력분산적인 정당 내 권력구조를 통하여 정치적 의제들이 정당 내부에서 충분히 토론되고, 당론에 의한 집단적인 의정활동이 아니라 개별 의원들의 의정자율성이 발휘될 수 있는 조건을 조성할 것이다. [⋯] 우선 지구당의 운영과 더 나아가 시도지부의 운영에 당원들의 직접적인 참여가 가능하도록 하여야 한다. 정당운영에 있어서는 가능하면 대의원제와 같은 대의적 민주주의보다는 당원 각각이 모두 참여할 수 있는 직접 민주주의의 활성화가 필요한데, 이것을 위해서 최근 의사소통의 획기적인 진전을 이룩한 인터넷을 다양하게 이용할 수 있을 것이다."(신명순, 2003, 51)

신명순이 구체적인 계획에 대한 내용을 제시하지는 않지만, 그는 자신의 글에서 두 경쟁담론의 핵심 스토리라인—'민주화를 통한 참여정치'와 '구조조정을 통한 생산정치'—을 모두 포함하는 스토리라인들을 서로 엮음으로써 절충적 내러티브를 위한 실마리를 제공하고 있다.

흥미로운 것은 이전 시기와 달리 학계에서 지구당 폐지가 대안으로 제기되고 정치계에서 그에 반발하는 것이 아니라, 반대로 정치계에서 제기되는 지구당 폐지방안에 대해 학계의 반발이 거세졌다는 사실이다. 그것은 담론경쟁과정이 이미 제도화 단계에 이르렀다는 사실을 의미한다. 예컨대 1993년 10월 6일에 있었던 토론회에서 신명순 교수가 지구당의 폐지 또는 축소를 제안했는데, 같이 참여하는 여야 국회의원들은 민주주의의 뿌리를 뽑는다고 크게 반발했다. 제도화 단계에 접어든 2003년 1월 8일에 개최되었던 〈정책심포지엄〉에서 한나라당 서상섭 의원이 제안한 '중앙당 슬림화, 정당으로부터의 국회독립, 지구당의 단계적 폐지'(서상섭, 2003, 48) 등에 방안에 대해 이미 위에서 언급한 것처럼 정대화 교수(정대화, 2003.1)가 강하게 비판하였다. 2003년 6월 20일에 개최된 〈한국정치연구소〉 토론 포럼에서 한나라당 홍준표 의원은 지구당 폐지를 주장했는데, 박찬욱 교수는 이에 대해 선거구제 개혁은 필요하지만 중앙당과 지구당 폐지안은 "상당히 충격적"이라고 했다(박찬욱, 2003, 65 이하). 그는 나아가 당 조직 해체에 관한 홍준표 의원의 구상은 미국식 모델을 예로 하는데, 미국식 모델이 제대로 작동되려면 정당이 유권자와 친화감이 있을 필요가 있는데, 한국은 그렇지 않다는 문제를 지적한다. 그는 또한 원내정당화라는 방안이 자칫하면 오히려 정당의 "엘리트화"를 초래할 수 있다고 우려를 표시했다. 결국 박찬욱 교수는 상향식 공천이 더 중요하다고 지적하면서 정당의 민주화를 통한 정상화, 즉 '원인치료' 방식의 개혁을 주문한 것으로 이해된다.

5. 3기-'차떼기 비리사건'과 신주류의 임파워먼트 (2003.9-2004.4)

1) 지구당 폐지담론의 관철과 여야의 신주류

대선 패배로 인한 한나라당의 당 위기는 SK사건으로 인해서 더 심화되었고 특히 차떼기 사건이 밝혀지면서 한나라당에 대한 압박이 커졌다. 당시 한나라당은 제1·2의 위기를 맞았다고 할 정도로 위축되고 있었다. 대선 패배의 1차 위기에 대한 대응은 한나라당 내 개혁파의 움직임이었다면, SK사건으로 인한 2차 위기는 최병렬을 비롯한 당 지도부의 과격한 대응을 촉발했다. 당내 개혁파가 위기상황을 기회로 삼기 위하여 민주당 내 쇄신파의 1월의 개혁방안 벤치마킹을 했다면, 최병렬의 5대 개혁안은 대부분 8월의 선관위 방안을 벤치마킹한 것이었다.[112]

2003년 10월에 터진 정계의 위기의 위력은 이전에 여당 내에서 낡은 3김정치를 대표하는 구주류와 개혁을 상징하며 실천하려는 신주류 사이의 갈등과 한나라당 내 구·신주류 사이의 갈등구도를 넘어서 정치계 전체에 대한 비판으로 이어졌다는 것이다. SK비리문제 규모와 포괄성(전 정치계) 때문에 정치개혁문제는 더욱 시급하게 보였고, 개혁의 초점이 비리를 가능케 한 조직구조로 집중되었다. 당장에 구체적인 희생을 요구하는 여론에 부응하기 위하여 지구당 폐지를 포함한 획기적인 개혁방안이 제시되었다. 이러한 상황에서 정책결정을 위한 철학적 기반이나 민주주의 원리에 대한 고민은 2차적인 고민으로 밀려났고, 이러한 스토리라인을 가진 경쟁담론의 영향력은 약해졌다. 대신 실용성이 있고 당장 문제를 해결해줄 수 있어 보이는 조치에 대한 기대가 매우 커지게 되었다. 이러한 구조로 인해 결국 그동안에 민주당 내에서 지구당 유지(구주류) 대 지구당위원장 폐지, 즉 개선(신주류)과 한

---

112 그 동안에 각 당의 쇄신파들이 적극적으로 주창해온 개혁방안의 내용은 대중매체에서 적극적으로 다루어졌고 시민사회와 재계에서도 기회가 될 때마다 활용되었기 때문에 이미 전 사회적으로 지구당의 폐지를 포함한 일정한 개혁담론으로 '젖어'/포화되어 있었다(saturated). SK사건으로 대선불법자금에 관해서 여야 모두 자유롭지 못하다는 사실이 공개되고 대대적인 규모의 비리에 대한 충격과 더불어 개혁에 대한 요구는 어느 때보다 강하게 제기되었다.

나라당에서 지구당 유지(구주류) 대 지구당위원장 폐지, 즉 개혁(신주류)의 구도는 갑자기 지구당 폐지, 즉 제거라는 조치로 수렴될 수 있었다.

이 위기상황에서 핵심적 '돌파 조치'로서 지구당 폐지가 제안될 수 있었던 것은 그 이전의 담론경쟁이 있었기 때문이다. SK비리사건으로 더 이상 눈감을 수 없게 된 정계의 비리문제(즉 비민주성)는 독재시대에서 유래된 것이고 민주화 이후 지속적으로 제기되어 왔다. 지구당 문제는 그 핵심적인 요소 중 하나로 꼽혔다. 객관적으로 분석했을 때도 정치계의 비리가 구체적으로 발생하는 곳은 지구당이라는 것을 부인할 수 없는 사실이다. 문제는 지구당 조직이 비리가 발생하는 곳이지만, 조직자체에서 비롯된 것은 아니라는 것이다. 하지만 그 동안 이루어진 개혁담론에서는 지구당을 비롯한 여러 정치 문제에 대해 마치 지구당 자체가 문제의 원인인 것처럼 담론내러티브가 형성되어 왔다. 이렇게 축적된 프레임은 2003년에 들어서 성숙해졌고, SK비리사건은 그 마지막 발화장치 역할을 한 것이다. 지구당 폐지라는 담론으로의 전환과정은 여러 가지의 행위자들이 이전에 잠재적으로 경쟁해 온 내러티브들을 하나의 스토리라인으로 엮어주는 것이었다.[113]

이 과정을 좀 더 구체적으로 살펴보자. 10월 31일에 열린 한나라

113 SK비리사건에 대한 대응책 모색(10월 31일), 쇄신파의 위원직 사퇴 및 지구당 폐지 요구(11월 2일), 최병렬의 갑작스러운 지구당 폐지 개혁방안 제시(11월 3일), 4당의 합의(11월 4일) 및 범개협 설치 계획(11월 5일), 전경련의 지구당 대폭 축소 개혁방안 제시(11월 6일), 김영하 전경련 미디어 대표의 지구당 쇄신방안 (11월 10일), 박용성 대한상의 회장의 지구당 폐지 개혁방안 제시(11월 12일).

당 국회의원 및 지구당위원장 연석회의는 지구당 문제를 중심으로 한 SK비자금 정국을 극복하기 위한 대책을 마련하기 위한 자리였다. 최병렬 대표는 SK비리와 연루된 한나라당 인사에 관해서 "내일은 누가 불려갈지, 또 무슨 말이 나올지 가늠하기 어렸다"며, 홍준표 전략기획위원장은 "조만간 신당 측에서 대선자금을 전격 공개하는 정치쇼를 한 번 더 할 것"이라며 "권력의 칼끝을 물어야 한다"는 발언으로 위기감을 고조시켰다(서울신문, 03/11/01, 3면). 한나라당 지도부가 이러한 위기인식에서 사로잡힌 것과 달리 당내 쇄신파는 보다 과격한 개혁안을 내놓았다. 예컨대 위기에서 탈출하기 위해 오세훈 의원은 "중앙당사와 천안연수원을 팔아 SK100억 원을 갚자"고 하고 남경필 의원은 "이른 시일 내 지구당위원장직을 총사퇴해야 한다"는 제안을 했다(서울신문, 03/11/01, 3면). 원희룡 의원은 지도부의 위기대응을 비판하면서, 계속 그렇게 대응하면 "국민이 우릴 범죄집단으로 보고 결국 당이 망한다."는 발언까지 했다. 여기서 한나라당 내 신주류 대 구주류 구도에서 이루어지고 있는 갈등에서 신주류는 적극적인 스토리라인의 활용을 통해 지도부보다 훨씬 더 능력이 있는 것처럼 보여서, 이에 따라 구주류에 대해 상당한 압박을 가할 수 있었다. 결국 한나라당 지도부는 이러한 이중적 위기 (당내 구주류의 위기와 당 간 한나라당 위기)를 극복하기 위하여 11월 3일에 5대 개혁방안을 내놓게 되고, 그 배경을 다음과 같이 설명한다. "우리가 혁명적으로 정치와 선거를 바꾸겠다고 약속했고, 그렇게 하지 않고는 이 엄중한 현실을 전면적으로 극복하는데 어려움이 있다고 생각한다."(경향신문, 03/11/04, 5면) 하루 전에 당내 쇄신파들은 지구당 위원장직을 사퇴하고 지구당 폐지를 포함한 개혁을 요구했다. 이런 위기상황 속에서 한나라당에서도 (여기서는 위기의식 때문에) 개혁세력이 등장할 수 있게 된다. 그리고 이들이 민주당 내 개혁파의 개혁 프로그램과 개혁 관철 전략까지 벤치마킹함으로써 지구당 위원장 폐지라는 의제를 통해서 일정한 수준의 지위를 성취할 수 있었다.

여야 모두에서 개혁세력이 유사한 내용의 개혁을 추진하고, 여야를 초월한 매우 강력한 담론연합을 형성하였다. 민주당 내 개혁세력은 신당창당을 통해 독립해서 자체 세력화를 위한 욕구를 충족하게 되었고, 신당창당 이후에는 민주당과의 개혁경쟁에서 지구당위원장 폐지를 넘어 지구당 자체의 폐지를 주장하게 되었다. 한나라당에서 전당대회를 이러한 돌파구로 삼았던 신주류는 당시에는 실패했지만 SK비리사건으로 인해서 오히려 지구당 폐지의 주장을 위한 강한 동기를 부여받았다.[114] 물론 단지 SK비리사건만으로 지구당 폐지가 의제화된 것은 아니다. SK사건은 지구당 폐지의 아이디어를 탄생시킨 것이 아니라, 그 아이디어의 중요성을 부각시킨 증폭 역할을 했을 뿐이었다.

특히 한나라당은 전반적인 정치계의 위기에다 대선패배와 지속되는 새 여권의 위력에 대한 돌파구를 모색하고 있는 시점이었다. 이러한 상황에서 지구당 폐지라는 방안을 5대 방안 중의 하나로 넣게 되

114 특히 인터뷰에서도 확인되지만, 정치가들이 이렇게 스스로 '불러들인 귀신'인 지구당 폐지 당위성의 프레임은 '국민들이 요구해서 그렇게 하지 않을 수 없었다'거나 '지구당을 부활시키면 국민들이 용납하지 않을 것이다'라는 발언으로 분명해진다.

었고, 이것은 다시금 지구당 폐지라는 의제의 시급성을 강화시키는 효과를 냈다. 심화된 위기상황에서 한나라당(지도부)에게는 지구당 폐지를 포함한 정책방안이 조정담론의 영역과 소통담론의 영역에서 동시에 관통한 아이디어로 떠올랐다. 이것은 조정담론에서는 이미 정계(기득권 포기)와 학계(원내정당화)에서 의제화된 것이었고, 소통담론의 영역에서도 시민사회(깨끗한 정치)와 재계(효율적 정치)에서 이미 나름대로 역동성을 보여준 의제였다. 지구당 폐지를 비롯한 개혁방안에 대한 담론내러티브의 잠재적 영향력을 말해주는 것은 기득권을 대표해서 가장 강력하고 일관성 있게 지구당 폐지의 대한 반대 입장을 취해온 최병렬 대표와 기타 당내 기득권세력은 이 방안을 찬성하도록 만든 것이다.[115] 뿐만 아니라, 민주당, 열린우리당 등 기타 정당들도 즉각 개혁안에 합의했을 정도로 이 개혁 아이디어의 위력은 강력한 것이었다.

2) 언론의 지구당 폐지 보도

한나라당 최병렬 대표의 5대 개혁안 발표와 4당 개혁안 합의에 대

---

115 특히 8월만 해도 한나라당 내에서 지구당 문제에 관해서는 얼마나 세력 간의 입장차가 현저했는지 상기해보면, 11월 초에 전당의 입장에서 결정된 지구당 폐지의 개혁방안이라는 내러티브의 세력통합적 효과를 알 수 있다. 쇄신파가 지구당위원장을 폐지하는 개혁을 요구했을 때 구주류는 일종의 개혁 면모 전략으로 소위 '국익 우선모임'을 결성하여 내부노선 투쟁보다 강력한 대여투쟁을 촉구했다(한겨레신문, 03/08/14, 6면).

해 언론에서 곧바로 반응하였다. 이미 언급된 일간지 사설에서 지구당의 폐지를 포함한 강력한 개혁이 요구되었다. 2003년 11월 초 이후 부터 쏟아지기 시작한 사설의 스토리라인은 이제 거의 일치하고 강력해졌다. 이러한 변화는 12월 중순부터 잠깐 등장한 개혁방안 철회 시도가 실패하는 데 결정적인 영향을 미쳤다. 먼저 "원내정당화"와 "지구당 위원장 제도폐지"라는 키워드는 거의 완전히 사라지고 "지구당 [자체] 폐지"와 더불어 "돈 먹는 하마"라는 은유가 많이 등장하게 된다.(아래 〈그림 6-6〉 참고.) 11월 4일자 〈세계일보〉의 사설은 "지구당 폐지에서 더 나아가야" 한다는 주문을 한다. 여기서 특히 한나라당 소장파의 위원장 사퇴와 재창당 수준의 정당개혁에 대한 요구, 최병렬 대표의 개혁 5대 방안과 SK불법 자금을 거론하면서 "돈 공천"과 "검은 돈"에 초점을 맞추어 지구당에 그치지 않고 중앙당까지 폐지해야 한다는 주장을 펼쳤다. 특히 SK비리사건은 과거 "군사정권 때나 볼 수 있었던" 것으로 묘사되었고, 열린우리당의 대선자금문제와 관련하여 총선을 앞둔 강력한 개혁이 요구되었다. 11월 6일자 〈경향신문〉의 사설에서도 총선을 앞둔 시점임을 강조하며 "기성정치권"의 "낡은 정치"를 거론하면서 "조직=표라는 기성 정치권의 인식"을 비판한다. 핵심적으로 주목하는 것은 "돈 먹는 하마"인 지구당이고 폐지를 주문한다. 11월 6일자 〈세계일보〉의 사설도 "돈 먹는 하마"를 지목하여 "고비용 저효율 정치구조"와 "후진적인 정치풍토"를 개탄하고서 "돈을 쓰게 만드는 지구당"의 폐지를 주문한다. 여기서 "매머드 중앙당을 아예 해체하고 국회로" 이전하는 것과 "월급 받는 당원을 없앤다"는 것과 "읍면동 조직 해체"에 대한 요구도 추가된다. "지구당이 없어지지 않고서는 한

발짝도 나아갈 수 없기" 때문이라는 것이다. 언론이라는 행위자의 담론 관여에 있어서 특히 주목되는 것은 소위 진보적인 한겨레신문 논지의 변천과정이다. 몇 년 전까지만 해도 지구당 폐지라는 개혁방안에 대해서 매우 날카로운 의식을 가지고 "풀뿌리 정치의 근간인 지구당을 없앤다면 정당의 상향식 민주주의의 토대가 없어질 우려가 크다"(98/08/26, 4면), "지구당을 없애면 음성적 사조직에 더 많은 비용이 들 것이다"(99/06/07, 5면) 등의 논리로 비판했지만, 4당 합의가 이루어진 후에 한겨레신문은 그 논지에서 다른 신문과 별 차이를 보이지 않는다. "한국 정치에서 지구당을 들어내 버리기 위해 노력해왔다.(고동우, 2003)"며 "지구당 폐지=돈 안 드는 정치를 위한 핵심사안"(03/11/07), "지구당 폐지 유보=거꾸로 가는 정치개혁"(03/11/13), "지구당=재벌 비서실"(03/11/14), "지구당 폐지=정치자금 투명화의 금과옥조"(03/11/17)." 등과 같은 사례를 언급한다. 고동우는 한겨레신문의 이러한 입장 변화는 '다른 진실로의 창조'로 분석해서 "〈한겨레〉식 '정치개혁'에 반대한다." 언론에서 이러한 '창조적 진실변화'는 한겨레신문뿐만 아니라 타 신문에서도 확인할 수 있다. 특히 사설에서는 2003년 1월부터 다른 신문들과 한겨레신문과 경향신문은 지구당 폐지가 아니라 지구당위원장 폐지라는 개혁의제를 의식적으로 거론하지만, 11월 초부터는 한겨레와 경향신문 사설에서마저 '위원장 제도'가 빠지고 지구당 자체의 폐지에 대한 강한 요구만 이어진다. 한겨레신문의 2003년 10월 3일자 사설에서는 지구당위원장 제도에 대한 비판적 분석이 마지막이었다. 여기서 "기존의 지구당위원장 제도야말로 국민참여 의욕을 꺾는 고질의 하나다. […] 국민참여 경선제의 성패는 지구당위원장을 폐지해 공직 후보자가 지구당 대표를 겸하지 못하게 할 수 있느냐에 달렸다"고 평가한다.

10월 31일 SK비자금에 대한 새로운 공개를 계기로 한나라당이 당내 쇄신파의 개혁의제를 거의 그대로 받아들였고 오히려 개혁을 더 적극적으로 요구한 통합신당보다 더 앞서가서 지구당 폐지를 포함한 개혁안을 밝혔다. SK비자금 사건과 관련해서 이미 활발하게 정치부패를 다루고 있었던 언론들은 경쟁하듯 정계의 개혁안을 환영하면서 무조건적이고 빠른 실천을 촉구하고 나섰다. "한나라당 '지구당 폐지'에서 더 나아가야"를 주문한 〈세계일보〉(03/11/04)를 비롯해서 개혁을 요구한 일간지 사설들이 쏟아지기 시작했다[116]. 이러한 언론의 의견 제시와 구체적인 요구는 매우 분명하기도 하고 신문들 사이에 일치했다.

지구당 개혁 문제와 관련하여 자주 등장하는 은유는 '돈 먹는 하마'다. 돈 먹는 하마라는 표현은 1986년에 동양화학(현 옥시)에 의해 출시된 당시에 신제품인 '물 먹는 하마'라는 습기제거 상품의 이름에서 비롯된 것으로 추측된다. 습기제거상품에 '물 먹는 하마'라는 상표를

---

116 11월 5일자 사설은 "'지구당 폐지' 방향은 옳다"(《동아일보》), "정치개혁 더 이상 미룰 수 없다"(《세계일보》), "정치개혁 빨리 하라"(《문화일보》), "국면 전환용 개혁안 아니길"(《국민일보》), "최 대표 개혁안 입법화 주목한다"(《한겨레신문》), "검찰수사가 야당 죽이기라니"(《한국일보》), "한나라당 개혁안 평가받으려면"(《서울신문》) 등과 6일자 사설은 "'정치혁명' 이제 시작이다"(《경향신문》), "진정한 정치개혁이 되려면"(《서울신문》), "정치개혁, 기득권부터 버려라"(《한국일보》), "'돈 먹는 하마' 중앙당부터 해체해야"(《세계일보》), "정치개혁, 이번엔 확실하게"(《국민일보》) 등이 있었다.

사용하게 된 이유가 "부르기도, 기억하기도 쉽다. 무엇보다 제품의 특성이나 용도를 암시한다는 점"으로 습기제거제 브랜드로서 제격(경향신문, 2006-11-15)이라고 할 수 있다. 하마는 등치와 입이 크고 하루 종일 물에 머물고 있는 것으로 알려져 있는 동물이라서 마치 온 종일 몇 백 리터에 달하는 양의 물을 먹는 것처럼 상상될 수도 있기 때문이다.[117] 물을 선호하고, 성급하지 않고 계속적으로 서서히 움직이는 몸이 큰 동물로 알려진 하마를 습기제거제의 이름으로 채택한 것은 제품홍보에 있어서 매우 마땅한 것으로 평가된다. 특히 여름에 심한 습기를 '인내심'을 가지고 효과적으로 제거해주는 제품은 원래 하루 종일 강이나 호수에 머무는 동물의 모습을 연상시키고, 마치 그러한 하마 한 마리를 옷장에서 키운다고 생각하기 쉽기 때문이다.

지구당 문제와 관련해서는 '공중전화기', '자동판매기', '밑 빠진 독' 등 많은 비용이 드는 은유와 비유가 사용되지만, '돈 먹는 하마'는 거의 빠짐없이 등장하는 표현이다. 그리고 이와 함께 거의 매번 같이 거

117 물론 하마는 물을 먹지 않고 야간에 물에서 나와 4-5시간 동안 풀을 찾아 먹는다. 하지만 1980년대부터 이런 이름으로 매우 잘 팔리는 이 제품의 이름 때문에 많은 사람들은 하마가 정말 물먹는 동물로 생각하는 가능성도 있어 보인다. 즉 원래 단어의 지시대상보다 은유의 지시대상이 일반인들에게 훨씬 더 잘 알려져 있기 때문이다. 만약에 정말 그렇다면 지구당을 돈 먹는 하마로 묘사하는 것이 단지 하마와의 비유가 되는 것이 아니라 (하마는 사실 생각한 것과 달리 물 그렇게 많이 안 먹는데!), 오히려 (원래 지시대상인 하마보다 훨씬) 더 효율적으로 제 기능을 하는 '물 먹는 하마'라는 제품의 효율성을 연상시켜서 효율성에 대한 연상이 더 강할지도 모른다.

론되고 '돈 먹는 하마'의 뜻을 분명히 재설명하는 또 다른 관용어는 '고비용 저효율'이다. '공중전화기'나 '자동판매기'는 '돈이 들어가야만 돌아간다'는 뜻으로 비용이 든다는 의미에서 사용되고 '밑 빠진 독'은 비용이 많이 들고 효과는 없다는 것이다. 하지만 이러한 은유와 달리 돈 먹는 하마는 훨씬 더 풍부하고 구체적인 연상을 가능하게 해서 그런지 더 많이 쓰인다. 특히 여름의 장마철에 습기를 효과적으로 제거하는 기능이 뛰어난 것처럼 지구당은 돈을 '뛰어나게 많이' 소비한다는 비유이다. 다시 말해서 '물'을 '돈'으로 대체해서 지구당의 문제점에 적용함으로써 '물 먹는 하마'라는 상품의 핵심 기능을 전복시키면서 부정적인 속성이나 특징을 표현한다. 물이 아니라 돈을 먹기 때문에 비용이 많이 든다는 것이고, 몸집이 크고 몸무게가 무거워서 하루 종일 쉬며 느릿느릿하게 움직이는 땅에서 서식하는 포유동물 중 가장 무거운 동물 중의 하나이기 때문에 비용만 들고 움직이는 것, 즉 생산품이나 결과가 별로 없다는 것으로 이해된다. 이에 계속 물 안 혹은 물 근처에 머물면서도 수영도 제대로 못하고 멸종의 위협에 처해져 있는 사실까지 고려하면 매우 강력한 비유로 평가된다. 이 은유는 논증적 담론분석에서 가정하는 은유의 기능과 역할에 매우 적합하다고 평가된다.

〈그림 7-8〉 '돈 먹는 하마' 보도 빈도 추이 (2003.10-2004.4)

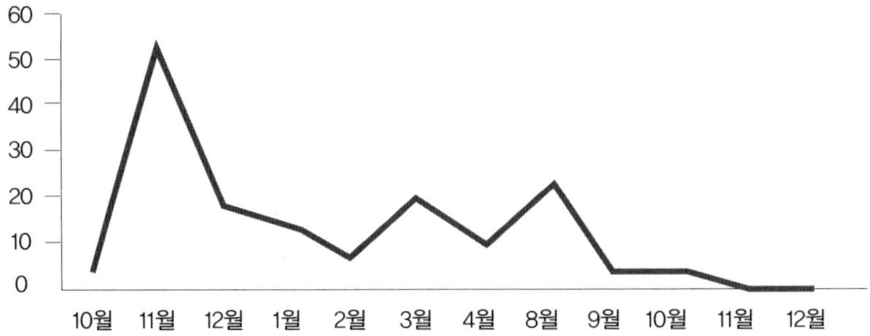

자료출처 : KINDS

3) 시민사회와 국민의 여론

여론조사의 결과를 통해서 분석한 국민의 시각은 변덕스러워서 정확하게 규정하기 어렵다. 정당·정치의 문제를 바라보는 데에 있어서는 정치가나 전문가들과는 상이하지만 주로 지구당의 폐지를 통한 문제해결에는 동의하지 않는 경향이 보인다고 할 수 있다.[118] 2003년 5월 초에 실시된 여론조사에서는 가장 많은 사람들이(33.8%) '한국 정치수준이 낮은 이유'가 '구시대적 정치인' 때문이라고 답했다. '비민주적 정치제도'(29.8%)와 '유권자 의식 미성숙'(23.6%)도 거의 비슷한 수치로 나타났지만, '3김 시대 지역정당구조'(8.2%)는 거의 거론되지 않았다. 이러한 문제에 대한 해결책으로는 정치자금, 선거제도, 국회, 정당 등의 순

118 여기서 여론·설문조사의 근본적인 한계도 고려해야 하고, 또 특히 질문을 하는 내용과 방식에 따른 응답 유도로 인한 왜곡 문제가 있다.

위로 개혁과제의 중요성이 제시되었다.[119] 가장 우선과제로 뽑은 조치는 '지역주의 정당타파'(26.9%)와 '당 재정 투명성 강화'(26.9%)였고, 다음 수위로 '진성당원중심 지구당개편'(13.5%)과 '중앙당기능과 역할 축소'(9.0%)로 나타났다. 여기서 응답자들이 보이는 입장은 무엇보다 일부 정치인들이 문제이지만, 그들로부터 파생되는 문제를 해결하기 위해 정치자금을 가장 먼저 개혁해야 한다는 것이다. 이와 더불어 정치부패의 척결도 최우선의 과제로 꼽았다. 일부 영향력이 있는 정치가들이 구시대적인 부패와 비리를 저질렀기 때문에 정치자금의 개혁을 통해서 정치부패를 차단(척결)해야 한다는 입장이 생긴 것이다. 이와 관련해서 중앙당이나 지구당의 개편보다는 무엇보다도 이러한 구시대적 정치가들의 영향력의 기반이 되는 지역주의 정당을 타파해야 하고 정당의 재정에 대한 투명성을 확보할 때만 개혁이 효과가 있다는 것으로 풀이된다. 흥미로운 것은 이 결과가 같은 시기에 조사된 국회의원들의 응답을 통해서 도출할 수 있는 입장들과 상이하다는 것이다. 그들은 '구시대적 정치인'(8.5%)보다 오히려 '3김 시대 지역정당구조'(59.3%)를 한국 정치수준이 낮은 이유로 보고, 이에 따라 정치변화를 위한 과제는 '정책·이념의 정당구도 개편'(48.6%)을 주목하고 있어 자금보다도 특별히 정당개혁(46.6%)의 필요성을 역설한다. 이와 더불어 정당개혁의 우선과제로는 '지역주의 정당타파'(50.0%)도 주장하지만, 2순위로는 '중앙당기능과 역할 축소'(29.7%)를 꼽는다. 다시 말해 일반

---

119 '정치자금개혁'=45.7 ; '선거개혁'=18.2 ; '국회개혁'=16.9 ; '정당개혁'=16.6.

국민과 달리 정치가들은 정치자금 문제에 대한 매우 약한 문제의식[120]을 가지고 주로 구조적인 문제를 주목하며 정당 개혁을 최우선의 정치개혁과제로 보았던 것이다.[121]

하지만 국민들이 위의 여론조사에서 지구당 폐지를 의미할 수도 있는 방안을 최우선 순위로 꼽지 않는다고 해서 지구당 문제에 대해 비판적인 입장을 갖고 있지 않다는 것이 아니다. 2003년 11월 초에 있은 4당에 의한 지구당 폐지 합의 이후에 실행된 여론조사[122] 결과는 이러한 국민의 시각을 잘 나타낸다. 조사의 결과에 따르면 '지구당을 폐지하고 연락사무소를 설치하는 방안[123]이 정치비용 감소에 어느

---

120 '당 재정 투명성 강화'를 개혁과제로 꼽은 국회의원은 한 명도 없었다.

121 이렇게 서로 다른 국민들의 입장을 나타내는 다른 여론조사도 있다. 이에 따르면 같이 조사된 이른바 여론주도층 인사들보다 일반 국민들은 지구당 폐지를 통하여 '정치의 문제를 해결할 수 있다'고 보지 않는다는 것이다. 결과에 따르면 여론주도층의 81.1%가 '지구당 조직의 폐지'에 찬성하는가 하면, 일반국민들은 51.1%에 불과했기 때문이다. (SBS여론조사 : 2003년 12월 5일 - 15일까지 실시 ; (1) 200명 여론주도층 대상으로="지구당 조직 폐지 찬성?" 찬성=81.1% ; 반대=17.6% (2) 700명 일반국민 대상으로="지구당 조직 폐지 찬성?" 찬성=51.1% ; 반대=41.8% (2004년 1월 7일에 "새로운 정치를 위한 SBS 신년계획"에서 방송되었음. KSOI&TNS))

122 '정치개혁 쟁점'에 대한 이 여론조사는 업코리아가 21세기 리서치 앤 시스템에 의뢰, 2003년 11월 17일, 18일 이틀간에 걸쳐 위의 내용 외에 '소선거구제와 중대선거구제 중 어느 방안이 적절하다고 보나'라는 질문에 전체 응답자의 40.8%가 '중대선거구제가 좋다'고 응답했으며, 36·4%가 '소선거구제가 좋다', 12%는 '상관없다'는 것도 밝혀졌다(이미란, 2003).

123 이 방안은 당시에 선관위와 범개협에 의해서 제안된 방안과 유사한 내용이다.

정도 효과가 있다고 보나'라는 질문엔, '크게 효과가 있다'라는 응답이 27.3%, '어느 정도 효과가 있다'가 33.3%, '별효과가 없다'가 23.6%를 차지했으며, 3.8%가 '전혀 없다'고 응답해 응답자의 대다수가 지구당 폐지에 긍정적인 견해를 보였다. '효과가 있다'고 보는 응답자가 총 60.6%로 대다수인 반면, '효과가 없다'고 보는 이들은 27.4%에 불과하다는 것은 잠정적으로 지구당 폐지에 동의하는 경향을 말해준다. 물론 여기서 이미 비용 효율성 담론에 입각한 조사 질문에 한해서만 응답한 것이기 때문에 사전왜곡의 한계를 가질 수밖에 없는 결과로 보아야 한다. 질문은 "정치비용 감소의 효과"에 관한 것이었다. 이 결과를 가지고 언론에서는 "대다수가 지구당 폐지에 긍정적"(업코리아, 03/11/18)이라는 결론을 내렸다.[124] 그렇다고 이 분석이 유효하지 않다는 뜻이 아니다. 다른 여론조사[125]에서는 지구당 폐지에 대한 국민들의 더

124 유시민 전 장관과의 인터뷰에서는 언론의 이러한 행태에 대한 설명도 정당개혁에 있어서의 결정적인 요소로 꼽혔다. 그에 의하면, "언론 카르텔도 한 몫을 한다. 먼저 어떤 것에 대한 부정적 기사를 많이 쓴다. 그리고 나서 이 문제에 대한 여론조사를 한다. 마지막으로 여론조사의 결과를 토대로 사설을 쓴다." (유시민 인터뷰)

125 이외에 다음과 같은 내용도 담고 있다. 완전선거공영제 찬반 : 찬=61.7%, 반=36.7%, 모름=1.6%//정치개혁 우선과제 : 정치자금 투명화=37.2%, 지역정당 구도 극복=16.2%, 측근/계파 정치극복=15.0%, 대통령 권력 분산=8.6%//노무현 대통령 국정운영 지지도 추이 : 8.17=37.7%, 9.30=32.1%, 10.4=34.0, 10.11=36.4, 11.13=39.4. 이 언론조사는 SBS가 창사 13주년을 맞아 정치, 경제 현안에 대해 여론조사를 실시한 것이다. 여론조사 전문기관인 TN소프레스에 의뢰해 2003년 11월 13일 하루 동안 전국의 성인남녀

적극적인 입장이 밝혀졌다. 그에 따르면 지구당 문제를 해결하는 데에 있어서 지구당을 '최소한의 연락사무소로 대체한다'(44.0%), '지구당을 완전 폐지한다.'(41.2%), '현행지구당을 유지한다'(11.7%)는 결과가 나왔다 (아래 그림 참고). 물론 여기서도 주어진 질문의 내재적 대안배제 효과로 인해 응답이 매우 편협한 범위 내에서만 이루어질 수 있다. '현행유지'와 '대폭축소/폐지'라는 두 가지 극단적 선택 사이에 선택하면서 이보다 더 질적인 차원에서의 지구당 문제 해결책에 대한 입장유도가 아예 배제된다. 그러나 뚜렷하게 나타나는 것은 국민들의 지구당 문제에 대한 문제의식 자체이고, 그들은 지구당 폐지보다는 대안적인 해결책을 선호한다는 것이다.

〈그림 7-9〉 지구당 문제 해결에 대한 여론조사(2003.11)

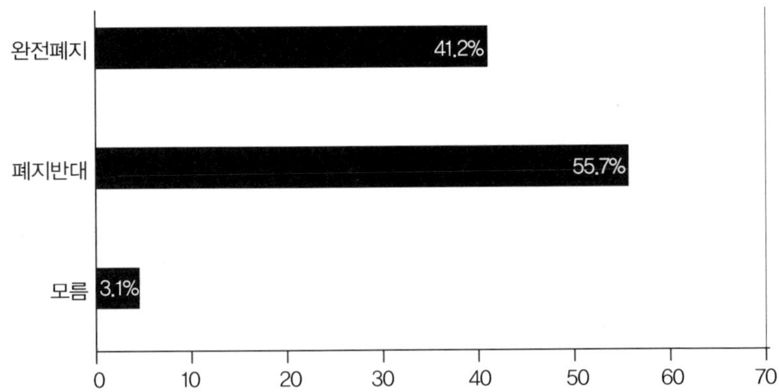

1000명을 상대로 실시되었다. 95% 신뢰 수준에 표본 오차는 플러스 마이너스 3.1%이다(SBS 8뉴스 2003년 11월 14일 방영).

범개협이 국회 특위에 정당법 개정안을 제출하고 나서 의원들의 반개혁적인 반응이 있은 후에 이루어진 여론조사[126]에서는 이에 대한 비판의식을 잘 보여준다. 정치개혁의 주요 과제에 대한 다른 설문조사 결과에 따르면 응답자의 45.2%가 정치개혁을 위해서는 우선 비리 정치인을 엄정히 처벌해야 한다고 답했고, 이어 정치자금 투명화(22.7%), 국민참여를 통한 후보 공천(16.6%)이라고 답했다. 지구당 폐지 및 중앙당 축소라는 방안을 바람직한 해결책으로 보는 응답자는 4.2%에 그쳤다. (선거운동 공영화(3.5%)).

〈그림 7-10〉 지구당 폐지 방안에 대한 여론조사 (2003.12)

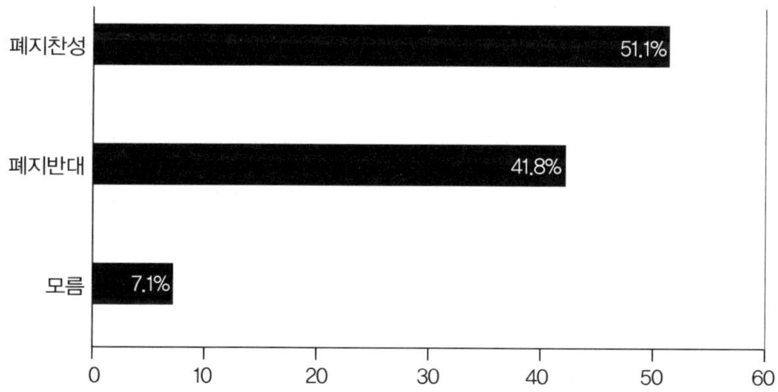

재계를 대상으로 한 여론조사[127]에서 기업인들은 음성자금 수수관

126 한겨레, 04/01/01, 7면.

127 대한상의가 자산 2조원 이상 41개 민간기업집단을 대상으로 '정치자금에 대한 기업인 의식' 설문조사. 〈파이낸셜뉴스〉, 03/11/10.

행 근절을 위해 첫 번째로 '고비용정치구조(62.1%)'의 개선을 꼽았다. 다음은 '정치인 의식(31.0%)'과 '처벌제도(6.9%)'를 들었다. 고비용 정치구조를 개선하기 위한 과제로는 '완전 선거공영제 실시(38.7%)'와 '지구당 폐지(32.3%)'를 주문했다. 향후 기업의 바람직한 정치자금 제공방식에 대해서는 '선관위를 통한 간접기부'를 1순위(45.2%)로 꼽았다. 여기도 역시 지구당의 폐지가 등장하지만 문제의 해결을 위한 조치로는 3분의 1만 바람직한 것으로 본 것으로 나타났다.

4) 대통령과 민주노동당의 저항

단지 민주노동당과 일부 학자, 노무현 대통령이 지구당 폐지에 반대했지만, 학자는 물론 민노당도 지위가 약하고 노무현 대통령도 여러 가지의 변화로 영향을 미칠 수 있을 만큼의 실질적인 권위를 가지지 못했다. 민주노동당(권영길, 노회찬)은 11월 11일에 박관용 국회의장을 면담하여 4당에 의해 결정된 지구당 폐지방안은 '잘못된 것'이라며 "소액당비에 의한 운영되는 정당일 경우 오히려 활성화 되어야 한다"는 입장을 밝혔다. 또한 지구당 폐지가 아니라 "진성당원이 활성화되면 지구당이 활성화 되는 것"을 강조하며 그를 위한 20대 개혁방안을 의장에게 전달했다(폴리뉴스, 03/11/11).

다음 날인 12일에 〈언론인과의 만남〉이라는 공적인 자리에서 노무현 대통령은 2003년 초에 밝힌 정당조직에 관한 개혁방안(지구당위원장 기득권 포기 등)과의 연장선상에 "지구당을 폐지하면 정당의 기초가 무너져 정당제도가 바로 설 수가 없다"는 발언으로 4당의 지구당 폐지의 개혁방안을 부정했다(국민일보, 03/11/13, 4면).[128] 궁극적으로 그것은 지구당 폐지라는 조치가 정당정치에 위배된다는 주장으로 SK비리사건의 확대에 대응하기 위하여 정치권에서 그것을 급하게 방안으로 채택한 것에 대한 강한 비판이었다. 특히 "지구당 폐지는 내용이 애매해 실현될 수 없다"(오마이뉴스, 03/11/12)는 발언이 주목된다. 한 달 후(12월 17일) 노무현 대통령은 이러한 입장을 국회에 제출한 공개서한에서 더 자세히 설명하면서 재확인했다.

> "최근 각 정당 간의 협의와 국회 정치개혁특별위원회의 논의 과정에서 지구당 폐지에 대해 공감대가 이뤄졌다고 듣고 있습니다. 지구당이 고비용 정치의 주요 원인이라고 판단해서 그런 것으로 알고 있습니다. 그러나 지구당은 국민들이 정당에 참여하는 가장 중요한 통로입니다. 정당정치의 주춧돌입니다. 참여민주주의의 확대가 시대의 추세라는 점에서 더욱 그렇습니다. 분권과 자율이라는 시대정신에도 맞습니다. 그런 점에서 지구당을 폐지하기보다는 운영을 혁신하는 것이 올바른 개혁 방향이라고 생각합니다."(노 대통령의 공개서한 중, 03/12/17)

128 노무현 대통령은 지구당 폐지에 대해서 이렇게 비판적인 입장은 일관성이 있어 보인다. 늦어도 1999년에 16대 총선을 앞둔 시점에서 여권에서 다시 한 번 지구당 폐지론이 제기되었을 때도 당시 국민회의의 부총재로 "지구당이 폐지되면 도리어 편법운영과 음성적인 지역구관리가 이루어질 수 있다"는 지적을 했다(한국일보, 99/05/11, 4면).

이렇게 강력한 반대의사를 표명했음에도 불구하고, 그것이 효력을 발휘하지 못한 이유는 현실화된 당정분리, 열린우리당의 개혁방안(김근태), 사회분위기, 언론의 영향, 시민사회/재계 등과 '돈 먹는 하마'[129]로서의 지구당에 대한 인식이 벌써 매우 강하게 형성되어 있었기 때문이다. 노무현 대통령이 지구당 폐지 등에 대한 구체적이고 공개적으로 반대의사를 표명하였고, 그것이 언론에 보도되었다. 그러나 아무도 구체적으로 반박하거나 비판하지도 않을 정도로 영향력이 약했다. 열린우리당을 비롯해서 여야 정당들은 대부분 '황당하다'는 반응을 보였고, 이미 결정된 당론에 변함이 없다는 식으로 '소극적 무시' 전략을 폈다. 그러나 일부의 반응에서 대통령에 대한 적극적이고 공개적인 지위폄하(lowering-positioning)를 확인할 수 있다. 예컨대 한나라당 수석부대변인 은진수는 대통령의 지구당 폐지반대 입장의 논리를 두고 "앞뒤가 맞지 않는 말"이라며 "더구나 당적도 없는 대통령이 정치권에서 논의 중인 정치개혁에 혼선을 유도하는 것은 적절치 못하다"는 주장을 했다(국민일보, 03/11/14, 5면). 자민련 대변인 유운영은 "대통령은 정치권 뒤에서 정치개혁이 제대로 진행될 수 있도록 뒷받침하고 협조해야 할 책무가 있는데 정치개혁의 가이드라인을 제시하려 하고 있다"고 당 의견을 밝혔다(국민일보, 03/11/14, 5면 ; 느낌표는 필자의 것).

노무현과 민주노동당의 반대 입장은 위에서 언급된 것처럼 담론 행위자로서 그들의 지위가 약했다는 것이 그들의 논지가 별 영향을 미

129 이 은유의 배경에 대해서는 후술한다.

치지 못했던 결정적인 원인이었다. 또 다른 이유는 그들이 동원한 스토리라인의 빈약함이나 담론친화성에서 찾을 수 있다. 2003년 12월에 노무현이 국회의원들에게 공개적으로 보낸 편지(국회에 제출한 개혁 서한)에서 지구당이 정당정치의 기반이기 때문에 폐지하면 정당정치 자체가 흔들린 것이라는 주장은 경쟁적 담론으로서의 잠재력을 가질 수는 있으나, '돈이 문제라면 지구당 조직활동을 개인집에서 하면 된다'는 논지는 지구당의 근본적인 기능이나 의미를 흐리는 경향이 있고, 오히려 상대 담론의 논리와 친화성을 가지기 때문에 설득력이 떨어진다. 민주노동당은 특히 위헌제기를 통하여 담론경쟁에 뛰어들었지만, 나중에 나온 판결의 내용과 별도로 민노당의 논거에서도 미약함을 발견할 수 있다. 인터뷰에서 드러난 것처럼 위헌제기가 적어도 부분적으로는 당내 갈등 속에서 출발한 일종의 정치적 계산을 배경으로 하고 있기 때문에 논거가 약하다. 합헌판결에 대해 민노당 측에서 별다른 반응을 보이지 않았던 것도 이를 확인해준다. 헌재에 위헌제기를 하려면 그만큼 근본적인 것을 전문적으로 문제화했어야 하는데, 민노당 측이 그런 노력을 하지 않았기 때문에 헌재가 합헌판결을 내리기가 쉬웠다.[130]

130 헌재의 판결이 안고 있는 문제점에 대해서는 다음 장에서 집중적으로 분석하기로 한다.

5) 거시행위자로서의 범개협

김대중 정부시기와 달리 시민사회는 범국민정치개혁협의회(이하 범개협)라는 국회자문기구에 참여하게 되었다. 범개협은 언론, 학계, 법조, 재계, 시민사회 등 다양한 세력들을 통합해서 그들의 다양한 입장들을 통일시킨 결과를 낳았다. 특히 시민사회까지 포함한 다양한 세력을 포괄하는 기구인 만큼 상당한 정당성을 갖추고 무시하지 못할 영향력을 발휘할 수 있었다. 11월 13일 범개협의 발족에 따라 거시적 행위자가 등장하였다. 범개협은 위원장인 박세일 교수가 속한 〈동아시아연구원〉의 연구팀에 의해 가장 큰 영향을 받았다(박성진, 2006, 89). 그들의 주장은 정치의 독과점구조와 기득권구조를 혁파함으로써 바람직한 '국가경영형 정치'를 실현이 가능해진다는 것이었다(박세일, 2003, 66). 이러한 모형의 정당조직에 관한 내용으로는 지구당 폐지에 한해서는 원내정당화를 주장했다(박세일, 2003, 75). 범개협은 국회자문기구로서 접근 지위와 자원을 충분히 갖추었다. 범개협의 개입과정은 불과 20일에 지나지 않았기 때문에 별다른 집착이나 인내도 요구되지 않은 조건으로 이해된다. 오히려 시간적 압박 때문에 의제를 잘 통제(agenda control)할 수 있었다. 국회의 정책개혁특별위원회에 제출한 범개협의 개혁안이 결국 지구당 폐지를 포함했다는 것은 범개협의 구성원들 중 일부 주장이 지배적으로 반영되었다는 것으로 풀이된다. 따라서 주어진 시간이 너무 짧았다는 명분으로"국회나 선관위, 시민단체 등에서 이미 만든 내용을 통합 정리하는 수준에 머무르고 말았다"

(박세일, 2004, 129)는 이유로 구성원들 사이에 분명히 존재했던 입장 차이에 따라 "매우 민감한 갈등을 만들어낼 수밖에 없는 어젠다임에도 불구하고 […] 비판적 검토 대상도 되지 않았다"(박상훈, 2004, 171)는 것은 이것을 잘 보여준다. 범개협은 전형적인 거시행위자였지만, 지구당 문제와 관련해서 '폐지사고'를 방지하기 위하여 결정적인 영향을 미치지 못한 이유는 범개협이 법제화되지 않았기 때문이라는 추측이 가능하다. 범개협의 논쟁적인 개혁안은 언론으로부터 큰 지지를 받았지만 결국 국회위원회에서 적어도 지구당 문제와 관해서는 완전히 무시당했다(정당법 소위 회의록 참조 ; 후술함). 11월에 4당 합의 이후에 특히 지구당 폐지에 반대하는 민주노동당은 박관용 국회의장을 찾아가 범개협의 법제화를 요구했었다. 이 자리에서 노회찬 사무총장은 "범국민정치개혁특위가 여야 대표가 주장한 것과 달리 국회 정개특위의 들러리화 되고 있는 상황에서 법제화는 반드시 필요하다"고 강조했다(폴리뉴스, 03/11/11). 결국 이러한 우려가 사실로 되었던 셈이다. 지구당에 대해 범개협은 "고비용정치구조의 타파라는 시대적 과제와 민의의 수렴이라는 정당 본래의 기능과의 조화를 꾀하기"(범개협, 2003, 27) 위하여 "소위 '돈 먹는 하마'라는 인식 위에서 지금과 같은 기존의 지구당 제도는 더 이상 존치시킬 수 없다는데 의견을 같이하여 법정지구당은 폐지하되, 다만, 최소한의 지역조직은 자율적으로 둘 수 있도록 하였다."(범개협, 2003, 26) 하지만 동시에 이러한 지역조직의 규모를 최소화하고 활동 범위를 제한하는 규정도 제안했다. 예컨대 지역조직 등록제 실시, 선거구별 유급상근직원 1인 이하 허용, 후원회 금지, 수당 및 활동비 지급 금지 등은 "지역조직의 비용소요 최소화" 방안으로 투명

성의 확보를 위해 선관위에의 회계보고 의무를 부여했다(범개협, 2003, 27). 다시 말하면, 범개협도 지구당 문제를 비용의 시각에서 접근한다. '돈 먹는 하마'라는 은유를 언급해가면서 '비용요소 최소화'를 1차적 목적으로 하는 개혁안이 여기에 상응하는 해결책처럼 묘사한다. 정당의 민주화의 과제는 빠져 있고, '민의 수렴'은 언급되지만, '고비용정치 구조의 타파'의 기본 개혁의 결과로만 나열됨에 따라 범개협의 방안은 이미 새 개혁담론의 전형적인 프레임을 재생산한다고 볼 수 있다. 지구당 조직은 조직자체를 더 이상 의무사항으로 규정하지 않고 정당의 자율에 맡기지만, 당내 의사결정과정이나 조직운영에 대한 언급은 아예 없다. 구성원들에 대하여 다시 비용논리만 적용해서 상근직원의 수를 제한한다. 그러나 지구당 자체를 폐지하는 것이 아니라 '법정지구당', 즉 지구당을 두어야 하는 의무사항 만을 폐기한 것은 4당 합의부터 요구되었던 지구당 폐지 당위성의 스토리라인과 다르다. 핵심사항 11가지 가운데 무려 5가지가 정치자금의 투명성과 규모 축소에 초점을 맞췄을 만큼 고비용 타파는 주된 화두였다(장훈, 2009, 135, 14번 주석). 즉 범개협의 "정치 개혁안들은 정당을 통한 대중 참여의 확대를 우려하는 정치학자들과 정치 참여의 확대를 지지하는 시민운동 내지 진보파들을 아우르는 절묘한 합의형성을 가능하게 했고, 이를 통해 개혁의 의제들이 만들어지고 제도로서 결정되었다"고 볼 수 있다(최장집, 2007b, 142).

6) 국회 정개특위에서 수렴된 지구당 폐지론

범개협은 결국 법제화되지 않았지만 국회 정치개혁특별위원회의 공식적 자문기구였기 때문에 그 개혁방안이 국회특위에 제출되었다. 정당법에 관한 개혁안은 정당법 소위에서 참고되었다. 소위의 1차와 2차 회의에서 각 당의 입장이 조금씩 다른 것도 확인되지만, 개혁담론 내에서의 마지막 간격들도 공동담론으로 좁혀지는 과정도 발견된다. 또한 이러한 담론수렴 주도자는 그동안에 가장 개혁적인 입장을 취해온 열린우리당의 김성호 의원이었다는 것도 이러한 발전의 일관성을 말해준다. 한나라당은 지구당 폐지와 연락사무소 운영, 민주당은 2004년 총선 이후의 지구당 폐지와 당원협의회 설치(연락사무소처럼 운영), 열린우리당은 총선 이전에 지구당 폐지(강경안)와 지구당위원장 제도를 운영위원장 제도로의 전환[131] 등의 개혁안들을 당론으로 채택했다(국민일보, 03/11/14, 5면). 이러한 서로 다른 개혁안을 가지고 정당법

---

131 열린우리당은 당내에서 입장이 통일되지 않고 "모래알처럼"(천정배 인터뷰) 흩어져 있었다. 크게 김근태 대표와 천정배 의원으로 대표되는 두 개혁방안에 대한 입장이 있었다고 볼 수 있다. 하지만 오세훈을 비롯한 한나라당의 자금법에 대한 개혁안의 심각성 때문에 예컨대 천정배 의원은 정당법 소위가 아니라 자금법소위의 위원으로 활동하게 되었고(천정배 의원 인터뷰), 대신에 김근태와 같은 노선을 추진하는 김성호 의원이 정당법소위에 들어갔고 거기서 주도적인 역할을 했다는 결과가 가능했다.

소위에서 3당의 위원들은 지구당 문제를 중심으로 의논했다.[132] 하지만 각 당의 상이한 개혁안은 전체적으로 보았을 때 그 차이가 미미한 수준에 머문다. 그들이 소위에서 결국 매우 쉽게 지구당의 폐지를 합의할 수 있었던 이유는 이미 그 전에 '돈 먹는 하마'의 프레임을 공유하였기 때문이다. 한편으로는 4당 위원들은 강한 '여론의 압박'을 사실 자체(양적인 것)로 인지하고, 다른 한편으로는 비용 축소를 위한 해결책을 찾는 것(질적인 것)이 일차적인 과제라는 인식을 공유하고 있었다. 이 사실은 소위 회의록을 분석하면 알 수 있다.

1차 회의(04/01/15)에서 입법심의관의 지구당 폐지여부를 거론하자 A의원은 "완전히 폐지하자는 거지요"라 한다. 하지만 C의원은 소속당 당론에 따라 총선 이후에 폐지하는 제안과 연락사무소 설치와 관한 질문을 던진다. 그러나 A의원은 연락사무소 설치 자체를 "눈 가리고 아웅"으로 모사하며 부정한다. 입법심의관이 지구당 자체를 완전히 폐지하는 것이 아니라, '법정지구당 폐지 및 최소한의 지역조직 설치'라는 범개협의 개혁안을 지적할 때도 A의원은 이에 대해 "범개협 안에 문제가 있고요 […] 우리가 이것을 참고할 필요 없다"(2면)고 잘라 말한다. A의원의 이러한 지구당 완전 폐지라는 절대적 개혁안에 대해 B의원은 "연락소가 없으면 선거를 어떻게 치르냐고" 묻고, C의원은 "경

---

132 박관용 국회의장이 4당은 지구당 폐지에 합의했다는 선언에 대해 박관용 의장이 "오버해 발표했다"(유종필 민주당 대변인, 국민일보, 03/11/14, 5면)는 평가가 보여주는 것처럼 실질적으로 합의된 것은 구체적인 개혁안이 아니라 애매한 '지구당 폐지'라는 담론이었다.

선할 때 즉석당원들이 대거 들어올 가능성이 있다"며 문제제기를 하지만 근본적인 문제제기는 하지 않는다. 2차 회의(04/01/27) 때는 논의는 더 구체적이고 치열하게 진행하지만 기본적인 담론구도는 유지되었다. 여기서 지구당 문제는 A의원에 의해 "돈 먹는 하마"라는 은유와 함께 도입된다.

> "지구당 폐지는 '돈 먹는 하마'이고 지구당을 그대로 놔두면 위원장의 사조직이 되니까 그랬던 것인데, 연락사무소를 두면 지구당을 그대로 두는 것과 아무 차이가 없습니다. 간판만 다르기 때문에 그것은 '눈 가리고 아웅'이고 또 그랬을 때는 엄청난 비난이 쏟아지게 되어 있어요. 그래서 원래 취지대로 지구당을 완전히 폐지하고 평상시에는 시·도 지부에서 명부를 가지고 당원들을 관리하면 됩니다. 인터넷이 있기 때문에 전부 다 인터넷을 가지고 관리합니다. 그리고 대안으로 선거 120일 전에, 4개월 전에 각 정당이 선거구별로 선거사무소를 설치할 수 있도록 해주면 아무 문제가 안 될 것입니다. 그리고 선거가 끝나면 한 달 후에 해체하고요."(A의원, 4면).

이 발언은 지배담론이 된 내러티브를 압축적으로 보여준다. 문제의 원인은 사조직의 운영에 따른 비용문제이고, 조직 자체를 없애지 않는 한 문제가 지속되고, 여론의 비판을 받게 된다. 그 다음에 지구당 완전 폐지, 시도 지도부가 당원을 관리하는 업무를 대신하는 것, 발전된 기술을 통한 의사소통 확보, 선거 시 일시적 조직화 등을 '원래의 취지'로 지칭한다. 이렇게 여론의 압박과 그 이유인 권력비리와 고비용에만 초점을 맞추고, 민의 수렴, 교육, 지방정치 활성화, 상향공천 등 당내 민주주의와 관련된 사항은 아예 제외한다. 오히려 아무 조직도 없을 경우 '정치지망생'의 문제, 조직활동 공간, 이념교류 등의 문제가 발생할 수 있다는 지적에 대해 A의원은 '별개의 문제', '어쩔 수 없다' 등의 식으로 부정한다. 기타 의원들은 정도는 차이가 있지만 이러한 주장에 대해 근본적으로 반대하지는 않는다. 그들은 선거운동을 위한 사무실, (시도부) 당원들의 관리능력, 후보자의 공천 등과 같은 문제를 제기하지만 결국 선거승리와 관련된 기술적인 문제에 불과하고 당내 민주주의와 관한 내용이 등장하지 않는다. C의원은 한 시점에서 "어떻게 보면 풀뿌리 정당제도가 없어지는 것이다(6면)"라고 조심스럽게 언급하고 만다. 즉 위원들은 모두 원외정당을 이미 행정업무와 동원조직으로만 본다. 끝에는 지구당 문제에 대하여 B의원은 "그 뒤에 일어날 여러 가지 문제가 있는데 일단 다 없애버립시다"라 하고, C의원도 "해보고 부작용이 생기면 그때 또 개정하는 것으로 합시다(8면)"라고 하는 것으로 제도개혁에 대한 일정한 자세를 보인다. 또한 이 회의에서도 다시 한 번 분명히 드러난 것은 범개협 개혁안을 무시하는 경향이다. 특위 자문기구로 설치된 범개협은 공청회 대신 도입된 것으로 이해할 수 있는 만큼, 이것은 심각한 문제로 평가할 수 있다.

세 위원들을 대상으로 한 인터뷰에서는 그들의 행동 동기를 알아낼 수 있었다. 세 명 모두 '돈 먹는 하마'라는 은유를 통하여 당시에 여론에서 핵심적 문제의식이었던 비용/보스문제를 거론하고 여론의 극적인 압박과 이로 인한 위기위식을 강조했다. 예컨대 C의원은 "시민단체 등의 비판을 더 이상 거부할 수 없었다. 여야는 똑같았다. 폐지에 반대했다면, 개혁에 반대하는 것으로 인식되었다. 어쩔 수 없는 압박이었다. 위기심이 강했다. 그래서 [지구당 폐지에] 비교적 쉽게 합의할 수 있었다."(C의원 인터뷰) 내용적, 논리적으로는 특히 A의원이 구체적인 개념을 갖고 있었다. A의원과의 인터뷰에서 그는 미국이나 유럽의 정당제도 중 하나를 선택할 수 있는 것이라고 생각하지 않지만, 한국의 대통령제가 미국의 제도에 더 가깝기 때문에 미국식의 정당개혁의 적합성을 믿는다고 했다. 또한 이에 따라 "아예 없애는 것이 아니라, 그때까지의 제도[…]를 없애고 대신에 미국식 지역조직을 설정하는 것이었다"(A의원 인터뷰) 이러한 문제를 이론적으로 다루는 학계 일부에 대해서 국회출입기자 신분으로 몇 년 동안과 미국 하버드 대학교에서 연수를 통하여 쌓은 전문지식이 있는 A의원은 다음과 같은 평가를 내린다.

> "학계와 시민단체들도 폐지를 적극 지지했다. 특히 시민단체. 학계에서도 10명 중 9명은 지지했다. 1명 정도는 유럽식을 주장하면서 실제 당원을 주창하고 풀뿌리 정치가 사라진다는 우려를 표명한 것이다. 하지만 한국 학자들 중에 엉터리 공부한 사람이 많다. 실은 유럽식 즉 계급정당으로 하자는 것은 모순적인 주장이다. 권력구조에 맞아야 되는 제도를 설치해야 하는데, 엉터리 학자들은 이것을 간과한 것이다. 특히 유럽에서 공부한 사람은 더욱 그렇다. 한국은 대통령제이기 때문이다." (A의원 인터뷰)

물론 위에서 설명된 것처럼 범개협의 기본적인 문제의식도 이미

'하마담론'에 젖어 있었다. 이 사실은 특위의 14차 회의(11월 21일)에서 범개협의 첫 회의에 대해 보고되었을 때 범개협의 세 가지 기본 방향의 순서에 잘 나타났다.

> "첫째 깨끗한 정치, 둘째 일하는 정치, 셋째 민주주의 심화 이것을 주제로 잡았습니다. 깨끗한 정치는 음성적인 정치자금의 차단, 정치자금의 투명성 강화, 고비용 정치 극복, 그리고 일하는 정치는 국회와 정당의 생산성과 정책능력 강화, 정치의 질 향상, 민주주의 심화는 공정한 경쟁, 대표성 증대, 민주성 제고입니다."

7) 정당법 개정의 공식적 이유에 구현된 새 지구당지배담론

2004년 3월 12일에 본회의에서 가결된 정당법 개정내용의 핵심은 제3조(구성)의 변경이다. 개정된 내용은 "정당은 수도에 소재하는 중앙당과 특별시·광역시·도에 각각 소재하는 시·도당(이하 "시·도당"이라 한다)으로 구성한다"는 것으로 시·도당 이하의 정당조직을 금지한다. 이와 관련된 조항의 개정내용은 아래 〈표 6-4〉에서 정리되어 있다. 지구당 문제에 관련해서 결정적인 개정은 제3조의 변경이지만, 제30조 2항의 개정에 따라 유급사무원 수를 감축한 것도 주목할 필요가 있다. 지구당이 폐지된 경량화 내러티브에 따른 지구당 담론의 구현이라는 점에서 그러하다. 이러한 내용을 가진 정당법 개정을 다음과 같은 이유로 설명했다는 것 또한 이러한 사실을 보여준다.[133]

"고비용·저효율의 정당구조를 개선하기 위하여 지구당 제도를 완전 폐지하도록 하고, 보다 많은 여성들의 원내 진출이 이루어지도록 제도를 개선·보완하는 등 새로운 정치풍토를 조성함으로써 우리 정치문화의 선진화를 이루려는 것임."(제13차 정당법 개정법률안)

개정 법안에 대한 이러한 매우 짧은 이유 설명에서 이제 제도화된 정당개혁 담론의 내러티브를 압축해서 읽을 수 있다. 즉 궁극적인 목표는 '정치문화의 선진화'이고 이를 위해 기존의 정치풍토를 조성해야 하는데, 그 구체적인 조성내용은 '지구당 제도의 완전 폐지'이다. 왜냐하면 그래야만 '고비용 저효율의 정당구조'를 개선할 수 있기 때문이라는 논거다. 여기서 말하는 '지구당 제도'는 지구당을 운영하는 기존의 관습을 의미하는 것이다. 하지만 지구당 제도, 즉 정당조직의 기반조직과 그것을 통한 활동을 금지하는 것이 '정치문화의 선진화'가 될 수 있는가에 대한 의문이 제기될 수 있다. 다음 장에서 후술하겠지만, 이것은 '저비용 고효율'이라는 목표를 달성하기 위해 적절한 수단으로

---

133 이미 2003년 10월에 이루어진 공직선거법개정 때에도 나중에 정당법 개정에 나타난 '고효율저비용'식 수사학이 드러났었다. 제 19차 공직선거법 개정에 대한 이유로 "합동연설회 및 정당·후보자 등에 의한 연설회를 폐지하고 신문 방송 등 각종 미디어매체를 통한 선거운동을 확대함으로써, 고비용 선거구조를 혁신하고, 선거비용 지출의 투명화를 기하는 등 새로운 선거풍토를 조성함으로써 우리 정치문화의 선진화를 이루고자 하려는 것임."(제19차 공직자 선거법개정법률안)

생각했기 때문에 가능한 논거로 볼 수 있다. 결국 경쟁담론에서 핵심으로 되어 있는 민주성은 이 법개정에 대한 설명에서는 '약분(約分)'되어서 완전히 사라졌다.

지구당 제도의 완전폐지를 포함한 정당법 개정 이후 이에 대한 비판은 거의 등장하지 않았다. 몇몇 언론에서 단지 지구당 폐지만으로 부패척결 할 수 있는가 하는 회의를 표시한 것 외에는 별 다른 반응이 없었다. 정당법 소위에서 지구당 제도의 완전 폐지가 결정된 며칠 후 발표한 이정희 교수의 평가가 눈에 띈다. "중앙당 축소와 지구당의 폐지 정도로 정치자금의 수요를 줄일 수 있다고 생각하는 것은 안이한 발상이다. […] 정치자금 그 자체를 불필요하다고 주장하거나, 과도하게 정치자금을 대폭 줄이는 것을 우선적 목표로 삼는 것은 오히려 정치활동을 위축시켜 정치개혁을 역행하는 결과를 초래할 수 있다."(이정희, 2004, 110) 각 당에서는 지구당이 결국 폐지된 것이 노무현 정부도 김대중 정부의 신자유주의에서 거의 벗어나지 못했기 때문이라고 주장한다. "한나라당과 민주당은 물론 열린우리당조차 정치부패나 국민적 불만의 문제를 정치사회의 대표성 내지 호응성 부족이라는 측면이 아니라 고비용이라는 측면에서 접근하였고[…] 비용절감이라는 효과도 얻으면서 현역의 기득권을 보호하는 방식을 택한 것이다." (정영태 a, 127-8)

〈표 7-2〉 제13차 정당법 개정 내용

법률 제6661호 정당법 2002.3.7.	법률 제7190호 정당법 2004.3.12.
제3조(구성)	
정당은 수도에 소재하는 중앙당과 국회의원지역선거구를 단위로 하는 지구당으로 구성한다. 다만, 필요한 경우에는 특별시·광역시·도에 당지부를, 구·시·군에 당연락소를 둘 수 있다.	정당은 수도에 소재하는 중앙당과 특별시·광역시·도에 각각 소재하는 시·도당(이하 "시·도당"이라 한다)으로 구성한다.
제10조(창당승인)	
지구당의 창당에는 중앙당 또는 그 창당준비위원회의 승인이 있어야 한다.	시·도당의 창당에는 중앙당 또는 그 창당준비위원회의 승인이 있어야 한다.
제13조(등록신청사항)	
(지구당의 경우)	(시·도당의 경우)
제20조(입당)	
당원이 되고자 하는 자는 서명날인을 한 입당원서를 지구당 또는 그 창당준비위원회에 제출하여 입당신청을 하여야 한다.	당원이 되고자 하는 자는 서명날인을 한 입당원서를 시·도당 또는 그 창당준비위원회에 제출하여 입당신청을 하여야 한다.
제21조(주거요건)	
법정당원수에 해당하는 수의 당원은 당해 지구당의 지역안에 거주하여야 한다.	법정당원수에 해당하는 수의 당원은 당해 시·도당의 지역안에 거주하여야 한다.
제22조(당원명부)	
①지구당에는 당원명부를 비치하여야 한다.	①시·도당에는 당원명부를 비치하여야 한다.
제23조(탈당)	
①당원이 탈당하고자 할 때에는 탈당신고서를 지구당당에 제출하여야 하며, 지구당에 제출할 수 없을 때에는 그 중앙당에 제출할 수 있다.	①당원이 탈당하고자 할 때에는 탈당신고서를 소속 시·도당에 제출하여야 하며, 소속 시·도당에 제출할 수 없을 때에는 그 중앙당에 제출할 수 있다.
제24조(탈당원명부)	
지구당에는 탈당원명부를 비치하여야 한다.	시·도당에는 탈당원명부를 비치하여야 한다.
제30조의2 (정당의 유급사무원수 제한)	
①정당에 둘 수 있는 유급사부직원은 중앙당에는 150인 이내(당헌으로 정하는 일정한 자격 등을 갖춘 정책개발연구원은 그 수에서 제외한다), 당지부에는 5인 이내, 지구당에는 2인 이내로 하되, 하나의 국회의원선구가 2 이상의 구·시·군으로 된 경우에는 구·시·군 당연락소에 각 1인을 추가하여 둘 수 있다.	①政정당에 둘 수 있는 유급사무직원은 중앙당에는 100인(제29조의3의 규정에 따른 정책연구소의 연구원은 그 수에서 제외한다)을, 시·도당에는 5인을 초과할 수 없다.

6. 요약 및 소결

여소야대를 지속시킨 2000년 총선에서 낙천·낙선 운동은 중요한 영향을 끼쳤다. 당시 운동의 주체들은 공천과 선거과정에서 부패비리 인물들과 민주개혁 인물들을 가려내서 후자의 공천 및 당선을 위해 노력했다. 그 해 3월 정치관계법의 개정에 대한 비판을 동반하면서 전개한 이 운동의 직접적인 결과로 13명의 이른바 386세대 국회의원들이 탄생했고, 간접적으로는 정계에 대해 시민사회가 강하게 영향력을 행사할 수 있는 가능성을 사회적으로 확인시켜 주면서, 더 이상 제도정치가 국민 의사를 무시하기 어렵다는 인식이 정계에서 확산되었다. 오세훈, 김성호, 원희룡, 송영길, 남경필 등 소위 '신세대' 국회의원들은 비록 그 수는 적었지만 지구당 폐지와 관련된 정책결정 과정에서 핵심적인 역할을 맡게 되었다. 제 16대 총선이 끝난 직후 그들은 유급사무원제의 폐지로 발생하는 현실적인 어려움을 지적하며, 곧바로 정당법 재개정을 요구했고, 이는 사회, 언론, 학계 등으로부터 곧장 거센 반발을 샀다. 2001년에 이 문제를 집중적으로 다룬 국회 특별위원회에서도 이미 정당조직 합리화 담론의 논거로 무장된 학자들과 여러 사회적 발언자들은 이구동성으로 유급사무원의 부활을 단호하게 반대했다. 마침내 2002년에 정당법이 개정되면서 유급사무원이 부활되자 정치가들은 자신들의 이해관계에 부합하는 결과를 거두게 되었다는 의미를 내포한 반응을 표하기도 했지만, 전반적으로는 여전히 저비용-고효율의 담론 하에 있었다. 이미 담론구조를 규정한 그러한 분위기 하에서 이루어진 읍·면·동 수준에서의 지구당 폐지라는 정책결정은 당시의 정황에서 모순적이었다.

2002년 대선을 앞둔 선거운동이 시작하면서 노무현 후보에 대한 강한 지지현상은 2000년 총선의 낙천·낙선 운동에 이어 또 다른 변화를 불러 일으켰다. 민주화 이후 김영삼과 김대중이 대통령으로서 거둔 업적의 의미도 분명 과소평가될 수 없겠지만, 노무현이라는 인물의 공천선거운동 방식 및 그가 대표하는 아이디어가 일으킨 새로운 바람은 소위 탈3김시대로 대변되는 '낡은 정치'로부터 탈피할 수 있는 가능성을 내비치면서 훨씬 더 새롭고 발본적인 개혁적 대안으로 간주되었다. 이는 사회 전체나 정계 전반적으로 민주당에서도 중요한 사실이었는데, 그 이유는 노무현과 그 측근들이 김대중의 동교동계를 일정하게 견제했기 때문이다. 대통령 당선 후 지구당 폐지를 포함한 노무현 정부의 다양한 개혁방안이 그의 주변 인물들로부터 제시되기 시작한 가운데, 정작 노무현 당선자는 원내정당화와 지구당 폐지에 대해 일관성 있게 강한 반대 입장을 취했다. 흥미롭게도 선거운동 당시 노무현은 재벌가 출신인 정몽준 후보와 후보단일화를 도모했는데, 노무현과는 애당초 매우 다른 배경과 생각을 지녔던 정몽준 후보가 내세운 공약 중 특히 원내정당화 방안은 주목을 끄는 것이다. 그것은 일단 노무현 당선자의 입장에 반하는 것이라는 점에서 그랬을 뿐 아니라, 1990년대 초부터 조정적 담론영역에서 제기되기 시작했던 스토리라인이 정몽준 후보자에 의해 소통적 담론영역으로 진입하게 되었다는 점에서 더욱 그러했다. 다시 말해 과거 전문가와 학자들에 의해 개발되어 전문포럼의 장 등에서 정치가들과 교류하는 가운데 형성된 개념이었던 것이 정몽준 후보자의 공식 공약 가운데 하나가 되어 언론에서 큰 주목을 받으며 급속히 회자되었고, 그를 통해 정 후보는 대중들로부터 각광을 받게 되었다.

노무현의 당선 자체와 더불어 그가 당선되는 과정, 이 두 가지 사실은 모두 민주당 내 개혁파들의 입지를 강화시켰다. 노무현으로 상징되는 개혁담론의 부상으로 인하여 여당 내 권력관계가 이완되고 재구성되었듯이, 야당인 한나라당 안에서도 대선 패배는 당내 쇄신파들에게 동일한 효과를 안겨주었다. 계속되는 대선패배(정권교체 실패)와 상대 후보가 혁신적인 방식으로 선출되었다는 사실은 한나라 당내 개혁파들이 제도적 지위를 강화할 수 있도록 하는 중요한 담론적 잠재력을 의미했던 것이다. 한마디로 당시 대선 과정과 결과는 과거의 낡은 정치와 방식이 더 이상 통하지 않으며, 그것을 고집하면 끝내 패배를 가져온다는 인식의 강한 변화를 가져왔고, 이는 시대적으로 새로운 아이디어(ideas)에 대한 요구가 대두했음을 의미했다. 노무현 당선자의 취임 이전부터 민주당 내 개혁파들은 지구당위원장 제도의 폐지라는 새로운 개혁의지를 갖고 당내 구주류를 견제하기 시작했고, 그 결과 이 주제를 둘러싼 민주당 내 정파갈등은 더욱 심해졌다. 민주당과 동일한 방식은 아니었지만, 한나라당 내에서도 쇄신파들은 지구당 폐지라는 방안으로 구주류를 압박해 들어갔고, 후에 결국 지구당위원장제도 폐지라는 '타협안'을 채택하게 되었다. 이와 같은 주진요인과 더불어 2004년 총선이라고 하는 유인요인도 함께 작용을 하는 가운데, 노무현 정부 초창기에 지구당 제도의 개혁을 둘러싸고 정치개혁을 다루는 당내 정파특위, 당내 특위, 정당 간 대토론회, 정·학전문포럼, 시민사회 단체들의 활동이 활발하게 이루어졌다. 2003년 10월부터는 '차떼기' 사건이 공개되어 여야의 대선 비리 논란이 사회 전체를 압도하게 되었고, 그 결과 정치개혁이라는 의제는 부패와 비리를 중심으로 조명되었으며, 급기야 정계, 언론계, 시민사회 등 사회 전반적으로 일종의 '개혁 히스테리'를 유발했다. 여야를 막론하고 비리에 대한 거센 비판이 대두되는 상황에서, 지구당 폐지만 강력해진 개혁요구를 충족할 수 있다는 의식이 지배적이었고, 4당은 지구당 폐지를 포함한 정당개혁 전반의 합의에 들어갔다. 노무현 대통령은 끝까지 강력하게 폐지에 대한 반대 입장을 공식적으로, 심지어 국회의원들을 상대로 직접 표명키도 했지만, 이미 그 자신의 제도적 지위는 취약해져 있었고, 정계뿐 아니라 전 사회적으로 확고하게 대두된 '폐지 프레임'에 맞서기에는 역부족인 상황이어서 끝내 지구당을 금지시키는 제도 변화의 흐름에 별다른 영향을 미치지 못했다. 그러한 결정에 대해 불복운동을 벌인 민주노동당의 반대 움직임도 힘이 없기는 마찬가지였다.

제8장

정치의 사법화와 헌재에 의한 지배담론의 재생산(17대 국회)

1. 담론대상의 부상과정(2004-2008)

第17대 국회가 구성되자 민주노동당은 개정된 정당법을 재개정해서 지구당의 폐지여부를 법적으로 규정하는 것이 아니라 각 당이 자율적으로 결정할 수 있는 내용을 담은 정당법 개정안을 개원과 함께 제출했다(한국일보, 04/04/27, 5면). 지구당에 대한 이러한 입장은 민주노동당 안에서도 의견이 엇갈렸지만(경향신문, 04/05/06, 4면), 전반적으로는 민주노동당의 당 운영에 있어서 지구당과 같은 지역조직 단위가 중요하기 때문에 지구당 폐지 취소를 강력하게 요구하고 나섰다. 결국 2004년 5월초에 민주노동당은 공식적으로 '지구당 폐지 불복운동'에 들어갔다(한국일보, 04/05/08). 참여연대와 같은 시민사회단체들도 지구당 폐지에 대한 비판적인 입장을 계속 표명하면서(한겨레, 04/05/26, 6면) 지구당 폐지 취소 움직임에 힘을 실어주었다. 6월 3일에 민주노동당은 지구당 폐지의 정당법 개정에 대하여 위헌소송까지(동아일보, 04/06/04, 45면) 내면서 새로운 지구당 담론에 대한 구체적이고 강력한 도전을 시도하였다. 물론 우리당을 비롯한 기타 정당들도 지구당 완전 폐지에 대한 불만을 표시하였지만 민주노동당만큼은 아니었으며, 또한 그 최종적 목적도 풀뿌리 민주주의라기보다는 유권자 동원이 가장 큰 걱정거리였을 것이다. 우리당도 결국 지역위원회라는 대체조직의 법적 설정을 요구했다(서울신문, 04/07/19, 7면).

2004년 12월 16일에 민주노동당의 위헌소송이 기각됨으로써 지구당폐지 담론에 대한 민주노동당의 도전이 좌절되었다. 그러나 주류정당들도 지역조직의 필요성을 느꼈기 때문에 2005년 8월 4일에 정당법이 재개정되었다. 법적으로는 지구당이 복원된 것은 아니지만, 실질적·편법적으로는 거의 이전과 마찬가지로 운영되었다. 이전과의 가장 큰 차이는 시·도 수준 이하의 정당조직활동에 대한 보고의무가 완전히 사라졌기 때문에 이미 문제가 많았던 조직단위에서의 활동이 더 깊은 음지에 들어가게 되었던 것이다. 전반적으로 각 정당들의 지구당 폐지에 대한 사후 문제제기와 대체방안을 보면, 이미 축소·폐지론에 사로잡힌 상태임을 알 수 있다. 이는 축소·폐지론의 논리를 유지하면서 동시에 반드시 필요하다고 본 동원조직과 같은 기능은 회복시키려는 논의에서 잘 드러난다. 새로운 지구당 담론의 패권이 형성되었고, 그 재생산으로 인하여 공고화되고 있다는 것이다.

2. 이 시기 담론공간을 구성하는 행위자의 구도

지구당 제도를 폐지한 정당법 개정에 대하여 위헌소송을 내면서 민주노동당은 새로운 지구당 담론의 재생산과 공고화에 도전하는 유일한 행위자로 등장하였다. 하지만 17대 총선의 결과로 10명으로 원내에 진출했음에도 불구하고 실질적으로 영향을 미칠 수 있는 권력은 매우 제한되어 있었다. 단, 헌법재판소라는 제도를 통하여 자신의 제도적으로 빈약한 지위를 크게 확대시킬 수 있는 잠재력은 있었다. 위헌소송이 성공했을 경우에는 세력 확대(empowerment)가 가능했을 것이다. 기타 정당들이나 국회특별위원회 위원 일부는 지구당 폐지를 유지하는 데에는 비판적인 입장을 취하기도 했지만, 전반적으로 이미 축소·폐지론에 포섭된 상태였다. 학계는 계속 찬반의 구도를 이루었다. 이러한 상황에서 무엇보다도 '정책지향적 행위자로서의 헌법재판관'에 의한 담론경쟁에 대한 개입이 가장 결정적인 요소로 떠올랐다.

일반적으로 판결을 행하는 판사들은 일정한 정도로 기술적인 제한을 받지만, 기본적으로 일정한 정책적 목표의 실현을 지향하는 행위자(policy seeker)나 정책결정자(policy decision maker)로 볼 수 있다는 것은 법학에서도 널리 확인된 사실이다. 이에 따라 정치의 사법화(judicialization of politics ; Hirschl, 2004)와 사법의 정치화(politicization of the judiciary)라는 현상이 발견된다. 이는 세계적인 추세이기도 하다(Goldstein, 2004 ; Kennedy, 2006). 한국도 예외가 아니다. 특히 노무현 정부부터 한국에서도 정치의 사법화가 본격적으로 시작되었다는 평가는 계속 확인되고 있다(김종철, 2005 ; Park, 2008 ; 박재형, 2010).

정치의 사법화와 관련해서 한국 사례를 다룬 가장 최근의 연구는 박재형(2010)의 "한국 정치와 헌법재판소"이다. 그는 헌법재판소가 한국의 정치과정에서 하나의 정치행위자로서 다른 정치행위자와 어떠한 상호작용을 하며, 그 과정에서 나타나는 정치적 성격은 무엇인가 분석한다(박재형, 2010, 329). 그 결과 중 하나는 미국의 경우와 비슷하게 정치세력 간의 합의과정을 이미 거친 사례보다 정치세력 간의 논점이 되고 있는 경우 헌법재판소의 정치적 영향이 강하다는 것이다. 즉 민감한 사항일수록 재판관들이 그들의 임명 배경에 좌우되는 결정을 내리는 경향이 분명하게 나타난다는 것이다(박재형, 2010, 331). 여기서 지구당 폐지의 판례도 분석 대상이 되었지만, 위에서 언급된 바와 같이 이미 여야 간에 합의된 사안인 만큼 저자의 분석에서 벗어난 사례였다. 즉 재판관 모두 일치하게 '기각'을 결정했기 때문에 이 판례에 대한 더 깊은 분석이 이루어지지 않았다. 하지만 이 판결의 간접적인 정치적 규정력에 대한 평가는 다음과 같다. "헌법재판소의 결정으로 인해 지구당 폐지문제는 번복할 수 없는 현실"(박재형, 2010, 113)이라는 대목이다. 즉 구조법학의 시각에서 봤을 때 이는 법원의 판결로 인해서 일정한 담론이 (재)확인됨으로써 그 담론이 구현된다는 것이고, 한 담론은 늘 어떠한 다른 대안적인 담론들을 배제하고 있기 때문에 매우 정치적이지 않을 수 없는 것이다.

여기서 핵심은 어느 재판관이 어떤 배경 때문에 어떤 정치적 선호에 따라 어떤 결정을 내렸는 지가 아니라, 법원이 일정한 내러티브의 담론을 확인해줌으로써 담론 공고화를 실행한다는 것이다. 만장일치의 판결임에도 불구하고, 결정 동기에 관한 추측은 가능하다. 특히 지구당 폐지 문제는 그동안에 매우 갈등적이고 논쟁적인 논점이었음에도 헌재의 판결문의 논조는 매우 간결하고 분명하다는 점에서 결정동기에 대한 궁금증이 생기지 않을 수 없다. 즉 본 논문의 핵심 질문과 같이 '지구당 폐지는 어떻게 이루어진 결정인가'라는 문제다. 위에서 논의한 것처럼 동기는 크게 법내·외적, 다시 말해 법적 규칙에 따른 (a) 해석방법과 실행의 타당성, (b) 행위자의 선호로 구분할 수 있다. 후자에 대해서는 엡스타인과 나이트(Epstein and Knight, 1998)가 말하는 정치적 선호, 즉 지구당 폐지라는 구체적인 문제에 대한 견해, 사회 전반에 대한 견해 내지 세계관, 이 위헌소송이 비롯된 의회라는 국가기구에 대한 입장 등과 관련해서 여러 가지 추측이 가능하다. 예컨대 이른바 '한국적 현실'에서 지구당을 '폐지하지 않고서는 별다른 방법이 없다'는 확신을 가지거나, 이 문제는 헌법이 아니라 '의회가 제 기능을 제대로 해서 풀어야 한다'는 계몽적 견해 등의 동기가 가능하다. 또한 좀 더 미시적으로 보았을 때 특히 노무현 정권부터 크게 증가하는 정치계의 위헌소송의 상황에서 업무부담 때문에 이 사안에 대해 많은 노력과 시간을 소비하지 않으려고 하거나 다른 견해를 가지고 있지만 동료재판관과의 좋은 관계를 방해하고 싶지 않는 경향 등이 있었을 수 있다. 하지만 이러한 추측은 추측에 불과할 뿐이다. 나아가 본 연구에서 중요한 의미를 갖는 것도 아니다. 즉 재판관들이 구체적으로 어떤 생각을 가지고 그 결정을 했는지가 분석에 도움이 될 수 있다고 해도, 그것보다는 재판관들이 사회라는 맥락 안에 있는 행위자로서 그 결정을 했다는 것 자체가 일차적으로 더 중요한 사실이다. 헌재의 전반적인 판결논거는 판결문에 대한 에피소드 분석을 통해서 가능하다. 후술하겠지만 이것은 법적 동기와 관련된 작업이 된다. 헌법재판소는 의회의 정책결정 내용이 헌법을 위반하지 않은 한 그 내용자체, 즉 그 결정내용의 부·정당 여부에 대한 논의 자체를 제외하고, 단지 목표를 달성하기 위해 수단으로서의 법률내용에 한해서만 판단하게 되어 있다. 그러나 이는 결국 이미 제도화된 담론에 한해서만 심의한다는 뜻으로 지배담론을 정당화하는 행위가 된다. 예컨대 달성하고자 했던 목표가 이미 '고비용 저효율 장치구조 개선'이었다면, 방법/수단은 다양할 수 있겠지만 '고비용 저효율' 담론의 스토리라인에 충실하면 그 담론의 내러티브에 따라 논의하게 되기 때문에 다른 대안을 배제하는 중언부언하는 순환논리가 되어버린다. 이러한 문제를 분명하게 하기 위해서 다음으로 헌재의 지구당 폐지 합헌 판결의 (1) 스토리라인에 대한 간략한 내용분석을 한 다음, 비판적 평석을 통해 판결의 (2) 기술적 적합성을 검토한다.

하야(Hajer, 2003a)에 따르면 한 담론이 지배적임을 확인할 수 있는 것은 담론의 구조화 여부와 제도화 여부를 확인하는 데 있다(Hajer, 2003a, 278). '정치적 풍경'이 일정한 담론의 스토리라인으로 '젖었을' 때(Block, 1996), 즉 현실을 일정한 프레임을 통해 이해하고 대하게 될 때에는 담론 구조화의 상태라고 할 수 있고, 이러한 내용의 제도(법, 상식 등)가 설정되고 이에 따라서나 그것을 통해서 내용에 따른 행동이나 실천이 이루어졌을 때는 담론 제도화로 규정할 수 있다. 이 두 가지 요건이 충족되면 한 담론의 지배가 확인된다(Hajer, 2003a, 279). 그런 의미에서 지구당 폐지가 결정된 이후 과정을 담론 공고화 단계라 할 수 있다.

지구당 문제는 지구당이 1960년대 초에 법적으로 설정되고 운영되기 시작한 지 30여년 후, 늦어도 1990년대 초반부터 '고비용 저효율', '돈 먹는 하마', '부패정치' 등의 문제로 인식되기 시작하면서 정치개혁의 의제에 자주 올랐다. 10여 년 동안 이러한 지향점을 갖는 정당개혁 담론이 계속 발전·심화해서 2004년이 되어야 이러한 정당담론이 지구당 강제 폐지의 형태로 정당법 개정을 통하여 제도화되었다.[134] 이러한 제도의 구현 자체가 이미 담론의 제도화를 의미한다는 것은 지구당 폐지 이전의 텍스트들에 대한 분석을 통하여 할 수 있다. 이렇게 제도화된 담론이 자기 재생산하는 과정을 우리·민노당에 의해 주도된 위헌소송에 대한 헌재판결에 대한 분석을 통하여 볼 수 있다. 지구당 강제폐지에 대한 헌재의 판례에서 지구당 폐지가 위헌이 아니라는 판단을 제시함으로써 국회 내·외에서 지구당이 많은 모순, 갈등과 논쟁 속에서 폐지된 것을 상위 사법기관에서 확인해주고 정당화해주는 것으로 이해된다. 이렇게 1990년 초반에 지구당이라는 '장소(locus)'의 문제가 처음으로 공론의 장에 등장하기 시작해, 2004년에 지구당 폐지라는 구체적인 조치로 이런 논리의 정치개혁이 구현되고 나서 원

134 2004년에 법에 의해서 정당들이 시·도당 이하의 지역조직을 운영하는 것이 금지되었다. 여기서 일단 2005년의 재개정을 논외로 한다. 이하에서 분석할 헌재판결과 관련된 내용들은 2004년과 2005년 사이에 해당되는 것들이기 때문이다.

래 문제였던 고비용 저효율의 정치를 개선하기 위하여 지구당 강제폐지라는 방법이 '정당'하고, '적정'하고, '효율적'이라는 평가를 받으면서 지지자정당 모형담론의 등장, 강화와 지배라는 지배담론의 전환과정 순환을 (헌재판결이 하나의 정점으로) 매우 뚜렷하게 보여준다고 할 수 있다. 헌재가 지구당 폐지의 개정을 합헌으로 판결한 것이 담론 제도화의 최후의 절차 단계로 볼 수 있다.

그것은 결국 "헌법재판소의 결정으로 인해 지구당 폐지문제는 번복할 수 없는 현실"(박재형, 2010, 113)이 되었다는 것을 의미한다. 따라서 헌재판결 과정, 즉 청구인에 의한 담론적 도전부터 시작해서 판결과 판결에 대한 반응(청구인의 반응; 전반적인 반응; 법학적 해설과 평석 등)까지의 형성과정을 분석하여 제도화된 담론의 패권성을 확인할 수 있다.

특히 속성상 (헌)법이 담론이론의 본질적 논리를 전형적으로 갖는다. 특히 헌재와 같은 최고의 법적 수준에서 어떤 행동이나 법의 정당성이 확인되면 그것은 효력을 갖거나 (즉 '법이 된다.') 더 이상 되물을 수 없는 절대적인 것이 된다(물론 도전은 언제나 가능하다). 그럼으로써 이러한 내용들은 또 다른 현상이나 현실을 판단할 때 참고하는 바탕(무엇을 '바탕으로 할' 때)의 일환이 된다. 지구당 폐지의 위헌성을 가린 헌재판결문을 인용하는 논문에서 그 극단적인 사례가 발견된다. 가령 지구당 폐지로 인하여 기본권 침해 요건이 충족되지 않는다는 것을 주장하기 위하여 입법자의 입법형성권의 우선성을 제시한 저자는 "이런 맥락에서 헌법재판소도 이미 지구당의 폐지가 합헌이라고 판결한 바 있다(장영수, 2005, 36)"고 논증한다. 문제는 권위있는 헌재가 합헌으로 판단했기 때문에 위헌이 아니라는 순환논리에 있다.

3. 내러티브 분석 : 민주노동당의 위헌소송과 헌재의 기각판결

1) 민주노동당의 위헌소송의 내용

2004년 3월 12일에 법률 제 7190호로 정당법이 개정됨에 따라 지구당이 강제 폐지되었다. 이에 대해 민주노동당은 위헌소송을 냈다. 소송내용은 정당법 제3조, 부칙 제5조, 제7조 등에 의하여 헌법 제8조 제1항과 2항에 위반된다는 것이다. 먼저 관련 법조항의 내용은 다음과 같다. 헌법 제8조 제1항은 "정당의 설립은 자유이며, 복수정당제는 보장된다"는 것이고, 제2항은 "정당은 그 목적, 조직과 활동이 민주적이어야 하며, 국민의 정치적 의사형성에 참여하는 데 필요한 조직을 가져야 한다"는 것이다.

본질적 내용에 대한 침해와 관련해서 헌법 제37조 제2항은 "국민의 모든 자유와 권리는 국가안전보장, 질서유지 또는 공공복리를 위하여 필요한 경우에 한하여 법률로써 제한할 수 있으며, 제한하는 경우에도 자유와 권리의 본질적인 내용을 침해할 수 없다"는 것이다. 그러나 새롭게 개정된 정당법 제3조(구성)는 "정당은 수도에 소재하는 중앙당과 특별시·광역시·도에 각각 소재하는 시·도당(이하 "시·도당"이라 한다)으로 구성한다"는 것이다.

청구인 민주노동당은 지구당 폐지로 인해서 발생한 (1) 결과(조직설립금지)에 따라 정당제도의 본질적 내용의 침해와 (2) 지구당 강제폐지라는 조치의 방법에 따른 과잉금지원칙의 위반 등 2가지 측면에서 위헌소송을 냈다. 청구인의 주장은 정당 조직을 3가지 영역으로 보았을 때 지구당이 없으면 '토대에서의 정당'이라는 영역이 상실된다는 것이고, 이에 따라 '정당제도의 본질적인 내용이 침해된다'는 것이다. 특히 헌법 제8조 제2항의 "조직과 활동이 민주적이어야 하며, 국민의 정치적 의사형성에 참여하는 데 필요한 조직을 가져야 한다"는 내용에 저촉된다는 것이다. 또한 저효율 고비용의 문제는 지구당 자체가 아니라 지구당의 운영방식에서 비롯된 것이기 때문에 정당법 개정은 지나친 조치로 과잉금지원칙을 위반한 것이다. 나아가 민주노동당의 진성당원 정당운영 실태가 보여주는 대안적 방식의 장점이 지구당 폐지로 인해서 발생할 수 있는 부패나 불법행위 보다 훨씬 크다는 사실을 고려할 때 더욱 그렇다는 것이다.

2) 헌법재판소의 위헌소송에 대한 기각판결

그러나 이에 반해 헌법재판소가 요청하고 참고한 국회의장의 의견은 (1) 정당의 본질적 내용이 침해되지 않고, (2) 과잉금지원칙도 위반하지 않았다는 것이다. 본질적 내용을 침해하지 않는다는 이유로 "지구당이 폐지되더라도 정당활동의 자유가 유명무실해지거나 형해화되었다고 할 수 없으므로 본질적인 기본권 내용이 침해되었다고 볼 수 없다"는 것을 제시한다. 과잉금지원칙에 위반하지 않는다는 것은 다음과 같은 4가지 논거로 주장된다. 첫째는 지구당의 상시적인 운영으로 인해서 발생하는 많은 비용과 선거브로커의 활동창구의 역할을 했다는 사실을 이유로 비용을 줄이고 정치를 개선하기 위하여 지구당을 없애는 방법이 정당하다는 것이다. 즉 "입법목적의 정당성이 인정된다"는 것이다. 둘째는 더 나아가 이러한 입법목적을 달성할 수 있는 대안으로 "별다른 수단이 없다"고 보고, 지구당을 없애는 것은 "효과적이고 적절한 수단"이라고 주장하며 이에 따라 목적달성을 위한 "수단의 상당성을 갖추었다"고 피력한다. 셋째는 개정으로 인하여 지구당이 없어지더라도 공직선거 및 선거부정방지법 제62조 2에 따라 선거 전후에 선거사무소를 설치할 수 있기 때문에 정당의 활동에 "침해의 최소성이 인정된다"고 주장한다. 넷째는 각종 매체, 인터넷 등 여러 가지 대안적인 통로가 마련되어 있기 때문에 "얼마든지 정치적 의사를 형성하고 전달할 수 있다"고 주장하고, 또 이렇게 정당의 자유를 제한함으로써 "오히려 [···] 더 나은 방향으로의 참여민주주의를 달성할 수 있다"고 피력한다. 이와 관련해서 지구당 폐지로 인하여 청구인의 "사적인 불이익보다 위 입법목적의 달성을 통한 공익이 더 크다"는 의견이다.

지구당 폐지 이후에 이루어진 헌재의 합헌판결은 하나의 텍스트로 이해할 수 있다. 지구당 강제폐지 이후의 기간은 열린우리당의 활발한 지역조직화라는 현상, 정당들의 지구당 폐지에 따라 인시하게 된 불편함, 정당법 재개정 요구, 지구당 폐지의 위헌성에 대한 청구, 헌재판결, 헌재판결에 대한 평석, 국회 수준에서의 지구당 부활논의 등 지구당 폐지와 직접적으로 관련된 현상들에 관한 텍스트들이 분석의 대상이 된다. 그 중 여기서 헌재판결문(2004헌마456)과 이에 대한 평석 또는 해설(정태호, 2006 ; 장영수, 2005 ; 이상원, 2005)을 중심으로 분석을 실행한다.

지구당 폐지에 관한 헌법재판소 판결을 이 책에 포함시킨 이유는 담론형성 과정의 마지막 단계인 담론재생산을 확인하기 위한 것이다. 담론이 '대중정당 모형'에서 '선거전문가당 모형'으로 변형되었다는 것을 가정하면, 지구당 폐지를 이 담론변경의 전환점으로 볼 수 있다. 지구당 폐지 이전에 지구당과 관련된 헌재판결은 존재하지 않기 때문에 비교가 불가능하지만, 헌재판결 즉 헌재에 의한 법규범화는 엄격한 도식화 절차를 거치고 헌법의 근거조항, 목적과 수단의 적정성, 과잉침해 등을 검토함으로써 궁극적으로 정당성과 설득력이 있는 판결문을 제시해야 하기 때문에 이는 중요한 담론의 요소(discourse fragment)로 이해할 수 있다. 가장 기본적인 법을 토대로 해서 관련 사건에 대하여 판결한 만큼 매우 중요한 텍스트가 아닐 수 없다. 왜냐하면 헌재의 판결이 기자, 정치가, 학자 등과 같은 행위자들의 내재적 판단기준보다 더 근본적이고 판단행위도 더 냉정한 경향이 있기 때문이다. 물론 헌재가 궁극적으로 판결하는 것은 기본권이라는 평가기준에 제한되어 있지만, 그러기 위하여 사건과 관련된 사실관계와 근본 아이디어도 고려해서 판단해야 한다. 이 점에서 신문, 특위, 논문 등에서 매우 논쟁적이고 혼란스럽게 취급한 지구당 문제에 대한 보다 현명한 판단이 기대될 수 있다.

3) 헌재에 제출된 국회의장의 지구당 폐지결정에 대한 의견

헌법재판소는 판결 때 소송대상과 관련된 국가기구의 의견을 요청한다. 헌재의 기록에 의하면 '지구당 폐지 위헌소송' 때는 법무부, 행정자치부, 중앙선거관리위원회, 국회의장 등에게 의견서를 요청했지만, 국회의장에게만 의견이 개시된 회부를 받았다. 즉 무엇보다 중앙선거관리위원회를 비롯한 정당제도의 변화나 문제와 관련되어 있는 기구들은 이 문제와 관련해서 의견이 없었다. 대신 국회의장의 의견서는 매우 간결하고 분명한 내용을 포함한다. "청구원인에 관한 답변"에서는 '목적의 정당성', '수단의 상당성', '침해의 최소성', '법익의 균형성', '과잉침해' 등 5가지 이유와 결론을 제시했고, 이와 관련해서 각각에 대해 위헌으로 판결해야 하는 사실을 확인하지 못했다면서 "따라서 이 사건의 헌법소원청구는 기각되어야 할 것"(국회의장의 의견, 2004, 5)으로 결론을 내린다. 특히 결론에서 국회의장의 스토리라인이 분명히 드러난다. 지구당 문제에 대한 각 정당의 의견이 달랐음에도 국회특위에서 지구당 폐지에 합의를 볼 수 있었던 것은 깨끗한 정치와 고비용 저효율의 정당구조를 개선하기 위한 [⋯] 대대적인 개혁입법'의 필요성에 대한 인식을 공유했기 때문인데, 동시에 (국회의장의 의견, 2004, 5) '돈 먹는 하마'라는 비판을 많이 받은 기존 지구당 제도를 더 이상 존치할 수 없다는 데 의견을 같이 했기 때문이라는 것이다. 이런 설명은 헌재판결에서도 찾을 수 있다. "당시 우리나라 정당구조에 대한 가장 중요한 비판 중 하나가 비용은 많이 들면서도 효율은 낮은 한편,

막대한 비용의 소요는 정치부패의 원인이 되기도 했다는 점에 있었다. 이러한 고비용 저효율의 정당구조는 바람직한 정당정치에 대한 장애가 되어 이를 해소하고자 하는 입법목적은 그 정당성을 인정할 수 있다."(2004헌마456, 628) 이렇게 헌재 판결문과 국회의장의 의견서에서 매우 유사하게 등장하는 스토리라인을 정리해보면 (〈표 7-1〉 참고) 다음과 같다. 지구당 폐지를 통해서 헌법에 보장된 정당의 자유가 제한적이지만 위헌이라고 할 정도는 아니다. 특히 '돈 먹는 하마'라는 은유가 말해주는 것처럼 높은 비용과 낮은 효율성이 정당정치의 가장 결정적인 문제로 여기며, 이것을 해결하기 위한 가장 적합한 방법은 지구당 조직(운영)의 개선이 아니라 아예 폐지하는 데 있다. 사실은 "지구당 폐지가 곧바로 깨끗한 정치풍토 조성과 고비용 저효율의 정당구조의 개선을 가져오는 것은 아니지만 […] 고비용 정치구조 타파와 정치개혁을 위하여 지구당을 폐지한 것은 입법목적의 정당성이 인정될 수 있다."(국회의장 의견, 2004, 2) 헌재도 이러한 사실을 인정한다. "오히려 한국 정치의 고비용 저효율의 문제는 지구당이 아닌 다른 요소 즉 한국 정치의 구조적인 악습과 관행에서 비롯되는 것으로서 지구당 제도 자체의 문제는 아니라는 진단도 전혀 설득력이 없는 것이 아니다." (2004헌마456, 628) 그러면서도 지구당을 폐지하면 지구당 조직을 운영하지 않게 되고 선거브로커들의 활동을 "원천적으로 봉쇄할 수 있음"으로 비용을 크게 절감시킬 수 있다고 보고, 가능한 음성적 조직활동은 법으로 차단할 수 있다고 설명한다. 또한 교통과 통신 기술이 많이 발달했기 때문에 지역단위가 아니라도 시·도당 수준에서 원래의 정당기능들 모두 시행할 수 있다. 인터넷과 같은 기술이 없었으면 "정당활동의 자유를 과도하게 제한한다고 볼 여지"(국회의장 의견 2004, 3)가 있었겠지만, 그러한 기술이 잘 발달되어 있어서 지구당을 폐지함으로써 "오히려 [⋯] 더 나은 방향으로의 참여민주주의를 달성하면서도 깨끗한 선거문화를 정착시킬 수 있다"(국회의장 의견, 2004, 4)고 주장한다.

국회의장의 의견과 헌재판결에서 가장 분명한 점은 경쟁담론과 다른 논거의 출발점이다. 합헌성 여부를 별개로 하는 청구인들의 논거는 "상향식 민주주의의 토대가 되는 풀뿌리 당원조직"의 상실이라는 문제제기에서 출발한다. 이러한 토대를 보장해주는 지구당 제도를 폐지하면, 민주주의의 기반이 흔들린다는 우려에서일 것이다. 이를 설득력 있게 제시하기 위하여 정당이란 무엇인가라는 문제부터 시작한다. 다음으로 한국 정치가 앓고 있는 문제는 지구당 자체가 아니라 지구당의 운영의 문제라는 것을 강조한다. 물론 청구인인 민주노동당의 특성상 이들 지구당들은 거의 모범적으로 운영되고 있다는 것을 고려해야 할 필요가 있다. 이들은 주로 거론되는 '고비용 저효율'의 현상을 거론하면서 그것이 문제의 원인이 아니라 현상에 불과하고, 원인을 해소하려면 더 근본적인 수준에서 개혁을 할 필요가 있다는 주장을 한다. 끝으로 지구당이 폐지될 경우에 이루어질 수 있는 문제를 제시한다. 여기서 특히 "이제 막 자리잡기 시작한 상향식 공천제도에 대한 역행"을 지적한다. 다시 말해서 청구인의 스토리라인은 민주주의의 향상에서 출발해서 조직적 기반의 필요성을 역설하고, 지구당을 폐지해야 한다고 주장하는 쪽이 개선하고자 하는 문제의 진정한 해결을 위해 지구당이 아닌 그 운영방식만을 개선해야 한다는 논거다.

이에 반해 헌재의 판결과 국회의장의 의견은 그 동안 제기되어 왔던 원내정당화론에 매우 가까운 스토리라인을 가진다. 물론 원내정당화에 따라 반드시 지구당을 폐지해야 하는 것은 아니며, 일부에서는 지구당 폐지에 반대의사도 분명히 있지만 일부 논거요소와 그 전반적인 정당조직의 경량화라는 플롯은 유사하다고 볼 수 있다.

〈표 8-1〉 헌재 판결문에서 지구당 폐지 찬성주장 논지와 국회의장 의견

헌법재판소	국회의장
위헌이 아니라는 것	
–헌법 제8조 1, 2항은 정당의 자유의 헌법적 근거가 아님 (618)	– /
–정당의 자유가 완전히 배제되지 않는다는 점 (618)	–"유명무실해지"지 않음 (4)
–구체적인 선택(개혁 아니면 폐지)의 당부 [즉 질적인 차원에서]는 상대적으로 완화된 심사기준에 평가되어야 한다 (619; 629)	– /
–정당의 핵심 기능과 임무를 '전혀 수행하지 못하거나 전혀 비민주적으로 수행되게 하지는 않다' (627)	–
–정당의 자유 그자체가 무의미하고 형해화하지 않는다 (627)	–"정당활동의 자유가 유명무실해지 거나 형해화되었다고 할 수 없다"(4)
부정적 판단근거	
–폐지해도 정당의 기능을 수행하는 것이 불가능하지 않다 (619) –중앙당이 관리할 수 있다 (624–5) –외국에서도 그러하다: "많은 나라의 운영실태" (627) –인터넷 등 새 매체를 통한 정당 기능을 수행할 수 있음. (619; 627) –고비용 저효율의 문제를 해결하기 위해 지구당의 폐지는 입법목적에 있어 정당성 있으며 효과적이고 적절함 (619; 628) –선거법에 따라 선거운동 사무실을 임의적으로 설치할 수 있음. (630)	– / – / – / –(3) [그대로] –(2) [그대로] –(3) [그대로]

긍정적 판단근거	
–'공익과 사익 사이에 현저한 불균형이 있다고 보기 어렵다' (619; 630)	–사적 불이익보다 공익이 더 큼 (4)
–폐지하면 "적어도 그로 인한 자금은 소요되지 아니함" (628)	–상시조직화에 따른 운영비용 (2)
–폐지하면 선거브로커의 문제를 "원천적으로 봉쇄할 수 있음" (628)	–"선거브로커들의 활동창구 폐지"(2)
–과잉금지의 원칙에 어긋나지 않는다 (630)	–기본권이 침해되지 않음 (4)
근거가 불분명한 주장	
–한국의 현실에서 지구당을 폐지하지 않고서 문제점을 해결할 없음 (619)	–/
–폐지 말고는 방법이 없다 (629)	–"별다른 수단이 없다" (2)
–폐지 후 생길 유사 사조직을 법에 의해 통제가 가능하다 (628)	–/
–입법자의 진단은 타당하다 (619; 629 이하)	–/
	–"오히려 더 나은 참여민주주의가 가능해진다" (4) –'특위에서 정당 간 개혁입법에 합의했다' (5) –인터넷이 없었다면 과도제한 인정 (3) –"돈 먹는 하마"의 기존 지구당 (5)

4. 헌재 판결로 인해 굳어진 지배담론의 프레임

2004년 3월 정당법 개정으로 지구당이 폐지된 후부터 지구당 담론에 있어서 그 이전까지 지속적으로 강화되어 온 지구당 폐지라는 지배적 의제가 제도화되었으며 공고화되기 시작했다. 지구당 폐지 담론이 지배적이 되어 결국 법률화로 제도화되었기 때문에 새로운 지배담론으로 부상했다. 이러한 새로운 지배담론과 제도에 대해 민주노동당이 위헌소송을 내며 도전했다. 민주노동당은 17대 국회의원 선거를 통하여 10명의 국회의원으로 원내에 진출할 수 있었다. 이는 정치적 대안세력이 제도권 정치에 입성했다는 의미를 가진다. 이전 16대 국회에서 통과된 정당법에 대해 바로 강력하게 이의를 제기한 것은 이 사실을 말해준다. 하지만 국회의원 299석 중 불과 10석을 차지했기 때문에 이러한 시도가 처음부터 한계가 있을 수밖에 없었다. 2004년에 정당법, 정치자금법, 공직선거법 등 정치관계법들의 대대적인 개혁이 이루어졌기 때문에 17대 국회의 원구성과 함께 전반적으로 요구되는 것은 이전과 달리 무조건적인 개혁이 아니라, 개혁이 잘 이루어진 부분을 유지하되 잘못 개혁된 부분을 다시 개혁하는 분위기였다. 또한 매우 강력한 압박 속에서 실행된 개혁은 취소하기 매우 어려운 의제였다.

지구당 폐지는 바로 그 경우에 해당한다. 17대 국회의 299석은 열린우리당 152석, 한나라당 121석, 민주노동당 10석, 새천년민주당 9석, 자유민주연합 4석, 무소속 3석 등으로 배분되었다. 새롭고 젊은 정치세대의 부상 무대를 의미했던 열린우리당이라는 정당은 여대야소의 구도에서 여당으로 거듭났고, 대안세력의 잠재력을 가진 민주노동당이라는 정당의 부상은 한국 정치사에 의미심장한 사건이었다. 하지만 10석 밖에 안 되는 민주노동당 외에 지구당 폐지를 제도화한 정당법 개정에 대해 반대 세력은 부재했다. 열린우리당은 새 정치를 실현하기 위해 최소 지역단위까지 조직화된 지역조직이 필수불가결한 조건이었고, 다시 정권 복귀에 실패한 한나라당에게도 다음 기회를 놓치지 않기 위해 조직이 매우 중요했다. 그렇기 때문에 정계에서는 몇 개월도 지나지 않아 정당법을 다시 고쳐서 지역조직이 살아날 수 있도록 하기 위해 적극적으로 움직였다. 그림 〈7-1〉에서 신문보도의 빈도를 통해서 확인할 수 있는 것처럼 지구당 폐지라는 이슈가 현저하게 적어지면서 이러한 지역조직을 대신했던 '당원협의회'에 대한 언급이 뚜렷하게 많아졌다. 지구당이라는 이름과 법률을 계속 제외시키면서도 이전 지구당 제도의 동원기제라는 부분에 한해서만 되살리는 경향을 보여주는 지표라고 할 수 있다.

이렇게 보았을 때 정당법 개정에 대해 정계는 전반적으로 잘못된 것으로 판단하고 있었지만, 어느 부분이 잘못되었는지 그리고 어느 부분을 다시 개정해야 할지에 대해서는 각 당의 견해가 달랐다. 나아가 이전의 지구당 복원은 여론을 의식해서 금기시했지만, 이전과 같은 당 운영이 다시 가능하도록 최대한 정당법 복원의 필요성에 대한 부분은 일종의 합의가 존재했다. 물론 지구당 폐지를 근본적으로 비판했던 민주노동당은 예외였다. 민주노동당은 민주주의 원리와 헌법의 원칙을 내세워서 진정한 '당원정당'을 실천할 수 있기 위한 법적인 조건을 마련하는 것을 원했기 때문이다. 주요정당들이 제도화된 지구당 담론의 테두리 안에서만 정당법 재개정을 추진했던 반면에 민주노동당은 위헌소송을 통하여 새로운 제도에 대한 근본적인 도전을 시도한 것이었다. 하지만 2004년 말에 이러한 위헌소송에 대해서 헌법재판소의 기각 판결로 지배적이 되었던 지구당폐지 담론을 다시 한 번 확인해준 것인 만큼 지구당 폐지 담론이 재생산되었다. 판결의 논거를 통하여 이러한 새로운 지배담론에 대한 도전을 위해 약간의 틈도 허용해주지 않았던 것은 향후에 있었던 정당법 재개정 논의에도 적지 않은 영향을 미쳤을 것이다. 이렇게 보았을 때 지구당 폐지문제에 관한 헌법재판소의 판결이 지구당 담론에 있어서 중요한 역할을 한 것으로 판단된다. 이전의 담론과정에서 보다 분명하고 일방적인 논거를 제시한 헌재판결로 인해서 지구당폐지의 프레임이 강화되었기 때문이다.

〈그림 8-1〉 '지구당폐지'와 '당원협의회'의 보도 빈도 추이(2004-2005)

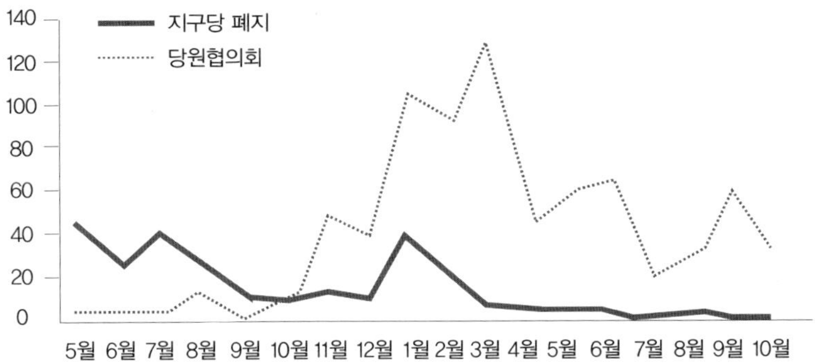

자료출처 : KINDS

5. 담론연합의 경쟁분석

재판 판결들을 분석해보면 분명해지는 것은 재판관들은 소극적 법의 적용이 아니라, 법문을 지표로 삼아서 창조의 행동을 통해서 규범성의 내용을 적극적으로 만들어낸다는 것이다. 물론 일정한 논증문화의 맥락(헌법해석학)에서 판결의 논조를 정당화시켜야 한다. 따라서 이러한 논증이 약할수록 판결에 대한 상대적 정당성의 설득력도 역시 약해진다. 특히 헌법 해석작업에 있어서는 목적과 수단, 정당성과 적정성, 침해 최소요건 등의 충족여부 등을 반드시 철저하게 규명해야 만 한다.

1) 헌재의 심사기준과 비례원칙에 대한 여부판단

1-1 헌재의 심사기준

지구당 폐지 위헌소송에 대해 헌재는 아래 제시된 5가지 심사기준에 따라 판결하였다.

1-1-1 헌법 제8조 제1항

첫째는 헌법 제8조 제1항이 정당조직의 자유를 포함한 정당의 자유[135]를 보장하는가 여부(적극)이다. 헌재의 판결은 본 조항이 정당이

135 대한민국 헌법 제8조의 내용은 다음과 같다. ①정당의 설립은 자유이며, 복수정당제는 보장된다. ②정당은 그 목적·조직과 활동이 민주적이어야 하며, 국민의 정치적 의사형성에 참여하는데 필요한 조직을 가져야 한다.③정당은 법률이 정하는 바에 의하여 국가의 보호를 받으며, 국가는 법률이 정하는 바에 의하여 정당운영에 필요한 자금을 보조할 수 있다.④정당의 목적이나 활동이 민주적 기본 질서에 위배될 때에는 정부는 헌법재판소에 그 해산을 제소할 수 있고, 정당은 헌법재판소의 심판에 의하여 해산된다.

자기의 조직을 선택·결성하는 자유를 포괄하는 것으로 본다. 그 이유는 "정당조직의 자유가 완전히 배제되거나 임의적으로 제한될 수 있다면 정당설립의 자유가 실질적으로 무의미해지기 때문"이라는 것이다. 더 나아가 정당활동의 자유도 보장하는 조항으로 해석하기 때문에 결국 정당설립, 정당조직, 정당활동 등 3가지 자유를 보장하는, 즉 "정당조직의 자유[를] 헌법상 보장하는 기본권"(2004헌마456, 626)으로 보는 것이다.

1-1-2 헌법 제8조 제2항

둘째는 헌법 제8조 제2항이 갖는 의미다. 이 조항은 앞 조항에서 명시되어 있는 자유를 제한하는 내용을 포함한다. 그것은 민주주의를 보장하기 위하여 정당에 의무사항을 부과하는 것이다. 조직의 민주성, 의사 형성 참여, 이러한 참여를 위한 조직 구성 의무이다. 또한 그것은 이러한 의무를 실현하도록 필요한 입법도 해야 할 의무가 입법자에게 있다는 것이다. 하지만 헌재는 본 조항이 정당조직의 자유를 "직접적으로 규정한 것이라고 보기 어렵다"고 해석한다. 이는 다음과 같은 두 가지 이유 때문이라고 부연 설명한다. 하나는 이미 헌법 제8조 제1항이 그러한 자유를 보장한다는 것이고, 다른 하나는 "오히려 그 자유에 대한 한계를 긋는 기능을 하는 것"이라는 설명이다. 따라서 "정당 자유의 헌법적 근거를 제공하는 근거규범으로서 기능한다고는 할 수 없다"는 것이다.

1-1-3 정당법 제3조

셋째는 정당법 제3조, 부칙 제5조와 제7조가 정당의 자유를 제한하는지 여부(적극)이다. 이는 매우 분명하게 "정당의 자유를 제한"하는 것으로 본다(2004헌마456, 619 & 626). 새 정당법은 지구당을 강제적으로 폐지하는 것과 그 이후 지구당을 설립 금지하기 때문이다. 이에 따라 국민 개개인은 조직을 할 수 없고 정당과 정당조직원들도 활동이 제한된다는 사실이 결정적이다. 즉 하부조직인 지구당과 당연락소의 설치가 금지됨에 따라 정당 및 정당조직원들은 이러한 하부조직을 통한 정당활동을 할 수 없게 되면서 정당활동의 자유를 제한받게 되었으며, 이 사건 법률조항은 정당조직의 자유와 정당활동의 자유를 포함한 청구인들의 정당의 자유를 제한하고 있다(2004헌마456, 626).

1-1-4 기본권의 본질적 내용 침해여부

넷째는 이와 관련해서 이러한 제한이 기본권의 본질적 내용을 침해하는지 여부(소극)이다. 즉 정당법 개정으로 인하여 정당이 헌법에 의해서 규정된 임무인 의사형성에의 참여를 기제로 마련한 것에 대한 판단이다. 헌재는 "이 사건 법률조항들이 정당으로 하여금 위와 같은 핵심적인 기능과 임무를 전혀 수행하지 못하도록 하거나 이를 수행하더라도 전혀 비민주적인 과정을 통할 수밖에 없도록 하는 것이라면, 이는 정당의 자유 그 자체를 무의미하게 하고 이를 형해화하는 것으로서 기본권의 본질적 내용을 침해하는 것이 된다"고 할 수 있지만,

실제로는 그렇지 않다고 판단한다(2004, 헌마 456, 627). 그 이유는 지구당 같은 하부조직이 없더라도 정당의 의무가 실현될 수 있다고 보기 때문이다. 이러한 주장을 뒷받침하기 위하여 다른 나라들의 사례와 교통과 통신의 발달로 주어진 기술적인 대안적 의사소통에 의한 참여의 가능성을 제시한다.

지구당 폐지라는 조치의 적정성을 다른 나라의 사례를 통하여 입증하려는 것은 매우 약한 논거이다. 구체적인 설명도 없고, 단지 선거가 끝나고 나서 이러한 나라들에서 지역조직의 활동이 미미해진다는 것만으로 지구당이 폐지되어도 좋다는 논증은 부실하다고 볼 수 있다. 특히 지구당과 같은 지역조직을 설립해야 한다는 규정이 있는 나라를 찾을 수 있어도 이러한 조직을 법적으로 금지하는 나라는 찾기 어려울 것이다.

1-1-5 비례원칙에 반하는 여부

다섯째는 비례원칙에 반하는지 여부(소극)이다. 그것은 개정으로 인하여 과잉금원칙이 침해되었는지 판단하는 것이다. 이를 위하여 목적의 정당성, 수단의 적정성, 침해의 최소성, 법익의 균형성 등 4가지를 따진다. 결론부터 말하면, 헌재는 "이 사건 법률조항들은 청구인들이 가지는 정당의 자유를 과잉되게 침해한다고 할 수 없어 비례원칙에 반하지 아니한다"는 것이다. 그 이유로 (1) 목적의 정당성, (2) 수단의 적정성, (3) 침해의 최소성, (4) 법익의 균형성 등 4가지가 제시된다. 그 내용을 구체적으로 살펴보고 문제점을 짚어 본다.

1-2-1 목적의 정당성

목적의 정당성에 있어서는 고비용 저효율의 정치를 개선하고자 하는 것인 만큼 법률조항들의 목적이 정당성이 있다고 보는 것이다.

1-2-2 수단의 적정성

이러한 목적을 달성하기 위하여 채택된 (2) 수단의 적정성에 대한 판단은 두가지 차원에서 접근해서 결국 "수단의 적정성[이] 보다 쉽게 인정될 수 있다."고 결론을 내린다. 첫째는 지구당을 폐지함으로써 운영자금과 선거브로커 활동 근거지의 문제가 해결되고, 잠재적으로 대신에 발생할 수 있는 음성적 불법조직의 운영비용이 지구당의 운영비용만큼 많을지 "단정할 수 없고" 법적으로 허용되지 않기 때문에 문제가 되지 않는다는 논리다(2004헌마456, 628).[145] 둘째는 정당존립토대의 상실, 상향식 공천제도의 역행, 지역편중 구도의 심화 등 청구인의 문제제기에 관한 것이다. 이러한 문제는 헌재가 판단하는 법적 차원보다는 입법자가 판단하는 합목성의 문제로 보기 때문에 "상대적으로 완화된 심사기준에 의하여 판단하여야 한다"(2004헌마456, 629)고 본다. 즉 수단의 적정성에 있어서 지구당 폐지로 인해서 얻을 수 있는 구체적인 장점이 결정적이고, 정당 존립토대라는 문제에 있어서는 정당조직 모형의 문제, 즉 입법자가 합목적성의 차원에서 결정될 문제이기 때문에 수단의 적정성은 "쉽게 인정될 수 있는"(2004헌마456, 630)는 것이 된다. 장영수(2005)도 "다수의 헌법학자들은 지구당의 폐지에 반대하고 있다"고 진단하면서도 헌재와 똑같은 비슷한 입장을 취해 "형량 자체가 자의적인 것이어서 전혀 합리적이지 못하다고 평가되는 것이 아닌 한 입법자의 입법형성권의 범위 내에 있는 것"이라고 주장한다 (장영수, 2005, 31).

여기서 분명해지는 것은 헌재의 '폐쇄회로' 식의 순환논리다. 이상원(2005)도 이런 논리로 이 판결을 해석한다. 그는 "그동안 한국 정당 조직에 대한 가장 중요한 비판 중의 하나가 고비용 저효율의 구조를 가지고 있다는 것이었으므로, 이러한 문제점을 해결하려는 위와 같은 입법목적은 그 정당성을 인정할 수 있다"(이상원, 2005, 789)며 "지구당을 폐지함으로써 적어도 지구당 운영비를 절감하는 효과는 가져오기 때문"(이상원, 2005, 790)이라고 설명한다. 이것은 일반적으로 널리 논의되었다는 사실만으로 '고비용 저효율'이라는 담론 내러티브의 스토리라인을 (헌)법적인 판결을 위한 핵심적 문제로 삼는다는 것 자체가 의심스러운 대목이다.[137] 이렇게 '고비용 저효율'이 아닌 담론의 스토리라인은 아예 고려되지도 않음으로써 대안담론이 은폐되는 효과를 낸다. 다시 말해서 다른 담론도 있었지만, 법률의 적정성을 판단하기 위한 기준에 있어서 지배 담론의 프레임만 고려한다는 사실이다. 또한 이미

136 사조직을 운영하는 것이 불법이기 때문에 그런 현상이 일어나지 않을 것이라는 논리는 빈약하다.

137 그리고 '적어도 지구당 운영비를 절감할 수 있다'는 주장도 근거가 없다고 본다. 만에 하나, 그 사무실 운영 비용을 절감할 수 있다고 하더라도 그것은 지구당에서 발생하는 전체 비용에서 적은 몫만을 차지하기 때문에 그것이야말로 '별다른' 효과가 없다고 보아야 옳다.

언급했지만 '고비용 저효율' 담론이 지배적이 되어 제도화되었지만 경쟁적 담론이 존재했었다. 그런 의미에서 보았을 때 지배담론의 스토리라인에 한해서만 정책결정의 적정성을 평가하는 것은 이미 그 담론의 패권을 반영한다는 해석이 가능하다. 결국 판단기준 자체가 이미 '고비용 저효율'에 고정되어 있기 때문에 민주주의를 일차적 개혁원리로 삼는 대안적 담론은 애당초 논의 대상이 되지 못하기 때문이다.

이는 헌재가 스스로 법 해석의 기술적 규정으로 여기는 판결 방법에서 비롯된 것이고, 이상원(2005)이 판결문에서 그대로 인용한 단락을 통하여 분명해진다. "가사 지구당을 폐지함으로써 일부 바람직하지 않은 결과가 파생된다 하더라도 그것이 헌법의 테두리를 벗어나지 않는 한, 당·부당의 문제에 그치고 합헌·위헌의 문제로까지 되는 것은 아니므로 그 구체적인 선택의 당부를 엄격하게 판단하여 위헌 여부를 가릴 일은 아니며, 결국 지구당을 폐지한 것에 수단의 적정성이 있는가 하는 것을 판단함에 있어서는 상대적으로 완화된 심사기준에 의하여 판단하게 되어, 이 사건 법률조항들에 대하여 그 수단의 적정성은 보다 쉽게 인정될 수 있다.(이상원, 2005, 793)"

헌재는 지구당의 의미에 대한 판단을 아예 피하기 때문에 지구당 폐지와 다른 대안적인 해결방안도 고려하지 않았다. 지구당의 기능과 역할에 대한 규명을 바탕으로 했을 때 다양한 가능성이 열리겠지만 그 자체를 차단했다. 헌재는 지구당 폐지가 당당한 방법인지에 대한 여부는 가리지 않는다고 하지만 지배담론을 확인해주고 재생산한다는 사실에 대한 책임은 지지 않는다. 이 사실은 특히 국회특위 속기록에서 있는 것처럼 위원들이 지구당의 개편이 아닌 폐지를 결정했을 때도 설득력 있는 근거를 제시하지 않고 '일단 없애버리자'는 태도로 결정한 사실을 감안할 때 더욱 문제가 될 수 밖에 없는 대목이다.

1-2-3 침해의 최소성

침해의 최소성은 지구당 전면 폐지보다 대안적인, 즉 정당의 자유를 더 적게 제한하는 수단이 없을 경우에만 인정된다. 이러한 대체수단으로 여러 가지(경량화, 운영방식 개선, 자금의 투명화 등) 방법을 고려할 수 있지만, 헌재의 판단으로서는 "한국 정당정치의 현실을 볼 때 [···] 지구당을 폐지하지 않고 위와 같은 보다 완화된 방법만을 채용해서는 이러한 문제점을 해결할 수 없다"는 것이 "타당한 진단"이다. "그러므로 한국 정당정치의 상황이 변화되어 보다 완화된 방법으로도 이 사건 법률조항이 이루고자 하는 입법목적을 달성할 수 있게 되기 전까지는, 이 사건 법률조항들에 침해의 최소성이 있다고 인정할 수 있다"(2004헌마456, 630)는 것이다. 정당 자유의 제한을 완화하는 또 다른 이유는 이전의 지구당 당원들이 시·도당을 통해서 활동을 계속할 수 있다는 것, 교통수단, 인터넷 등 통신수단, 대중매체 등을 통해서 참여가 가능하다는 것, 공직선거 및 부정선거방지법 제61조, 제61조의 2에 따라 선거운동과 선거운동 기구가 가능하다는 것 등이다. 종합적으로 "침해의 최소성은 [···] 인정될 수 있다."는 것이다.[138]

---

138 공직선거 및 선거부정방지법 제62 제1항은 "제61조의2(정당선거사무소의 설치) ①정당은 선거에 있어서 당해 선거에 관한 정당의 사무를 처리하기 위하

여기서도 근거를 분명히 제시하지 않고 자의적인 주장의 경향이 나타난다. '한국의 현실'이라는 애매한 진단을 함으로써 폐지 말고 다른 방법이 없다는 사실을 정당화하려는 인상을 준다. 또한 더 의미 있는 개혁을 하려면 좀 더 시간이 경과해야 된다는 상식적인 주장은 설득력이 약하다. 정당의 역할과 기능은 시도 지부 수준에서도 이루어질 수 없다는 주장도 어디에도 뒷받침되지 않고 있다. 물론 인터넷과 같은 새로운 통신기술의 발달을 들지만, 그것은 입증된 사실도 아니고 오히려 매우 과장된 평가처럼 느껴진다.

1-2-4 법익의 균형성

마지막으로 법익의 균형성을 가리는 것이다. 지구당을 폐지함으로써 달성하고자 하는 저비용 고효율인 공익과 이로 인하여 침해되는 청구인들의 정당의 자유인 사익 사이의 균형을 따지는 것이다. 이와 관련해서 헌재는 정당의 (헌)법적으로 특별한 지위 때문에 "다른 단체에 부과되지 아니하는 의무가 […] 부과되기도 하기" 때문에 공사익

여 다음 각 호에서 정하는 날(그 날 후에 실시사유가 확정된 보궐선거 등에 있어서는 그 선거의 실시사유가 확정된 때)부터 선거일후 30일까지 선거구안에 있는 구·시·군(하나의 구·시·군이 2 이상의 국회의원 지역구로 된 경우에는 국회의원지역구)마다 1개소의 정당선거사무소를 설치할 수 있다. 1. 대통령선거 선거일 전 240일 2. 국회의원 선거 및 시·도지사선거 선거일 전 120일 3. 지방의회의원선거 및 자치구·시·군의 장 선거 선거기간개시일 전 60일"이다.

"양자 사이에 현저한 불균형이 있다고 보기 어렵다"(2004헌마456, 630)고 판단한다.

2) 헌재의 심사기준과 비례원칙에 대한 여부판단에 대한 비판[139]

2-1 심사기준 문제와 헌재판결의 자의성

헌재판결에 대한 일반적인 평가 외에 (헌)법학적인 평석(정태호, 2006)은 헌재판결의 문제점을 더욱 부각시킨다. 먼저, 헌재 판례의 전반적인 입장에 대하여 "입법자와 판례도 결국 지구당이 수행하는 기능을 제대로 이해하지 못한 채 잘못된 논리를 전개하고 있다"(정태호, 2006, 238)고 볼 수 있다. 이러한 평가는 지구당의 강제폐지라는 조치에 대해서 판단할 때 참고하고 고려해야 할 헌법 조항들의 내용이나 명령에 대한 결정적으로 다른 입장에서 비롯된다. 이와 관련해서 정태호(2006)는 정당의 역할, 정당의 자유, 당내 민주주의, 정당의 조직적 분화 등 몇 가지 측면들에 대한 헌법적 명령과 의미를 토론하고 판례를 평석한다.

그는 정당의 역할에 관해 정당은 선거준비조직 그 이상이어야 되며 정치적 의사형성에 영향력을 행사할 수 있도록 국민에게 기회를

139 이 평석은 헌재의 판결에 대한 비판적인 입장을 취한다. 이상원(2005)과 장영수(2005)는 합헌판결에 동의하는 평가를 내리는 사례로 참고 할 수 있다.

제공해주어야 한다는 규정이 이미 헌법에 포함되어 있을[140] 뿐만 아니라, 정당조직의 자발성도 당위적인 것으로 확인되었다고 본다. 정당의 자유에 관해서는 정당의 자유가 완전히 배제되거나 임의적으로 제한되어서는 안된다는 판례와 입장을 같이 하면서, 헌법 제14, 16, 21 등 여러 가지 조항들을 추가적으로 제시한다(정태호, 2006, 208 이하). 또한 이러한 자유는 개인과 정당의 단체조직으로서의 이중적 기본권으로 규정한다. 정당의 자유는 정당이 목적을 달성하기 위해 필요한 활동 전반을 포함한다고 볼 수 있다는 것이다.

당내 민주주의라는 문제는 헌법판례에 아예 등장하지 않은 대목이다. 하지만 당내 민주주의와 국가영역과 민주주의 원리와의 관계를 보면 그것은 매우 핵심적인 개념이자 헌법적 명령이 된다(정태호, 2006, 220 이하). 일단 당내 민주주의는 민주적인 정치의사 형성 과정이 수행되는 데 핵심이 된다. 정당국가에서 민주주의 원리가 실현되도록 밑에서부터 상향하는 정치의사는 정당에서 비롯되기 때문에 정당의 조직질서가 민주적이지 않으면 안 된다는 것이다(정태호, 2006, 224 이하 ; 장영수, 2005, 29 이하). 그것은 결국 정당조직이 선거준비를 위한 조직 이상이어야 하기 때문에 평상시에도 민주적 의사형성과정에 기여할 수 있는 역할을 담당할 수 있어야 한다는 것을 의미한다. 당내의 의사형성 과정은 참여와 대의의 기능을 통하여 이루어지는데, 이는 서로 상호보완적이 되어야 한다는 것이다(정태호, 2006, 225).

---

140 Stern(1998)와 BVerfGE 8, 51 (63) 비교. 정태호(2006)에서 재인용(정태호, 2006, 206, 주석 9-10).

이러한 추상적인 당위성을 실천하기 위하여 정당의 조직적 분화가 요구된다. 그것은 다수의 국민이 정치에 참여하기 위하여 정당국가의 양적 확대가 이루어져야 한다는 주장이다(정태호, 2006, 228 이하). 이와 함께 정당조직의 수직적이고 지역적 분화가 충분히 이루어져야 하는 것이다. 국민들이 정치의사 형성에 참여하는 것이 특히 지역조직의 매개를 통하여 잘 이루어질 수 있기 때문이다. 정당이 헌법이 명령하는 제 역할을 할 수 있기 위하여 그들은 적합한 공고성, 구성원의 수, 유권자들에게 인지도를 확보할 수 있는 조직 등을 갖추어야 한다. 이를 위하여 조직적으로 분화할 뿐만 아니라, 독립적인 조직 내 기구도 설립하여야 한다. 이러한 구조를 갖춤으로써 정당은 국민이 공간적으로 가까운 조직을 통하여 일상생활을 영위해가면서 정치의사형성의 기회를 마련해줄 수 있고, 국민이 정당조직에 쉽게 접근할 수 있게 된다고 본다(정태호, 2006, 229 ; 장영수, 2005, 30). 이런 점에서 국가의 지역적 구조와 정당의 지역적 분화 동조화의 필요성도 드러난다. 왜냐하면 그럴 때만이 정당을 통해서 가능하게 되는 정책형성 과정의 효율성과 정치참여의 효율성이 보장될 수 있기 때문이다. 정당의 지역조직의 분화문제는 당내 민주주의라는 문제와 관련되어 있다. 민주주의원리에 따라 가능한 한 많은 국민들이 정치적 의사형성과정에 참여할수록 좋은데, 이러한 참여를 구체적으로 가능하게 하려면 정당조직 기구에서 가급적 많은 국민들이 활동할 수 있어야 한다. 따라서 이러한 과정을 가능한 한 효율적으로 만들기 위하여 의사소통과정을 조직화해야 하는데, 그러기 위하여 당원 수에 따라 분화를 구체화시켜야 된다는 것이다. 독일의 경우에는 지구당과 같은 하부 지역조직을 만들 수

있는 최소 당원 수가 법적으로 250명으로 정해져 있다.(독일 정당법 제8조 제1항 제3, 4문)

정당조직에 관한 이러한 기본적 당위성들은 헌법 제8조를 비롯한 헌법의 각 조항들이 명시하는 내용을 심층적으로 해석한 결과이다. 정태호(2006)는 이러한 사전작업을 바탕으로 지구당 강제폐지의 문제를 다음과 같이 평가한다. 헌재 판례는 헌법에 간접적으로 규정되어 있는 지구당의 중요성을 외면하면서 지구당 강제폐지를 단순히 정당의 자유의 제한만으로 축소하는 오류를 범했다. 또한 판례의 주장과 달리 정당의 조직문제가 단지 입법정책의 문제가 아니라 헌법의 문제일 수밖에 없는 것은, 그것이 "정당국가적 현실에서 헌법이 예정한 민주국가의 성패를 좌우하는 정당의 민주적 내부질서의 확보와 직결된 문제"(정태호, 2006, 220)이기 때문이다. 또 다른 판례의 중대 결함은 지구당 문제에 있어서 판례가 취하는 입장이 이른바 포괄정당 모형이지만, 이러한 모형이 헌법의 정당과 관련된 규정들과 양립할 수 있을지 검토하지 않았다는 점이다. 예컨대 중앙당과 시·도당과 같은 대규모 광역조직들만으로 헌법적 요청을 충족시킬 수 있는 여부는 판례에서 미지수로 남는다. 학계에서 개발된 이러한 구체적인 모형의 양립성에 대한 논의를 제외하고도, 어떤 하나의 모형을 가지고 "모든 정당들에게 강요할 수 있다는 판례의 전제 자체는 우리 헌법의 차원에서는 오류"(정태호, 2006, 238)라고 정태호는 지적한다.

그는 나아가 헌재 판례의 각 요지에 대한 평석을 간략하게 소개하면서, 목적과 수단의 정당성 요건의 충족여부, 수단의 적정성 요건, 최소 침해요건의 충족여부, 법익균형성 요건의 충족여부 등 4가지 조건에 비추어 지구당 폐지의 정당성을 확인해주는 헌재판례 내용과 정반대의 내용을 쓸 수 있다[141]는 것을 보여준다.

2-2 대조적 심사

2-2-1 목적과 수단의 불충분한 정당성

헌법재판에 있어서 목적과 수단의 정당성 요건의 충족여부는 하나의 핵심 판단이다. 목적자체, 즉 고비용 저효율의 문제를 개선하고자 하는 것은 정당성이 있다고 볼 수 있다. 하지만 수단의 정당성에 있어서는 다르다. 가장 결정적인 이유는 공권력이 목적의 달성을 위하여 사용하는 수단을 헌법이 직접 금지하고 있는 것이어서는 안 된다는 것인데, 현실적으로는 그러한 수단이 사용된다고 볼 수 있기 때문이다. 물론 이는 위에서 소개한 헌법 제8조 1, 2항의 해석에 따른다. 즉 위에서 설명된 것처럼 이 조항들에 따라 요구되는 당내 민주주의의 실천과 국민 정치의 사형성에 참여하기 위한 지역적으로 수평적·수직적으로 분화된 적정규모의 조직이 필요하다는 것이다. 지구당을 강제 폐지하면 이러한 헌법적 당위성이 불가능해지기 때문에 문제가 된다. 또한 정치적 결사의 일종으로서의 지구당 폐지는 헌법 제21조에서 금지된 결사의 허가제 금지에도 반한다고 볼 수 있다. 따라서 수단의 정

141 지구당 폐지가 위헌이 아니라 합헌이라는 판결문을 언제든지 쓸 수 있다는 헌법학자의 증언이 있었다.

당성 요건을 위반한 조치라는 결론을 내릴 수 있다.

2-2-1 수단의 불충분한 적정성

이와 관련된 수단의 적합성이나 적정성 요건에 대한 판단도 매우 중요하다. 판례는 수단의 적정성을 평가하는 기준을 밝히지 않기 때문에 헌재의 주관적 평가에 의한 것이 될 수 있어 "실무상으로나 학문적으로나 무용한 심사기준이 될 수밖에 없기" 때문이다. 만약 미국 연방대법원의 심사기준이라면 수단과 목적 사이에 어느 정도의 연관성이 존재해야 하는데, 한국 정치의 비용과 효율성, 지구당 존폐 간의 상관성에 대한 평가는 불분명하다. 이는 몇 십 년 동안 진행되고 있는 논쟁이 보여주는 것이다. 특히 고비용 저효율의 원인을 고찰할 때 이는 지구당 자체에서 비롯된 것이라기 보다는 지구당 운영 등에서 찾아야 하는 것이 분명하다. 또한 이러한 한국 정치문화에 내재되어 있는 동원 조직의 성격을 벗어나지 못하는 한, 지구당 폐지를 통한 정치의 효율성 제고는 기대하기 어렵다. 따라서 미국 연방대법원의 심사기준을 채택해도 수단의 적정성 요건을 충족하지 못한다는 결론을 내려야 한다.

2-2-3 충족되지 않은 최소침해 요건

최소침해 요건의 충족여부도 마찬가지이다. 즉 최소침해 요건은 같은 정도의 적합성을 보이는 복수의 수단 중에서 개인과 공동체에 피해를 가장 적게 유발하는 수단의 사용이 요구되는데, 여러 가지 대체 수단들이 있었음에도 지구당 강제폐지라는 극단적인 수단을 채택함에 따라 최소침해 요건이 충족되지 않는다고 볼 수 있다.

2-2-4 충족되지 않은 법익균형성

이와 비슷하게 법익균형성 요건의 충족여부도 부정된다. 법익균형성 요건은 수단에 의하여 초래되는 희생의 정도와 의미, 그리고 그 수단을 통해서 달성하는 목적의 비중과 의미가 서로 상당한 비례관계에 있을 것을 요구한다. 하지만 결국 지구당의 강제폐지로 인해서 "적은 공익적 효과를 얻고자 헌법이 실현을 요구하는 중대한 법익을 희생시키고 있다"고 정태호는 본다(정태호, 2006, 253).

내용적으로는 지구당 폐지라는 조치로 인해서 정당의 평등권도 존중되지 않는다. 현직의원과 희망자 그리고 자발적 지지자 정당과 아닌 정당 간에 차별이 생긴다. 더욱이 정태호가 지적하는 것처럼 사건의 중대성에 비해서는 결정문이 전체적으로 볼 때 너무 간결하다. 법치국가 원리는 적어도 국민들을 설득하는 데 필요한 정도의 논증책임을 국가기관에 부과하고 있다. 하지만 이 판례는 "합리적인 논증이 아닌 단정 내지 자의적 판단을 담고 있다는 인상을 남길 수 있다."(정태호, 2006, 255) 정만희(2010)도 헌법재판관들의 판결에 대한 이와 비슷한 비판적 입장을 취한다. 그는 "정당법에 의한 지구당조직의 전면폐지는 헌법상 정당설립 및 활동의 자유보장에 반하는 위헌성의 문제가 있다"고 본다(정만희, 2010, 404, 주석 20번).

3) 제도화된 새 지배담론에 대한 재논의

3-1 국회특위에서 진술인으로서 등장한 학자들

위에서 논의된 헌법재판소의 판결이 나오기 전에 국회에서 정치개혁특별위원회가 회의를 시작했다. 또한 국회는 2004년 1월 11일에 국회특위의 자문기구인 정치개혁협의회(범개협)를 공식 발족해서 정치관계법 개정을 위한 논의에 나섰다. 지난 16대 국회 때의 범국민정치개혁협의회에 이어 다시 가동된 이번 범개협은 선거법, 정당법, 정치자금법 등의 문제가 된 규정 정비와 선거제도 개편, 선거연령 인하 문제 등을 다루었다. 이와 함께 그동안 가동되지 않고 있었던 국회 정치개혁특별위원회도 11월 24일부터 정치개혁 방안을 본격적으로 논의하기 시작했다(한겨레, 05/01/10, 5면).[151] 첫 회의에서는 정당법과 관련해서 가장 핵심 논점이 된 당원협의 문제도 다루어졌다. 선관위에서 나온 관계자는 구·시·군 단위에 당원협의회를 허용하는 방안을 제안하면

142 이번 범개협에는 16대 때보다 한두 명 늘어난 13-14명의 민간 위원이 참여하게 된다. 김광웅 교수(위원장), 김영태 교수, 정진민 교수, 손혁재 교수, 이학영 한국기독교청년회(YMCA) 전국연맹 사무총장, 남윤인순 한국여성단체연합 대표, 민병욱 〈동아일보〉 출판국장, 이승철 전국경제인연합회 상무, 이성춘 전 〈한국일보〉 논설위원, 김호열 중앙선거관리위원회 사무차장, 백승헌 변호사, 박태범 변호사 등 그 구성원들이다. 재계 인사를 배제했던 16대 때와는 달리 가 새로 포함됐다.

서도, "옛날과 같이 돈 먹는 하마라는 이야기를 듣지 않도록" 법을 개정할 필요성을 역설하는 수준에서 주장을 했다. 각 정당들의 위원들의 발언들은 크게 한편으로 상향식 민주 정당활동의 자유에 대한 보장이나 진성당원 실천의 중요성, 다른 한편으로 정책 정당화와 원내정당화라는 방안을 주장하는 두 진영으로 분류할 수 있지만, 그 다음해 초까지 논의는 본격화되지 않았다. 그러나 모든 정당들이 당시 현 정당법, 즉 특히 시·도당 이하 수준의 정당조직의 금지 때문에 현실적인 어려움과 불만을 갖고 있었기 때문에 정당법 재개정에 기본적으로 동의하는 상황이었다. 그러나 민주주의의 발전을 일차적인 과제로 간주하는 쪽과 정치제도의 현대화를 일차적인 목표로 삼는 쪽의 차이가 보이긴 했다. 특히 유시민이 여러 번 반복해서 언급하는 지구당 폐지의 위헌소지라는 발언과 상향식 민주적 정당운영의 필요성에 대한 강조가 돋보였다.

이러한 경향은 2005년 2월 24일에 특위에서 진행된 공청회에서 더욱 분명하게 드러났다. 먼저 진술인으로 참가한 전문가 3명은 한편으로 위와 같은 정당 민주화를 최우선 과제로 삼고 부정부패나 고비용 저효율의 현상을 해결해야 한다는 주장과 정당의 최대한 경량화, 선거조직화와 원내정당화를 최우선의 목표로 삼는 주장이 뚜렷하게 갈렸다. 전자의 스토리라인은 손혁재 참여연대 운영위원장과 정영태 교수의 발언에서 도출할 수 있다. 여기서 2004년의 정당개정에 대한 평가는 의도는 마땅했겠지만, "지구당 문제 같은 것은 잘못 접근한 것" (손혁재, 2005, 2)이라며 "지구당이 있기 때문에 돈을 쓰는 것이 아니라 돈을 쓰는 정치 풍조가 있었기 때문에 돈을 쓰는 통로가 지구당이 되었던 것"(손혁재, 2005, 2)이라는 분석이다. 그러나 "풀뿌리민주주의의 기초가 되는 지구당을 없애 버리면"(손혁재, 2005, 2) 그에 따르는 문제들은 심각하다는 것이다. 그럼에도 불구하고 이러한 개정을 강행한 이유에 대해 IMF의 위기관리체제를 경험함으로써 경제분야에서 훈련받은 '저비용 고효율'의 사고가 정치개혁의 기본 원칙이 되었다. 즉 "경제학적 논리로, 시장논리로 확 바뀌어 버렸다"는 것이다(정영태 2005, 7). 그러나 경제논리가 그대로 정치에 적용된 결과 지구당의 개선이 아니라 아예 폐지된 것이다. 사회와 정치를 개선하기 위해 경제논리나 시장논리가 아닌 민주주의가 원칙이 되어야 하며, 구체적으로 말하면 '대표성'과 '평등 또는 공평성'이라고 정태호는 설명하였다(정영태 2005, 8). 대표성의 중요성은 국민들의 다양한 의견과 이해관계들을 수렴하기 위한 것이고, 상향식의 대표성을 실전하면 비용도 줄일 수 있다는 입장이다. 그렇기 때문에 지구당을 없애면 안되고, 오히려 "가능하면 풀뿌리까지 조직이 있어야 한다"고 한다(정영태 2005, 9). 이를 구체적으로 실현하기 위해서는 과거와 다른 새로운 지구당을 "다시 부활시켜야"하며 이 과제를 현실로 옮기려면 기본적으로 지구당을 중앙당의 단순한 하부조직으로 보면 안 되고 진성당원제도로 운영해야 한다는 것이다(손혁재, 2005, 14).

한편 원내정당화를 가장 적극적, 대표적으로 주장해온 학자 중 한 사람인 정진민 교수는 지구당의 부활에 대해 '시기상조'라는 판단을 한다. 그 이유는 한국 정당에 있어서 "자발적인 토대가 아직도 제대로 갖추어지고 있지 않다"(정진민, 2005, 10)는 것이다. 이러한 사실로부터 여러 문제가 파생되기 때문에 지구당을 두어야 된다는 것에 "원론적으로는 전적으로 동의한다."(정진민, 2005, 10)고 해도 시간적으로 아직 일러 부활하면 안 된다는 입장이다. 또한 지구당이 폐지되었지만, 실질적으로는 시·도당 이하 수준에서 당원들이 자발적으로 조직할 수 있다고 역설한다. 정진민은 지구당 담론과정에서 그 때까지 한국은 아직 충분히 자발적으로 행동하는 당원들이 없다는 것을 지구당 부활에 대한 가장 핵심적인 반대 근거로 제시했지만, 이제는 자발적으로 조직화하면 언제든지 조직을 꾸릴 수 있다는 모순적인 논리를 제시한다. 정진민 교수가 정당의 가장 중요한 활동으로 보는 것은 "선거에 나가서 승리를 원하고, 집권하기를 원하고, 가장 많은 의석을 확보하기를 원한다."(정진민, 2005, 10)는 것이다. 이런 문제의식에서 만약에 지구당이 부활된다고 하더라도 그것은 "최대한 경량화해서 저비용으로 운영될 수 있도록 해야"(정진민, 2005, 11) 하며, 선거 없는 시기에는 정보통신 기술이나 사용해서 온라인 형태와 간헐적인 오프라인 모임들이 결합되는 형태로 유지되면 된다는 입장이다.

3-2 국회특위에서 위원들

전문가들이 이러한 두가지의 담론을 도입하는 각각의 내러티브에 대해 특위 위원들은 역시 각자 의견을 표시한다. 한 쪽에서는 원내 정당화라는 목표를 주장하면서 지구당의 부활은 시기상조라 하고, 다른 쪽에서는 자치와 자율의 확대를 위해 지구당의 조직이 필요하다는 반응이다. 현상(금지)유지를 선호하는 주장은 "현재 한국의 풍토에서 [⋯] 지구당이 다시 부활되면 [⋯] 돈이 많이 들어갈 수밖에 없다."(이인기, 2005, 13)며 정보통신기술이 발달되어 있고 과거처럼 민원청취 같은 것들은 지구당이 없어도 '충분히 가능하다'고 보며, "과거와 같은 그런 강한 조직모델"(박형준, 2005)이 필요 없다는 입장이다. '현실적으로' "정당의 목적은 다음 선거에서 정권을 찾는 것"(이인기, 2005, 14)이다. 이들은 지구당과 다르고 법적으로 허용되는 당원협의회와 진성당원제도에 대해서도 "과연 이것이 바람직한 정치 발전의 방향이냐에 대해서는 의문을 갖고 있다."(박형준, 2005, 21)고 말한다. 즉 이보다는 "고비용 정치 구조를 극복하고 효율적인 정치 구조를 만들려면 [···] 정치개혁이라는 것이 좀 전향적이고 시대를 반영하고 미래지향이여야 된다"(박형준, 2005, 20)는 주장이다. 그런 의미에서 "오히려 정당 모델 자체를 우리가 새롭게 설정할 필요가 있다"(박형준, 2005, 21)는 것이다.

이와 달리 다른 한 쪽은 그만큼 적극적으로 주장을 하지는 않지만 논리적으로 대치되는 내용의 스토리라인을 주창한다. 당원들의 자발성을 전제로 해서 지구당 설정의 당위성을 주장하고 지구당 부활의 가능성에 대해 진술인에게 묻는 위원(구논회 ; 이상열)도 있고, 지구당 강제폐지의 위헌소지를 거론하는 특위위원(유시민)도 있다. 그러나 이들은 지구당의 부활을 적극적으로 주장하지 않고, 단지 현 상황에 대한 비판적인 입장을 표명하고 헌법을 거론하면서 정당활동의 범위에 속한다고 할 수 있는 지구당의 조직에 대한 법적인 규정을 없애고, 대신 정당의 자율로 하는 방안을 제시(유시민, 2005, 26)하는 수준에 그친다.

다음 특위 회의가 열리기 전인 2005년 4월 27일에 발표된 범개혁의 개혁방안은 최대 쟁점이었던 과거 지구당과 유사한 기능의 시·도당 하부 조직 설치에 대해서는 현행대로 허용하지 않기로 의견을 모았지만(한겨레, 05/04/28, 1면), 불과 보름 뒤에 '지구당 부활'에 대한 논란이 다시 일기 시작했다(서울신문, 05/05/19, 5면). 6월 10일 열린 소위에서 범개협 개정안이 보고되었다.[143] 21일에 열린 특위 5차 회의 때는 선관위가 제안하는 정당법 개정안은 시·도당 이하 수준에서의 정당조직은 정당의 자율사항으로 하지만 그러한 조직의 사무소는 계속 금지하는 것이었다. 그 배경에는 "정당의 자율을 너무 법으로 제한하는 것이 되어 사무소만 금지하고 나머지는 자율로 하는 것이 낫지 않은가 하는 생각이 들어서 그렇다."(문택규, 2005, 2)는 설명이다. 6차 회의가 열린 26일에는 이 문제와 관련된 논의는 2004년의 지구당 폐지 법개정에 대해 위헌소송을 낸 민주노동당에 속한 노회찬 위원이 제기했다. 그가 주장한 것은 현 정당법이 현역의원과 원외의원 간의 차별성을 가지고 있다는 사실이다. 즉 현역의원들은 다른 용도의 사무실을 운영할 수 있기 때문에 이렇게 이전의 지구당과 똑같은 조직운영으로 이루어질 수 있다는 지적이다. 또한 법개정을 통해 고비용 정치의 명분으로 중앙당과 시·도당에 둘 수 있는 유급직원의 수도 제한되어 있지만, 국회의원 사무실에는 오히려 5명까지 둘 수 있게 되어 있어서 지구당 폐지의 원래의 취지와는 맞지 않는다는 내용의 발언을 했다. "결국 현역 의원 같은 경우에는 사실은 지구당 사무실이 있는 것과 지구

---

143 이에 따르면 "지구당을 금지하는 것을 현행대로 유지해야 된다는 것이고요, 다만 의원발의 법안이나 중앙선관위 안에 보면 시·군·구 단위로 당원협의회를 둘 수 있도록 하자는 내용입니다."(장인식, 2005, 2)

당 유급 사무원이 있는 것과 똑같은 효과를 볼 수 있게 되어 있습니다. 그렇기 때문에 출발이 그러하지 않았다 하더라도, 또 의도가 그러하지 않았다 하더라도 결과적으로는 현역 의원들에게만 지구당을 허용하는 것과 마찬가지의 결과가 아니냐는 문제제기가 충분히 있을 것 같다"고 본다(노회찬, 2005, 4).

4) 정당법 개정의 공식적 이유를 통해 확인된 지배담론

정당법은 2005년 6월 29일에는 별다른 의논 없이 법사위를 거친 뒤 다음 날 본회의에서 가결되었다. 개정조항 중 특히 제37조가 주목된다. 제37조는 원래 1962년에 정당법이 제정되었을 때부터 있어온 조항인데, 당시까지는 제30조였다가 2005년의 정당법 전부개정의 과정에서 제37조로 변경되었고, 이상에서 논의된 당원협의회의 문제가 추가되었다. 즉 정당의 "활동의 자유"를 내용으로 한 원래 이 조항은 "정당은 헌법과 헌법에 의하여 활동의 자유를 가진다"는 내용으로 헌법 제8조에 보장된 정당활동의 자유를 정당법에도 구체적으로 보장한다. 그러나 헌법에 보장된 정당의 자유에 대해 여기서 그 자유를 더 구체적으로 규정하는 내용이 추가된다. 특히 제3항이 중요하다. 이 조항은 자유를 구체적으로 규정할 뿐만 아니라 그 자유를 제한하는 내용이 있기 때문이다. 이 조항은 다음과 같이 규정한다. "정당은 국회의원지역구 및 자치구 시·군·읍·면·동별로 당원협의회를 둘 수 있다. 다만, 누구든지 시·도당 하부조직의 운영을 위하여 당원협의회 등의 사무소를 둘 수 없다"(정당법 제37조 3). 이것은 위에서 논의된 시·도당 이하 수준의 정당지역조직에 대한 규정이다. 즉 원래 정당법의 제3조(구성)에 규정되었던 정당의 구성요소를 개정 이후에 '활동의 자유'라는 조항에 포함시켰다. 이전에 지역조직이 시·도 수준 이하에서 완전 금지되었던 것과 달리 이하 모든 행정구역 수준에서 당원협의회의 운영이 가능해졌다. 그러나 동시에 그러한 조직활동을 위한 사무소를 둘 수 없게 되어 그 자유를 제한한다. 이러한 정당법 개정에 대해 입법자는 "정당의 자율성을 확대하기 위하여 […] 현행 제도의 운영상 나타난 일부 미비점을 개선·보완한"것으로 설명한다(제14차 정당법 중 개정 법률안). 정당법 개정을 제안한 이유에 대한 이러한 설명은 헌법재판소의 판결(2004헌마456)의 논지와 일치한다고 볼 수 있다. 왜냐하면 '정당의 자율성'이나 '활동의 자유'를 확보하기 위하여 법은 실질적으로 그 자유를 제한해야 한다는 입장을 공유하기 때문이다. 1962년부터 40여 년 동안 "정당은 헌법과 헌법에 의하여 활동의 자유를 가진다"는 조항에 정당의 활동을 실은 제한하는 조항(3번)이 추가되었다는 점에서 그렇다. 이 사실은 위에서 분석한 헌법재판소 판결로 인해서 2004년의 정당법 개정 논리가 재생산된다는 매우 구체적인 사례라고 할 수 있다. 원래 헌법에 의해서 보장된 정당의 자유를 효율성이라는 근거로 제한해도 합헌이라고 판결했기 때문이다.

〈표 8-2〉 제14차 정당법 개정 내용

법률 제1246호 1962.12.31 (제정)	법률 제7683호 정당법 2005.8.4
제37조(활동의 자유)	
정당은 헌법과 헌법에 의하여 활동의 자유를 가진다. [제30조(활동의 자유)]	①정당은 헌법과 법률에 의하여 활동의 자유를 가진다. ②정당이 특정 정당이나 공직선거의 후보자(후보자가 되고자 하는 자를 포함한다)를 지지·추천하거나 반대함이 없이 자당의 정책이나 정치적 현안에 대한 입장을 인쇄물·시설물·광고 등을 이용하여 홍보하는 행위와 당원을 모집하기 위한 활동(호별방문을 제외한다)은 통상적인 정당활동으로 보장되어야 한다. **③정당은 국회의원지역구 및 자치구·시·군, 읍·면·동별로 당원협의회를 둘 수 있다. 다만, 누구든지 시·도당 하부조직의 운영을 위하여 당원협의회 등의 사무소를 둘 수 없다.**

6. 사후 정치권의 여론

1) 여야 주요정당의 여론

지구당 폐지는 여야 합의에 따라 이루어진 정책 결정이었지만, 폐지 직후부터 정치권에서 불만의 소리가 들리기 시작했었다. 처음에는 민주노동당과 열린우리당만 폐지된 지구당 조직의 부활에 대한 필요성을 피력했지만, 이후에는 오늘까지 여야 막론하고 모두 동일한 의견을 제시한다. 지구당이 폐지된 1년도 안된 시점에서 당원협의회라는 부분 대체 조직을 부활시켰다는 것은 지구당 폐지라는 정책이 얼마나 비현실적이었는지를 단적으로 보여준다. 뿐만 아니라 2005년 정당법 재개정 이후에도 계속적으로 지구당 제도의 기능을 대체할 수 있는 지역조직 제도의 부활을 위해 구체적인 노력도 있다. 2006년과 2009년 사이에 남경필, 노회찬, 강기정, 권택기 등 여러 국회의원들이 각각 정당법 개정 법률안을 발의했다(아래 표 참고).

2006년 12월에 남경필 한나라당 의원은 정당법 제3조에 제2항을 신설해서 "일정 수 시·도당 연락사무소를 설치할 수 있다"는 내용을 넣어서 지역조직의 활동을 위한 사무실의 설치 가능성을 열어두려고 했다. 그는 본인의 이러한 법률안에 대해서 "국민의 정치생활에 핵심적인 역할을 하는 정당이 국민의 생활 현장에서 여론을 정확하게 수렴하기 위하여 시·도당 수준의 조직보다는 더욱 직접적으로 밀접하게 주민을 접할 수 있는 조직이 필요한 것은 이미 검증된 사실"이라고 설명했다(남경필 법률안, 175723). 그러나 정개위의 검토결과는 "개정안과 같이 시·도당에 연락사무소를 설치하려는 것은 2004년 3월 12일 정당법 개정 시 지구당을 폐지한 입법취지를 고려하여 입법정책적으로 판단할 사항으로 보인다"고 하면서 이 법률안을 부결했다(정개위 보고서, 2007. 7, 3면). 따라서 법률안은 결국 실천으로 옮겨지지 못하고 말았다.

2007년 2월에 민주노동당 노회찬 의원은 지구당 제도를 다시 도입하는 내용의 정당법 개정안을 정개위에 제출했다. 민노당 의원 전원과 무소속 임종인 의원 등 10명이 서명한 이 법률개정안은 각 정당에 구·시·군을 기반으로 한 지역위원회 구성을 허용하는 내용이었다. 노회찬 의원은 "정당은 국민의 정치적 의사형성에 필요한 조직을 확보해야 한다"면서 "자발적이고 민주적으로 운영되는 지역조직을 법에서 금지할 이유는 없다"고 법률안의 이유를 설명했다(파이낸셜뉴스, 2007/02/19). 당시 특히 민주노동당 중심으로 제안되는 지구당 부활은 5월 다시 한 번 민주노동당 천영세 의원단 대표에 의해 제기되었다. 이와 관련해서 그는 당시 6월에 예정되었던 임시국회에서 지구당 및 정당후원회 부활을 추진할 것임을 강조했다(조선일보, 2007/05/21). 노회찬 의원이 제출한 법률안은 정당의 구성을 규정하는 정당법 제3조에 "필요할 경우에는 구·시·군에 1개의 지역위원회를 둘 수 있다"는 단서를 신설했고, 제30조에 후단을 신설해서 각 지역위원회에 유급사무직원 2명 이상을 둘 수 없게 만드는 내용을 담았다. 또한 제37조에 역시 후단을 넣어 당원협의회에 "누구든지 지역위원회 하부조직의 우영 위하여 당원협의회 등의 사무소를 둘 수 없다"는 문구를 첨가했다. 다시 말해서 노회찬 의원은 제3조, 즉 정당의 구성의 규정에 구체적으로 지역위원회라는 구성요소를 넣음으로 지역조직의 중요성을 강조했으며 제30조에 유급사무원을 2명으로 제한함으로써 비용문제를 해결하려는 의도가 있는 것으로 보인다. 공식적으로는 "국민의 정치적 의사형성은 당원의 자발적인 참여에 의한 의사형성이 이루어져야 하므로, 당원이 자발적으로 참여하고, 민주적으로 운영되는 지역조직을 법에서 금지할 이유는 없다."(노회찬 법률안, 176043)고 법률개정을 제안한 이유를 설명했지만, 이 법률안도 역시 임기만료로 폐기되었다. 그 이유는 정개위의 검토결과에 따라 이 법률안의 내용은 이전 남경필 의원의 법률안처럼 "개정안과 같이 시·도당에 지역위원회를 설치하려는 것은 2004년 3월 12일 정당법의 개정 시 지구당을 폐지한 입법취지를 고려하여 입법정책적으로 판단할 사항으로 보인다"는 이유로 폐기했다(정개위 보고서, 2007.7, 4면).

18대 국회로 넘어오면서 2008년 5월 25일에 정세균 통합민주당 의원이 당 대표 출마를 선언했을 때부터 공식적으로 지구당 부활을 역설하기 시작했다. 선출되면 지구당을 부활시키겠다고 약속까지 했다. 이와 관련해서 그는 "정치관계법 개정을 통해 국민 정치 참여의 기본 산실인 지구당 체제를 복원하겠다"고 구체적으로 말하기도 했다(국민일보, 2008/05/26, 5면). 그는 이후에도 이 입장을 고수하였다. 그는 "정당은 끊임없이 국민과 소통하면서 국민의 뜻을 정치에 반영해야 하는데 가장 밑바닥에서 소통하는 조직이 지구당"이라며 "지난 4년간 정당정치가 쇠퇴한 데는 지구당 폐쇄도 큰 영향을 끼쳤다"(동아일보, 2008/06/07, 5면)며 "정당정치의 복원을 위해 지구당을 부활해야 한다." (세계일보, 2008/06/16, 8면)"는 설명을 내놓기도 했다. 정세균 의원이 민주당 대표된 이후에도 같은 입장을 견지해서 "풀뿌리 민주주의 기본 원리에도 지역구에는 기구가 있는 게 필수"라고 말하면서 현행 시·군·구 단위의 당원협의회제도를 폐지하고 지구당을 부활하겠다는 방침을 밝혔다(문화일보, 2008-07-11, 6면). 당시 한나라당 대표인 박희태도 지구당 폐지후 "손발이 없는 정당이 됐는데 머리만 있는 정당으로서 존립할 수 없다"며 "세계에서 그런 나라가 있는지 모르겠다"는 입장을 표명해 정세균 민주당 대표와 일치하는 견해를 피력했다(문화일보, 2008-07-11, 06면).

이러한 정계 전반적인 공감을 현실로 옮기기 위해 강기정 민주당 국회의원은 정당법 개정 법률안 발의도 했지만, 오늘까지 법률화되지 않고 있다. 그는 정당 활동의 자유를 다루는 정당법 제37조의 제3항을 수정하며 제4항을 신설하는 것을 제안했다(아래 표 참고). 이에 따르면 현행 '사무소를 둘 수 없다'는 내용을 삭제하는 대신 '국회의원지역구 단위로 1개의 지역사무소를 둘 수 있다'라는 내용을 넣었고, 제4항은 이러한 지역사무소를 '시·도당 하부조직으로 본다'로 추가했다. 그는 지구당 폐지 이후에 "지구당이 폐쇄됨으로서 국민과 정당이 소통할 기회를 상실했고, 그 결과 대의민주주의 근간인 정당정치가 후퇴했기 때문에 […] 정당이 국민과 오히려 멀어지게 되었다"고 그 배경에 대해 설명했다. 따라서 지구당 부활의 필요성을 "정당의 대중적 토대를 강화하고 국민과의 의사소통을 실현하기 위한 것"으로 설명했다(강기정 법률안, 1802296). 이 법률안은 아직 심사 중이지만, 정개위의 검토보고서에서는 "이는 지난 '04년「정당법」개정 당시 폐지된 지구당의 부활로 해석될 수 있으므로 개정안들의 심사에 있어서는 지구당 폐지 당시 지적된 문제점에 대한 제도적 보완 및 당원협의회의 민주적 운영방안에 대한 검토가 필요할 것으로 본다"면서 매우 신중한 모습을 보였다(정개위 검토보고서, 2011.4, 390-1면).

2009년 내내 여야 막론하고 지구당 부활이 제기되었다. 먼저 한나라당 박희태 대표가 지구당 부활을 공개적으로 주장하고 나섰다. 이날에 당내에서 주최한 '지구당의 재정립 방안' 세미나에서 그는 "지구당 폐지는 너무나 잘못됐다"며 "세계 어느 선진국을 다녀도 지구당 없는 나라는 본 적이 없다"는 주장을 되풀이해 지구당 부활의 필요성을 거듭 강조했다(한국일보, 2009-02-25, 6면). 비슷한 시기에 정세균 민주당 대표도 역시 "정치개혁특별위원회에서 논의해 4월이나 6월 임시국회에서 꼭 지구당을 부활시키겠다"고 부활론을 계속해서 밝혔다(문화일보, 2009/03/19, 8면). 그러나 홍준표 한나라당 원내대표는 "지구당 부활은 정치개혁에 역행한다"고 반대입장을 분명히 했다(문화일보, 2009/03/19, 8면). 그러나 여야 당 내에서 찬반 의견이 있다고 하더라도 전반적으로 지구당 부활론이 우세했다고 볼 수 있다. 예컨대 2009년 4월자 민주노동당 내부 보고서 "정치개혁특별위원회 대응방향"이라는 대목에서 '정당의 비역활동이 극도로 위축되었다'고 평가하여 "과거와 같은 모형의 지구당을 폐지하되, 정당조직의 자율성, 투명성, 자생성, 책임성, 대중성을 강화하기 위해 지역조직을 자율적으로 설치하고 투명성을 제고해야 한다"고 단언한다(민주노동당, 2009, 3-4면). 2009년 5월 18일에 한나라당은 쇄신특위 전체회의를 열고 당 쇄신책 마련을 위한 본격 논의를 했으며 지구당 부활의 필요성이 여러 참가자들에 의해 제기되었다. 이후에도 한나라당에서 지구당 제도가 폐지되면서 정당의 역할이 축소된 부작용이 지적되었으며 이를 개혁과제로 선정했다(경향신문, 2009/08/29, 4면).

권택기 한나라당 의원은 구체적인 법률안까지 제출했지만, 이것도 역시 실천으로 옮겨지지 않고 있다. 그의 법률안은 정당 구성을 규정하는 정당법 제3조에 단서를 신설하고 정당 활동의 자유를 다루는 제37조의 3항을 삭제하는 대신에 제37조의 2(당원협의회의 운영 등)를 신설했다(아래 표 참고). 신설된 단서는 '필요한 경우 국회의원지역선거구를 단위로 하는 당원협의회를 둘 수 있다'는 문구로 강기정 의원이 2008년에 발의한 제37조의 새로운 내용과 동일하지만 제3조(구성)에 넣었기 때문에 그 필요성이 더욱 강조되었다고 볼 수 있다. 제37조의

2에서는 당원협의회에 대한 매우 구체적인 사항들을 열거해 지구당 제도를 부활하되 과거의 부패된 지구당을 그대로 다시 뒤풀이하는 것을 막으려는 의도에서 나오는 것으로 읽힌다. 법률안의 이유는 "현행 시·도당만으로는 생활현장에서의 국민의 다양한 정치적 의견과 요구를 담아내는 데 한계가 있어 당원의 참여와 민주적 운영이 담보되는 범위 안에서 현행 당원협의회를 활성화하여 정당의 정치적 의사형성 기능을 강화하려는 것"으로 설명한다(권택기 법률안, 1806100). 그러나 이러한 노력에도 불구하고 국회 정치개혁특별위원회가 구성된 지 8개월 만에 2009년 11월 18일에 뒤늦게 본격적인 활동에 들어갔을 때도 지구당 문제와 관련된 구체적인 성과가 나오지 않았다. 이번에도 그들은 "정당의 세포조직인 지구당이 없어져 지역 정당의 역할이 축소되고, 지역의 민의를 제대로 수렴하지 못하고 있다"는 주장에 모두 동의했지만(동아일보, 2009/11/25, 6면), '현재 국회에 대한 국민 여론을 감안하면 이 과제들을 추진하는 게 쉽지 않을 것 같다'며 역시 여론의 문제를 들었다(동아일보, 2009/12/16, 6면).

이후에도 계속 지구당 부활의 필요성이 제기되었다. 예컨대 박주선 민주당 국회의원은 2010년에 지구당 부활에 대해 풀뿌리 민주주의가 제대로 되지 않고 있으며 현 지역조직들이 편법적이고 탈법적으로 운영되고 "정당이라는 것은 지구당 조직 없이는 사상누각이기 때문에 반드시 개정을 해서 부활해야" 하고 "제대로 된 지구당 조직을" 가져야 한다고 주장했다(YTN, 2010/09/07). 또 2010년 11월 9일에 국회의장과 여야 원내대표는 지구당 부활 문제에 대해 논의를 하고 상당한 공감대를 이룬 것으로 확인됐다. 예를 들면 김무성 한나라당 원내대표는 박희태 국회의장, 박 원내대표 등과 논의한 결과 원외 위원장 사무실 부활 문제에 대해 "(규제를) 풀어야 한다고 생각한다"고 밝혔다(문화일보, 2010/11/10, 10면). 그러나 이듬 해인 2011년 3월 10일에 국회 정치개혁특별위원회가 첫 번째 전체회의를 열어 본격적인 활동에 들어갔지만 지구당과 관련된 구체적인 성과를 내지 못했다. 중앙선거관리위원회에서도 지구당 부활의 필요성에 대한 주장이 나오지만 정개위는 계속 법률안을 상정만 할 뿐 구체적인 진전을 보이지 않고 있었다. 예컨대 2011년 3월 25일에 김용희 선관위 선거실장은 "국민의 의사를 형성하는 정당의 조직을 법에 의해 인위적으로 없애는 게 타당한지 의문"이라고 말하며 지구당 후원회 폐쇄로 원내·원외 당협위원장 사이의 불균형이 생겼다는 것을 지적했다(서울신문, 2011/03/28, 6면). 여름 2011년 6월 21일에 민주당에서 개최된 행사에서는 정세균 최고위원은 "정치개혁특위가 가동되면 지구당 부활을 꼭 이루겠다"고 밝혔고, 정동영 최고위원도 역시 "지난해 여야 원내대표가 지구당 부활에 합의했는데 안 됐다"며 "법으로 단죄하는 건 '현실 따로 법 따로'"라고 말했다. 2012년에 들어서 특히 이른바 '돈 봉투 사건'으로 인해서 지구당은 폐지되었지만 부패적인 행태는 그대로 였다(문화일보, 2012/01/10, 4면)는 평가가 나와서 지구당 폐지라는 정책의 실패를 반증하기도 했다.

2) 여야 당원의 여론

다음으로 각각 2008년과 2010년 일부 정당의 당원을 대상으로 한 설문조사결과를 보자. 이 설문조사에 응한 응답자들은 국민은 물론이고 당원들 중 일부이기 때문에 조사결과를 과대평가해서는 안된다. 그러나 당원여론을 가늠하기 위해 매우 유용한 자료가 된다.

2-1 당원 설문조사(2008년)[153]

2008년 여름에 한나라당, 민주통합당, 민주노동당 등 세 정당 당원 일부를 대상으로 한 설문조사 결과는 당별로 차이가 있으나 전반적으로 지구당 폐지에 대한 부정적인 견해를 피력했다. '전반적으로 평가할 때, 지구당 폐지가 정치발전에 미친 영향'에 대해서 구체적으로 묻는 질문은 하나밖에 없었으며, 이 물음에 '긍정적'이라고 답한 응답자들(39.3%)은 '부정적'이라고 답한 사람들보다 3.8% 정도 약간 더 많았지만, 지역조직의 개선방향에 관한 질문에 대한 답을 보면 분명히 지구당 폐지에 대한 부정적인 입장이 드러난다. 먼저 약간 더 긍정적인 평가에 대해서 분석하면 다음과 같다. 세 정당의 지구당 당원 설문조사를 나타낸 표에서 볼 수 있는 것처럼 이러한 개정에 대한 반응은 각 당의 성격(포괄 대 계급 정당)과 현 지위(여당 대 야당 내지 원내 다수 대 원내 소수)에 따라 현저히 다르게 나타난다. 그 이유는 2005년에 '정당의 자유'라는 차원에서 당원협의회라는 선거구 조직이 구성될 수 있었지만, 사무실을 둘 수 없기 때문에 현역 국회의원이 많은 정당의 경우에는 회의, 교육, 사무 등을 위해 자신의 사무실을 편법적으로 활용할 수 있었기 때문이다. 민주당보다 한나라당이 현역의원이 더 많기 때문에 한나라당 당원들의 평가가 가장 긍정적으로 나왔다고 볼 수 있다. 계급정당이나 당원정당 형태의 경향이 짙은 민주노동당은 현역 의원도 거의 없는데다 '밑으로부터의 정당'의 역할과 기능에 대한 상이한 이해와 실천 때문에 지역 사무실을 둘 수 없다는 조항을 부정적으로 받아들일 수밖에 없었다. 때문에 당원들의 평가는 소속 당에 따라 현저하게 다르게 나타났다.

〈그림 8-2〉 각 정당 당원들의 지구당 폐지 결과에 대한 평가

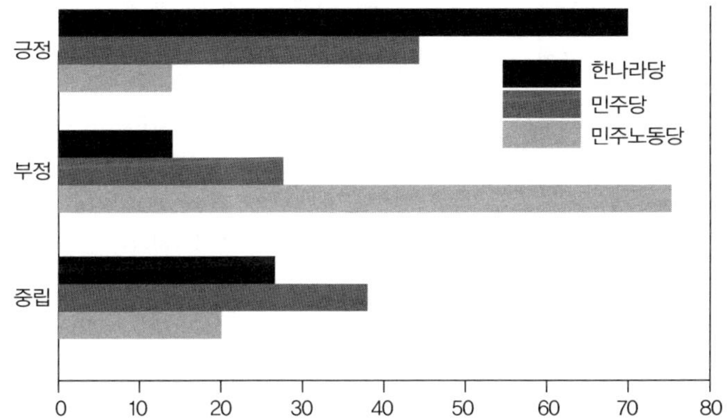

144 필자가 연구원으로 참가한 인하대학교 사회과학연구소에 의해서 실행된 이 설문조사(김용호 외, 2008)는 2008년 7월에 세 정당의 일정한 수도권 지구당 당원들 총 135명을 대상으로 한 점에서 통계학적으로 부족할 수 있지만, 첫 실태조사의 일환으로 이루어졌으므로 시사하는 바가 있다는 점에서 사용하였다. 지구당 폐지에 대한 평가점은 '-5'=매우 부정적, '+5'=매우 긍정적으로 표시되어 있다(김용호 외, 2008, 78).

〈표 8-3〉 지구당 폐지로 인한 정치발전에의 영향평가

평점 소속정당	−5	−4	−3	−2	−1	0	1	2	3	4	5	평균
한나라당	5.1	2.6	0.0	0.0	2.6	23.1	2.6	15.4	23.1	7.7	17.6	1.85
민주당	4.1	0.0	6.1	4.1	10.2	34.7	14.3	12.2	4.1	2.0	8.2	0.43
민주노동당	40.4	10.0	12.8	6.4	2.1	17.0	2.1	2.1	4.3	2.1	0.0	−2.70
전체	16.5	4.2	6.3	3.5	5.0	24.9	6.3	9.9	10.5	3.9	8.1	−0.42

그러나 이 항목의 질문은 '영향'을 묻는 매우 추상적이며 '전반적인 평가'에 관한 것이었기 때문에 설문조사의 결과를 과대평가해서는 안 된다. 이보다 구체적인 방안과 관련된 다음 사항이 더 시사적이다. 소위 풀뿌리 정당조직의 개선방법에 대해서 어떻게 생각하는지에 관해서 3가지 핵심적인 질문을 했는데, 이에 대한 답을 보면 지구당 폐지에 대한 응답자들의 부정적인 견해를 간접적으로 추론할 수 있다. 구체적으로는 대다수의 응답들이 '당원협의회가 사무실을 설치하는 것을 허용한다는 것'(58.0% 대 10.5%), '지역정당에 대해서는 각 정당의 재량에 맡긴다는 것'(57.6% 대 7.8%), 그리고 '지구당 제도를 부활한다는 것'(46.9% 대 13.4%)에 대해 찬성했다(아래 그림 참고). 특히 두드러진 것은 경향적으로 3당 당원의 입장 간에 큰 차이가 별로 없다는 것이다.

〈그림 8-3〉 세 주요정당 당원들의 지구당 제도 부활에 대한 평가

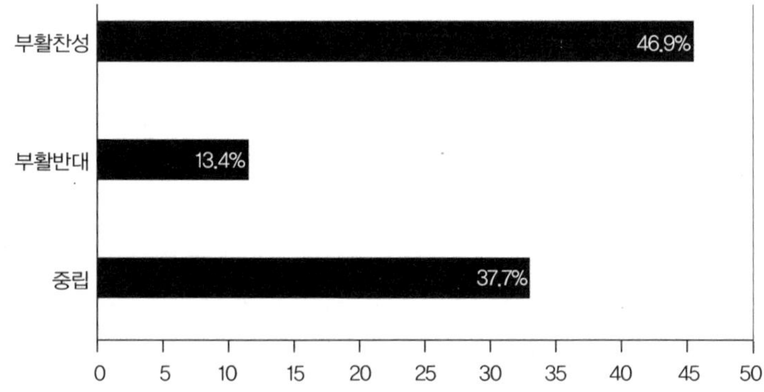

2-2 당원 설문조사(2010년)[145]

2010년 10월에 주요정당 당원 3000명을 대상으로 한 설문조사도 2008년도 설문조사에서 확인할 수 있었던 결과와 유사한 결과가 나왔다. 지구당 부활의 필요성에 대한 의견을 물었을 때 대다수(67.6%)가 '필요하다'로 답했고, 대신에 '불필요하다'라는 대답을 한 응답자(18.1%)는 매우 적었다(무응답 14.2%).

〈그림 8-4〉 다섯 정당 당원들의 지구당 부활에 대한 입장[146]

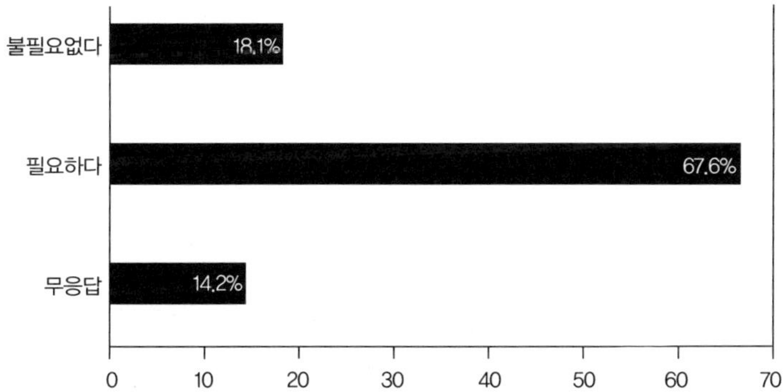

145 이 설문조사의 자료는 윤종빈(2011)에서 가져왔음.

146 설문조사는 선거연수원에서 주관한 2010년 당원교육에 참가한 각 정당의 당원들을 대상으로 수행되었으며 총 3,031명이 조사에 참여하였다. 이 중 한나라당 1,600명, 민주당 1,319 명, 자유선진당 24명, 민주노동당 49명, 창조한국당 39명이었다. 당직별로는 보좌관 및 중앙당직자 149명, 시·도당 당직자 409명, 당원협의회위원 570명, 핵심당원 1,173명, 응답하지 않은 경우 730명(윤종빈, 2011, 69주석)이었다.

정당별로 보면 '필요하다'는 답변은 민주노동당(87.8%), 창조한국당(74.4%), 한나라당(74.0%), 민주당(59.1%), 자유선진당(54.2%) 등의 순이었다. 민주노동당 당원들이 지구당의 부활을 필요하다고 가장 많이 답변했다는 것은 위에서 분석한 위헌소송과 2008년도 설문조사의 결과에 비춰 보면 당연한 결과이다. 지구당이라는 제도를 매우 적극적으로 사용하는 정당에 속한 당원들은 지구당의 필요성을 당연히 더 강하게 느끼기 때문이다. 차이점은 2년 전의 설문조사에서는 한나라당(34.1%)에 비해서 민주당(46.9%)이 지구당 제도의 부활에 대한 필요성을 더 많이 피력했다면, 2010년도 조사에서는 민주당(59.1%)보다 오히려 한나라당 당원들(74.0%)이 지구당 부활이 필요하다고 보았다는 것이다.

〈그림 8-5〉 정당별 당원들의 지구당 부활 필요성에 대한 입장 비교

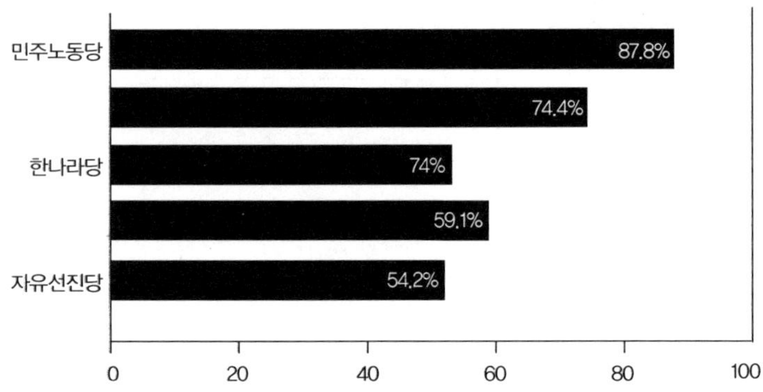

하지만 위에서 언급한 것처럼 2008년도에 실시된 설문조사는 서울지역에 국한된 조사였기 때문에 그만큼 한계를 지닌다. 예컨대 농촌지

역에서 원외 지구당의 필요성에 대한 생각은 다를 수 있기 때문이다. 당직, 당비납부, 의사결정 영향력 등의 여부에 따른 응답에 대한 분석을 들여다보면 당원들의 생각과 지구당의 부활의 필요성에 대해 더욱 많은 정보를 얻을 수 있다. 먼저 당직별 답변을 보면 지구당 부활의 필요성을 가장 많이 주장한 그룹은 협의회 위원들(77.2%)과 시·도당 당직자들(76.5%)이었다. 이에 반해 보좌관 혹은 중앙당 당직의 경우에는 64.4%로 가장 적게 그 필요성을 피력했다. 한편, 지구당 부활이 불필요하다고 답한 그룹 중 오히려 보좌관 혹은 중앙당 당지들은 가장 많이(24.2%) 응답했다. 여기서 드러나는 것은 중앙에 있는 당직자일수록 지구당의 부활에 대한 필요성을 그만큼 덜 느낀다는 결론을 내릴 수 있다. 반대로 중앙으로부터 떨어진 당직자들이 지구당 부활의 필요성을 더 크게 느끼는 것은 그만큼 중앙당이나 원내당에 영향을 미치지 못하기 때문이라고 추측이 가능하다. 이것은 소속당 후보자 결정과정에 대한 영향력 인식의 응답 결과에서도 드러난다. 여기서 지구당 부활이 필요하다고 답한 응답자 중 32.6%가 후보자 관련 결정에 있어서 자기의 영향력이 반영되지 않는다고 답했다. 물론 불필요하다고 답한 응답자들 중에도 40.6%가 '반영 안 된다'로 답했다. 전자는 자기의 의사가 반영되지 않기 때문에 지구당을 부활시켜야 한다고 추측할 수 있고, 후자는 지구당이 부활되어도 의사가 반영되지 않는다고 생각할지도 모른다. 당비납부와 관련한 응답은 이보다 더 뚜렷하다. 당비를 납부한 응답자들 중 무려 75.1%가 지구당 부활이 필요하다고 답했다. 즉 '당비를 당당하게 납부했으니 그만큼의 결정권을 가져야 한다'는 의견으로 볼 수 있다. 반면에 당비를 납부하지 않은 응답자들 중 52.5%만 부활의 필요성을 주장했고 23.9%가 불필요하다고 보았다. 이 조사의 가장 두드러진 결과 중 하나는 지구당 부활이 필요한 이유에 대한 응답 내용이다. 여기서 지구당이 필요한 이유는 지역주민 의견수렴 등 소통의 기능, 정당정치의 활성화 그리고 지역주민과의 원활한 접촉 순으로 나타났다(아래 그림 참고).

〈그림 8-6〉 지구당 부활 필요성의 이유

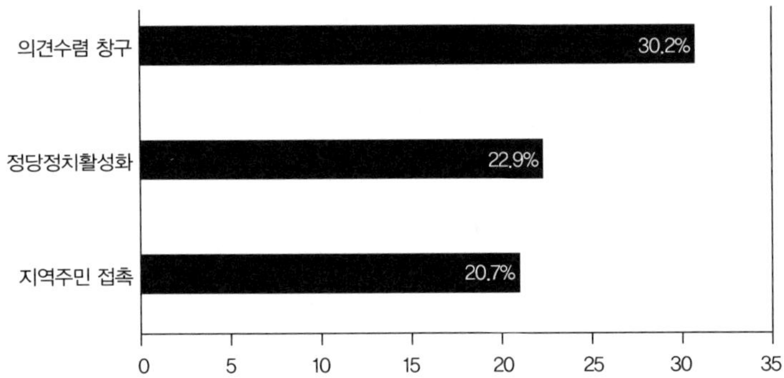

일부당원만을 대상으로 한 위의 두 설문조사 결과는 통계학적으로 한계가 있고, 2002년도 당원설문조사와 비교할 수 있다고 해도 1998년부터 실시되었던 여론조사의 결과와는 직접적으로 비교하기가 어렵기도 하다. 각 설문조사의 응답자 수, 대상자의 신분, 대답한 질문 등이 약간씩 다르기 때문에 두 차례의 설문조사의 결과도 과대하게 해석하면 안 되지만, 전반적으로 보았을 때 역시 일정한 경향을 읽을 수 있다. 특히 분명하게 드러난 것은 지구당 제도에 있어서 핵심문제(비민주적 운영)가 무엇인지 응답자들이 잘 알고 있는 것 같고, 또 지구당 제도가 무엇을 위해 필요한지(의견수렴, 정치활성화, 주민접촉 등)도 잘 알고 있는 인상을 받을 수 있다.

7. 요약 및 소결

지구당 폐지에 강력하게 반대한 행위자는 민주노동당이었다. 민노당은 소규모 정당에 머물고 있었고, 당시 원내에 진출하지 못한 상황이었기 때문에 그 제도적 지위가 매우 약할 수밖에 없어 담론경쟁에 큰 영향을 미치지 못하는 행위자였다. 그러나 민노당은 지구당 금지가 제도화되자 위헌소송을 통하여 이미 명문화된 제도변화에 도전했는데, 이는 약한 행위자임에도 불구하고 일종의 '제도적 지렛대'를 사용하여 나름대로 일정한 영향력을 행사할 수 있는 잠재력을 지닌 담론전략을 추구한 것이었다. 제도적 지위가 약할지라도 위헌소송에서 승소할 경우, 그 파장은 매우 강력할 수 있었기 때문이다. 그러나 민노당이 지구당 폐지담론에 도전하기 위해 제기한 위헌소송은 결국 기각되었고, 지구당을 폐지하는 정책결정의 합헌성이 확인되면서 효과는 오히려 역으로 나타났다. 헌법재판소는 위헌이 아니라는 판결을 내리기 위하여 합헌근거를 더욱 세밀하고 설득력 있게 제시해 들어갔고, 그러한 논증 과정에서 지구당 폐지의 논리가 이전보다 더욱 강화되었다. 10년 이상 매우 논쟁적이고 불분명하게 다루어져 온 사안이 국회 정당법 소위에서는 '일단 없애버리자'는 식의 논리에 의해서 사멸되는 쪽으로 결정되었지만, 헌법재판소의 심의는 '지구당을 폐지하지 않고서는 문제점을 해결할 수 없다'는 매우 분명한 가치평가를 등에 업고 '적당하고 효과적인' 조치로서 상당한 권위를 부여받게 된 것이다. 지구당 존폐의 구체적 부당성을 따지는 것은 헌재 차원에서 이루어져야 되는 것이 아님에도 불구하고, 판결을 내기 위해 어쩔 수 없이 정책결정 내용의 정당성을 가리지 않을 수 없게 됨으로써, 이 결정은 간접적으로 헌재가 인정한 권위까지 얻게 되었던 것으로 일종의 '정치의 사법화' 현상으로 이해할 수 있다. 헌재의 합헌결정으로 지구당의 부활이 위헌은 아니지만 확인된 바처럼 그러한 결정에 힘입어 지구당 폐지의 정당성이 강조되었던 것은 분명히 반대담론을 견제하는 효과를 강하게 지녔다. 이러한 일련의 사건들은 한편으로는 제도화 이후에도 지구당 폐지 담론이 도전받을 수 있고 다른 한편으로는 헌재의 결정은 그대로 유지될 수 있음을 드러냈다. 이는 정해진 담론의 패권화 내지 담론의 공고화를 드러낸 모습이라 하겠다. 그런 도중에 실질적인 제도변화와 상관없이 새로 창당된 열린우리당은 당원협의회라는 유사 지구당 지역조직을 조직화했는데, 2005년에 정당법이 다시 개정되어 그것은 허용되었지만, 여전히 지역활동을 위한 사무실을 두는 것은 금지되었다. 이 역시 저비용-고효율의 지배적인 담론이 헌법재판소의 판결로 재생산 및 정당화되었고, 그것이 민노당의 도전의 좌절과 함께 새로운 지배담론이 공고화되어 갔음을 표상하는 또 다른 징표였다.

〈그림 8-7〉 "고비용 저효율", "+정당", "+지구당" 등의 보도 빈도 추이

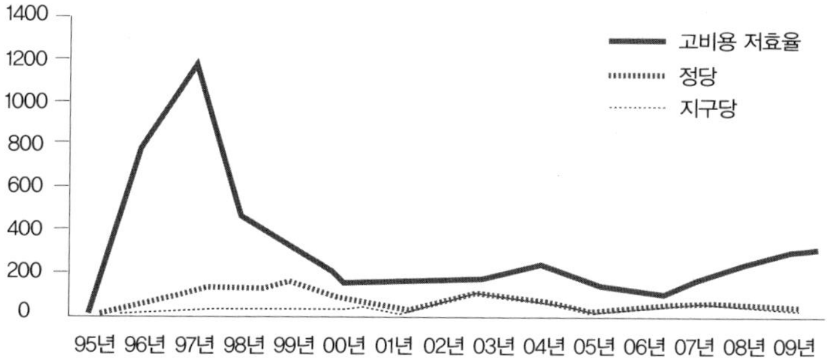

자료출처 : KINDS

도표가 보여주는 것처럼 비용/효율성의 내러티브를 표시하는 "고비용 저효율"이라는 키워드의 보도추이는 1996년부터 갑자기 폭등했다가 경제위기가 발생한 1997년에 최고로 치솟아 올랐고 다음 해에 벌써 다시 거의 3분의 1 수준으로 폭락해 이후에는 계속해서 내려간다. 2002년부터 2004년 사이 다시 약간의 오름세가 발견되었고 2006년에 잠깐 하락했다가 2007년부터 다시 증가하고 있는 추세다. "고비용 저효율"(이후 "A")에 비해서 "고비용 저효율+정당"(이후 "B")과 "고비용 저효율+지구당"(이후 "C")의 보도빈도 추이를 보면 다음과 같다. 먼저 A가 크게 올랐을 때 B와 C도 따라 올랐지만 상대적으로 약하게 발전한다. B는 A와 같은 시점인 1997년에 거의 최고치에 이르렀지만, 이와 달리 C는 A와 B가 다시 하락세가 보인 1998년에 가장 높은 수치를 기록했다. 전반적으로 보았을 때 A가 크게 하락하기 시작한 1998년부터는 B와 C는 오히려 오르거나 수준을 유지하는 현상이 발견된다. 즉 A와 비례적으로 비교했을 때 "고비용 저효율"이라는 담론의 양

적인 논의에 대해 B와 C가 가장 큰 몫을 차지한 때는 1998년(B= A의 39%)과 1999년(C= A의 19%)이다. (아래 도표 참고) 2000년부터 A, B, C 등 모두 하락세를 기록하고 A에 대한 B와 C가 차지하는 몫도 크게 줄어든다. 이후에는 A에 대한 B와 C의 비례 수준이 계속 유지되었다가 2007년부터 A가 다시 빠르게 상승하는 반면에 B와 C는 최소치를 유지해 괴리가 발생하기 시작했다.

통계를 통해서 본 '고비용 저효율' 담론 안의 정당/지구당 논점에 대한 분석은 무엇을 의미하는가? 일단 A를 통한 문제제기가 시간적으로 선행했다는 것으로 미루어봤을 때 '고효율 저비용'의 담론이 먼저 있었고, 이것이 차후에 정치 혹은 정당/지구당에 적용되었다는 것이다. 1998년부터 갑자기 축소되는 A와 B/C의 비례수준은 정치를 대상으로 삼는 '고비용 저효율' 내러티브 적용이 크게 강해졌다는 것이다. 다시 말해서 처음에 다른 담론영역에서 시작했다가 정치 혹은 정당 영역으로의 '파급효과'로 정당에 '불을 붙였다'는 것을 보여준다고 볼 수 있다. 이러한 현상은 특히 1998년과 1999년, 그리고 2002년과 2003년에 걸쳐서 일어난다. 2007년부터는 보도빈도 격차가 보이기 시작하는 것은 '고비용 저효율' 담론은 다시 정당/정치로부터 자유롭게 되었다는 뜻이다. 즉 고비용 저효율 담론은 정당/정치 영역에 더 이상 이전만큼 영향력을 발휘하지 않고 있다.

〈그림 8-8〉 "고비용 저효율"(=100%) 핵심어 보도 빈도 추이에 대한
"+정당"과 "+지구당"의 비례적 보도 추이(1996-2005)

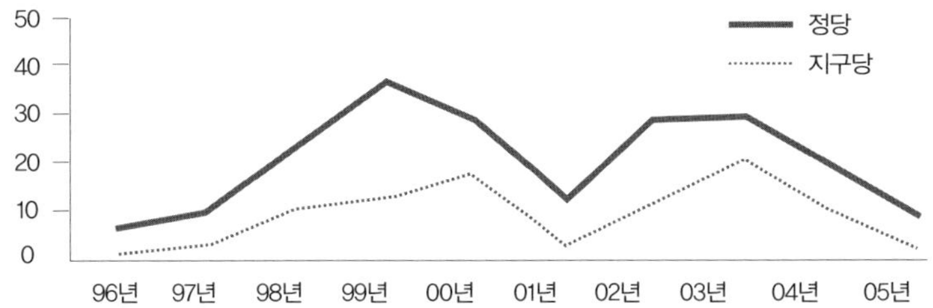

자료출처 : KINDS

위와 같은 키워드에 대한 보도빈도 추이와 비례관계에 대한 분석을 지구당 문제에 관한 담론경쟁에 대한 분석에 적용했을 때 여기서 발견되는 발전 흐름이 매우 유사하다는 것이 분명해진다. 즉 적어도 "고비용 저효율"이라는 담론표시(discourse marker)에 한해서는 지구당 폐지라는 스토리라인의 추이와 같다는 것이다. 다시 말해서 담론의 내용적인 분석이 이미 뚜렷해진 경제·경영 영역에서 정치영역으로의 비용/효율성 담론-파급효과가 여기서 양적으로 확인된다는 결론을 추론할 수 있다. 다시 말해 1990년 말에는 경제위기 충격의 파급효과로 인해서 정당·정치가 '경영식' 개혁담론의 대상이 되고, 그 담론에 의해 포화되어 지구당 폐지의 제도화 단계로 들어서게 되었다. 즉 처음에 다른 영역에서 비롯된 담론이었지만, 전체 '고비용 저효율' 담론에 대해 평균적으로 약 3분의 1정도의 몫을 차지할 만큼 담론지배가 형성되었다는 것을 반영한다는 것이다. 또한 2006년 중순부터 미국에서 비롯된 세계적 경제위기의 발전에 따라 2007년부터 '고비용

저효율' 담론은 다시 오름세를 보이지만, 정당/지구당과의 괴리가 생겼다는 것은 일단 정치로부터 유리되었다는 것을 말해준다. 이것은 지구당 폐지 등과 같은 정치개혁임에도 불구하고 한국 정당의 근본적인 문제를 아직도 해결되지 않고 계속되고 있다는 것을 감안했을 때 매우 흥미로운 사실이다. 이는 역으로 한국 정당/정치의 문제는 '경영식' 개혁 담론을 통해서 의미와 효과가 있는 수준에서 파악이나 해결이 어렵다는 것을 반증한다고 해도 과언이 아라고 할 수 있다. 이러한 문제의식은 당원 여론에도 확인되었다. 2004년 지구당 폐지 이후부터 존재해 온 지구당 폐지에 대한 비판적인 문제의식이나 지구당 제도의 개선된 형태로의 부활론이 거세지고 있다는 사실은 그 도전이 아예 없지 않다는 것을 말해준다.

결론

제9장

분석결과

이 책의 핵심과제는 지구당 제도의 폐지라는 정책결정 과정의 동학을 설명하는 것이었다. 정책결정 과정에 대한 기존의 분석방법은 제도의 구조적 요소를 강조하거나 행위자의 요소를 지나치게 강조했기 때문에 많은 문제점을 안고 있다. 그러한 문제점들을 피하기 위해 이 책에서는 제도와 행위자의 상호작용을 고려하는 담론분석 접근방법을 선택했다. 담론분석 접근의 기본 가정은 담론이 현실을 구성한다는 것이다. 이런 담론분석에 기초한 접근방법이 갖는 장점은 정책결정 과정 그 자체에만 초점을 맞추는 것이 아니라, 어떤 결정이 내려지기까지 그것이 해결되어야 할 문제로 확인되고 이슈화되는 과정을 분석할 수 있고 그 과정에서 등장하는 상호 경쟁적인 해결 방안들의 스토리라인까지 확인할 수 있다는 것이다. 이러한 접근방법을 통하여 분석할 때 제도변화가 이루어지는 이유를 설명할 수 있다. 동시에 합리적 선택이론의 행위자적 요소의 한계도 극복할 수 있다. 특히 담론분석적 접근은 동일한 조건에서 행위자들이 서로 상이한 선택을 하게 되며, 그 과정에서 사회 현상을 해석하는 개인의 시각과 사유가 중요한 역할을 한다는 사실을 잘 보여준다.

담론분석적 접근을 통해 지구당 폐지를 둘러싼 정책결정 과정분석의 결과를 요약하면 다음과 같다. 첫째, 지구당 담론에서 지구당제의 존폐 문제를 둘러싸고 상이한 스토리라인이 형성되었고 그것을 통해 구축된 상호경쟁적인 두 담론연합의 유형을 확인할 수 있었다. 둘째, 지구당제 폐지의 정책결정은 지구당 담론의 전체적인 전개과정에서 결정적인 모멘텀을 이루며, 전체적인 전개과정은 상호 유기적인 단계별 분류가 가능하다. 셋째, 경쟁하는 두 담론연합이 상호교류가 거의 없는 배타적인 상관관계를 유지했기 때문에 정책결정이 극단적으로 발전했다. 넷째, 지구당제 폐지 결정이 내려질 수 있었던 중요한 이유 중 하나는 그 문제가 고정적인 여야 간의 쟁점에서 양 진영 내부의 신·구주류간의 대치문제, 그리고 제도권과 비제도권 간의 대치문제로 전환되었기 때문이다. 이 네 가지 사항을 좀 더 구체적으로 살펴보자.

첫째, 민주화 이전까지는 정당개혁의 담론자체가 미미한 수준에 머물고 있었기 때문에 지구당이라는 정당제도의 하위영역은 아예 담론화되지도 못했다. 물론 정당조직에 대한 전반적인 인식은 기존 제도에 의해 규정되는 만큼 일종의 '소극적 지배담론'은 있었다고 할 수 있다. 이 기존 지배담론은 '유럽식 대중정당 모형'이라는 프레임을 내포했다. 민주화로 인해서 그 동안에 금기시 되어온 정치개혁에 대한 담론의 장이 개방됨에 따라 기존 담론은 대안담론으로부터 도전 받게 되었다. 이런 과정에서 2개의 담론연합이 형성되어 경쟁을 벌였다. 하나는 지구당의 '강화 활성화 내러티브'로 구현된 '정당민주화 담론'이고 다른 하나는 지구당의 '축소·폐지 스토리라인'에 반영된 '정당효율화 담론'이다. 전자는 민주주의의 원칙을 기준으로 참여민주주의의 실천을 위한 조치를 통해 정당 민주화를 최종 목적으로 한다. 그것은 대중정당모형에서 출발하여 정당이 대의민주주의 또는 정당민주주의에서 제 역할을 할 수 있도록 지구당 제도자체를 정상화시켜야 된다는 것이다. 후자는 경제성과 생산성에 기반을 둔 정당효율화를 최종 목적으로 한다. 그에 따르면 지구당의 원래 역할과 기능의 회복이 어렵기 때문에 아예 폐지시킴으로써 정당정치의 생산성과 효율성을 높여야 한다는 것이다. 이들은 경영원칙을 기반으로 한 지지자정당 모형에서 출발하여 경량화, 투명화, 상품화 등 합리화와 구조조정을 통해 정당이 일종의 '거버넌스 체제' 하에서 효율적으로 기능하도록 하는 계획을 구상했다

이 경쟁에서 결국 우위를 차지한 것은 '정당효율화 담론'이었다. 이 담론의 구체적인 내용을 정리해 보면 다음과 같다. 먼저 이 담론은 지구당과 관련된 문제를 접근하는 데 민주주의 원칙, 정치문화, 사회균열 등의 근본적인 차원이 아니라 실용적인 차원에 초점을 맞추었다. 이 담론에서는 저비용 고효율의 정당을 목표로 설정하고, 지구당 문제를 해결하려면 그 비리의 '온상'을 최소화하거나 아예 제거해야 한다는 결론을 내린다. 이 논리에 따르면 실용적인 방법을 통해서 복잡

하고 오래 걸리는 근본적인 문제에 대한 해결을 회피할 수 있다는 것이다. 그리고 시장만능주의와 유사한 해결방식으로 일단 정당조직을 합리화하고 개방시키면 나머지 문제는 선거시장의 논리에 따라 자동적으로 처리된다는 것이다. 이 차원에서 헌재와 국회의장이 제시한 정교한 논리는 이 담론이 갖는 기술관료주의 성격을 명백하게 보여준다. 특히 지구당의 폐지로 정당과 국민 간의 다양한 교류가 불가능해진다는 비판을 반박하기 위해 헌재와 국회의장이 내놓은 논거가 그러하다. 그들은 지구당의 본래의 역할과 가치를 인정하면서도 이 조직이 없어도 인터넷을 비롯한 각종 매체와 시·도당 조직을 통하여 지구당의 기능을 대체할 수 있을 뿐만 아니라, 이런 방식을 통해 오히려 더 나은 방향의 참여민주주의를 달성할 수 있다는 평가까지 내린다. 하지만 '협의(狹義)의 원내정당론'과 유사한 이 논리에 따른 정책결정으로 사실상 더 나은 민주주의가 가능한 지와 다른 대안적 해결책의 존재 여부에 대한 숙고 자체가 생략되었다. 결국 지구당 폐지와 같은 과격한 조치는 원내 정당화의 중요성을 강조하는 학계의 주장과 여론의 호응에 힘입어 채택될 수 있었다.

둘째, 이러한 담론경쟁은 민주화 이후 첫 민간 출신 대통령의 집권시기인 1993년에 촉발되어 10여 년에 걸쳐서 2004년에 지구당 폐지 결정이 내려지기까지 일정한 발전과정을 거쳤다. 따라서 2004년의 지구당 폐지 결정을 이해하기 위해서는 그 결정에 직접적으로 관련된 행위자와 당시 상황을 파악하기 이전에 그 사건이 1990년대 초반부터 지구당 담론이 발전해 온 흐름의 한 기점이었음을 이해할 필요가 있다. 이 발전과정을 시기적으로 비교분석하면 국회 회기를 시간 제도적인 틀로 설정해서 담론도전, 담론 구조화, 담론 제도화, 담론 공고화 등 네 개의 발전단계로 구분 할 수 있다(아래 〈그림 8-1〉 참고). 아이디어 중심의 접근과 담론분석의 이론을 종합해서 설정한 것처럼, 지구당 폐지의 정책결정은 기존 지배담론에 대한 도전으로 시작해서 구조화와 제도화를 거쳐서 정책결정의 정당화와 그 재생산을 통한 공고화 단계로 진행되었다. 이 속에서 제도화된 담론이 또 하나의 지배담론이 되는 담론전환을 통해 담론구조의 순환이 이루어지는 과정을 볼 수 있었다. 나아가 각 하위단계에서도 일정한 발전단계를 확인할 수 있었다.

〈그림 9-1〉 개혁담론 전환과정의 발전단계

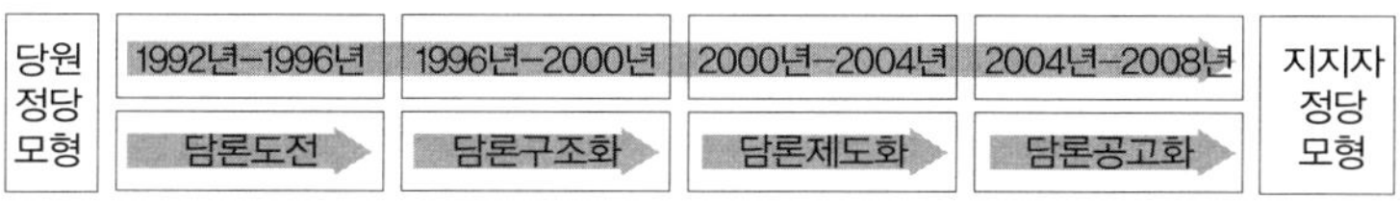

이렇게 발전된 담론 단계마다 행위자들이 담론적 전략을 통해서 담론을 형성하는 과정에서 활용하는 은유들을 통해서 단계별 담론경쟁의 발전 양상을 확인할 수 있었다. 담론도전 단계에서 정당민주화 담론과 정당효율화 담론은 각각 '정당의 첨병'과 '돈 먹는 공룡'으로 담론을 은유화했는데, 정당개혁은 오히려 '풀뿌리 민주주의'라는 차원에서 다루어졌기 때문에 대안 담론의 영향력은 아직 뚜렷하게 나타나지 않았다. 그러나 담론 구조화의 단계로 넘어가면서 정당효율화 담론과 친화성이 높은 '고비용 저효율'의 표어가 크게 부상했던 것은 새

담론의 위력을 반영한 것이다. 담론 제도화 단계에서는 특히 '원내정당화론'과 '돈 먹는 하마'라는 은유를 지구당 폐지라는 정책결정이 임박했다는 증상으로 볼 수 있다. 담론경쟁에서 은유의 활용도 이러한 사실을 잘 보여준다. 지구당 폐지에 반대하는 담론연합에 의해 제기되는 스토리라인에서는 '풀뿌리 민주주의'와 같은 환유어가 사용되었지만, '연상구절(evocative phrase)'로 적극적이고 강력하게 활용되었다고 보기 어렵다. 정당효율화 담론이 이미 정책논의를 지배적으로 규정하고 있는 상황이었기 때문에 경쟁 담론(지구당 폐지반대) 연합에서는 이러한 패권에 대해 새로운 은유를 통해 도전하기 보다는, 효율화 담론의 은유를 해체하면서(deconstruct) 거기에 내포된 스토리라인으로 이루어진 사실 관계 왜곡을 폭로하는 담론 전략에 전념했다. 즉 그러한 논의가 이미 정당효율화 담론의 맥락 안에서 이루어지고 있었다는 것을 보여준다.

지구당 담론의 마지막 발전단계인 공고화 단계가 갖는 실질적인 의미는 이미 구현된 '정치의 경제화'라는 사조를 역전시키는 것이 어렵다는 점이다. 지구당 제도가 법적으로 폐지되고 나서 실질적으로 별로 달라진 것이 없었다는 사실과 1년 후에 정당법이 다시 개정되었다는 사실이 보여주는 것처럼 지구당제의 폐지는 정치제도개혁의 과정에서 발생한 일종의 사고(事故)에 불과한 것이었다. 그러나 현재 진행되고 있는 논의에서 드러난 것처럼 지구당과 같은 지역조직의 부활이 어려운 결정적인 이유 중 하나는 당시에 '획기적인 개혁'으로 제시된 지구당제 폐지를 새삼스럽게 취소한다는 것이 '개혁후퇴'라는 비판을 받을 수도 있다는 것이다. 더욱이 경영논리에 따른 조치를 통해서 정치문제를 해결할 수 있다는 시각에서 관철된 지구당제 폐지 결정을 다시 뒤집는 것은 어렵다. 결국 지구당제 폐지는 사고(事故)였을 뿐이지만, 이미 지배적인 담론에 따른 '정치의 경제화' 사고(思考)라는 맥락에서 비롯되었기 때문에 오래 지속되는 효과를 가진다.

셋째, 지구당 담론 발전과정의 전 단계를 살펴보면 몇몇 사례를 제외하고는 경쟁하는 두 담론이 상호 교류 내지 공유하는 경우가 거의 없는 상호 배타적인 상관관계를 유지했기 때문에 궁극적으로는 정책 결정이 극단적으로 발전했다. '정당효율화 담론'의 경우 이러한 배타성으로 인해 그들이 제시하는 대책도 매우 극단적인 성격을 보였다. '정당효율화 담론'은 일차적인 목표가 정당의 효율화, 경량화이며, 이를 통해 이차적으로 '더 나은 참여민주주의'가 가능하다는 논리를 내세웠다. 이에 대응하는 '정당민주화 담론'은 민주주의에 도달하려면 민주주의 원칙에서 출발해야 한다는 논지를 폈다. 이렇게 경쟁하는 각 담론의 내러티브가 서로 양립하기 매우 어려운 스토리라인을 내포했기 때문에 토론회, 공청회, 학술대회 등에서 각 담론연합에 속한 행위자들이 함께 참여했다고 해도 궁극적으로 현문우답의 대화가 될 수 밖에 없었고, 그 결과 사회적 학습을 통해 서로의 논리를 이해하고 배우는 것이 불가능했다. 학계에서 발생한 소위 '정당모형논쟁'은 이러한 마이동풍의 현상을 뚜렷하게 보여준다. 문제는 담론의 이러한 배타적 성격 때문에 사회 공동체 전체의 합의를 도출할 수 있는 정책결정 과정 자체가 어려워졌다는 것이다.

넷째, 지구당제 폐지 결정이 내려질 수 있었던 중요한 이유 중 하나는 그 문제가 고정적인 여야 간의 쟁점에서 양 진영 내부의 신·구주류간의 대치문제, 그리고 제도권과 비제도권 간의 대치문제로 전환되었기 때문이다. 지구당 담론의 제도화 이전 단계까지 담론연합의 대결구도는 기존의 여야 대결구도와 일치하는 경향을 보였다. 이런 여야의 대결구도 속에서 지구당 문제는 그것이 지속적으로 이슈화되었지만 기존의 담론이 되풀이되어 현상유지의 상태를 벗어나지 못했다. 그러나 2000년 총선 때 원내에 진출한 여야의 소위 386세대 국회의원들을 중심으로 정치에 대한 대안적 아이디어를 갖는 개혁적 정파운동이 시작되었다. 이들은 2002년 대선 이후부터 기존 주류세력과 그들의 '낡은 정치'를 비판하고 새로운 정치를 위한 대안을 마련함으로써 당내 권력구도를 이완시켜 결국 신주류로 부상할 수 있었다. 2003년 초부터 각 당의 신주류들은 지구당 폐지를 포함한 개혁 계획을 적극적으로 추구했고, 궁극적으로는 2004년 4당 합의를 통해 지구당제를 폐지하였다. 여야의 구주류들이 끝까지 거부한 지구당 폐지를 여야의 신주류들이 가한 압박에 의해 전격적으로 관철시킬 수 있었다는 것은 신주류들의 '담론적 지렛대'를 통해 쥐게 되었던 위력(empowerment)을 보여준다.

여기서 특히 주목되는 것은 2003년 초부터 민주당 내 개혁세력들이 지구당 조직 자체가 아니라 지구당 1인 '위원장제도 폐지'라는 안을 적극적으로 추진함으로써 많은 사람들이 동의하기 쉬운 스토리라인을 제공했다는 사실이다. 그것을 통해 당내 신·구주류의 극적인 대치상황에서 일종의 절충안으로써 보다 넓은 담론연합이 가능해졌기 때문이다. 이러한 상황에서 발생한 민주당의 분열과 열린우리당의 창당으로 인한 여권 내의 개혁경쟁의 틀에서 신당 즉 열린우리당은 지구당제 폐지라는 극단적인 개혁을 내세워 민주당을 압박하였다. 한나라당의 경우 개혁경쟁의 구도에 뒤쳐지지 않으려는 신주류가 먼저 민주당의 위원장제 폐지안을 벤치마킹하였다. 그리고 2003년에 벌어진 '차떼기 사건' 논란이라는 위기상황의 돌파구를 지구당 폐지에서 찾았다. 결국 여야 양 진영의 신주류들은 2002년 하순 선거운동 때부터 부상한 '원내정당화론'에 힘입어 '위원장폐지론'으로 담론 연합을 여야를 초월할 정도로 넓혀가면서 정책논의를 충분히 포화시킨 상황에서 지구당의 폐지를 통해서 온 사회가 강하게 요구한 진정한 정치개혁의 당위성을 충족시킬 수 있었다. 2003년의 '차떼기' 사건을 전후로 한국 사회에는 전반적으로 정치개혁에 대한 강한 요구가 분출되었다. 이러한 상황에서 언론과 시민사회에서는 일종의 '개혁 히스테리'가 확산되었다. 이들에게 제도화된 정치권은 여야를 막론하고 거센 공격 대상이 되었고, 결국에는 지구당제 폐지라는 조치만으로 강력해진 개혁요구에 부응할 수밖에 없다는 인식이 제도권 내에서 지배적이 되었다.

제10장

나오는 말

마지막으로 이 책의 결과가 한국 정치에 대한 연구에서 지닐 함의에 대해 다음과 같은 시각으로 정리해 보고자 한다.

첫째, 한국 정치에 관한 지금까지의 논의들은 왜 한국에서 민주주의가 질적으로 성숙되지 못하였는가 하는 질문에 초점을 맞추었다. 본 연구는 지구당 제도의 폐지라는 학계에서 주목 받지 못한 사례를 통해 이 질문에 대한 답을 새롭게 찾고자 했으며, 그러한 질문을 다루는 학자들이 검토해야 할 문제를 구체적으로 제시하였다. 지구당 제도의 폐지를 둘러 싼 담론을 통해 민주화 이후 한국의 민주주의가 지금과 같이 왜곡된 모습을 보인 과정을 분석하면서, 민주주의 성숙과정에서 지구당 제도가 실질적으로 담당하는 역할이 과소평가되었으며, 궁극적으로 한국 민주주의의 발전에 초래할 결과에 대해 행위자들이 간과하였다는 점을 일깨우고자 하였다.

둘째, 지구당 문제와 관련된 모든 담론이 이데올로기적으로 제한된 시각에 갇혀 있다는 점이다. 그렇기 때문에 민주주의를 위한 기본적인 합의의 형성을 위한 기반이 구축될 수 없었다. 합의 부재는 다시 이데올로기적으로 제약된 시각을 극복할 수 있는 조건의 형성을 방해하였다.

셋째, 이러한 상황에서는 정치체제와 사회를 매개하는 연결고리가 만들어지지 않았고, '정치적 계급(political class)'은 대중의 제약을 받지 않은 채 자신들의 폐쇄성을 강화시켰다. 정치 계급의 이러한 폐쇄성은 또 다시 정치사회와 시민사회의 연결을 저해하였다. 이는 결국 한국 정치가 안고 있는 악순환의 고리라 할 수 있다. 문제의 해결책은 궁극적으로 이 악순환의 고리를 깨는 데 있다는 것을 알 수 있다.

이러한 악순환의 고리에서 분명한 것은 결국 정치 계급이 갖고 있는 민주주의에 관한 이해(understanding)의 문제이다. 그런 의미에서 본 연구는 민주주의의 성숙과정에서 제도의 발전이 민주주의의 필요조건이며, 구성원들이 이 제도를 내면화 함으로써 그러한 제도를 대상화 할 수 있게 되고, 이를 통해 이루어지는 구성원의 의식 변화야말로 민주주의의 충분조건이 될 수 밖에 없다는 사실을 보여주고 있다.

이제 정리하는 관점에서 앞에서 언급한 본 연구의 성과가 한국정치 연구에 제기하는 세 가지 의미를 구체적으로 살펴보자.

정치가들의 악습이 미워 정당제도에 불을 놓겠다는 정치개혁가

1960년대에 헌팅턴은 당시 개발도상국들의 정치적 발전을 다루며 그들이 현대화를 추구하는 과정에서 정치를 희생시키는 진퇴양난의 문제를 지적하였다. 그에 따르면 "그들이 [개발도상국의 정치가들이] 정치를 희생시키면서 현대화를 추구하는 과정에서 하나를 도외시하기 때문에 다른 하나를 달성하는 데에 실패한다"는 것이다(Huntington, 1968, 92). 본 연구가 대상으로 하는 지구당 문제에 있어 헌팅턴의 책이 중요하다. 왜냐하면 이 저서는 어떻게 보면 권력장악과 유지를 위해 지구당 제도를 비롯한 정당제도를 설정한 박정희 국가재건최고회의 의장이 추진했던 개발독재와 같은 체제들을 정당화 해주는 역할을 했기 때문이다. 민주공화당의 매우 규정적인 정당제도는 전반적으로 결국 민주주의의 걸림돌이 되었던 사실은 잘 알려져 있지만(김용호, 1992, 237), 그로 인해서 물려 받은 '유산'이 아직도 민주화에 방해가 되고 있다는 사실을 인식할 필요가 있다.

2004년에 지구당이 폐지된 개혁사고(事故)도 이와 유사한 맥락에서 이해해야 한다. 지구당이 폐지되는 과정에서 이른바 386세대에 속한 국회의원들의 적극적 행동이 결정적 역할을 하였다. 그들이 이러한 영향력을 발휘할 수 있게 된 것은 사회 전체에서 개방적이고 개혁적인 의식변화가 이루어졌기 때문이다. 2000년 총선 시기에 사상 처음으로 시민사회가 비교적 중립적 취지에서 권위주의시대와 연루되었고, 부패·비리의 경험을 지닌 정치가들을 낙천·낙선시키는 과정에서 젊고 개혁적인 정치가들이 제도권 정치에 진입할 수 있었다. 그것은 전두환 정권, 노태우 정권으로 이어진 권위주의 정권이 김영삼 정부와 김대중 정부로 교체되면서 시민사회의 영향 발휘가 가능해졌고 국민들의 자신들의 정치적 의사를 전달할 수 있는 통로가 조금이나마 생겼기 때문에 가능했던 결과였다. 새롭게 등장한 이 정치가들은 제도권에 들어가는 첫날부터 개혁을 위해 노력했고 정치발전을 위해 중요한 공을 세우기도 했다. 구정치를 개혁하고 기존의 정치가들을 대체하는 일이 이루어졌다. 이러한 맥락에서 보았을 때 지구당 제도와 관련해 발생하는 문제들을 지적하고 문제화하는 것 또한 필요하고 중요한 것이었다. 기존에 지구당 제도의 운영이 구정치가들의 기득권의 토대를 제공하였고, 동시에 정상적인 정당정치를 가로 막았기 때문이다. 이들 새로운 정치인들은 자신들부터 스스로 기득권을 포기한다는 표시로 자신들의 지구당 위원장직을 내놓았다. 이것은 그들이 갖고 있는 개혁적이고 진보적인 신념을 실천하는 것이었으며, 구정치가들을 효과적으로 압박하는 결과를 가져왔다. 그러나 그들은 주로 미국의 사례만 참고하여 지구당의 대대적인 축소나 완전한 폐지를 주장하다가 결국에 그것을 실제로 폐지해 버렸다. 이는 교각살우(矯角殺牛)라는 말처럼 도가 지나친 결정이었다. 그들의 목표는 정치 개혁과 민주화를 위해 정치를 현대화하는 것이었지만, 지구당 폐지를 통해 그들이 달성한 것은 결국 국민과 정치제도를 연결하고 매개하는 연결고리의 핵심 기구를 제거한 것이 되었다. 하지만 역설적으로 드러난 이러한 정책이 관철되는 과정에서 국민들이 의사를 반영할 수 있는 기회가 거의 없었다. 지구당 담론은 국민의 참여가 배제된 채 주로 폐쇄적인 조정적 담론영역에서만 다루어졌고, 소통적 담론영역에서는 불분명한 개념으로 소통되었을 뿐이었다. 나아가 지구당 제도 폐지 문제는 단독으로 다루어진 것이 아니라, 사회·경제·정치의 전반적인 개혁과제와 함께 논의되었다. 이러한 과정을 거쳐 2004년 3월에 지구당 폐지 안건은 국회에서 쉽게 통과되었다. 그러나 그러한 결정이 내려지고 난 이후에 지구당 폐지에 대해 후회하지 않는 사람이 거의 없을 정도였다. 지구당 폐지가 잘못된 결정이었으며, 어느 한 세력에게도 유익하지 않은 결정이었다는 점에 대해 이의를 제기하는 사람이 없다.[147]

만일 그동안 지구당이 자발적 당원을 기반으로 국민들의 의사를 전달하는 제도로 운영되어 왔었다면 그것을 폐지한다는 결정은 꿈에서조차 상상할 수 없었을 것이다. 물론 그렇지 않았기 때문에 축소·폐지를 주장한 것이었다고 반박할 수도 있을 것이다. 하지만 정당정치의 진정한 민주화를 향한 개혁 실현을 생각했다면, 지구당 제도를 유지하되 그 제도의 본래 기능이 정상적으로 작동할 수 있는 조건을 만들어야 하지 않았는가 하는 질문 역시 가능하다. 그렇기 때문에 지구당 제도 폐지 문제는 386세대 정치가들 뿐만 아니라 모든 제도권 정치가들에게 책임을 물을 수 있는 사항인 것이다.

신문보도와 필자가 수행한 인터뷰들에서 분명하게 나타난 것처럼, 정치가들은 지구당의 폐지를 결정하게 된 직접적인 이유를 여론의 압박에서 찾았다. 국회의원들은 전문성도 진정성도 부족했으며 언론을 통해 소통적 담론영역에 퍼진 지구당에 관한 담론은 매우 불분명한

147 여기서 후회는 당비를 내면서 자발적으로 국회의원을 견제하는 모범적인 기초조직 구성원들이 생길 수 있는 조건을 마련하는 기회를 놓친 것에 대한 후회가 아니다. 오히려 정당과 국회의원의 활동을 지지하고 재선을 위해 동원될 수 있는 가장 효율적인 '머신'(?)을 잃어버렸기 때문에 하게 된 후회라고 봐야 옳다.

언어로 전달될 수밖에 없었다. 지구당 담론에 참여한 정치가, 언론인 등 모든 행위자들이 사용하는 표현 자체가 불분명했다. 정치인들의 경우 전문성을 결여한 채 준비 없이 즉흥적인 행위 양식을 보여주었다. 이러한 담론 행위 양식은 지구당 문제의 해결을 위한 바람직한 결정절차에서 걸림돌로 작용하였다. 지구당 담론의 논의과정에서 지구당이라는 조직과 제도, 지구당과 관련된 문제와 이러한 문제의 해결을 위한 해결책은 매우 불분명한 개념으로 다루어졌다. 이것은 일반적으로 진단되는 국회의원들의 전문성 결여와 관련된 문제이기도 하지만 지구당 문제가 무엇인지에 대한 기본적인 개념에 대한 합의조차 이루어지지 않았음을 고려하면 비단 국회의원들만의 문제는 아니었다. 정계, 학계, 언론, 시민사회, 재계 등에서 각각 지구당 문제를 보는 시각이 달랐지만, 무엇보다 국회 특별위원회와 공청회에 참여한 행위자들에게 지구당에 대한 일관된 개념의 이해가 부재했다. 필자와의 인터뷰에서 지구당의 폐지결정에 직접적이고 적극적으로 관여한 한 의원은 그것의 폐지 이후에 미국처럼 지구당이 다른 조직으로 대체될 줄 알았다고 진술하기도 했다. 같은 특위에서 지구당 폐지결정에 찬성한 다른 위원은 지구당 자체가 아니라 법정 지구당, 즉 지구당을 두어야 한다는 법적인 의무사항만 폐지될 줄 알았다고 진술했다.

하지만 과연 여론이 정말 지구당의 폐지를 요구했다고 볼 수 있을까? 신문보도, 방송보도와 사설만 보면 언론이 지구당 폐지를 요구했다고 볼 수 있다. 그러나 지구당 폐지에 대해 사회적으로 제시되는 각종 의견들 중 대다수가 정말로 지구당 폐지를 찬성했는가는 미지수이다. 대중매체의 여론과 '실제 여론'은 이론적으로 엄격히 구별해야 한다. 하지만 구체적으로 이 둘을 구별하는 것은 어렵다. 사회적 여론 혹은 당원들의 의견이 어떤가 대략적으로 가늠하기 위해 여기서 잠시 이미 인용된 설문조사와 여론조사의 결과를 종합해 보자(아래 그림 참고). 각 조사들은 응답자의 신분, 대상 의원 수 그리고 구체적 질문 모두 달랐다. 하지만 그것들은 핵심행위자들이 오늘까지 반복해서 주장하고 있는 '여론의 압박'(한겨레신문, 2009-12-16, 9면 ; 동아일보, 2009/12/16, 6면 ; 한국일보, 2011/03/11, 6면 ; 서울신문, 2011/03/23, 12면)의 실체를 조금이나마 규명하는데 좋은 참고자료가 될 수 있다. 먼저 경제위기가 한창이던 1998년 12월 국민 600명을 대상으로 한 조사결과는 대다수(45.9%)가 지구당 폐지에 찬성하는 것으로 나타났다(반대는 21.2%). 그러나 그 이후부터 찬반 의견이 뒤바뀌어 소위 쇄신파와 대중매체의 치열한 개혁돌진이 벌어진 2003년 12월까지 이어졌다. 정기국회를 반년 앞둔 1999년 4월에 일반인을 대상으로 한 여론조사에서는 16%만이 지구당의 폐지를 통하여 지구당 문제를 해결할 수 있다고 답했다. 몇 년 후, 대통령 선거를 2개월 앞둔 2002년 10월 제주도 지역 한나라당의 일부 당원들(450명)을 대상으로 한 설문조사에서는 '지구당을 없애야 한다'는 주장에 대해 57.3%가 '동의하지 않는다'고 답했다(16.2%는 '동의'로 응답). 다음으로 노무현 대통령 당선자 취임 몇 주 전인 2003년 1월 말 일반국민(1600명)을 대상으로 한 여론조사는 지구당의 정상화를 위해 가장 효과적인 조치는 당원 참여권 확대, 지구당의 공동운영 그리고 위원장직의 폐기라는 결과(총 75.2%)를 보여주었다. 지구당의 폐지를 적합한 조치로 바라본 응답자들은 16.0%에 그쳤다. 다음으로 여야 정당들이 지구당의 폐지를 합의한 한 달 후인 2003년 11월에 일반인 1000명을 대상으로 한 여론조사에서는 응답자들 대부분(55.7%)이 '지구당 완전 폐지'(41.2%)가 아니라 '최소한의 연락사무소로 대체'(44.0%)나 '현행 지구당 유지'(11.7%)를 문제의 해법이라고 보았다. 약 한 달 뒤에 실시된 여론조사에서는 갑자기 사뭇 다른 결과가 나왔다. 하지만 2008년과 2010년에 이루어진 사후 평가에서는 지구당 폐지에 대한 비판적 입장이 다시 뚜렷하게 나타났다. 따라서 이러한 여론·설문조사의 내용을 지구당 문제에 대한 여론압박으로 받아들인다면, 매우 혼란스러웠던 1998년 12월과 2003년 12월을 제외하고는 지속적으로 지구당 폐지에 비판적인 여론이 우세했다고 볼 수 있다. 이렇게 보면 핵심행위자들이 말하는 여론과 실제의 여론은 분명히 상이하다고 판단할 수 있다. 그렇다면 그들이 주장하는 여론의 압박은 어디에서 온 것일까? 하나는 이른바 여론주도 층이고, 다른 하나는 – 전자에도 포함된다고 볼 수 있지만 – 바로 자기 자신이라고 할 수 있다.

〈그림 10-1〉 국민과 당원 여론 추이(1998-2010)[159]

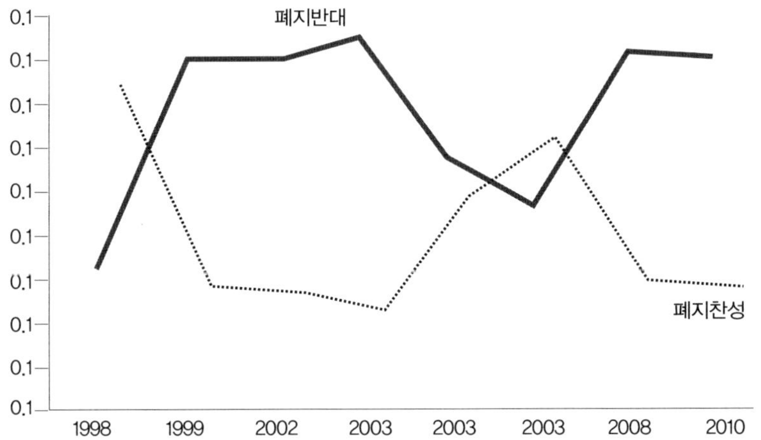

물론 핵심행위자들의 전문성과 진정성 부족으로 그들의 결정이 의도적이지 않은 결과를 초래한 부분도 있을 수 있다. 그렇지만 그들이 자신들의 논지를 뒷받침하기 위해 경영담론에서 부상하던 효율성 내러티브와 일종의 결과주의를 지구당 문제와 연관시킨 것은 분명한 실책이었다. 이 과정에서 미국과 같은 선진국을 거의 절대적인 모범으로 삼아 정당의 현대화라는 이름으로 무차별적인 개혁을 일방적으로 처리한 것은 그들이 정당의 본질적 역할을 고려하지 않았음을 분명히 보여준다.

헌팅턴에 따르면 "정당의 기능은 참여를 조직화하고 이해를 수렴하며 사회적 세력과 정부 간의 연결고리로서의 역할을 한다. 이러한 기능들을 실행함으로써 정당은 필히 효율성의 논리가 아니라 정치의 논리를 반영한다"(Huntington, 1968, 92). 그러나 한국에서 90년대 이후 진행된 지구당 담론에서는 정당의 본질적 기능에 대한 논의가 수용될 틈이 없었다. 지구당 폐지문제를 직접 다루며 상세한 개정내용을 좌우하는 조정적 담론영역에 있는 핵심 행위자조차 정당의 기능에 대해 정확하게 인지하지 못하고 있는 상황에서, 언론, 시민사회 등과의 소통적 담론경쟁 과정에서의 논의가 더욱 혼돈된 양태를 보인 것은 놀라운 일이 아니다.

2003년에 발생한 일종의 무조건적 개혁 히스테리 현상은 이를 잘 보여준다. 지구당의 '축소·폐지론'의 논지는 정당제도가 바람직한 정치

---

148 이 도표의 내용은 위에서 인용된 각 시기의 여론·설문조사에서 추출한 것이다.

체제에서 할 수 있는 역할이 제한되어 있다고 보는 점에서 정당보다는 시민사회를 통한 참여민주주의의 실현을 주창하는 '담론과의 유사성(discourse affinity)'을 보인다. 그런 의미에서 이들이 일종의 '거버넌스' 담론연합을 구성했다고도 할 수 있다. 이런 점에서 2003년과 2004년에 그 이전보다 훨씬 더 발전하고 활발하게 운동하는 시민사회단체들의 영향력이 증가한 가운데 이러한 지구당 제도 폐지라는 일종의 사고가 발생했다는 것은 앞으로 더 연구되어야 할 현상으로 주목된다.

효율성을 지향하는 기술관료주의적 사고방식에서 드러나는 또 다른 문제는 '제도적인 금지주의'이다. 금지주의의 핵심 문제는 미국의 금주법이나 한국의 성매매특별방지법의 경우처럼 문제가 되는 현상의 근본 원인보다 그 현상을 억제하는 해결방법을 선호하는 것이다. 그러나 그것이 성숙한 민주주의에서 바람직한 문제 해결방식인지에 대해서 더 많은 숙고가 필요하다. '정당효율화 담론'에 따라 지구당을 금지하는 결정을 내린 것은 가장 손쉽고 실용적인 방법을 선택한 것이었다. 지구당 폐지는 정치문제를 경영적인 방식으로 해결하려다 효율성을 추구하는 과정에서 금지주의에 빠진 '좋지 않은 선례(bad practice)'라고 볼 수 있다. 지구당 제도의 개혁은 분명히 중요한 당면과제였다. 그러나 단순히 지구당을 폐지함으로써 정치제도를 바람직한 방향으로 개혁할 수 있는 귀중한 기회를 놓쳤다는 것도 부인할 수 없는 사실이다. 이런 점에서 지구당 폐지라는 하나의 사고는 한국 민주주의의 지속적인 침체의 원인을 잘 보여주는 사례라고 할 수 있다.

눈 가리고 아웅 식 정당개혁

이러한 개혁이 오히려 민주주의를 위협하는 결과를 가져올 수 있다는 것은 신자유주의화의 흐름 속에서 관철된 영국 정당의 개혁 사례를 통해 확인할 수 있다. 1997년 마가렛 대처(Margaret Thatcher)가 국가를 크게 변화시킨 후에 다시 집권한 노동당은 이전과 매우 다른 조건 하에서 통치하게 되었다. 노동당의 지도부는 변화된 조건에 적합한 정치를 위해서 당을 개선하지 않으면 안 된다고 보고 당 구조의 본질적인 변화를 관철시켰다. 결국 노동당의 지도부는 신자유주의화의 물결에 적응해야 한다는 명분을 갖고 당 지도부를 당원들의 압박으로부터 비교적 자유롭게 만드는 방향으로 당규를 수정하였다. 그 결과 당 지도부는 정책 입안 뿐만 아니라, 당의 일상 업무에 대한 통제권을 얻을 수 있게 되었다(Leys, 2001, 3). 이렇게 지도부가 자신들의 통치권을 강화하기 위해 당원들의 권리를 제한하는 행위양식은 "자기 방어적 제정(self-protective legislation)"이라 불린다(Lawson, 2007, 353). 그것은 결국 국민들이 자신들의 정치적 지도자들을 통제하기 어려워지도록 하는 것이다.

1970년대와 1980년대까지만 해도 노동당의 당규는 전통주의자나 극단적 노조 그리고 공격적 풀뿌리 조직에게도 정당지도부에 영향력을 행사할 수 있는 상당한 권력을 부여했었다. 그렇기 때문에 노동당이 선거주의에 빠지기는 어려웠다. 그러나 1990년대에 집권한 후에 노동당은 지속적으로 시장자유화의 정치경제적 전략을 추진하기 위해 당내 조직결정 규칙을 바꾸었다(Kitschelt et al., 1999, 343). 그 결과 지도부와 원내정당의 자율화로 당내 결정권이 중앙에 집중되었고 원외 당원조직이 주변화 되었다. 나아가 정책의 내용 또한 중도로 이동하면서 중간층의 지지자 수를 확대시키는 방식으로 이루어졌다. 결국 영국 노동당의 "당 활동가들에게서 권력을 빼앗기 위해 노동당의 지도자들이 [···] 강력하게 추진했던 당 조직변화는 신자유주의적 정책조절을 위한 수단을 마련한 것이었다."(Panitch and Leys, 1997, 237) 당규의 수정을 통해 당원들의 영향력을 크게 감소시키고 지도부의 권한을 강화시켰다는 점에서 보수당도 크게 다르지 않았다. 1997년 총선에 참패한 보수당에 메이저(John Major)의 후계자로 등장한 하그(William Hague)는 노동당의 현대화를 옹호한 자들의 수식과 수사를 채택해서 '당의 민주화를 위해 당을 개혁해야 한다'면서 실질적으로 정책결정 과정에서 밑으로부터의 도전을 막는 방향으로 개혁을 관철시켰다.

1980년대에 신자유주의 바람이 불면서 이루어진 영국 정당들의 내적 변화를 분석한 연구들이 하나 같이 강조하는 것은 정치가 더 이상 유권자들의 요구를 충족하기 위해 경제를 관리하는 것이 아니라, 차츰 유권자들이 자본의 요구에 맞는 정책을 승인하게 하는 방향으로 개혁이 진행되었다는 것이다(Leys, 2001, 65). 뿐만 아니라, 이러한 변화가 세계적으로도 이루어지고 있으며 정당은 더 이상 국민과 정부 간의 '민주적 연계를 위한 주체(agents of democratic linkage)'가 아니라, '탈민주화를 위한 주체(agents of dedemocratization)'가 되었다(Leys, 2001, 68).

물론 영국의 경우는 한국의 사례와는 다른 측면들이 있다. 먼저 서양 제국주의의 대표적인 국가로 선진국인 영국과 달리 식민지 및 발전국가를 경험한 한국은 민주주의가 이식되었을 뿐 아니라 사상적 계몽운동 또는 사회적 복지국가를 거치지 않았기 때문에 정당의 하위조직을 경량화시키는 정당개혁의 성격이 다를 수밖에 없다. 분명 영국의 정당개혁은 당에 적극적으로 관여했던 풀뿌리들의 움직임을 막는 것이 핵심 사항이었다. 반면에 한국의 주요 정당들은 대부분 계승담합 정당이기 때문에 그 하위조직 자체는 원래 유권자들을 통제하고 동원하기 위한 '장치'에 불과하였다. 그렇기 때문에 한국에서의 개혁은 풀뿌리 조직을 막는 것이 아니라 처음부터 발생하기 어렵도록 만드는 것이었다. 또한 영국에서의 정당 개혁에서는 신자유주의적 정책을 관철하기 위한 조건을 만드는 것이 그 주요 동인이었던 반면, 한국의 주요 정당들에서는 신자유주의적 정책에 대한 저항이 기본적으로 거의 존재하지 않았다.

영국에서의 정당개혁은 각 당에 의해 개별적이고 자발적으로 이루어진 반면, 한국에서는 정당법의 개정을 통해 각 당들이 개정된 법을 당헌이나 당규와 조직에 적용시켜야 하는 수동적인 방식으로 이루어졌다. 물론 개정을 실행하는 핵심 행위자들은 당의 국회의원들이었지만, 각 정당은 중앙(국회)에서 결정된 법에 따라 조직을 개편해야 했다는 의미에서 수동적이었다고 할 수 있다. 전자의 경우가 당내 조치의 수준에서 이루어진 과정인 반면, 후자의 경우는 공공정책의 개정과정을 밟은 것이었다. 따라서 한국의 경우 개정은 전형적인 정책과정 및 그에 따르는 절차를 거쳤고, 그렇기 때문에 개입하는 행위자들이 영국보다 많고 다양했다. 이는 두 나라의 중요한 차이점이라고 할 수 있다.

영국과 한국의 이러한 분명한 차이점에도 불구하고, 정당조직을 일정한 형태로 개혁하는 전략에 있어서는 많은 유사점을 발견할 수 있다. 먼저 두 나라 모두 유권자들의 기대를 축소시켰다. 정당엘리트들은 다양한 '제3의길'이라는 지구화에 대한 새로운 사상을 받아들여 '대안부재(TINA)'라는 신자유주의 담론을 통해 자기가 책임질 수 있는 범위를 애초부터 제한했으며, 동시에 정책을 위탁하였다. 요컨대 유권자들에게 책임을 지지 않아도 되는, 선거에 의해 선출되지 않은 사람에게 정책을 맡김으로써 책임을 져야 하는 부담으로부터 벗어난 것이다. 나아가 당지도부를 당의 기초조직으로부터 해방시키기 위해 정당의 당원조직이 무용할 정도로 정당조직을 개혁했다(Blyth and Katz, 2005, 41-6).

개방적이고 개혁적인 젊은 국회의원들을 비롯한 행위자들이 어떻게 민주주의의 상식과 이론을 초월한 정책결정을 할 수 있었을까? 지구당 폐지로 귀결된 정책결정 과정을 아이디어 중심의 접근을 통해 분석한 결과에 따르면, 그 원인은 무엇보다 이들 행위자들이 의식하지 못하거나 의식하지 않은 '눈가리개(blinkers)' 때문이었다. 여기서 눈가리개라는 것은 행위자들이 상호작용의 과정에서 일정한 아이디어에 포섭되어 있지만, 그 사실조차 의식하지 못하기 때문에 사실관계에 대해 충분히 성찰하지 못하게 하는 상태를 가리킨다. 정책연구의 맥락에서 이러한 비유를 만든 라스웰의 '민주주의 정책학'은 학문의 역할에 대한 탈실증주의적 문제의식을 기반으로 한다. 라스웰은 인간 사회를 다루는 학문이 담당하는 역할은 향후의 발전에 대한 예측이 가능하게 만드는 것이 아니라 사람들을 자유롭게 만드는 것이다. 여기서 "자유는 개인이 선택할 때마다 무의식적으로 규정적 요소로 작동해

왔던 그 개인의 성격의 특징을 의식화하는 것을 의미한다. 일단 요소의 의식화가 완전히 이루어지면 지금까지 '자동적이고 강제적으로' 작동해왔던 것들이 더 이상 특권적 지위를 차지할 수 없다. 이제 개인은 향후 선택에 이 요소를 고려할 수 있는 자유를 지니게 된다."(Lasswell, 1951, 524) 이러한 성찰적 문제의식에서 지구당 폐지라는 모순적 정책결정을 내린 행위자들의 행동을 설명하면, 그들은 '효율성', '원내정당', '지지자정당모형', '생산성' 등에 눈이 가려져 시야가 협소했기 때문에 그 해결책으로 지구당 폐지 이외에 아무 것도 보지 못했던 것이다.

제 안경의 여론만 보고 참된 처지를 잊은 견리망신(見利亡身)

이러한 행동은 '정치 계급'(Burdeau, 1975)의 '아비투스'(Bourdieu, 1977)라는 개념을 통하면 그것을 이해하는 데 더 도움이 된다. 정치 계급이 자기 자신을 대중으로부터 격리시키며 더 이상 자기개조를 하지 않음으로써 그들이 대표한다고 주장하는 대중들의 이해관계로부터 계속 멀어지는 폐쇄적인 정치적 엘리트로 이해된다면, 아비투스는 이러한 엘리트의 재생산의 행동논리라고 할 수 있다. 이렇게 보았을 때 정치 계급이 자기 자신을 재생산해 주는 기구를 재생산하기 위해 '이야기꾼'(Levi-Strauss, 1975)이 되어 구체적으로 어떤 이야기를 했으며, 이런 이야기들의 논리가 그들에 대해 무엇을 말해주는지 질문을 던져 볼 필요가 있다.

먼저 정치의 '효율성', '원내정당' 등의 내러티브 표상들이 어떤 맥락에서 등장한 논거인지부터 살펴보자. 지구당 폐지의 정책결정 과정에 개입한 핵심행위자들이 왜 그렇게 행동하게 되었는가에 대해서는 다양한 각도에서 생각해볼 수 있다. 그 접근방법들 중 하나가 가장 바람직한 결과를 가져올 지는 이후의 연구에서 밝혀 낼 몫이다. 이 책에서 드러난 핵심행위자들의 입장을 보면, 기본적으로 그들은 연구자가 지구당을 연구대상으로 삼는 것 자체부터 특별한 것으로 여기는 모습을 보였다. 지구당문제를 연구할 가치가 있는 중요한 주제로 보지 않거나, 연구를 해도 한국현실에서는 지구당 폐지 밖에 방법이 없기 때문에 소용이 없다고 보거나, 만일 지구당 관련 연구를 한다면 그것은 지구당을 대신할 수 있는 것에 대한, 즉 구체적이고 기능주의적 수준에서만 관심을 보였다. 심지어 어떤 사람은 그 동안 지구당이 민주주의에 기여하기 보다는 오히려 폐를 끼쳤기 때문에 지구당 폐지는 안타까워할 일이 아니며 결코 그것을 살릴 필요도 없다는 입장도 피력하였다. 하지만 사실관계에 대한 이런 식의 이해들에 사로잡혀 그들은 스스로 지적한 잘못(지구당 차원에서 발생하는 비리문제)을 바로잡을 수 있는 기회를 놓치고 말았다. 그 동안에 민주주의의 발전을 위해 중요한 역할을 하지 않았다는 이유만으로 앞으로도 무시해도 된다는 사고에 빠졌던 것이다.

지구당 담론에서 지구당 제도의 폐지를 가장 적극적으로 주장하였던 축소폐지론자들의 논리를 통해 그들의 지구당 제도에 대한 인식과 태도를 읽을 수 있다. 지구당의 폐지를 위하여 그들이 동원한 가장 대표적인 논거들은 다음의 다섯 가지로 정리해 볼 수 있다. 첫째는 비용/효율성의 논리에 따른 지구당 폐지 주장이다. 이는 지구당 폐지의 필요성을 설명하는 가장 대표적인 논리로 지구당의 운영이 비용이 많이 들기 때문에 그 축소나 폐지가 마땅하다는 것이다. 그러나 이 논리는 매우 빈약하다. 특히 이러한 논리에서는 지구당의 잘못된 운영이라는 고비용 현상의 주원인을 간과하는 경향을 볼 수 있다. 그들은 특정 행위자들이 지구당을 특정한 방식으로 운영하기 때문에 고비용이 발생한다는 것이 아니라, 비용이 많이 생기기 때문에 운영이 잘못되었고 이로 인해 발생한 비용의 문제를 해결하려면 지구당 자체를 제거해야 한다는 전복된 논리를 취하였다. 즉 논리적 문제에 따라 지구당 폐지를 주장하게 된 셈이다.

둘째는 생산성의 논리로 지구당의 폐지를 주장하는 경우이다. 이 주장은 좁은 의미의 원내정당화론과 밀접한 관련이 있다. 지구당과 같은 원외 정당조직을 통하여 원외에서 발생하는 갈등들이 원내로 들어오면서 국회의 생산적 운영이 방해된다는 것이다. 생산적으로 일해야 하는 선진 국회를 달성하고 보장하려면 원외의 불필요한 갈등이 원내로 반영되는 것을 막아야 하는데, 그러기 위해 일차적으로 갈등이 원내로 유입되는 가장 결정적인 통로인 원외 정당조직을 축소시켜야 한다는 것이 이 주장의 요지다. 이런 맥락에서는 지구당뿐 아니라 중앙당의 폐지까지도 주장될 수 있다. 물론 사회를 위해 일을 잘 처리하는 국회가 지향할 가치가 있음에 틀림이 없다. 하지만 이러한 이상을 달성하기 위해 수단과 방법을 가리지 않는다는 것은 대의민주주의에서 문제가 되지 않을 수 없다. 왜냐하면 민주주의가 제 기능을 발휘하기 위해서는 정책결정의 관철을 위한 수단과 과정이 결정적인 역할을 하기 때문이다. 이것은 잠재적으로 사회의 모든 구성원들의 의사를 반영할 수 있도록 형식적이고 내용적으로 정당한 수단과 절차를 통해 결정이 이루어짐으로써 그것의 정당성이 확보된다는 근본 논리에서 비롯된 것이다. 이러한 이론과 이상으로부터 도출된 논리와는 별개로 현실적이고 실용적인 관점에서 보았을 때에도, 과연 원외 갈등을 억제함으로써 국회의 생산성을 높일 수 있는지는 미지수이다.

셋째는 여론 압박에 무릎을 꿇는 폐지론자들의 경우이다. 이들은 국민과 언론이 획기적인 개혁을 요구하기 때문에 지구당을 폐지하지 않을 수 없다고 주장했다. 여기서는 다음과 같이 두 가지 문제가 제기된다. 하나는 과연 국민이나 언론이 지구당의 폐지를 요구하는가이다. 일부 여론조사에서는 일반 시민 응답자들 중 지구당 폐지를 정치개혁을 위한 방법으로 본다는 이들도 있었다. 하지만 이는 두 가지 측면에서 조심스럽게 해석해야 한다. 하나는 여론조사의 설정(답을 제한시키고 흑백화시키는 등)을 통해서 이러한 극단적인 답이 유도될 수 있다는 사실이다. 따라서 여론조사 결과를 과대평가하면 안 된다. 언론의 장이라는 또 하나의 영역에서 규정되는 경쟁규칙에 따라 대중매체들은 이 영역의 논리에 따라 선택적으로 보도를 하며, 프레이밍을 만들어서 전반적인 여론에 적지 않은 왜곡을 일으킬 수 있다. 다른 하나는 국민들이나 언론이 그렇게 요구한다 해도 다른 이유 없이 단지 압박 때문에 그들의 요구를 그대로 받아들인다는 해석도 문제가 아닐 수 없다. 물론 여론조사와 대중매체의 보도를 통해 드러난 여론을 무시하면 안 되고 조심스럽게 살펴야 할 것이다. 하지만 지구당 폐지와 같은 중대한 결정이 이루어진 것의 결정적인 원인을 여론조사에서 찾는 것은 민주주의 체제 하에서의 국회의원들의 행위 선택을 너무나 편협하게 이해하는 사고방식이다.

넷째는 오해에 따라 지구당 폐지를 주장하게 되는 경우이다. 전술한 바와 같이 몇몇 국회의원들은 지구당 자체가 아예 폐지되는 것이 아니라, 법정 지구당, 즉 지구당을 두어야 할 의무로 규정하는 제도가 폐지되는 것이라고 생각했기 때문에 폐지에 찬성했다고 진술한 사례들이 존재한다. 또 다른 경우 기존 지구당 제도가 폐지되고 대신에 미국식 지역조직제도가 도입될 것을 염두에 두고 지구당의 폐지에 적극적으로 찬성했다는 국회의원도 있었다. 또 어떤 국회의원은 기존 지구당 제도가 폐지되면 정당들이 자발적으로 조직화하는 당원들이 언제든지 지역 조직을 만들 수 있다고 파악해서 지구당 폐지에 찬성하기도 했다. 이렇게 국민 대표로 뽑혀서 국회의 공식적인 위원회에서 특정한 주제를 담당하는 위원으로서 막중한 책임을 지니는 구성원이 스스로 책임을 다 해야 하는 일에 오해나 오인을 하고 있으면서도 자신이 그렇다는 사실조차 모르고 있었다.

다섯째는 오산에 따라 지구당 폐지에 대해 찬성하는 경우이다. 이는 현실에 대한 잘못된 파악을 하고 있거나 지구당을 폐지함으로써 나타날 결과를 잘못 평가해서 폐지를 주장하게 된 경우이다. 예컨대 문제를 해결하려면 지구당의 폐지라는 방법 외에 할 수 있는 것이 없기 때문에 폐지해야 한다고 생각하는 '대안부재론'이 여기에 해당한다. 이와 같은 운명론 역시 국회의원의 기본 자세에서 크게 어긋나는 것이라 해도 과언이 아니다. 이와 비슷한 주장은 지구당이 없어도 별다른 지장이 없다는 것이다. 국회의 정당법 소위원회에서 일부 국회위원들이 지구당을 '일단 없애버리고 잘못되면 나중에 다시 고치자'는 말투로 발언한 것도 그들이 지구당 제도에 대하여 그저 '일회용 관념(notion of disposability)'을 지니고 있던 것에서 비롯되었다고 볼 수 있다.

놀라운 것은 이러한 주장이 국회의원들뿐 아니라, 국회의장, 헌법재판관들에 의해서도 이구동성으로 표명되었다는 사실이다. 어떤 국회의장은 더 나아가 지구당을 폐지하면 오히려 더 나은 민주주의가 가능하다는 주장까지 폈다.[149]

이러한 자세와 행동은 핵심행위자들에 대해 무엇을 말하는가? 특히 국회의원을 비롯해서 정당인들의 행위 선택과 그들의 권력관계와 밀접히 관련된 지구당이라는 문제에 대한 결정과정이 '정치적 장'(Bourdieu, 2001)에서 이루어진다는 시각에서 보자면 이러한 태도는 오히려 당연한 것일 수도 있다. 핵심행위자들이 정치적 장에 속한다는 이유로 정치적 장이 지속되기를 원한다고 가정한다면, '그들에게는 어떠한 이견에도 불구하고 서로를 연결시켜주는 일정한 공모(complicity)가 존재한다'고 이해할 수 있다(Bourdieu, 2001, 45). 정치적 장의 폐쇄성은 한국 권위주의 체제 하에서 거의 완벽한 상태로 구현되며 유지될 수 있었다. 민주화 이후 새로운 (세대적, 이념적으로 대안적인) 세력들이 정치적 장으로 진입하게 되었을 때, 그 세력들은 정치적 계급의 아비투스를 내면화하면서 정치적 장으로 '포섭'되었다. 따라서 그러한 대안세력들이 원내진출까지 이루었던 시기에, 정치사회와 시민사회를 매개하는 가장 결정적인 제도를 하나의 매개통로로 적극적으로 사고하며, 그것을 열고 확장시키기보다는 오히려 봉쇄함으로써 '정치적 계급'과 '범속한 사람'들 사이의 균열이 결국 더 커져서, 일반대중을 더욱 더

149 그리고 국회의장이 연구자의 인터뷰 요청을 지구당 폐지문제와 관련해서 별다른 할 말이 없다는 이유로 거절했다는 사실도 시사하는 바가 크다.

그저 정치적 '소비자'로 전락시켰다는 사실은 우연이 아니다. 그러나 이러한 '공모'는 어떤 일정한 개인 행위자들의 구체적인 이해에 따른 '음모'가 아니라, 당시 한국사회에서 형성되어 있던 '압도적 합의' 혹은 행위자들 사이에 형성되어 있던 '절묘한 합의'(최장집, 2007b, 142)에 따른 것으로 이해해야 한다. 본문의 경험적 분석에서 보여준 것처럼 결정과정에서 "정치가-언론인-학자로 이어지는 언어의 공급방식"(홍성민, 2002, 185)으로 인하여 형성되는 일정한 패권적 실제와, 이에 따라 내려진 지구당 폐지와 같은 매우 모순적인 결정도 사회 전체에서 별 다른 저항은 물론이고 의심조차 받지 않았다. 여기서 심각한 문제로 부각될 수 있는 것은 이러한 그들만의 놀이가 정치의 본래의 개념과 멀거나 심지어 정반대에 있다는 점이다. 이는 그들이 실천하는 '정치'가 "득표와 영향력을 행사하기 위해 경쟁하는 엘리트들 사이의 경쟁이며 일반 대중은 기본적으로 수요자이며 관객에 불과하다는 인식"(Young, 1996, 479)에 기반하는 것에서 비롯된 한계로 보인다. "정치가 있어야 할 자리에 '정치'와 무관한 것들이 자리잡고 있다"(진덕규, 2000, 45)는 지적에 동의하게 되는 이유는 여기에 있다. 국회의원, 국회의장 그리고 헌법재판관들까지 '한국의 현실에서는 지구당 폐지 밖에 방법이 없다'고 이야기를 하는 모습에서 우리는 그들이 운명론적 주장을 펴고 있음을 알 수 있고, 또 그들이 그것을 스스로 예언하고 스스로 성취하고자 한다는 사실도 확인할 수 있다.

처지에 대한 건전한 인식과 적극적 태도를 매개로 한 성숙한 민주주의를 향하여

민주주의의 발전을 위해서는 '기본적 합의(Grundkonsens)'를 지향하는 정치와 사회를 건설해야 한다. 기본적 합의란 사회공동체의 규범에 내재된 기본 가치에 적극적으로 긍정하는 공동체 구성원들의 일반적 동의 혹은 합의를 말한다. 그것은 예컨대 헌법 문안의 의미에 대한 해석 혹은 헌법의 규범에 어떤 의미를 부여하는지에 대한 기본적인 합의이며, 그러한 합의에 도달하는 논의 과정이다. 다시 말해서 구체적인 문제에 대해서는 이견이나 대립이 남는다고 해도 공동체의 사회적 질서에 대한 인식의 충분한 조화가 이루어질 수 있다는 것에 기본적으로 동의하는 것으로 이해할 수 있다. 이러한 동의의 도달은 구성원 개인들이 성숙된 의식과 평등한 존중을 이미 갖추었거나 그것을 실천하려는 자세를 전제로 합리적이고 공정한 토론을 벌이고 결정과정에 참여하는 것을 통해 형성된다. 민주주의는 컴퓨터의 운영체제처럼 한 번 깔고 가끔 새로 고치는 정적인 손질 대상이 아니라, 끊임없이 반복되는 협의와 실천의 과정으로 살아 숨쉬는 거대담론이다. 민주주의에 대한 이러한 이해를 수용한다면, 민주주의의 발전과 성숙을 위한 대책도 그에 상응하는 맥락에서 고찰하고 모색해야 한다. 한국 민주주의의 가장 두드러진 문제는 다음 두 가지로 정리되며, 이들은 상호 구성적이다. 하나는 분단체제의 영향에 의해 사회적 총의로의 도달이 기본적으로 저해되고 있는 사실이고, 다른 하나는 정치와 사회 간의 격차가 계속 더 벌어지고 있는 점이다.

분단체제는 사회적 균열이 아닌 정치적 균열에 따라 깊은 논의과정을 생략시키고, 이념의 명분으로 단순히 권력을 위한 싸움을 촉진시킨다. 다른 어떤 사회보다도 한국에서는 반도의 분단체제가 사회공동체의 기본적 합의를 이루는 것을 매우 어렵게 만들고 있다. 산업화에 이어 비물질적 편익의 생산이 중심되는 서비스사회의 복잡화, 그와 더불어 정당이라는 전통적인 매개장치가 해왔던 기능은 한계에 이르렀다. 기술발달, 정보화, 신자유주의화 등 거시적 사회변동의 흐름으로 인하여 급격하게 나타나는 유동성과 원격적 인간관계로 인해 개개인의 세계관과 행동방식은 근본적인 변화를 겪었다. 주지하다시피 1948년에 나라가 두 갈래로 분단된 후, 그 한 갈래인 남한사회는 독재와 민주주의로 재차 분단되었다. 1980년대 말 절차적 민주화가 시작될 때까지 정치·정당 활동이란 흑색(독재)에서 흰색(민주주의)으로 넘어오기 위한 매우 근본적이고도 단순한 과업으로 이루어졌다. 정당들은 정치영역과 사회영역을 연계하여 민(民)의 정치적 의사형성을 담당하는 접철이 아니라 생사투쟁에서 상대를 끌어내는 철갑(중앙당은 갑옷, 교섭단체는 투구로)에 불과했다. 지구당은 각 깃발 아래에서 싸우는 보병들을 보충하며 용병들을 모집하고 동원하는 기관으로 전락했다. 민주화가 시작된 이후부터는 정치적 장의 규칙 완화와 함께 이합집산으로 정치의 세포분열이 가속화되었다. 집권진영과 비(非)집권진영을 막론하고 각각 같은 깃발 아래에서조차 서로 싸웠기 때문에, 정당의 기능은 싸우기 위한 기능만 강화되며 유지되었다. 그 결과 정치세력의 유기적 조직으로의 질적인 발달이나 국민의 구체적인 의사의 형성이 거듭 저해되었다. 정치개혁에 대한 요구가 강해질 때마다 정치제도에 손질을 하였지만, 제도를 하나의 유기적인 것으로 보지 않고, 속도가 줄면 기름을 칠하고 소리가 나면 나사를 조이는 식의 기술관료주의적 방법에 따라 마치 일종의 기계처럼 대했다. 대안 정당이 처음으로 원내에 진출함으로써 당내 민주주의를 어느 정도 실천하는 조직운영을 진지하게 시도하는 정당의 사례가 등장했지만, 집권당과 피집권당이라는 고래 싸움에 새우등 터진 듯 그 영향은 극히 미미한 수준에 그쳤다. 진보정당이라고 해서 이합집산의 바이러스 공격으로부터 면역력을 키워냈다는 보장도 없었다. 이렇게 정당들은 국민들의 정치적 의사의 형성자로서의 역할이나 국가와 사회의 매개자로서의 역할을 등한시하고 편협한 당리당략에 따라 당을 해체하거나 탈당을 서슴지 않으며 새로운 당을 만들거나 다른 당들과 합당을 감행하는 등, 마치 뱀처럼 탈피를 해서 허물만 남기고 요리조리 빠져나가는 모습과 유사한 행태를 취했다. 이러한 태도는 국민들의 신뢰를 잃었다. 거듭 일어나는 국회의 폭력행위, 지역감정의 동원, 파리파략(派利派略)에 따른 공천, 금품수수, 분당합당(이합집산), 탈당입당, 헌법재판소의 남용 등 온갖 부정부패의 폐해 현상들은 궁극적으로 그러한 문제와 직접적으로 관련되어 있다. 지구당 폐지 같은 졸속정책은 대중영합적 입법주의의 대표적 사례라고 할 수 있다. 여기서 대중영합적 입법주의는 단지 여론에 따라 정책을 만들고 채택한다는 의미가 아니다. 돛을 잘 세우면 바람이 불어오는 방향으로도 갈 수 있는 것처럼 정치가들은 여론을 명분으로 해서 단기적인 당리당략 혹은 파리파략에 편승한 정책을 수단을 가리지 않고 관철시킨다. 이 책의 작업은 이런 돛단배들이 결국 산으로 올라가게 되는 항해술의 동학과 기제를 규명한 것이다.

정치와 사회가 서로를 소외시키는 이러한 현상의 원인이자 결과 중에 대표적인 것은 현재 대부분의 민주주의 체제에서 일반적으로 진단되는 정당(제도)의 담합화(cartelization)이다. 주지하다시피 정당의 담합화는 다음과 같이 서로 반대방향을 향하고 있는 두 가지 발전 경향에서 비롯된 현상을 말한다. 한편으로 그것은 감소되는 정당원의 수, 줄어드는 당비수입, 증가되는 유동성 등으로 정당들이 사회와의 연계가 침식되는 사회에서 비롯된 현상들을 가리킨다. 다른 한편으로 그것은 국고보조금의 도입과 확대, 외부인사 위임, 정당 간 전략적 협약 등 정당들이 적극적으로 국가를 향해 나아가며 타 정당들과 일종의 담합을 추진하는 모습을 지칭한다. 여기서 가장 근본적인 문제는 일반 사회구성원들과 정치가들 간의 연계가 느슨해져 정치와 사회라는 두 영역이 서로 따로 돌아가게 되는 점이다. 이 책에서 다룬 지구당 폐지와 같은 개혁사고(事故)에서 볼 수 있는 것처럼 현재 상황은 정치계와 사회계가 단순히 분리되어 있을 뿐만 아니라 오히려 서로간의 간극 확대가 더욱 더 가속화되고 있다. 국민들은 정계의 실망스런 행태에 신뢰를 잃고 정치개혁을 강하게 요구하고, 정치계는 언제나 비판적 여론을 명분으로 자의적으로 정치제도를 땜질하는 악순환을 벌이고 있다. 정치가들은 여론의 요구를 자의적으로 해석해 그때그때 필요에 따라 제도에 땜질을 가하지만 정작 정책의 내용에는 무관심하다. 이것을 지켜보면서 공분하는 국민들은 더욱 더 심하게 정치를 기피하게 되고, 평소는 물론이고 선거 때에도 정책의 내용이 아니라 각종 선동에 따라 지지를 표함으로써 이러한 저급 정치놀이에 힘을 보탠다. 다시 말해 정치와 사회는 서로 주목하면서도 따로 돌아가며 결국 서로 멀어진다.

성숙한 민주주의를 위해서는 현재 부유하는 정치고래들처럼 대중과 격리되어 존재하는 양 정치세력들이 다시 사회와 질적으로 연계를 맺어야 한다. 지금처럼 선거 때에만 누리소통망(SNS)에서처럼 '좋다' 아니면 '싫다'라는 식의 논의과정이 생략된 단순하고 순간적인 '누름질'은 마치 기업이 제공하는 상품을 구입함으로써 그 생산품을 금전적으로 긍정하고 양적인 수요에 대한 데이터에만 모습을 드러내는 수동적인 소비자의 태도에 불과하다. 적극적으로 처음부터 제품을 같이 설계해서 제작하며 품질을 관리하기 위해서는 선거 때와 입법과정뿐만 아니라 시민들이 지속적으로 공직자들을 감시할 수 있는 조건이 마련될 필요가 있다. 즉 제도권 정치와 사회 간의 연결고리를 질적으로 강화해야 한다. 지구당 폐지는 이러한 현실에서 비롯된 문제를 보여주는 대표적인 사례이며, 민주정치를 관(棺) 속에 넣어 못을 하나 더 박는 행위였다. 그것은 정치가들과 사회가 직접적으로 연계를 맺게 해 줄 수 있는 제도를 없앤 어처구니없는 정책결정이었다. 지구당을 없애는 행위보다 그러한 결정으로 귀결되는 정책결정 과정에서 믿을 수 없을 정도의 빈곤하기 짝이 없던 민주적 소통의 모습은 더욱 더 충격적이고 무엇이 문제의 본질인지 더 잘 보여준다. 분명 그러한 정책은 정당한 절차를 거쳤다 해도 범개협, 소위원회, 정개위, 법제사위, 본회의, 헌재 각각의 입법단계에서는 아무런 심층적 검토도 이루어지지 못하였고 그러한 과제는 마치 도미노 패처럼 하나 둘씩 맥없이 무너져 버렸다. 이는 바로 정치와 사회가 격리되어 있기 때문에 가능했던 것이었으며, 그 결과 둘 사이는 더 벌어지고 말았다. 이렇게 격리의 바닥을 향한 경주를 가속화하는 양자 간의 상관관계를 선순환으로 정류(整流)시키려면, 정치영역과 사회영역을 서로 건설적으로 맞물려야 한다. 이러한 조건은 제도적이고 의식적인 차원에서 형성되어야 한다.

제도적 차원이란 하나의 튼튼한 공론장을 마련하는 것을 의미한다. 의식적 차원이란 그러한 공론장 내에서 적극적인 시민의식과 행동을 꽃피우는 것을 말한다. 공론장의 형성에 있어서 단순히 선진국의 이상형을 무차별적이거나 편협하게 선택하여 이식하듯이 적용하는 것은 금물이다. 그렇게 되면 서로 완전히 다른 실제의 희망 상태를 바탕으로 현상(예 : '결여된 민주주의')을 단순히 기술하는 것에 불과하다. 정치가 단순히 권력 획득 자체를 중심으로 하는 세력의 길항 관계로 일관되는 한, 한국 민주주의의 공회전 현상의 원인을 해소하기는 어렵다. 이런 점에서 성숙한 민주주의를 위해 근본적인 수준에서 정치가들을 포함한 사회 전반을 아우르는 민주시민 교육과 같은 의식화 작업의 진전은 매우 시급한 당면과제가 아닐 수 없다. 민주주의는 무엇보다도 '관심을 기울이는 것'이며 '행동하는 양심'이기 때문이다.

참고문헌

국문자료

강민아·장진호. 2007.「정책결정 과정의 프레이밍에 대한 담론 분석. 방사성 폐기물처리장입지 선정 과정을 중심으로」.『한국행정학보』 제41권 제2호. 23-45.

강명구·박상훈. 1997.「정치적 상징과 담론의 정치. '신한국'에서 '세계화'까지」.『한국사회학』. 제31집(봄호). 123-161.

강명세 외. 2004.『2004년도 국회연구용역과제 연구보고서』. 대한민국국회 한국 정치학회.

강수돌, 홀거 하이데. 2009.『자본을 넘어, 노동을 넘어』. 서울 : 이후.

강원택, 박인휘, 장훈. 2006.『한국적 싱크탱크의 가능성』. 삼성경제연구소.

강원택. 1999.「의회 정치와 정당」.『한국의회정치론』. 서울 : 건국대학교 출판부. 257-282.

강원택. 2005.『한국의 정치개혁과 민주주의』. 인간사랑.

강원택. 2008.『한국 정치 웹 2.0에 접속한다』. 출판사 : 책세상.

고동수. 2002.『지방분권시대의 지구당 역할변화 연구. 제주지역 한나라당 지구당을 중심으로』. 제주대학교 행정대학원. 석사논문.

고선규. 2009.「민주화 20년의 정당정치」.『시대변화에 뒤쳐진 20세기형 정당체제, 어떻게 바꿀 것인가』 토론회, 2009년 2월 16일(月). 국회 의원회관 소회의실.

고성국. 1995.「1960년대 이후 한국 정당정치의 역사적 전개과정과 특징」.

안희수 편저. 『한국 정당 정치론』. 나남출. 285-308.

곽진영. 2005. 「민주화 이후 한국사회와 정당체계 : 변화, 아니면 결빙?」 『의정연구』 제12권 제2호. 109-134.

권영호. 2002. 「독일정당의 내부질서에 관한 연구」. 『토지공법연구』16집 1호, 한국토지공법학회(2002. 9.). 105-125.

권용현. 1995. 『배우자상속과세정책의 변동에 관한 연구 : 여성의 재산권보장을 중심으로』. (박사, 서울大 大學院)

권형기. 2007. 「세계화 시대 분화하는 자유주의. 영국과 아일랜드 비교 분석.」 『국가전략』. 2007년 제13권 4호.

길승흠. 1993. 「김영삼 개혁과 정치세력의 재편」. 한국 정치학회 편. 『문민정부와 정치개혁』. 53-68.

김근태. 2003. 원내대표연설문(2003.10.15).

김균. 1996. 「하이에크 자유주의이론 재검토」. 『자유주의 비판』. 서울 : 풀빛. 19-41.

김기배. 1992. 「지구당 조직관리」. 『국회보』 308호('92.6). 24-28.

김덕배. 2001. 「16대 국회 220회 제1차 정치개혁특별위원회」. 회의록.

김도종 외. 2005. 『2005년도 국회연구용역과제 연구보고서』. 대한민국국회 한국 정치학회.

김병군. 1999. 「신자유주의 국가론의 사상적 정체성과 정치철학적 기원」. 한국 사회경제학회. 『사회경제평론』 제13호. 93-116.

김삼웅. 2001. 「16대 국회 220회 제1차 정치개혁특별위원회」. 회의록.

김상겸. 2005. 「한국의 정당구조와 정당개혁. 지구당 폐지를 중심으로」. 『토지공법연구』 제28집. 229-246.

김선종. 1998. 「정당관계법 개선에 관한 심포지움」. 중앙선거관리위원회 주최 심포지움(1998.9.29). 발표문.

김성식. 1993.「김영삼이 시공하는 '정치재개발'의 앞날」.『월간말』5월호.

김세균 편. 2005.『한국 정치의 보수와 진보. 한국 정치연구총서 4』.

김세균. 1996.「신자유주의 정치이론의 연구경향과 문제점」.『이론』제15호. 여름-가을호. 2-40.

김세균. 1997.「신자유주의와 정치구조의 변화」.『'민주화 진보를 위한 지식인연대' 주최 교육강좌에서 발표된 것의 보완본』. (1997년 12월 작성)

김세균. 2008.『신자유주의국가의 대안을 찾아서』.

김소희. 2002.「민주이행 이후 한국 정당 조직 연구 : 민자당(1990-1996)의 조직적 특성을 중심으로」석사논문.

김수갑. 2005.「정당법의 문제점과 개선방안」.『공법연구』제33집 제5호(2005.6). 181-209.

김수진. 1996.「민주이행기 한국 정당정치의 비판적 분석」.『의정연구』제2권 제1호(통권 제2호). 16-36.

김수진.「장당과 정당정치 연구의 흐름」.

김영범. 2003.「'국제경쟁' 지배담론 분석 : 박정희 정권에서 김대중 정권까지-신년사취임사 내용을 중심으로」.『한국의 정치사회적 지배담론과 민주주의 동학』. 서울 : 함께읽는 책. 397-428.

김영래. 1998.「한국 정당의 발전방향(저비용 고효율의 지구당 운영방안을 중심으로)」. 중앙선거관리위원회 편.『저비용 고효율의 지구당 운영방안』. 155-176.

김영래. 1999.「15대 국회 208화 제5차 정치개혁특별위원회 공청회」. 회의록.

김영태. 2009.「한국 정당정치의 변화와 지속」.『시대변화에 뒤쳐진 20세기형 정당체제, 어떻게 바꿀 것인가』토론회, 2009년 2월 16일(月). 국회 의원회관 소회의실.

김용호, 정영태, 윤상진, 하네스 모슬러. 2008. 「당원협의회(지역위원회) 실태 조사와 제도개선 방안」. 『중앙선관위 연구 용역』 2008년 7월 25일.

김용호, 정영태, 윤상진, 하네스 모슬러. 2008. 「한국의 풀뿌리 정당조직의 실태 분석과 제도개선 방안」. 『한국 정치학회 학술회의』 발표문, 12월 이화여자대학교.

김용호. 1991. 「민주공화당의 패권정당운동」. 서울대학교 한국 정치연구소. 『한국 정치연구』 제3권. 217-237.

김용호. 1998. 「한국 정당의 개혁방향」. 참여연대 한국 정당정치연구소. 『정치구조 개혁 토론회 : 정치개혁과 정당정치의 발전방향』 1998.4.8.

김용호. 1998a. 「정당의 민주적 개혁」. 아태평화재단. 『평화논총』 2권 1호. 13-34.

김용호. 2001. 『한국 정당정치의 이해』. 서울 : 나남출판.

김용호. 2002. 「고비용 정당구조와 정치자금제도 개선방안」. 『대한정치학회보』제10집 제2호. 295-306.

김용호. 2003. 「정당구조 개혁 방안」. 박세일 장훈 공편. 『정치개혁의 성공조건 : 권력투쟁에서 정책경쟁으로』. 서울 : 동아시아연구원. 143-177.

김용호 외. 2003. 「국회와 새 행정부의 국정과제」. 『2003년도 국회연구용역과제 연구보고서』. 연구기간 : 2003. 4. 16.-2003. 8. 15.

김용호. 2005. 「최근 한국 정당의 개혁조치에 대한 평가」. 『한국 정당학회보』 제7원 1호. 195-210.

김용호. 2008. 「지구당 폐지 이후 풀뿌리정당조직의 진화양상에 관한 실증적 연구를 위한 분석 틀」. 한국 정치학회 춘계학술회 발표문. 2008년 5월 9일 경희대 개최.

김용호·정영태·윤상진·모슬러. 2008. 「한국의 풀뿌리 정당조직의 실태 분석과 제도개선 방안」. 중앙선거관리위원회 용역연구보고서.

김용호. 2008.「한국 정당 연구의 학문적 정체성 확립을 위한 성찰」.『한국정당학회보』 제7권 제2호 2008년(통권 13호).

김원호. 2005.「칠레의 패러독스 : Pre-피노체트세력의 신자유주의 발전전략」.『라틴아메리카연구』 제1권 제1호 (2005).

김윤정. 2003.「정당국가적 민주주의내에서 정당에 대한 법적 보호와 규제」. 서강대 대학원 석사논문.

김재관. 1994.「정책논쟁분석에 관한 논리적 검토」.『정책분석평가학회보.』 4(1), 65-88.

김종민·김서용. 2002.「신자유주의 정부개혁의 문화적 분석」.『정책과 제도의 문화적 분석.』 서울 : 博英社. 52-76.

김종완. 2002.「문화이론의 이해」.『정책과 제도의 문화적 분석』. 서울 : 博英社. 2-22.

김종철. 2005.「정치의 사법화의 의의와 한계. 노무현정부 전반기의 상황을 중심으로」. 한국공법학회.『공법연구』 제33집 제3호. 229-251.

김종현. 2005.「국회 정치개혁협의회 정치개혁안. 비례대표 늘리고 선거연령 18세로, 정치자금 조달 활성화도 추진」.『국회보』. 2005.6. 114-121.

김주정. 1990.「'선거'는 있어도 '정치'는 없다. 지방정치 부재현실과 정당의 지구당」.『지방정치 통권』 22호, 1990.7. 16-18.

김태룡. 1998.「김영삼 정부시기의 정당개혁에 대한 평가 : 정치개혁의 성격과 관련하여」. 한국행정학회 대구.경북행정학회 편.『한국행정논집』. 10,2.('98.6). 515-532.

김학원. 1999.「15대 국회 제5차 정치개혁특별위원회 공청회」. 속기록.

김혁동. 1998.「한국 정당정치의 난맥상과 정치개혁방향. 저비용 고효율의 지구당 운영방안」.『사회과학연구』 제18집. 2-36.

노동일. 1999.「중앙정치와 지방정치 관계의 현황과 평가 : 정치발전의 시각」. 『사회과학』 제11권. 1-26.

노무현. 2003. 국회 공개서한. 2003.12.

노회찬. 2005.「17대 국회 254회 제6차 정치개혁특별위원회」. 속기록.

모슬러, 하네스. 2008.「지구당은 왜 2004년에 폐지되었는가?-다중(다중)흐름모형을 적용한 정당조직개혁 결정과정 연구」. 서울대학교 한국 정치연구소. 『한국 정치연구』 제17집 제2호. 121-161.

모슬러, 하네스. 2008.「2004-5년의 지구당 폐지와 당원협의회로의 복구 : 민주주의 공고화 과정에서의 개혁사고에 대한 다차원적 분석」. 한국 정치학회 2008년 춘계학술회의 발표문. 서울 5월9-10일.

모슬러, 하네스. 2007.「거버넌스 기제로서의 정당체계? 21세기의 한국 정당론에 대한 비판적 고찰」2007년 한국학 세계대회 세계 속 한국 : 민주주의, 평화, 번영 그리고 문화. 한국 정치학회 주최 발표문. 부산 8월 23-25일.

문택규. 2005.「17대 국회 254회 제4차 정치개혁특별위원회 政黨法및政治資金法小委員會」. 회의록.

문택현.「담론이론과 공공정책의 정당성」. 255-270.

박경미. 2006.「민주화 이후 한국의 정당쇄신 : 17대 국회의 정치개혁을 중심으로」. 『비교민주주의연구』 제2집. 2호.

박동진. 1995.「정치관계법의 변천과정과 정당정치」. 안희수 편저. 『한국 정당 정치론』. 나남출판. 349-393.

박병석. 1998.「정당개혁의 방향과 과제.」 중앙선거관리위원회 편. 『저비용 고효율의 지구당 운영방안』. 1-20.

박명호. 2004.「17대 총선과 정당정치의 변화 : 지역주의 정당체계와 관련하여」. 『정치·정보·연구』제7권 1호.

박명호. 2004.「개정 정당법 검토. 지구당과 당내경선제의 보완을 중심으로」.『헌법학연구 제10권 제2호. 43-66.

박상훈. 2004.「지배담론화된 정치개혁과 민주주의」. 민주노동당 기관지 편집위원호 1편.『이론과 실천』. 2-3월호. 170-181.

박상훈. 2007.「한국의 '87년 체제' : 민주화의 정당 체제를 어떻게 볼 것인가」 최장집, 박찬표, 박상훈(2007).『어떤 민주주의인가』. 후마니타스. 275-303.

박성진. 2006.「민주화 이후의 정치개혁과 그 한계」. 석사학위논문. 서울 : 고려대 대학원.

박세일. 2003 .「권력투쟁에서 국가경영으로 : 정치주체를 신 정책세력으로 바꾸어야」. 박세일·장훈 공편.『정치개혁의 성공조건 : 권력투쟁에서 정책경쟁으로』. 서울 : 동아시아연구원. 51-76.

박승현. 2003.「노자의 무위지치에 대한 연구」. 한국중국학회.『중국학보』. Vol.48, No.0. 579-596.

박우순. 2001.「16대 국회 220회 제1차 정치개혁특별위원회」. 회의록.

박이석·조훈·이영춘. 2007.『공직선거법·정당법·정치자금법. 정치관계법』. 서울 : 새롬.

박재선. 2005.「한국 정당법 변천에 관한 연구 : 정당체계에 미친 영향을 중심으로」. 국방대 안전보장대학원 석사논문.

박재형. 2010.『한국 정치와 헌법재판소』. 서울 : 집문단.

박종민·김서용.「신자유주의 정개혁의 문화적 분석」. 52-76.

박주천. 1999.「15대 국회 208화 제5차 정치개혁특별위원회 공청회」. 회의록.

박찬욱. 1997.「민주화와 정치제도화」.『한국사회과학』. 제 19권 제1호.

박찬욱. 2000.「IMF관리체제 이후의 한국 정치·사회 변화」. 한국 정치학회/대한민국 국회 주최(2000.7.20-22). 발표.

박찬욱. 2000a. 「21세기 한국의 대의제 민주주의 제도 : 의회, 정당과 선거」. 박경남·송하중 외. 『새천년의 한국 정치의 행정 : 정치선진화와 행정혁신』. 나남출판.

박찬욱. 2000b. 「정치개혁의 방향과 과제」. 세종연구소 편. 『21세기 한국의 국가전략』. 세종연구소.

박찬욱. 2000c. 「4.13총선의 정치적 의의」. 박찬욱 외 편. 『4.13 총선. 캠페인 사례연구구와 쟁점분석』. 서울 : 나남. 295-315.

박찬표. 2003. 「한국 '정당민주화론'의 반성적 성찰 : '정당민주화'인가 '탈정당'인가?」 『사회과학연구』 제11집. 137-164.

박찬표. 2007. 「전문가정당 정치론 대 대중정당 정치론」. 최장집, 박찬표, 박상훈. 『어떤 민주주의인가』. 후마니타스. 197-229.

박효종. 2002. 「정치자금의 투명화 방안」. 자유기업원. 『정책모니터』 (2002. 9.2.).[http://www.cfe.org/mboard/bbsDetail.asp?cid=mn20061221201642&pn=9&idx=506]

방승주. 2002. 「권력구조의 민주화와 정당 : 야당기능의 활성화와 당내 민주주의를 중심으로」. 한국헌법학회. 『憲法學研究』 제8권 제2호(2002. 8). 9-52.

배성동. 1996. 「정당정치와 개혁문제」 『공법연구』 제24집 제3호(1996.6). 147-160.

백창재. 2004. 「미국의 패권과 제한적 자유주의 질서」 『20세기로부터의 유산. 세계경제와 국제정치』 사회평론. 43-64.

백화종. 2001. 「16대 국회 220회 제1차 정치개혁특별위원회」. 회의록.

범국민정치개혁협회. 2003. 『범국민정치개혁협의회 활동경과보고서』. 제16대국회.

변정일. 1999. 「15대 국회 208화 제5차 정치개혁특별위원회 공청회」. 회의록.

봉희선. 2006. 「의약분업 제도화 과정의 변화요인 연구 : ACF 모형에 따른 분석.」 석사, 성공회대학교 시민사회복지대학원.

서병길. 1997. 「지구당 운영실태 관한 연구」. 석사학위논문. 국민대학교 정치대학권.

서병훈. 2003. 「한국 민주주의의 선택. 이상주의를 경계함」. 박세일·장훈 공편.『정치개혁의 성공조건 : 권력투쟁에서 정책경쟁으로』. 서울 : 동아시아연구원. 241-271.

서복경. 2004. 「정당개혁과 한국 민주주의의 미래 : '원내정당화' 논의의 재고」. 『동향과 전망』 통권60호 (2004 봄). 11-39.

서상섭. 2003. 「정당개혁의 핵심과제와 방향」. 새시대전략연구소 주최 (2003.1.8). 발표.

성낙인. 1998. 「정치개혁의 과제와 방향 : 선거제도와 정당제도를 중심으로」. 새정치국민회의·자유민주연합 정칙구조개혁위원회. 『정치구조개혁 어떻게 할 것인가?』

성낙인. 2000. 「정치관계법의 개혁방향 : 선거법, 정당법, 정치자금법을 중심으로」. 한국공법학회 주최 정치개혁입법에 관한 심포지움 (6.21) 발제문.

성낙인. 2003. 「정치 관련법의 문제와 개정 방향」. 『기억과 전망』제2호 (2003. 3). 241-253.

성장환. 1999. 「신자유주의와 민주주의」. 『대구교육대학교 논문집』. 제34집. 33-42.

손혁재. 1998. 「정치개혁과 정당정치의 발전방향」. 참여연대 주최 토론회 (1998.4.9). 발표.

손혁재. 1998a. 「정치법제도 개선을 위한 대토론회」. 민주노총 주최 토론회 (1998.7.23). 발표.

손혁재. 1998b. 「정당정치개혁과 국민소환제 입법을 위한 공청회」. 서울 YMCA 주최 공청회. 발표.

손혁재. 2002. 「신당의 정치적 요건과 정당개혁의 과제」. 한국법제발전연구소 주최 『자칙정부의 정치.행정개혁과제』 (2002.9.13.) 발표문.

손호철. 1993. 「14대 대선과 민중운동」. 『이론』제4호(1993봄). 258-288.

손호철. 1995. 「'다원주의적' 정치질서와 정당」. 안희수 편저. 『한국 정당 정치론』. 나남출판. 107-134.

손호철. 1995. 「문민정부와 정치개혁 : 그 성격과 한계」. 『해방 50년의 한국 정치』.

손호철. 1997. 「21세기 한국의 진로와 정치지도자의 역할」. 문화일보 주최 심포지움(1997.10.30). 발표.

손호철. 1998. 「정당민주화와 정치개혁의 방향」. 동아일보·경실련 토론회 (1998.8.4). 발표.

손호철. 1999. 『신자유주의시대의 한국 정치』. 푸른 숲.

손호철. 2000. 「한국의 신자유주의와 민주주의」. 안병영·임혁백 편. 『세계화와 신자유주의』. 나남출판.

손호철. 2004. 『현대 한국 정치 : 이론과 역사 1945-2003』. 사회평론.

손호철. 2006. 『해방 60년의 한국 정치(1945-2005)』. 이매진.

송근원. 2008. 「정책분석 및 평가의 실증주의」. 『정책분석평가학회보』 14(3). 1-22.

송근원. 1991. 「정책분석 및 평가에 대한 접근방법의 변천 : 실증주의에 대한 대안의 탐색」. 『한국정책분석평가학회보』 제1권 1호, 1-18.

송영길. 2001. 「16대 국회 226회 제3차 정치개혁특별위원회」. 회의록.

송훈석. 1999. 「15대 국회 208화 제5차 정치개혁특별위원회 공청회」. 회의록.

신명순. 1990. 「우리나라 정당조직의 현대화방안」. 정무장관실. 『정책자료 90-10』.

신명순. 1992. 「한국 정당의 조직현대와 연구」. 『연세행정논총』 17('92.4). 5-29.

신명순. 1993. 「경향신문 특별좌담회」 (93.10.06).

신명순. 1994. 「정계개편으로 改革2期 추진하라」. 『동화』 7,1('94.1). 102-107.

신명순. 1994. 「한국의 정당과 정치」. 『사회과학논총』 25('94.3). 83-110.

신명순. 1995. 「한국의 정당조직 개혁방안」. 한국 정치의 선진화. 정당개혁을 중심으로. 4월회 『전환기의 모색』 제 11차 심포지엄(95.03.15) 발표문집. 10-18.

신명순. 1995. 「정당조직운영의 비교분석」. 『동서연구』 제7권('95.12). 5-57.

신명순. 1997. 「정당제도 개혁방안」[세미나자료]. 신한국당. 『고비용정치구조 개선을 위한 공청회』(97/05/09).

신명순. 1997. 「부패정치구조의 상황과 청산방안」. 신한국당 푸른정치연대 토론회 『부패정치구조의 청산과 그 대책』(97/05/13).

신명순. 1997. 「권력과 부패」. 대한변호사협회. 제9회 「법의 지배를 위한 변호사대회」(97/08/18).

신명순·진영재. 2001. 「돈 쓰는 선거의 경험적 분석 : 제16대 총선을 중심으로」. 『한국행정학보』 제35권 제4호 (2001 겨울). 15-29.

신명순. 2003. 「국회중심의 정치 실현을 위한 방안 연구」. 국회법제사법위원회. 『정책연구』 03-2. 11월 발표문. 7-69.

심익섭. 1995. "세계화와 한국의 정당정치". 한국세계지역연구협의회 제1차 세계학술대회(1995.1.18) 발표논문.

심지연. 2004. 『한국 정당정치사』. 백산서당.

심지연·김민전. 2006. 『한국 정치제도의 진화경로. 선거·정당·정치자금제도』. 백산서당.

안영배. 1993.「민주당 파워의 실체, 지구당 조직력의 현주소」. 월간『말』통권 86호(1993.8). 38-43.

안승국. 1999.「한국에 있어서 포드주의의 위기에 관한 정치경제적 재성찰」.『한국 정치학회보』. Vol.33 No. 2.

안청시·이광희. 2002.「한국민주주의와 지방정치 10년의 성과와 과제」. 안청시 외.『한국 지방자치와 민주주의. 10년의 성과와 과제』. 나남신서. 13-54.

안희수(편).『한국 정당 정치론』.

양승일. 2006.「규제정책의 변동 분석 : ACPS 모형의 그린벨트정책 적용을 중심으로」. 박사논문, 고려대 대학원.

오세훈. 2004.「한나라당 오세훈 의원의 정치개혁 4년 투쟁기」.『월간중앙』, 2004년 1월호. 124-129.

오승용. 2005.「세계화·정보화시대 한국 국가-시민사회의 변화-정치관계법의 변화를 중심으로」.『민주주의와 인권』. 제5권 1호.

유시민. 2005.「17대 국회 252회 제4차 정치개혁특별위원회」. 회의록.

오창균. 2002.「4차원적 권력과 무위의 정치」.『동양사회사상』 제5집(2002). 95-118.

우아영. 2009.「사회정책연구에 있어 담론연구의 위상과 의미」.『Korean Journal of Social Welfare』. Vol. 61, No. 2. 247-276.

유 훈. 1987.「한국에서의 정당법제의 전개과정에 관한 연구」. 仁荷大 大學院 석사논문.

유재일. 2004.「정당의 기능」. 심지연 편저.『현대 정당정치의 이해』. 113-140.

유진숙. 2008.「정당개혁과 지구당」. 미간.

유진숙. 2007.「세계화와 한국 정당 : 정당개혁에서의 세계모델 확산과 탈동조화」.『한국과 국제정치』 제23권 2호 2007년(여름) 통권 57호. 161-185.
윤정석. 1991.『전환기의 한국 정치과정』. 서울 : 인간사랑.
윤영오. 1995. "한국 정치의 선진화. 정당개혁을 중심으로". 4월회 주최 발표회(1995.3.15) 발표문.
윤종빈. 2011.「지구당 폐지와 한국 정당의 민주성」.『한국 정당학회보』 제10호 제2호(통권 19호). 67-92.
윤종빈. 2004.「정치관계법개정과 17대 총선 : 평가와 전망」.『한국 정당학회보』 제3권 제2호.
윤치영. 1963.『민정으로 가는 길』. 문선각.
이경태. 1999.「지구당의 효율적인 운영방안」.『사회과학연구』 제7집 제2호. 409-439.
이경호. 2008.「'07 대선이후 한국 정당의 발전가능성, 나아가야 할 방향과 과제 : 독일 기민련의 사례를 중심으로」.『한독 사회과학논총』 제18권, 제2호(여름). 27-54.
이광일.「신자유주의시대 민주주의 위기의 근원과 대안」.『경계의 특집』. 107-126.
이광일. 2003.「자유주의에서 신자유주의로의 전화. '민주주의'의 축소와 '국가 물신'의 심화」.『정치비평』 2003년 하반기. 75-105.
이광일. 2007.「'민주화' 전후 이데올로기 독점과 변형」.『마르크스주의연구』. 제4권 제2호.
이광일. 2007.「민주주의를 둘러싼 몇 가지 숙고들」.『미주주의 끝나지 않은 프로젝트』. 서울 : 유토피아. 289-294.
이광일. 2007.「한국에서 신자유주의 경쟁국가의 계보와 현재」. 문화과학사

『문화/과학』 통권 제54호(2008년 여름). 28-51.

이남영. 1993. 「선거제도, 정당제도, 정치자금 제도의 개선방향」. 한국 정치학회 편. 『문민정부와 정치개혁』. 211-244.

이미란. 2003. "정치개혁 여론조사. 국민 40.8% 중대선거구제 선호." 〈Up-Korea.net〉. [news.naver.com/main/read.nhn?mode=LSD&mid=sec&sid1=100&oid=010&aid=0000000264]

이상식. 토론자. 한국 정치학회 편 『문민정부와 정치개혁』. 280.

이상원. 2005. 「정당법 제3조 등 위헌확인. 지구당 폐지의 위헌 여부. (헌재 2004. 12. 16. 2004헌마456, 판례집 16-2하, 618)」. 『헌법재판소 결정해설집』(2004년). 763-807.

이성우. 2008. 「후기 실증주의와 질적 연구방법의 정책분석평가연구에의 적용가능성」. 『정책분석평가학회보』 제18권 제4호. 15-42.

이성희와 진영재. 2005. 「민주노동당의 국회진출과 한국 정당의 정책차별화 가능성」. 『의정연구』 제12권 제2호. 223-254.

이왕휘. 2006. 「경제 사상의 정치적 영향력 : 동아시아 금융 위기 원인의 구성주의적 분석」 『한국 국제정치학회』 연말 학술회의(2006년 12월 1일) 발표용 초고.

이원복. 1999. 「15대 국회 208화 제5차 정치개혁특별위원회 공청회」. 회의록.

이 영. 1993. 「지구당 활동을 통한 정치개혁의 실험」. 나라정책연구회. 『정치개혁 시민운동론 2. 한국사회운동의 혁신을 위하여』.

이인기. 2005. 「17대 국회 252회 제4차 정치개혁특별위원회」. 회의록.

이정복·김호섭. 1989. 「우리나라 국민의 정치의식조사」. 한국 정치학회 편. 『한국 정치의 민주화』.

이정복. 2008. 「제17대 대선과 한국 정치」. 『제17대 대통령선거와 한국 정치 한국포럼』, 발표문집.

이정진. 2005.「지구당 폐지 이후 지역에서의 정당활동」.『국회입법조사처보』 제1호. 통권1호. 62-67.

이정진. 2008.「지구당 폐지 과정에서의 담론구조와 법 개정」. 발표문. 건국 60주년 기념 공동학술회의.

이정진. 2010.「지구당 폐지를 둘러싼 담론구조와 법 개정 논의」. 한국 정치외교사학회.『한국 정치외교사논총』 제31집 제2호 (2010.2). 353-384.

이정희. 2004.「한국시론. "깨끗한 정치" 이제 시작이다」. 한국일보. 2004.2.2(10판, 30면).

이종수. 2001.「시민의 정치적 자유, 정당의 자유와 정당법」.『공법연구』 제29집 제2호(2001.2). 255-276.

이필재. 2003.「지구당위원장제 폐지 무장해제인가, 승부수인가」.『월간중앙』 29권 5호(통권 330호).

이해봉. 2001.「16대 국회 220회 제1차 정치개혁특별위원회」. 회의록.

이현출. 1997.『민주자유당 5년 자료집』. 민주자유당 홍보국.

이현출. 2004a.「지구당 없는 선거운동 : 서울 광진(을)」. 김용호 외.『17대 총선 현장 리포트. 13인 정치학자의 참여관찰』. 출판 : 푸른길. 242-264.

이현출. 2004b.「지구당 제도」. 국회도서관 입법정보연구원 입법지식DB 시스템.

임성학. 2005.「17대 총선의 선거자금과 정치개혁의 효과」.『한국 정치학회보』 제39집 제2호.

이현출. 2005.「정당개혁과 지구당 폐지」.『한국 정당학회보』 제4권 제1호. 91-120.

임성호. 2003.「원내정당화와 정치개혁」.『의정연구』 제9권 제1호. 91-120.

임소영. 2004.「주5일 근무제 정책변화에 대한 연구 : 정책옹호연합모형을 적용하여」. (석사, 울산대학교 정책대학원)

임춘웅. 1999.「15대 국회 208회 제5차 정치개혁특별위원회 공청회」. 회의록.

임혁백. 2000.「21세기 한국 시민사회와 민주주의 : 과거에 대한 성찰과 미래를 위한 비전 모색」. 세종연구소 편.『21세기 한국의 국가전략』. 세종연구소. 205-239.

임현진. 2002.「전 지구화, 구조조정 및 민주주의 : 한국의 비교경험」.『한국사회과학』서울대학교 사회과학연구원. 제24권 제1호. 51-78.

임혜란. 2002.「미국의 신통상정책과 사상의 역할 : 미 EU 통상마찰의 재조명」.『EU학연구』.

임혜란. 2005.「미국 부시행정부의 통상정책 : 이념(Ideas)과 이해(Interests)의 역할」.『한국과 국제정치』제21권 2호. 93-123

장만희. 2010.『헌법개정연구』. 세종출판사.

장상환. 1998.「김대중 정권 경제정책의 성격과 전망」.『경제와 사회』여름호. 142-168.

장영수. 2002.「한국 헌법의 장래와 정당민주화의 의미」.『공법연구』제30집 제3호(2002.2). 1-24.

장영수. 2005.「지구당 폐지의 위헌성과 그로 인한 기본 권 침해에 대한 헌법소원의 적법성」.『공법연구』2005.12. 25-37.

장인식. 2005.「17대 국회 254회 제2차 정치개혁특별위원회 자금/정당법 소위」. 회의록.

장 훈. 1995.「한국 정당의 대중화를 위한 실천과제」.『여의도 정책논단』. 9월.

장 훈. 1997.「한국 민주화 10년의 정당정치. 공고화의 지연과 맹아적 정당정치의 지속」.『한국 정치와 민주주의』251-281.

장 훈. 2003 .「카르텔 정당체제의 형성과 발전 : 민주화 이후 한국의 경우」.『한국과 국제정치』. 제19권 4호 겨울 통권 43호. 31-59.

장 훈. 2004.「정치개혁의 이론과 실제의 거리 : 범국민정치개혁협의회 참여 경험을 중심으로」. 한국 정치학회.『한국 정치학회소식』. Vol. 28, No. 2.

장 훈. 2009a .「민주화 20년의 정당정치 : 회색지대 속의 현실과 이론의 전개」. 주제발표.『시대변화에 뒤쳐진 20세기형 정당체제, 어떻게 바꿀 것인가』 토론회, 2009년 2월 16일(月). 국회 의원회관 소회의실.

장훈. 2009b.「정치개혁의 사상 : 규범, 이익, 경로의존의 조정자. 정치경량화 사상과 2004년 지구당 폐지의 사례」.

장훈. 2010.『20년의 실험 : 한국 정치개혁의 이론과 역사』. 나남.

전진영. 2009.「재보궐 선거와 지구당 부활 논쟁」. 2009년도 한국 정당학회 하계학술회의 발표문.

정기영. 1998.「한국 정당구조의 문제점과 개혁방향」.『선거관리』44호.

정대화 외. 1998.『김대중정부 개혁 대해부』. 지정.

정대화. 1998 .「왜곡된 정치개혁, 지연된 정당개혁」. 정대화 외.『김대중정부 개혁 대해부』. 지정.

정대화. 1999.「김대중 정부 하에서 정치 개혁의 방향과 과제」.『정치개혁의 방향과 과제』 세미나 발표 논문.

정대화. 2000.「낙천·낙선운동의 전개과정과 정치적 의의」. 박찬욱 외 편.『4.13 총선. 캠페인사례연구와 쟁점분석』. 서울 : 나남. 155-185.

정내화. 2001.「국민·당원이 주인되는 정당개혁」. 대한광장, 서울신문 (01/11/29, 8면).

정대화. 2003.「당내 민주주의 확대방안」. 새시대전략연구소 주최『정당개혁의 핵심과제와 방향』(2003.1.8.) 발표문.

정대화. 2003.「정당 물갈이, 국민의 물갈이」. 시론, 경향신문(03/11/04, 6면).

정대화. 2003.「영원한 사랑, 지구당 위원장?」 시론, 경향신문(03/04/02, 11면).

정대화. 2003.「정당개혁 왜 미적거리나」. 시론, 경향신문(03/02/19, 7면).

정도영. 2001.「한국 정치의 선진화를 위하여」.『일류정치가 일류경제를 만든다. 정당민주주의와 정치개혁』(2001.11.9.) 발표문. 35-44.

정만희. 1984.「政黨法制에 관한 硏究」 고려대 대학원 박사논문.

정무장관(제1)실. 1989.「한국 정당정치의 현실과 진보정당 출현의 전망」.

정무장관(제1)실. 1990.「우리나라 정당조직의 현대화 방안」.

정무장관(제1)실. 1990.「한국 정당의 제도화와 정치발전」.

정병국 외. 2003. 政黨法中改正法律案 2466 (2003.7.19).

정연정. 2009.「정당정치 발전을 위한 지구당의 재정립 방안」. 정당.정책연구소 업협의회 중앙선거관리위원회 발표문. 2009년 4월 22일 국회의원회관 131호실.

정연정. 2009.「정당의 지방조직 활성화 방안 : 지구당 재정립의 필요성을 중심으로」.『21세기정치학회보』제19집 3호. 171-195.

정영국. 2000.「한국 정당의 지구당 조직과 기능 : 문제점과 대안」.『한국과 국제정치』.

정영태. 1997.「정당과 참여민주주의」. 참여사회연구소(편)『참여민주주의와 한국사회』.

정영태. 2005.『한국사회의 변화와 진보정당』(신자유주의 시대). 인하대학교 출판부.

정영태. 2005a.「민주주의와 야만의 시장 사이에서」. 새얼문화재단『황해문화』109-131.

정용대. 1995.「세계화와 한국의 정당정치」. 한국세계지역연구협의회 제1차 세계학술대회(1995.1.18) 발표논문.
정운찬·조홍식 편. 2007.『외환위기 10년 : 한국사회 얼마나 달라졌나?』 서울 : 서울대 출판부.
정윤재. 2002.「봉건적 먹이사슬 구조를 깰 수 없다면 : 민주당 현직 지구당 위원장의 심경고백.」월간『말』. 통권 196호(2002.10). 66-69.
정종주. 1993.「정치관계법과 김영삼 개혁의 조직적 저항세력」.『월간 사회평론 길』제93집 제11호, 사회평론.
정진민. 1993. 토론자. 한국 정치학회 편.『문민정부와 정치개혁』.
정진민. 1998.『후기산업사회 정당정치와 한국의 정당발전』. 서울 : 한울.
정진민. 1999.「한국 정당정치의 환경변화와 개혁방향」.『국가전략』제5권 2호.
정진민. 2001.「민주화 이후 한국 정당체계의 변화 : 정당체계 재편성 가능성을 중심으로」.『의정연구』제7권 제2호. 201-221.
정진민. 2002.「세대와 정당정치」.『계간사상』. 2002년 가을호.
정진민. 2003.「정당개혁의 방향 : 정당구조의 변화를 중심으로.」『한국 정당학회보』제2권2호.
정진민. 2004.「탈산업화와 정당정치의 변화.」신지연 편저.『현대 정당정치의 이해』. 백상서당. 379-404.
정진민. 2005.「지구당 폐지 이후의 새로운 정당구조와 당원중심 정당운영의 범위」.『의정연구』제11권 제1호. 5-26.
정진민. 2007.「민주화 이후의 정치제도. 원내정당화를 중심으로」.『국가전략』제13권 2호.
정진민. 2008.『한국의 정당정치와 대통령제 민주주의』. 출판사 : 인간사랑.
정진민. 2009.「원내정당 패러다임을 둘러싼 오해들에 대한 정리」.『한국 정치연구』.

정진술. 2003. 「새만금 간척사업과 영월댐 건설사업의 정책결정 과정 비교연구」(석사, 서울대 대학원).

정진영. 2004. 「신자유주의의 확산과 국제경제질서의 미래」. 『20세기로부터의 유산. 세계경제와 국제정치』. 사회평론. 65-90.

국회정치관계법심의특별위원회시찰단. 1993. 『정치관계법제도 해외연구시찰 보고서』. 1993.9.

정태영. 1987. 「政黨法을 中心으로한 韓國政黨의 發展과 政治發展에 關한 硏究.」 서울대학교 법학과 박사논문.

정태호. 2006. 「지구당의 강제적 폐지의 위헌성. 헌재 2004.12.16 2004헌마456, 판례집 16-2, 618 결정에 대한 평석」. 헌법판례연구회 편. 『헌법판례연구』 제7권(2006). 203-289.

정태환. 2005. 「김영삼 개혁정치의 성격과 정치적 동원」. 『한국 정치연구』 23(2005.11.30). 고려대학교 한국학연구소. 281-306.

조기숙. 2003. 「정당개혁 이렇게 하자.」 『철학과 현실』 2003년 통권제56호. 26-37.

조기숙. 2002.『16대 총선과 낙선운동. 언론보도와 논평을 중심으로』. 서울 : 집문당.

조명규. 1993. 「우리나라 政黨法制에 관한 연구」. 慶南大 敎育大學院 석사논문.

조순 외. 1995. 『하이에크 연구』. 민음사.

저정무. 2001. 「16대 국회 226회 제3차 정치개혁특별위원회」. 회의록.

조현연. 2006. 『민주화·세계화 '이후' 대안 정당정치 모형연구. 민주화.세계화 '이후' 한국 민주주의의 대안 체제 모형을 찾아서』.

조홍식. 2004. 「고전적 자유주의 질서의 붕괴」. 『20세기로부터의 유산. 세계경제와 국제정치』. 사회평론. 17-42.

조희연 편. 2003.『한국의 정치사회적 지배담론과 민주주의 동학』. 출판사 : 함께읽는책.

조희연. 2003.「시민사회의 정치개혁운동과 낙천·낙선운동」. 유팔무·김정훈 엮음.『시민사회와 시민운동 2. 새로운 지병의 탐색』. 서울 : 한울. 292-334.

좌승희 외. 2002.『차기 정부 정책과제-모두 잘사는 나라 만드는 길』. 한국경제연구원.

중앙선거관리위원회 편. 2000.『政黨法變遷狀況 : 1962-2000』.

중앙선거관리위원회 편. 1998. 저비용 고효율의 지구당 운영방안(98.12.05 발행).

진덕규. 2000.『한국 현대 정치사 서설』. 서울 : 지식산업사.

진영재 편저. 2004.『한국 권력구조의 이해』. 2004. 나남출판.

진영재. 2004.「정당의 조직.」심지연 편저.『현대 정당정치의 이해』. 89-112.

주인석. 2009.「한국 정당발전의 유형화에 대한 비판적 검토 : 조직변화의 실제와 개혁방안 간의 모순」.『한국 정당학회보』. 제8권 제1호 (통권 14호). 5-36.

채진원. 2010.「민주노동당의 변화 : 원내정당화현상을 중심으로」.『의정연구』제15권 제1호. 261-370.

채진원. 2009.「원내정당모델의 명료화 : 포괄정당 선거전문가정당과의 차이성」. 미간.

천영식. 2003.「지구당폐지-넘어야 할 산 첩첩」.『월간중앙』29권 12호(통권 337호). 150-155.

천정배. 1999.「15대 국회 208화 제5차 정치개혁특별위원회 공청회」. 회의록.

천정배. 2001.「정당민주주의와 정치개혁 : 지역정당을 파괴하고 정치지배구조를 개선해야 한다」.『일류정치가 일류경제를 만든다. 정당민주주의와 정치개혁』(2001.11.9.) 발표문. 23-34.

최대권. 2001. 「헌법과 당내 민주주의」. 『서울대학교 법학』. 제42권 제1호.

최대권. 2001a. 「헌법재판소 결정의 정치적 의미」. 『서울대 법학』. 제42권 제3호. 1-27.

최대권. 1993. 「헌법재판소의 정치학-그 구조와 기능을 중심으로」. 『서울대학교 法學』. 제34권 제1호.

최대권. 1992. 「정당개혁을 위한 몇 가지 생각(I). 정부형태, 정당, 정치자금, 선거 등을 중심으로」. 『서울대 법학』. 제33권 1호. 156-180.

최대권. 1992a. 「정당개혁을 위한 몇 가지 생각(II). 정부형태, 정당, 정치자금, 선거 등을 중심으로」. 『서울대 법학』. 제33권 2호. 93-125.

최병두. 2007. 「세계화와 지방정부의 기업주의화」. 제3회 맑스코뮤날레학술문화제, 서강대사회과학연구소,『세계화시대 한국민주주의 : 검토와 모색』.

최병선. 1998. 「규제완화의 정치 : 사상, 이해관계, 제도의 역학」. 진창수 편. 『규제완화의 정치 : 비교연구』.

최수영. 2004. 「한국 정당정치의 민주화 과정과 정당법 연구 : 법정치학적 접근.」 광운대 대학원, 박사논문.

최장집·박찬표·박상훈. 2007. 『어떤 민주주의인가』. 서울 : 후마니타스.

최장집. 1989. 『한국현대 정치의 구조와 변화』. 출판 : 까치글방.

최장집. 2003. 「한국 민주주의의 제도디자인 서설」. 『아세아연구』 통권 114호. 155-191.

최장집. 2004. 『민주화 이후의 민주주의』. 출판 : 후마니타스.

최장집. 2007. 『민주주의의 민주화』. 출판 : 후마니타스.

최장집. 2007a. 「왜 정당이 중심이 되는 민주주의를 말하는가」 최장집·박찬표·박상훈. 2007. 『어떤 민주주의인가』. 서울 : 후마니타스. 104-137.

최장집. 2007b.「원내정당론과 국민 경선제가 민주주의 발전에 기여하기 어려운 이유」 최장집·박찬표·박상훈. 2007.『어떤 민주주의인가』. 서울 : 후마니타스. 183-152.

최장집. 2008.『한국 민주주의 무엇이 문제인가(問 라이브러리 003)』 서울 : 생각의 나무.

최창렬. 2003.「정당과 정치개혁」.『경기논단』. 5권. 4호.

최한수. 1995.『한국 정치의 새도전』. 서울 : 대정진.

하연섭. 2010.「정책아이디어, 틀 짓기, 사회적 담론 형성의 관계에 관한 연구 : 교육정책을 중심으로」,『한국논총』 제48권 2호. 189-215.

한국경제연구원. 2002.『 차기정부 정책과제-모두 잘사는 나라 만드는 길』

한국언론재단. 2000.『보도비평. 한국언론의 시민운동 보도. 16대 총선 낙천·낙선운동 보도를 중심으로』 서울 : 한국언론재단.

허철행. 2003.「신자유주의 이데올로기의 한국적 적실성」.『지방과 행정연구』 부산대학교행정대학원 지방행정연구소. 1999. 63-80.

홍미경. 1999.「여성노인의 사회활동 활성화를 위한 노인교실 프로그램 개발에 관한 연구」(석사, 가톨릭대학교 사회복지대학원).

황보경. 2008.「산업클러스터의 성과결정요인에 관한 연구 : 원주 의료기기 산업클러스터를 중심으로」(석사, 상지대학교 대학원).

홍성민. 2002.「계급 아비투스와 정체성의 정치. 한국 지역주의 정치에 관한 비판적 소고」.『사회연구』통권 제4호(2002년 가을). 153-190.

황준성. 2001.「독일형 질서자유주의와 영미형 신자유주의의 비교」.『경제논총』 제24호. 217-240.

영·독문자료

Alemann, Ulrich von. 2003. *Das Parteiensystem der Bundesrepublik Deutschland*. Bonn : Bundeszentrale für Politische Bildung.

Beck, P.A. and Frank J. Sorauf 1992. *Party Politics in America*. New York : Harper Collins Pub.

Berger, Mark T. 2005. The neoliberal ascendancy and East Asia : geo-politics, development theory and the end of the authoritarian developmental state in South Korea. In : Plehwe, Dieter, Bernhard Walpen, and Gisela Neunhoffer. (Eds.) *Neoliberal Hegemony-A Global Critique*.

Berman, Sheri. 1997. "Civil Society and the Collapse of the Weimar Republic." *World Politics*. Vol. 49, No. 3 (Apr., 1997). 401-429.

Berman, Sheri. 1998. *The Social Democratic Movement : Ideas and Politics in the Making of Interwar Europe*. Cambridge, MA : Harvard University Press.

Biezen, Ingrid van. 2008. "Party Regulation and Constitutionilizaton : A comparative overview." Reilly and Nordlund (Eds.). *Political Parties in conflict-prone societes : Regulation, engineering and democratic development*. United Nations University Press. 25-47.

Billig, Micheal and Katie Macmillan. 2005. "Metaphor, idiom and ideology : the search for 'no smoking guns' across time." *Discourse & Society*. 16(4). 459-480.

Billig, Michael. 1989. *Ideological dilemmas : a social psychology of everyday thinking*. London : Sage Publ.

Birkland, Thomas A. 2001. *An Introduction to the Policy Process. Theories, Concepts, and Models of Public Policy Making*. N.Y. : Sharpe.

Block, F 1996. *The Vampire State*. New York : New Press.

Blondel, Jean and Maurizio Cotta. (eds.) 1996. *Party and Government. An Inquiry into the Relationship between Governments and Supporting parties in Liberal democracies*. London : Macmillan.

Blondel, Jean. 2006. "Parties and party systems in East and Southeast Asia." In : Marsh, Ian (Ed.). *Democratisation, Governance and Regionalism in East and Southeast Asia*. Routledge. 59-86.

Blyth, Mark and Katz, Richard. 2005. "from Catch-all Politics to Cartelisation : The Political Economy of the Cartel Party." *West European Politics*, 28:1. 33-60.

Blyth, Mark. 1997. "'Any More Bright Ideas?' The Ideational Turn of Comparative Political Economy." *Comparative Politics*, Vol. 29, No. 2 (Jan., 1997). 229-250.

Blyth, Mark. 2002. *Great Transformations : Economic Ideas and Institutional Change in the Twentieth Century*. Cambridge University Press.

Blyth, Mark. 2003. "Globalization and the Limits of Democratic Choice. Social Democracy and the Rise of Political Cartelization." *Internatíonal Politik und Gesellschaft* 3(2003). 60-82.

Blyth, Mark. 2003a. "Structures Do Not Come with an Instruction Sheet : Interests, Ideas, and Progress in Political Science." *Perspectives on Politics*, Vol. 1, No. 4 (Dec., 2003). 695-706.

Bonefeld, Werner. 1994. "Aglietta in England : Bob Jessop's contribution to the regulation approach." Futur Antérieur. (special issue) 2. 299-330.

Bourdieu, Pierre. 2001. Das politische feld. Zur Kritik der politischen Vernunft. Konstanz : UVK-Verlagsgesellschaft.

Bourdieu, Pierre. 1992. "Ökomomisches, kulturelles und soziales Kapital." In : *Die verborgenen Mechanismen der Macht*. Hamburg. 49-75.

Bourdieu, Pierre. 1977. *Outline of a Theory of Practice*. Cambridge : Cambridge University Press.

Burdeau, Georges. 1975. "Die politische Klasse" in : Röhrich, Wilfried (Hrsg.). Demokratische Elitenherrschaft. Darmstadt : Wissenschaftliche Buchgesellschaft. 251-268.

Buerklin, Wilhelm, Markus Klein, and Achim Ruß. 1996. "Postmaterieller oder anthropozentrischer Wertewandel? Eine Erwiderung auf Ronald Inglehart und Hans-Dieter Klingemann." *Politische Vierteljahresschrift* 37 (3). 517-536.

Burke, Edmund. 1999(1770). *Thoughts on the Cause of the Present Discontents*. Select works of Edmund Burke : a new imprint of the Payne edition / foreword and biographical note by Francis Canavan.- Indianapolis : Liberty fund.

Campbell, John L. 2002. "Ideas, politics, and public policy." *Annual Review of Sociology*. Vol. 28. 21-38.

Candeias, Mario. 2005. "Neoliberalismus Hochtechnologie Hegemonie-Grundrisse einer transnationalen kapitalistischen Produktions-und Lebensweise. Eine Kritik." *Argument*.

Chilton, Paul and Christina Schaeffner. 2002. *Politics as text and talk : ana-*

lytic approaches to political discourse. Amsterdam : Benjamins.

Cho, Hee-yeon. 2000. "The Structure of the South Korean developmental regime and its transformation - statist mobilization and authoritarian integration in the anticommunist regimentation." *Inter-Asian Cultural Studies*. Volume 1, Number 3. 408-426.

Clark, Alistair. 2004. "The Continued Relevance of Local Parties in Representative Democracies." in : *Politics*, Vol. 24(1). 35-45.

Clark, Alistair. 2007. "Community Politics? Grassroots Liberal Democrats and the 2003 Scottish Parliament Elections." in : *British Journal of Politics and International Relations*, Vol. 9. 696-712.

Clarke, Simon. 2005. "The Neoliberal Theory of Society"; in Alfredo Saad-filho and Deborah Johnston : *Neoliberalism. A Critical Reader*. London : Pluto Press. 50-59.

Cobb, Roger W. and Charles D. Elder. 1972. *Participation in American politics : The dynamics of agenda-building*. Boston, MA.

Cockett, Richard. 1995. *Thinking the unthinkable : think-tanks and the economic counter-revolution 1931-1983*. London : Harper Collins.

Converse, Philip. 1964. "The nature of belief systems in mass publics." In : Apter, David (Hrsg.). *Ideology and Discontent*. New York : Free Press.

Copus, Colin. 2004. *Party Politics and Local Government*.

Davies, B. and Harré, R. 1990. "Positioning : The Discursive Production of Selves". *Journal for the Theory of Social Behaviour*. 20/1. 43-63.

DeLeon, Peter. 1998. "Models of Policy Discourse : Insights versus Prediction." *Policy Studies Journal*, 26(1). 147-161.

DeLeon, Peter. 1994. "The Policy Sciences Redux : New Roads to Post-Positivism." *Policy Studies Journal*, 22 (1). 176-184.

Demirovic, Alex. 1992. "Regulation und Hegemonie. Intellektuelle, Wissenspraktiken und Akkumulation." in : *Hegemonie und Staat.*

Demirovic, Alex. 1996. "Die Transformation des Wohlfahrtsstaats und der Diskurs des Nationalismus." in : Michael Bruch und Hans-Peter Krebs. *Unternehmen Globus : facetten nachfordistischer Regulation.* Westfaelisches Dampfboot.

Desai, Radhika. 1994. "Second-Hand Dealers in Ideas : Think Tanks and Thatcherite Hegemony. in : *New Left Review* 203 (1994).

Donati, Paolo R. 2006. "Die Rahmenanalyse politischer Diskurse." Keller, Reiner, Andreas Hirseland, Werner Schneider and Willy Viehöver. (eds.) *Handbuch Sozialwissenschaftliche Diskursanalyse.* Band 1 : Theorien und Methoden. 2., aktualisierte und erweiterte Auflage. Wiesbaden : VS-Verlag. 147-178.

Downs, Anthony. 1957. *An Economic Analysis of Democracy.* New York.

Dryzek, J. 1990. *Discursive Democracy : Politics, Policy, and Political Science.* Cambridge, UK : Cambridge University Press.

Dumenil, G. and D. Levy. 2004. "Neoliberal Dynamics : Towards A New Phase?" in : K. van der Pijl, L. Assassi, and D. Wigan (eds.). *Global Regulation : Managing Crisis after the Imperial Turn.* New York : Palgrave Macmillan. 41-63.

Dumenil, G. and D. Levy. 2004. *Capital Resurgent : Roots of the Neoliberal Revolution.* Cambridge : Harvard Univ. Press.

Elpass, S. 2002. "Phraseological Units in Parliamentary Discourse."

In : Chilton, Paul and Christina Schaeffner. *Politics as text and talk : analytic approaches to political discourse.* Amsterdam : John Benjamins. 81-110.

Epstein, Lee and Jack Knight. 1998. *The Choices Justices Make.* Washington D.C. : Congressional Quarterly Press.

Eskridge, William. 1991. "Overriding Supreme Court Statutory Interpretation Decisions." *Yale Law Journal* 101.

Fergusen. 1995. *Golden Rule. The Investment Theory of Party Competition and the Logic of Money-Driven Political Systems.*

Fisher, W. R. 1985. "The Narrative Paradigm : In the Beginning." In : *Journal of Communication.* Vol. 35. 74-89.

Fischer, Frank. 1996. "Amerikanische Think Tanks und die Strategien der Politikberatung. in : *PROKLA* 104.

Fischer, Frank. 1998. "Beyond Empiricism : Policy Inquiry in Postpositivist Perspective." *Policy Studies Journal.* 26(1). 129-146.

Fischer, F 2003a. *Reframing Public Policy. Discursive Politics and Deliberative Practices.* Oxford : Oxford University Press.

Fischer, F 2003b. "Beyond empiricism : policy analysis as deliberative practice." In : Hajer, M. A./Wagenaar, H. (eds.). *Deliberative Policy Analysis. Understanding Governance in the Network Society*, Cambridge : Cambridge University Press. 209-227.

Fischer, F/Forester, J. (eds.) 1993. *The Argumentative Turn in Policy Analysis and Planing.* Durham : Duke University Press.

Foucault, Michel. 1968. "Politics and the Study of Discourse", repr. in Burchell et al. (1991). 53-72.

Foucault, Michel. 1977. *Überwachen und Strafen*. frankfurt am Main.

Friedman, Milton. 1963(1962). *Capitalism & freedom*. Pheonix Books. The University of Chicago Press. Chicago & London.

Friedrich, Carl J. 1955. "The Political Thought of Neo-Liberalism"; *American Political Science Review* 49. 509-525.

G. Dumenil, D. Levy. 2005. "The Neoliberal (Counter)Revolution", in Saad filho A., Johnson D., *Neoliberalism. A Critical Reader*, Pluto Press : London.

Gamson, W.A. and A. Modigliani. 1987. "The Changing culture of affirmative action." In : Braungart, R.D. and N.M. Braungart. (Ed.) *Research in Political Sociology*. Vol. 3. Greenwich, CT : JAI Press. 137-177.

Geertz, C. 1987. *Dichte Beschreibung. Beitraege zum Verstehen kultureller Systeme*. frankfurt/Main : Suhrkamp.

George, A.. 1969. "The "Operational Code" : A Neglected Approach to the study of political leaders and decision-making." *International Studies Quarterly*. 13. 190-222.

George, A. 1979. "The causal nexus between cognitive beliefs and decision-making behaviour : The 'Operational Code' belief system." in : L. Falowski. *Psychological Models in International Politics*. Boulder, CO : Westview Press.

Gerlach, Christian. 2005. "Wu-wei in Europe. A Study of Eurasian Economic Thought." Global Economic History Network (GEHN) Working papers No. 11.

Gills, Barry, Joel Rocamora and Richard Wilson. 1993. *Low Intensity De-*

mocracy. Political Power in the New World Order. Pluto Press. London/Boulder, Colorado.

Gills, Barry. 1993. "Korean Capitalism and Democracy." in : Gills, Barry, Joel Rocamora and Richard Wilson. 1993. *Low Intensity Democracy*.

Ginsburg, Tom. 2009. "The Constitutional Court and the Judicialization of Korean Politics." in Andrew Harding (et al eds.) *New Courts in Asia*. London : Routledge.

Goffman, Erving. 1974. *frame analysis : An essay on the organization of experience*. London : Harper and Row.

Goldstein, Judith & Robert O. Keohane (eds.). 1993. *Ideas and foreign Policy : Beliefs, Institutions, and Political Change*.

Goldstein, Leslie Friedman. 2004. "from Democracy to Juristocracy?" *Law and Society Review* (September) Vol.38, No.3. 611-629.

Gramsci, Antonio. 1971. *Selections from the Prison Notebooks*. London : Lawrence and Wishart.

Gray, John. 1993. *Post-Liberalism : studies in political thought*. Routledge. New York.

Grindle, Merilee. 1991(1989). "The New Political Economy : Positive Economics and Negative Politics," in Gerald Meier, ed., *The New Political Economy and Development Policymaking* (San Francisco : International Center for Economic Growth, 1991). 41-67.

Grindle, Merilee. 2000. "In Quest of the Political : The Political Economy of Development Policy-Making" in : Gerald Meier and Joseph E. Stiglitz, eds., *frontiers of Development Economics : The future in Perspective* (New York : Oxford University Press for the World Bank,

2000).

Groh, Olaf 2002. "Neoliberalismus als hegemoniales Projekt. Zur Erklarungskraft der politischen Soziologie Pierre Bourdieus." in : Uwe Bittlingmayer, Rolf Eickelpasch, Jens Kastner & Claudia Rademacher (Hg) : *Theorie als Kampf? Zur politischen Soziologie Pierre Bourdieus*, Opladen : Leske + Budrich. 197-224

Gyford, John and Mari James. 1983. *National Parties and local parties.* George Allen & Unwin (Publishers) London, UK.

Haas, PM. 1992. "Introduction : Epistemic communities and international international policy coordination." *International Organization*. 46. 1-35.

Haeusler, Jurgen / Hirsch, Joachim. 1987. "Regulation und Parteien im Ubergang zum 'Post-fordismus'", in : *Das Argument*, 165/1987. 651-671.

Haggard and Kaufman. 1995. *The Political Economy of Democratic Transitions*, PUP.

Hajer, M. A./Wagenaar, H. (eds.). 2003. *Deliberative Policy Analysis. Understanding Governance in the Network Society*, Cambridge : Cambridge University Press.

Hajer, Maarten. 1995. *The Politics of Environmental Discourse. Ecological Modernization and Policy Process.* Oxford : Oxford University Press.

Hajer, M.A. 2003a. "Argumentative Diskursanalyse. Auf der Suche nach Koalitionen, Praktiken und Bedeutung." in : Keller, R./Hirseland, A./Schneider, W./Viehöfer, W. (Hrsg.), *Handbuch Sozialwissenschaftliche Diskursanalyse, Bd. 2, forschungspraxis*, Opladen : Leske +

Budrich. 271-298.

Hajer, M.A. 2003b. "A frame in the fields. Policymaking and the Reinvention of Politics." in : Hajer, M. A./Wagenaar, H. (eds.), *Deliberative Policy Analysis. Understanding Governance in the Network Society*, Cambridge : Cambridge University Press. 88-110.

Hajer, Maarten. 2003c. "Policy without polity? Policy analysis and the institutional void." *Policy Sciences* 36. 175-195.

Hajer, M.A. 2008. "Diskursanalyse in der Praxis : Koalitionen, Praktiken und Bedeutung." In : Janning, Frank und Katrin Toens (Hrsg.). *Die Zukunft der Policy-forschung*. VS Verlag fur Sozialwissenschaften. 211-222.

Hayek, F A. 1948. "The Intellectuals and Socialism." *University of Chicago Law Review*. Vol. 16 (1948/1949). 417-433.

Hall, Peter (eds.). 1989. *The Political Power of Economic Ideas : Keynesianism across nations*.

Hall, Stuart. 1983. "The Great Moving Right Show." in : S. Hall and M. Jaques. (eds), *The Politics of Thatcherism*. London : Lawrence & Wishart.

Harmel, Robert. 2002. "Party Organizational Change : Competing Explanations." in Kurt Richard Luther & Ferdinand Muller-Rommel (red.) *Political Parties in the New Europe. Political and Analytical Challenges*. Oxford : Oxford University Press. 119-142.

Harmel, Robert and Kenneth Janda. 1994. "An integrated theory of party goals and party change." *Journal of Theoretical Politics*. 6(3). 259-287.

Harré, R. 1993. *Social Being*. Oxford : Blackwell.

Hay, Colin and D. Marsh. 2000. *Demystifying Globalization*. Macmillan Presse.

Harvey, David (2005) : *A Brief History of Neoliberalism*. Oxford : Oxford University Press.

Hayek, Friedrich A. 1944. *The Road to Serfdom*. The University of Chicago Press. Routledge and Kegan Paul, London.

Hirsch, Joachim. 1992. "Regulation, Staat und Hegemonie." Alex Demirovic (Hrsg.) *Hegemonie und Staat : kapitalistische Regulation als Projekt und Prozess*. Muenster : Westfaelisches Dampfboot. 203-315.

Hirsch, Joachim. 2002. *Herrschaft, Hegemonie und politische Alternativen*. VSA-Verlag.

Hirschl, Ran. 2004. *Towards Juristocracy-The Origins and Consequences of the New Constitutionalism*. Cambridge Mass. : Harvard Univ. Press.

Höhne, Thomas. 2003. "Die Thematische Diskursanalyse – dargestellt am Beispiel von Schulbüchern." In : Reiner Keller, Andreas Hirseland, Werner Schneider & Willy Viehöver (Hrsg.). *Handbuch Sozialwissenschaftliche Diskursanalyse* (Band 2). Opladen : Leske & Budrich. 389-419.

Hoennige, Christoph. 2006. "Die Entscheidungen von Verfassungsgerichten - ein Spiegel ihrer Zusammensetzung." In : Brueninger, Thomas und Joachim Behnke (Hrsg.). *Jahrbuch für Handlungs-und Entscheidungstheorie*. Band 4. 179-214.

Hoennige, Christoph. 2007. *Verfassungsgericht, Regierung und Opposition. die vergleichende Analyse eines Spannungsdreiecks*. Verlag fuer Sozialwissenschaften.

Hollingsworth/Boyer. 1997. *Contemporary Capitalism : The Embeddedness of Institutions*.

Howarth, David. 2000. *Discourse. Concepts in the Social Sciences*. Buckingham/Philadelphia : Open University Press.

Ingle, Stephen. 2008. *The British Party System. 4th Edition*. Routledge.

Inglehart, Ronald, 1997. *Modernization and Postmodernization : Cultural, Economic, and Political Change in 43 Societies*. Princeton University Press.

Jäger, Siegfried. 2006. Keller, Reiner, Andreas Hirseland, Werner Schneider and Willy Viehöver. (eds.) *Handbuch Sozialwissenschaftliche Diskursanalyse*. Band 1 : Theorien und Methoden. 2., aktualisierte und erweiterte Auflage. Wiesbaden : VS-Verlag. 83-114.

Jäger, M. 1996. *fatale Effekte. Die Kritik am Patriarchat im Einwanderungsdiskurs*. Duisburg : Dissertation.

Janda, Kenneth. 2005. "Adopting Party Law." *Political Parties and Democracy in Theoretical and Practical Perspectives*. National Democratic Institute for International Affairs.

Jenkins-Smith, Hank C., Sabatier, Paul A. 1993. *Policy Change and Learning*.

Jenkins-Smith, Hank C., Sabatier, Paul A. 1994. "Evaluating the Advocacy Coalition framework." in : *Journal of Public Policy*, Vol. 14, No 2(Apr.-Jun., 1994). 175-203.

Jenkins-Smith, Hank C., Sabatier, Paul A. 1999. *Theories of the Policy Pro-*

cess. Boulder, Westview Press.

Jenkins-Smith, Hank C., Sabatier, Paul A. 2007. *Theories of the Policy Process*. Second Edition. Boulder, Westview Press.

Jenson, J. 1990. 'Representations in crisis : the roots of Canada's permeable fordism', *Canadian Journal of Political Science*, Vol. 24, No. 4. 653-683.

Jessop, Bob. 1990. *State Theory. Putting Capitalist States in their Place*. The Pensylvania University Press.

Jessop, Bob. 2005(2002). *The future of the Capitalist State*. Polity Press. Cambridge.

Jessop. Bob. 1982. The Capitalist State. New York University Press. New York and London.

Jessop. Bob. 1990a. "Regulation theories in retrospect and prospect." *Economy and Society*, 19:2. 153-216.

Johnson, Björn and Bo Hagström. 2005. "The Translation Perspective as an Alternative to the Policy Diffusion Paradigm : The Case of the Swedish Methadone Maintenance Treatment," *Journal of Social Policy* (Cambridge University Press), Vol. 34, No. 3. 365-388.

Jung, Young-tae. 2003. "Political Economy of Economic System Change in the Age of Neoliberalism : A Comparative Study of Germany and Korea" in : *Pacific focus*, Vol. 18, No. 2(2003.9). 79-132.

Kang, Jung-In. 2006. "Academic Depency. Western-centrism in Korean Political Science." *Korea Journal*. Winter 2006. 115-135.

Kang, Myung-koo. 2000. "Discourse politics toward neo-liberal globalization" *Inter-Asian Cultural Studies*. Volume 1, Number 3. 443-456.

Kaplan, T.K. 1993. Reading Policy Narrative : Beginnings, Middles, and Ends. in : Fischer, F and J. Forester. (eds.) The Argumentative Turn in Policy Analysis and Planning. Durham and London : Duke University Press. 166-185.

Katz, Richard and Peter Mair. 1993. "The Evolution of Party Organizations in Europe : Three faces of Party Organization." in : William Crotty (ed.). *Political Parties in a Changing Age*. Special Issue of the American Review of Politics, 14. 593-617.

Keck, Margaret E. and Kathryn Sikkink. 1998. Activists beyond borders : advocacy networks in international politics. Ithaca, NY : Cornell Univ. Press.

Keeler, John. 1993. "Opening the Window for Reform : Mandates, Crises and Extraordinary Policymaking," Comparative Political Studies 25 (January 1993). 433-486.

Keller, Reiner. 2007. *Diskursforschung. Eine Einfuehrung fuer SozialwissenschaftlerInnen. 3., aktualisierte Auflage*. VS Verlag fuer Sozialwissenschaften.

Keller, Reiner, Andreas Hirseland, Werner Schneider and Willy Viehöver. 2006. "Zur Aktualität sozialwissenschaflticher Diskursanalyse. Eine Einführung." (eds.) *Handbuch Sozialwissenschaftliche Diskursanalyse*. Band 1 : Theorien und Methoden. 2., aktualisierte und erweiterte Auflage. Wiesbaden : VS-Verlag. 1-30.

Kennedy, Duncan. 2006. "Three Globalizations of Law and Legal Thought : 1850-2000. in : Trubek, David. M. and Alvaro Santos. (Eds.). *The New Law and Economic Development : A Critical Ap-*

praisal. Cambridge. 67-71.

King, Desmond and Steward Wood. 1999. "The Political Economy of Neoliberalism" in : Kitschelt, Herbert, Peter Lange, Gary Marks and John D Stephens. (eds.) *Continuity and Change in Contemporary Capitalism*. Cambridge University Press.

King, Gary, Robert O. Keohane, and Sidney Verba. 1994. *Designing Social Inquiry*. Princeton University Press.

Kingdon, John W. 1984. *Agendas, Alternatives, and Public Policies*. Longman.

Kirchheimer, Otto. 1966. "The Transformation of the Western European Party Systems". in : LaPalombara, Joseph and Myron Weiner (eds) *Political Parties and Political Development*. Princeton, NJ : Princeton University Press.

Kitschelt, Herbert (ed.). 1999. *Continuity and change in contemporary capitalism*. Cambridge University Press.

Knight, Jack. 2001. "Explaining the Rise of Neoliberalism. The Mechanisms of Institutional Change." in : Campbell, John and Ove Pederson (eds.). *The Rise of Neoliberalism and Institutional Analysis*. Princeton : Princeton University Press. 27-50.

Koehler, Wolfgang. 2008. "Die Mission des Liberalismus." *Die Zeit*, Nr.33 (07.08.2008).

Koellner, Patrick. 2003. "Die Insitutionalisierung politischer Parteien in Suedkorea : Konzeptionelle Anmerkungen und empirische Befunde." *Arrbeitspapier*. DUeI.

Koo, Hagen(ed.). 1993. *State and Society in Contemporary Korea*. Cornell

University Press.

Korea Herald(Ed.). 2008. *Political Change in Korea*. Jimoondang.

Kroll, Tobias. 2008. "Die Ideologie des Neoliberalismus als kulturelles Kapital." *Blaetter fuer deutsche und internationale Politik*. Ausgabe 12/2008. 70-78.

Krouwel, Andre. 2006. "Party Models." In : Katz, Richard and William Crotty. (eds.) 2006. *Handbook of Party Politics*. London, Thousand Oaks, New Delhi : Sage Publications.

Kwon, Hyung-Ki. 2004. "Markets, institutions, and politics under globalization. Industrial adjustments in the United States and in Germany in the 1990s." *Comparative Political Studies*. Vol. 37 No. 1. 88-113.

Kwon, O. Yul. 2010. "Impacts of the Korean Political System on Its Economic Development : With a focus on the Lee Myung-bak Government." *Korea Observer*, Vol. 41, No.2, Summer 2010. 189-220.

Laclau, Ernesto, Chantal Mouffe. 1985. *Hegemony and Socialist Strategy*. London : Verso.

Laclau, Ernesto, Chantal Mouffe. 1987. "Post-Marxism without Apologies." *New Left Review*, 166. 79-106.

Laclau, Ernesto. (ed) 1994. *The Making of Political Identities*. London : Verso.

Laclau, Ernesto. 1988. "Building a new left : An Interview with Ernesto Laclau." *Strategies*, 1. 10-28.

Lakoff, G and M. Johnson. 1987. "The metaphorical logic of rape." *Metaphor and Symbolic Activity*. 2(1). 73-79.

LaPalombara, Joseph and Myron Weiner. (eds.) 1966. *Political Parties and Political Development*. Princeton University Press.

Larsen, V. and T. 2006. "Advocacy Coalitions and Pharmacy Policy in Denmark." in : *Social Science and Medicine*, 63(1). 212-224.

Lasswell, Harold D. 1951. *Political Writings of Harold D. Lasswell*. Glencoe, IL : The Free Press.

Lasswell, Harold D. 1951. "The policy orientation." Lerner, Daniel and Harold D. Lasswell. (eds.). *The Policy Sciences : Recent Developments in Scope and Method*. Stanford : Stanford University Press. 3-15.

Lasswell, Harold D. 1976. Power and Personality. New York : W. W. Norton.

Lawson and Merkl. 2007. *When Parties Prosper*. Boulder, CO : Lynne Rienner Publishers.

Lawson, Kay (ed.). 1980. *Political Parties and Linkage : A Comparative perspective*. New Haven : Yale University Press.

Lawson, Kay. 1988. "When Linkage fails". in : Kay Lawson and Peter H. Merkl. (eds.) *When Parties fail : Emerging Alternative Organizations*. Princeton, NJ : Princeton University Press. 13-38.

Lawson, Kay, G. Pomper, and M. Moakley. 1986. "Local Party Activists and Electoral Linkage." in : *American Politics Quarterly*. 14. 345-75.

Lawson, Kay. 2007. "When Parties Dedemocritize." Lawson and Merkl. *When Parties Prosper*. Boulder, CO : Lynne Rienner Publishers. 353-366.

Lee, Yoonkyung. 2009. "Democracy without Parties? Political Parties and Social Movements for Democratic Representation in Korea." *Korea*

Observer. Vol. 40. No. 1. Sprin 2009. 27-52.

Legro, Jeffrey. 2000. The Transformation of Policy Ideas." *American Journal of Political Science*. Vol. 44. 419-432.

Levi-Strauss, C. 1977. Strukturale Anthropologie II. Frankfurt/M. : Suhrkamp.

Levi-Strauss, C. 1975. Strukturale Anthropologie I. Frankfurt/M. : Suhrkamp.

Leys, Colin. 2001. *Market-Driven Politics. Neoliberal Democracy and the Public Interest*. Verso. London/New York.

Linklater, Andrew(ed.). 2000. *International relations : critical concepts in political science*. London/New York : Routledge.

Lipietz, A. 1993. "from Althusserianism to `regulation theory' ", in : Kaplan, E. A. and M. Sprinker (eds.). *The Althusserian Legacy*. London : Verso. 99-138.

Lippmann, Walter. 1937. *The Good Society. An Inquiry into the Principles of the Good Society*. Boston : Little, Brown & Co.

Loesch, Bettina. 2007. "Die neoliberale Hegemonie als Gefahr fuer die Demokratie." in : *Kritik des Neoliberalismus*. Wiesbaden : VS Verlag fur Sozialwissenschaften. 221-283.

Ludlam, Steve. 2000. "New Labour : what's published is what counts." in : *British Journal of Politics and International Relations*, Vol. 2, No. 2, June 2000. 264-276.

Lukes, Steven. 1974. *Power. A Radical View. Studies in Sociology*. The Macmillan Press. London and Basingstoke.

Mair, Peter. 1997. *Party System Change. Approaches and Interpretations*. Clarendon Press, Oxford.

Mair, Peter. 2006. "Ruling the void? The Hollowing out of Western Democracy." *New Left Review* 42, Nov/Dec 2006. 25-51.

Manin, Bernard. 1994. "The Metamorphose of representative Government." in : *Economy and Society*, Vol. 23/2, May.

Mannheim, Karl. 1929 (1995). *Ideologie und Utopie*. 8. Auflage, Klostermann.

Maor, Moshe. 1997. *Political Parties and Party Systems : Comparative Approaches and the British Experience*. London and New York : Routledge.

Markoff, John. 1996. *Waves of Democracy*. PfP.

Marsh, David and Gerry Stoker (eds.). 1995. *Theory and Methods in Political Science*. Macmillan Press, Hampshire and London.

Maverick, L.A.. 1938. "Chinese Influence upon the Physiocrats." in *Economic History* February 1938.

Memmler, Michael and Georg Winkel. 2007. "Argumentative Policy Advice. Epistemological disenchantement and new challenge for scientific advisers." Paper to be presented at the fourth ECPR General Conference Pisa, Italy, 6-8 September 2007.

Merriam, Charles E. 1938. "The Good Society [Review of Lippmann (1937)]"; *Political Science Quarterly* 53. 129-134.

Meyer, John W. 1980. "The World Polity and the Authority of the Nation-State." in : A. Bergesen (ed.), Studies of the Modern World-System. New York : Academic Press. 109-137.

Meyer, John W., John Boli, George M. Thomas, and Francisco O. Ramirez.

1997. "World Society and the Nation-State." *American Journal of Sociology* 103(1). 144-181.

Molyneux, John. 1978. *Marxism and the Party.* Pluto Press (London).

Munck, Ronaldo. 2005. "Neoliberalism and Politics, and the Politics of Neoliberalism"; in Alfredo Saad-Filho and Deborah Johnston : *Neoliberalism. A Critical Reader.* London : Pluto Press. 60-69.

Noel, A. 1990. "Action collective, politique partisane et relations industrielles" in G. Boismenu et D. Drache, Dirs. *Politique et regulation. Modèle developpement et trajectoire canadienne.* Montréal : Ed. du Meridien

Nohrsted, D. 2005. "External Shocks and Policy Change." in : *Journal of European Public Policy*, 12(6). 1041-1059.

Nozick, Robert. 1974. *Anarchy, State and Utopia.* Oxford : Blackwell.

Palley, Thomas I. 2005. "from Keynesianism to Neoliberalism : Shifting Paradigms"; pp. 20-29 in Alfredo Saad-Filho and Deborah Johnston : *Neoliberalism. A Critical Reader.* London : Pluto Press.

Panebianco, Angelo. 1988. *Political parties : organization and power.* Cambridge University Press.

Panitch, Leo and Colin Leys. 1997. *The End of Parliamentary Socialism : from new left to new labour.* Verso : New York and London.

Park, Chan-Wook. 1988. "Legislators and their constituents in South Korea. The Patterns of District Prepresentation." *Asian Survey.* Vol. 28, No. 10, Oct. 1988. 1049-1065.

Park, Jonghyun. 2008. "The Judicialization of Politics in Korea." *Asian-Pacific Law & Policy Journal.* Vol. 10:1. 62-113.

Parsons, Craig. 2002. "Showing Ideas as Causes : The Origins of the European Union." *International Organization*. 56. 1. Winter 2002. 47-84.

Plehwe, Dieter und Bernhard Walpen. 1999. "Wissenschaftliche und wissenspolitische Produktionsweisen im Neoliberalismus. Beitraege der Mont Perelin Society und marktradikaler Think Tanks zur Hegemoniegewinnung und -erhaltung." in : *PROKLA* 115.

Plehwe, Dieter, Bernard Walpen and Gisela Neunhoffer (eds.) 2006. *Neoliberal Hegemony. A Global Critique*. London : Routledge.

Plehwe, Dieter, Bernhard Walpen und Gisela Neinhoeffer. 2006. "Introduction. Reconsidering neoliberal hegemony. in : *Neoliberal hegemony : a Critque*.

Prollius (von), Michael. 2007. "Der Neoliberalismus der 30er Jahre : Wurzel der Sozialen Marktwirtschaft." Rede am 28. februar 2007 bei der Konrad-Adenauer-Stiftung e.V.

Ptak, Ralf 2007. "Grundlagen des Neoliberalismus." in : *Kritik des Neoliberalismus*. Wiesbaden : VS Verlag fuer Sozialwissenschaften. 13-86.

Reilly, Benjamin. 2008. "Introduction." Reilly and Nordlund (Eds.). *Political Parties in conflict-prone societes : Regulation, engineering and democratic development*. United Nations University Press. 3-24.

Rein, M. & Schön, D. 1993. "Reframing Policy Discourse". In : F. Fisher & J. Forester (Eds.). *The Argumentative Turn in Policy Analysis and Planning*. Durham, NC : Duke University Press. 145-166.

Rein, M. and Schön, D. A. 1986. "Frame-Reflective Policy Discourse". *Beleidsanalyse*. 15/4. 4–18.

Renner, Andreas. 2000. "Die zwei 'Neoliberalismen'." in : Seminar fuer freiheitliche Ordnung (Hrsg.). *fragen der freiheit.* Heft 256, Okt./Dez. 2000.

Ricoeur, P. 1991. "Myths as a Bearer of Possible Worlds". In : Valdes, M.J.(ed) Reflection & Imagination. New York : Harvester/Wheatsheaf 303-319.

Risse, Thomas, Stephen C. Ropp, Kathryn Sikkink (eds). 1999. *The power of human rights : international norms and domestic change.* New York : Cambridge University Press

Robinson, William I. 1996. *Promoting Polyarchy. Globalization, US Intervention, and Hegemony.* Cambridge University Press.

Roe, Emery. *Narrative policy analysis : theory and practice.* Durham : Duke Univ. Press.

Rohde, David W. and Harold J. Spaeth. 1976. *Supreme Court Decision Making.* San Francisco : Freeman.

Roy, Ravi K., Arthur T. Denzau and Thomas D. Willet. *Neoliberalism. National and regional experiments with global ideas.* London & New York : Routledge.

Ruestow, Alexander. 2004. *Die Religion der Marktwirtschaft.* Lit-Verlag. Münster.

Sabatier, P. 1988. "An Advocacy Coalition Approach." in : *Policy Sciences,* 21. 129-168.

Sabatier, Paul A.(ed.). 2007. *Theories of the Policy Process.* Second Edition. Westview Press.

Saiz and Geser. 1999. *Local Parties in Political and Organisational Perspective.*

Schlager, Edella. 2007. "A Comparison of frameworks, Theories and Models of the Policy Making Process" in : *Theories of the Policy Process*, Second Edition (Paperback). Boulder, CO : Westview Press.

Schmidt, Vivien. 2000. Values and discourse in the politics of adjustment. In : Schmidt, VA and FW Scharpf *Welfare and Work in the Open Economy. Vol. I : from Vulnerability to Competitiveness*. Oxford, UK : Oxford University Press. 229-309.

Schmidt, Vivien. 2002a. *The futures of European Capitalism*. Oxford, UK : Oxford University Press.

Schmidt, Vivien. 2002b. Does discourse matter in the politics of welfare state adjustment? *Comparative Political Studies*. 35(2). 168-193.

Schmidt, Vivien. 2007. "Trapped by their Ideas : French Elites' Discourses of European Integration and Globalization." *Journal of European Public Policy* vol. 14, no. 4 (2007). 992-1009.

Schmidt, Vivien. 2008a. "from Historical Institutionalism to Discursivc Institutionalism : Explaining Change in Comparative Political Economy." Paper prepared for presentation at the American Political Science Association Meetings, Boston Aug 2008. Revision of a paper prepared for presentation to the biannual meeting of the Council for European Studies (Chicago, Ill., March 6-8, 2008)

Schmidt, Vivien. 2008b. "Discursive Institutionalism : The Explanatory Power of Ideas and Discourse." *Annual Review of Political Science*. 11. 303-326.

Schmidt, Vivien. 2009. "Putting the Political Back into Political Economy by Bringing the State Back in yet Again." *World Politics* 61(3). 516-

546.

Schmidt, Vivien. 2010. "Taking ideas and discourse seriously : explaining change through discursive institutionalismas the fourth 'new institutionalism'." *European Political Science Review*. Vol. 2(1). 1-25.

Schneider, Volker und Frank Janning. 2000. *Politikfeldanalyse. Akteure, Diskurse und Netzwerke in der oeffentlichen Politik*. VS Verlag für Sozialwissenschaften.

Schubert, Glendon. 1965. *The Judicial Mind*. Evanston : Northwestern University Press.

Schui, Herbert und Stephanie Blankenburg. 2002. *Neoliberalismus : Theorie, Gegner, Praxis*. VSA-Verlag. Hamburg.

Searle, J. 1995. *The Construction of Social Reality*. New York : Free Press.

Siefken, Sven. T. 2008. *Expertenkommissionen im politischen Prozess. Eine Bilanz zur rot-gruenen Bundesregierung 1998-2005*.

Shipan, C. 2004. "Model." Lewis-Beck, M., Bryman, A., and Liao, T., eds. *The SAGE Encyclopedia of Social Science Methods*, Vol. 2. Thousand Oaks, CA : Sage.

Shin, Eui-Hang. 2003. "The Role of NGOs in Political Elections in South Korea : The Case of the Citizens' Alliance for the 2000 General Election." *Asian Survey*, Volume 43, Issue 4. 697-715.

Smith, Steve. 2002. "The United States and the Discipline of International Relations : 'Hegemonic Country and Hegemonic Discipline." *International Studies Review* 4:2 2002. 67-85.

Sorauf, Frank J. and Paul Allen Beck. 1992. *Party politics in America*. Glenview, Ill. : Scott, Foresman & Co.

Spivova, Maria. 2007. *Political Parties in Post-Communist Societies. Formation, Persistence, and Change.* Palgrave Macmillan.

Stigler, George J.. 1971. "The Theory of Economic Regulation," *Bell Journal of Economics, and. Management Science,* 2(1), Spring 1971. 1-21.

Steinberg, David I. 2000. "Korean Politics : The New and Old." Korea Economic Institute of America (ed.). *The Two Koreas in 2000 : Sustaining Recovery and Seeking Reconciliation.* Washington, D.C. : KEI. 53-61.

Stone, Deborah. 1988. *The Policy Paradox : The Art of political decision making.* W.W.Norton&Company.

Streek/Thelen. 2005. *Beyond Continuity : Institutional Change in Advanced Political Economies.*

Taylor, Sandra. 1997. "Critical policy analysis : exploring contexts, texts, and consequences." *Discourse studies in the cultural politics of evidence.* 18(1). 23-35.

Teeple, Gary. 2000. "Review : The End of Parliamentary Socialism : from New Left to New Labour (Book)." *Canadian Journal of Sociology;* Winter 2000, Vol. 25 Issue 1. 122-124.

Theret, B. 1992. R*egimes economiques de l'ordre politique,* Paris, Presses Universitaires de France.

Trotsky, Leon. 1923. *The New Course.* Ann Arbor 1965.

Unger. 1999. *Democracy Realised : The Progressive Alternative.*

Vanberg, Viktor V. 1999. "Markets and Regulation : On the Contrast Between Free-Market Liberalism and Constitutional Liberalism." in : *Constitutional Political Economy,* Vol. 10. 219-243.

Viehöver, Willy. 2006. "Die Wissenschaft und die Wiederbezauberung des sublunaren Raumes. Der Klimadiskurs im Licht der narrativen Diskursanalyse." In : Keller, R./Hirseland, A./Schneider, W./Viehöfer, W. (Hrsg.), *Handbuch Sozialwissenschaftliche Diskursanalyse*, Bd. 2, forschungspraxis, Opladen : Leske + Budrich.

Wagner, P. 1995. "Sociology and Contingency : Historicizing Epistemology." *Social Science Information*, 34/2. 179-204.

Walpen, Bernhard. 2000. "Von Igeln und Hasen oder : Ein Blick auf den Neoliberalismus." *UTOPIE kreativ*, Heft 121/122 (November/Dezember 2000), S. 1066-1079.

Webb, P.D. 1994. "Party Organisational Change in Britain." in : Katz/Mair. 1994. *How Parties Organize.*

Weible, Ch. 2005. "Beliefs and percieved influence in a natural resource conflict." in : *Political Research Quarterly*, 58. 461-475.

Wendt, Alexander. 1999. *Social theory of international politics.* Cambridge University Press.

White, Louise G. 1994. "Policy Analysis as Discourse." *Journal of Policy Analysis Management.* 13(3). 506-525.

Wolfson, Adam (2004) : "Conservatives and neoconservatives"; *The Public Interest* 150. 32-48.

Woods, N. 1995. "Economic ideas and international relations : beyond rational neglect." *International Studies Quarterly.* Vol. 39. 161-180.

Yanow, Dvora. 2003. "Accessing local knowledge." In : Hajer, M. A./Wagenaar, H. (eds.). *Deliberative Policy Analysis. Understanding Governance in the Network Society*, Cambridge : Cambridge University Press.

228-246.

Yanow, Dvora. 2000. *Conducting interpretive Policy Analysis*. Newbury Park, CA : Sage.

Yanow, Dvora. 1996. *How does a policy mean? Interpreting policy and organizational actions*. Washington, DC : Georgetown University Press.

Yee, A. 1996. "The Causal Effects of Ideas on Policies." *International Organization*. 50(1). 69-108.

Yishai, Yael. 1994. "Interest Parties : The Thin Line Between Groups and Parties in Israeli Electoral Process". in : Kay Lawson (ed.) *How Political Parties Work*. Westport, CT : Praeger. 197-225.

Young, Marion. 1996. "Political Theory : An Overview" Robert E. Goodin (ed.) *A new Handbook of Political Science*. Oxford : Oxford University Press.

Zahariadis, N. 2007. "The Multiple Streams Model" in : *Theories of the Policy Process*, Second Edition (Paperback). Boulder, CO : Westview Press.

인터뷰 대상자 목록

이름	당시 지위	인터뷰 날짜
천정배	국회의원, 장관, 특위위원, 당내특위간사	2010년 9월 2일
정범구	국회의원	2009년 9월 16일
이만섭	국회의원, 국회의장	2009년 9월 16일
김성호	국회의원, 특위/소위위원	2009년 9월 18일
심규철	국회의원, 특위/소위위원	2009년 9월 18일
박관용	국회의원, 국회의장	2009년 9월 21일
유시민	국회의원, 특위위원, 장관	2009년 9월 25일
김성순	국회의원, 특위/소위위원	2010년 3월 3일
정영태	대학교수	2009년 8월 21일
정대화	대학교수	2009년 8월 8일
손혁재	대학교수	2010년 3월 5일
권영길	국회의원, 특위위원	2010년 3월 3일
김정진	변호사, 민주노동당 당원	2010년 3월 10일
박세영	헌재연구원	2010년 3월 26일
성낙인	대학교수	2009년 9월
김근태	국회의원, 장관	2010년 3월 12일
임호상	선관위 (현재 정당국장)	2010년 3월 5일

〈표 1〉 정치·학계 참석 지구당 문제 관련 토론회 등의 사례(1992-1996)

일시	의제	주최	학계참여	정치계참여	기타
1993.6.16	정당법 개정 방향에 관한 토론회	국회정치관계법심의특위	이남영 박상철	이영권(민주당) 정균환(민주당) 김영일(민자당) 홍사덕(민주당) 강신옥(민자당)	선관위
1993.10.6	특별좌담회		신명순	박희태(신한국) 박상천(민주당)	
1994.4.16	정치관련법심의 특별위원회	민자당	최한수		
1994.7.18	세계화시대의 한국 정치: 정치개혁과 국가경쟁력	한국 정치학회	이정희 배성민 박광수		
1994.7.22	한국 정당, 이대로 좋은가	21세기 정치연구회		최홍국 정몽준 안동대 김근태 한승수	
1995.1.12	지방자치선거와 정치개혁 과제	한국 정치학회	최한수 신광영 한 대수 이창식 이석원	박범진(민자당) 박계동(민주당)	
1995.1.18	세계화와 한국 정치	한국 정치학회	정용대 심익섭		
1995.3.15	한국 정치의 선진화	4월회	윤영오 신명순		

〈표 2〉 정치·학계 참여 토론회 사례 : 1996.5-2000.4

일시	의제	주최	학계참여	정치계참여	기타
1997	부패 정치 구조의 청산과 그 대책	신한국당 푸른정치연대	최한수 신명순	박종선 이사철 김영선 백용호 정태운	-
1997.5.9	고비용정치구조 개선을 위한 공청회	신한국당	윤영오 손봉숙 신명순	이회창(신한국) 김영일(신한국)	박원순
1997.5.26	돈정치 추방을 위한 제도개혁, 어떻게 할 것인가?	경실련	이정희 김광식 강경근	박범진(신한국) 유선호(국민회의)	
1997.10.30	21세기 한국의 진로와 정치지도자의 역할 심포지움	문화일보	이정복 김호진 손호철 이영자 양 건 문정인	이해구(신한국) 김원길(국민회의) 이태섭(자민련) 김승니(민주당) 유제인(국민신당)	
1998.9.29	정당관계법개선에 관한 심포지움	선관위	김선종 김영래	-	박기수(선관위) 김호열(선관위) 이낙연(동아일보) 김원호(연합) 김창국(변호사) 박원순(참여연대)
1998.4.9	정치개혁과 정당정치의 발전방향	참여연대	정대화 김용호 손혁재		대한상공회의소 전경련
1998.4.21	정치구조 개혁: 과제와 방향	건국대 사회과학 연구소	신명순 최한수	김진배(민주당) 조영재(한나라) 박종웅(한나라)	문진영(MBC) 문창극(중앙일보)
1998.7.23.	정치법.제도 개선을 위한 대토론회	민주노총	정대화 손혁재 허영구	유선호(국민회의) 노회찬(국민승리21)	강명세 공병호

1998	정당정치개혁과 국민소환제입법을 위한 공청회	서울YMCA	김광식 손혁재 이성환 이춘호 이광천	–	–
1998	고비용 정치구를 어떻게 극복할 것인가? 지방자치제의 개선방향과 정당구고 조정	모래시계 새대청년포럼	김용호		
1998.8.4.	정당민주화와 정치개혁의 방향 대토론회	동아일보사/경실련	이영희 손호철 김영래	장영(국민회의) 이?? (한나라) 남??	
1998.10.10	정치개혁제도 개혁 토론회	경실련-신동아	양 건 정진민 임성호 김왕식		
1998.10.13. -.10.14	정치개혁, 어떻게 할 것인가?	새정치국민회의 정치개혁특별위원회		남궁진 임채정 이상수	
1999	공천제도의 민주화와 선거제도 개혁	한국 정당정치 연구소	곽진영 강원택		
1999	정치개혁의 핵심과제 및 그 개혁방향	한국일보사, 경실련, 정치개혁시민위원회			
1999	왜 우리 정치의 틀을 개혁해야 하는가: 정치구조개혁, 그 문점과 과제	국제미래사회연구소			
1999.11.10	정치자금법, 정당관계법 개정에 관한 공청회		김영래 박연철 김학원 방정일		이규선(선관위)

〈표 3〉 정치·학계 참여 토론회 사례(2000.5-2002.11)

일시	의제	주최	학계참여	정치계참여	기타
2000.5.17	한국 정치의 현실과 발전 방향	한국밀레니엄연구원	이성춘 노동일 정대화 정영국		
2000.5.30	정당민주화를 위한 상향식 후보 공천제의 바람직한 방향	경실련	강경근 정진민 강원택	설 훈 (민주당) 김원웅(한나라) 노세극(민노당)	김재홍(동아일보) 이규건(선관위)
2000.6.2	16대 국회의 정치개혁과제	경실련	김호성 안순철 박병석 송병록 김왕식	천정배(민주당) 김문수(한나라)	
2000.7.20.-7.22	IMF 관리체제 이후의 한국 정치·사회 변화	한국 정치학회, 대한민국 국회	임혁백 박찬욱 지병문 이정희 정대화 김수진 윤영란 강원택 문정인 김용철 장 훈 김재한		
2001.1.19	정치개혁을 위한 대토론회	새천년민주당 정치개혁특별위원회	조창현 이남영 황도수 이석연 임영화 지은희		
2001.5.30	정당관계법 개혁	국회정치개혁특별위원회	배성동 장훈	송영길 박승주 김덕배(민주당) 이해봉(한나라) 전재희(한나라) 박병식(민주당)	강창재(변호사) 박우순(변호사) 김삼웅(대한매일 주필) 백화종(국민일보 주필) 홍순두(선관위)

2001.11.9.	일류정치가 일류경제를 만단다	국회 바른정치 실천연구회	강명세 오연천 조기숙 임성호	천정배(민주당) 정동영(민주당) 성경륭 김근태(민주당) 이주영(한나라) 이완구 정몽준	박춘호(법계)
2001.12.3	당 발전-쇄신	바른정치실천연구회	이정희 이종훈 강원택	김영배 노무현 김근태	
2002.2.20	김대중 정부 출범 4년 평가 토론회 : 국정평가 및 개혁과제	경실련	권향수 정대철 권영준 홍종학 김진수 이광택 김홍신 박능후	이부영(한나라)	
2002.7.30	공청회	선관위		한나라 민주당 자민련	
2002.9.13	차기정부의 정치·행정개혁과제	한국법제발전연구소	석종현 전준경 손혁재 정대화 김유남	이부영(한나라) 정동영(빈수당)	
2002.9	한국의 정치발전과 선거혁명	정신개혁시민협의회	김대인 손혁재 도천수 김태수		
2002	정당 현대화.디지털화를 위한 국민 대토론회	새천년민주당	천호선 조정관		

〈표 4〉 정치·학계 참여 토론회 및 학술대회 사례(2002.12-2003.12)

일시	의제	주최	학계참여	정치계참여	기타
2003.1.8	정당개혁의 핵심 과제와 방향	새시대전략연구소	박상철 이좌순 손혁재 이정희 정대화	김상현(민주당) 송영길(민주당) 서상섭(한나라)	임좌순 (선관위)
2003.1.20.	정치.정당 개혁안 공청회	한나라당 개혁모임 국민속으로	김민전 장 훈	이우재(한나라) 김홍신(한나라) 서상섭(한나라) 송영길(민주당)	–
2003.1.29.	정당개혁, 이렇게 하자, 정당개혁방안 토론회	정치개혁을 위한 시민사회단체연대	정진민 김용호 홍득표 김형준	홍사덕(한나라) 서상섭(한나라) 이주영(한나라) 이루재(한나라) 김원기(민주당) 이미경(민주당) 정영달(민주당) 김근태(민주당)	–
2003.3.11.		정치개혁 추진 범국민협의회	김수진 정대화 손혁재	이부영(한나라) 이해찬(민주당)	이남주(YMCA)
2003.5.8	100분토론	MBC	김수진 최한수 정대화	장성원(민주당) 천정배(민주당) 오세훈(한나라) 김용균(한나라) 정우택(자민련) 김원웅(개혁당) 노회찬(민노당)	김기식(PSPD)
2003.6.14.		정치개혁 추진범국민렵의회			
2003.6.21		한국 정치연구소	황수익 정범구 심부검 박찬욱	신기남(민주당) 홍준표(힌니리)	

2003.6.26	정치개혁에 관한 초청 토론회	경실련	이정희 윤종빈 김영태 강원택 안순철 김형준	노회찬(민노당)	
2003.7.14.	상향식 공천의 제도적 정착을 위한 공청회	한나라당 쇄신모임, 미래연대	정진민 김용호 홍득표 김형준	안상수(한나라) 최병렬(한나라) 임종식(한나라) 은진수(한나라) 정병국(한나라)	
2003.7.15	정치개혁에 관한 초청 토론회	경실련	이정희 윤종빈 안순철 김용호 박명호	김용균(한나라)	
2003.8.28	정치개혁에 관한 초청 토론회	경실련	이정희	이강래(민주당)	
2003.11.20.	3당 정치개혁안검증평가 토론회	문화일보/정치개혁법국민행동	정진민 김용호	김용균(한나라) 박주선(민주당) 강봉균(우리당)	조영식(선관위)
2003.11.29.	지구당 폐지와 비례대표제 도입 이렇게 본나	업코리아 기획좌담	신명순 이정희 김도종 안병도	–	–
2003.11.13. ~ 12.02	정치관계법 개정	범개협	박세일 장 훈 김민전		박태범(변호사) 박승헌(변호사) 이성춘(한국일보 논술위원) 최규철(한국신문방송편집인협의회장) 신영철(겨실련) 김기식(참여연대) 김호열(선관위)

〈표 5〉 정치·학계 참여 토론회 및 학술대회 사례(2004.1-2005.3)

일시	의제	주최	학계참여	정치계참여	기타
2005.2.24	정당법 및 정치자금에 관한 법률 개선에 관한 공청회	국회 특위	임성학 정영태 정진민	강기정 고홍길 구논회 권오을 김기현 문병호 박형준 백원우 유시민 이강래 이낙연 이인기 최철국	손혁재 (참여연대)
2005.3.2	한국 정치의 개혁 과제와 방향	미래전략연구원-경실련 공동기획 심포지엄	정진민 박명호 강원택 김용호 임성호 김민전 윤종빈	조배숙(우리당) 원희룡(한나라) 오세훈(한나라) 조승수(민노당)	신두철 (선관위)

사라진 지구당, 공전하는 정당개혁

발행일 1쇄 2013년 4월 30일
지은이 하네스 B.모슬러
펴낸이 여국동
펴낸곳 도서출판 인간사랑
출판등록 1983. 1. 26. 제일-3호
주소 경기도 고양시 일산동구 백석동 1178-1번지 2층
전화 031)901-8144(대표) | 977-3073(영업부) | 031)907-2003(편집부)
팩스 031)905-5815
전자우편 igsr@naver.com
블로그 http://blog.naver.com/igsr
인쇄 인성인쇄 **출력** 현대미디어 **종이** 세원지업사

값 25,000원
ISBN 978-89-7418-085-0 93340

이 도서의 국립중앙도서관 출판시도서목록(CIP)은 서지정보유통지원시스템 홈페이지(http://seoji.nl.go.kr)와 국가자료공동목록시스템(http://www.nl.go.kr/kolisnet)에서 이용하실 수 있습니다.
(CIP제어번호: CIP2013001722)